Neue Technologien und berufliche Bildung
Aufgaben, Chancen und Probleme - dargestellt am Beispiel
der CAD-Qualifizierung

Europäische Hochschulschriften

Publications Universitaires Européennes
European University Studies

Reihe XI

Pädagogik

Série XI Series XI
Pédagogie
Education

Bd./Vol. 549

PETER LANG

Frankfurt am Main · Berlin · Bern · New York · Paris · Wien

Horst Crome

Neue Technologien und berufliche Bildung

Aufgaben, Chancen und Probleme -
dargestellt am Beispiel
der CAD-Qualifizierung

PETER LANG
Frankfurt am Main · Berlin · Bern · New York · Paris · Wien

Die Deutsche Bibliothek - CIP-Einheitsaufnahme

Crome, Horst:

Neue Technologien und berufliche Bildung : Aufgaben,
Chancen und Probleme - dargestellt am Beispiel der CAD-
Qualifizierung / Horst Crome. - Frankfurt am Main ; Berlin ;
Bern ; New York ; Paris ; Wien : Lang, 1993
  (Europäische Hochschulschriften : Reihe 11, Pädagogik ;
  Bd. 549)
  Zugl.: Bremen, Univ., Diss., 1993
  ISBN 3-631-46114-3

NE: Europäische Hochschulschriften / 11

D 46
ISSN 0531-7398
ISBN 3-631-46114-3

Printed in Germany 1 3 4 5 6 7

**Neue Technologien und berufliche Weiterbildung
- Aufgaben, Chancen und Probleme, dargestellt
am Beispiel der CAD-Qualifizierung**

Da es dem König aber wenig gefiel, daß sein Sohn, die kontrollierten Straßen verlassend, sich querfeldein herumtrieb, um sich selbst ein Urteil über die Welt zu bilden, schenkte er ihm Wagen und Pferd. "Nun brauchst Du nicht mehr zu Fuß zu gehen", waren seine Worte. "Nun darfst Du nicht mehr", waren deren Sinn. "Nun kannst Du nicht mehr", deren Wirkung. (Anders 1956, S.97)

1. Einleitung

Die CAD-Qualifizierung und die CAD-Arbeit gehören zur Arbeitswelt und damit für die Betroffenen zu einem zentralen Bestandteil ihres menschlichen Lebens. Sie werden, auch weitere Arbeitszeitverkürzungen vorausgesetzt, viele tausend Stunden mit Hilfe der Ein- und Ausgabegeräte direkt mit dem Computersystem zu tun haben, mit ihm über "Mensch-Maschine-Schnittstellen" "kommunizieren". Wie bei allen Rationalisierungsinstrumenten, so wird auch mit CAD menschliche Arbeit ersetzt, beschleunigt und verstärkt. "Unter unseren gesellschaftlichen Verhältnissen bestimmt allerdings nicht die Mehrheit der Menschen, welche Arbeitsmittel oder Werkzeuge entwickelt und eingesetzt werden, sondern die Unternehmer mit dem immer wiederkehrenden und gleichbleibenden Grund: Gewinn und Herrschaftssicherung" (Dunckel; Resch, 1987 S.69).

Unter beiden Zielsetzungen besitzt CAD eine große Anziehungskraft für das leitende Management, denn CAD erhöht die Produktivität der Konstruktionsabteilung und die der angrenzenden Abteilungen, senkt die Durchlaufzeiten von Aufträgen, erhöht die Kontrollmöglichkeiten des Managements über den Arbeitsprozeß, spart wegen der hohen Systematisierung Fertigungskosten ein und macht "unabhängiger von dem Wissen bezahlter Konstrukteure" (Dunckel; Resch, 1987 S.71).

Von einer bestimmten gesellschaftskritischen Position her, wie sie sich in den obigen Zitaten bereits andeutete, wird der Einsatz moderner Technologien vor allem als Anpassungs- und Unterordungsinstrument gesehen. Darauf verweisen auch die folgenden Zitate:

In den typischen Industriebetrieben werden Arbeitszusammenhänge aufgeteilt, der einzelne "Mensch vorzugsweise weit unter seinen tatsächlichen Möglichkeiten eingesetzt. Das liegt auch daran, daß ein wenig geforderter Arbeiter auch weniger Qualifikation braucht und un- und angelernte Arbeitende eben billiger sind als Fachkräfte; daß qualifizierte Arbeitende nicht so leicht kontrollierbar sind wie ungelernte; daß ungelernte Kräfte leicht zu ersetzen sind; daß die Vereinfachung menschlicher Arbeit durch Teilung, Normierung und

Standardisierung ein mächtiger Rationalisierungshebel ist" (Dunckel; Resch, 1987 S.85).
"Mit Hilfe des Computers werden Produkte und Arbeitsabläufe immer weitergehend standardisiert und normiert. Am Beispiel von CAD kann man sehen, daß menschliche Kreativität zurückgedrängt wird, Produkte werden "CAD-gestylt" und damit immer gleicher; und die Standardisierung der Texte führt dazu, daß Schreiben immer inhaltsärmer wird" (Dunckel; Resch, 1987 S.58; vgl. auch Volpert, 1985 S.82).

Gegen diese einseitige Sicht der technologisch-arbeitsorganisatorischen Entwicklung sprechen allerdings differenzierte wissenschaftliche Untersuchungen der letzten Jahre. "Alle industriesoziologischen Studien kommen ... zu der übereinstimmenden Einschätzung, "daß sich hinsichtlich der zukünftigen Entwicklung der Arbeitsorganisation ein Gestaltungsspielraum auftut, innerhalb dessen die Qualifikationsanforderungen neu zu bestimmen sind'" (Rolff in Grüner u.a. 1987 S.120). Diese resümierende Feststellung macht deutlich, daß der Einzug der Computertechnologie in die technischen Büros "keineswegs einer eindimensionalen Taylorisierungs- und Dequalifizierungslogik folgt. Die Komplexität der Tätigkeitsfunktionen in den modernen Konstruktionsbüros und ihre Bündelung zu Arbeitsplatztypen verbietet es, von einer "Enteignung" des technisch-organisatorischen Wissens der hier Tätigen zu sprechen, die an die Substanz ginge. Es wäre ebenso unsinnig, das Entstehen neuer Tätigkeitsfunktionen allein als Folge der Abspaltung planender von ausführenden Tätigkeiten zu deuten" (Manske; Wolf, 1989 S.88).

"Vermutungen über Zukunftsperspektiven der Technisierung sind also eine Mischung aus festgeschriebenen Gegenwartstendenzen und begründetem Wunschdenken. Was wirklich eintreten wird, hängt nicht zuletzt von der Gestaltungskraft aufgeklärter Menschen und geeigneter gesellschaftlicher Institutionen ab" (Rohpohl, in Güner u.a., 1987 S.120).

Es ist daher, wie hier deutlich wird, eine gesellschaftliche und nicht zuletzt auch eine bildungspolitische Aufgabe, zu bestimmen, innerhalb welches Spielraumes und mit welchen Zielsetzungen CAD eingesetzt werden soll und kann.

Bevor aber wichtige Entwicklungstrends der neuen Technologien, deren mögliche Folgen für die Arbeitsorganisation und die damit verbundenen gesellschafts- und bildungspolitischen Aufgaben im einzelnen beschrieben werden, scheint es mir notwendig, die verwendeten Hauptbegriffe zu umreißen.

Ausdrücklich möchte ich darauf hinweisen, daß die von mir in dieser Arbeit vorwiegend "männlich" gewählten Bezeichnungen wie "Teilnehmer", "Zeichner", "Dozent" u.a. gleichermaßen für *weibliche* und *männliche* Personen gelten.

1.1 Neue Technologien und berufliche Weiterbildung - Einige Kernaussagen und Definitionen

Neue Technologien

Neue Technologien im Hinblick auf CAD und CIM beinhalten ein vielschichtiges Beziehungsgeflecht zwischen Informationen, Kybernetik, Computern, Mikroelektronik und Produktion. Darüber hinaus gehört zu ihnen auch die Entwicklung neuer Materialien und Verfahrenstechniken.

Auf die wichtigsten hier angesprochenen Begriffe soll im folgenden kurz eingegangen werden.

Informationen im weitesten Sinne sind alle Fakten, die erzeugt, erfahren, übermittelt und gespeichert werden. Im engsten Sinne - und damit bezogen auf Mikroelektronik und CAD - sind Informationen digitalisierbare Daten, die informationstheoretisch beschreibbar zu einem bestimmten Zweck verarbeitet werden.

Das Wort Kybernetik lautet in seiner wörtlichen Übersetzung "allgemeine Steuerkunde" oder besser "allgemeine Regelungskunde". Es taucht in den Bereichen der Technik ebenso auf wie in den Bereichen der Biologie, der Pädagogik und sogar der Ästhetik (vgl. von Cube 1975, S.15f). Bezogen auf die Neuen Technologien zeigt sich ein eindeutiger Zusammenhang: Computer sind kybernetische Maschinen. Im Gegensatz zu Geräten der traditionellen Produktions- und Verkehrstechnik dienen diese programmgesteuerten Rechenanlagen nicht der Energieumwandlung und Leistungsverstärkung, sondern der Aufnahme, Verarbeitung und Speicherung von Information.

Die erste Computeranlage wurde um 1940 in Deutschland von Konrad Zuse entwickelt. Den jungen Ingenieur störte die "bloß mechanische Denktätigkeit" bei den stumpfsinnigen, sich immer wieder mit anderen Zahlen wiederholenden baustatischen Berechnungsvorschriften. In seiner Autobiographie schrieb er: "Es wollte mir nicht in den Kopf, daß lebendige schöpferische Menschen ihr kostbares Leben mit derart nüchternen Rechnungen verschwenden sollten" (Zuse 1970, S.22). Um diese Berechnungen zu automatisieren, erfand er den Computer ZUSE Z3. Er war 1941 der erste digital arbeitende elektromechanische Rechenautomat der Welt, den man durch ein Programm steuern konnte. Für die Berechnung einer Quadratwurzel brauchte er ca. 3 Sekunden und war damit schneller als jeder "Rechenknecht".

Die neue industrielle Revolution durch die Kybernetik, die Informations- und die Kommunikationstechnologie, zusammen mit der Mikroelektronik, begann bald danach und beschleunigt immer noch rasant. Sie ermöglicht und vereinfacht die Automation. H.G. Schachtschnabel schreibt hierzu bereits 1964 in seinem Aufsatz "Sozioökonomische Konsequenzen der Automation":

"Bei der Automation mit ihrem zentralen Kriterium der Kybernetik handelt es sich um eine Technik, konkret um neue technische Verfahren, die mit dem Ziel weitgehender oder perfekter Rationalisierung eingesetzt werden, indem administrative und produktionelle Aufgaben von selbstständig arbeitenden Maschinen und Anlagen durchgeführt und erledigt werden, so daß idealerweise keine menschliche Tätigkeit, kein menschlicher Eingriff mehr erforderlich ist." (zitiert in von Cube 1975, S.14)

Das Zitat verweist auf den Stellenwert der Computer in der vernetzten Fabrik: Mit ihrem zentralen Rechenwerk (CPU = Central Process Unit) und den entsprechenden Ein-, Ausgabe-, Übertragungs- und Speichergeräten sind sie die Vehikel, die zusammen mit den Programmen den betrieblichen Ablauf mit Hilfe von datengebundenen und digitalisierten Informationen steuern und regeln. Heute sind Computer meistens mikroelektronische Datenverarbeitungsanlagen.

Erst der Einzug der Mikroelektronik in die Datenverarbeitungsanlagen ermöglichte Computer mit heute üblichen Geschwindigkeiten und Kapazitäten. Die Preise dafür liegen im Promillebereich der Kosten für elektronenröhrenbestückte Datenverarbeitungsanlagen der 60er Jahre. So hat sich der Preis pro Rechnerleistungseinheit zwischen 1969 und 1984 um das 100 000fache verringert (Graf, Jacob u.a. 1984, S.4). Als es um 1972 gelang, das Rechen- und Steuerwerk eines Computers auf einem einzigen Chip unterzubringen, war mit der 5. Computergeneration der Mikroprozessor geboren.

"Die Firma Intel brachte ihn als universellen Steuerbaustein unter der Bezeichnung 8008 im Jahr 1972 auf den Markt. Nach gründlicher Verbesserung des 8008 wurde 1973 von Intel der Mikroprozessor 8080 angeboten; er konnte achtstellige Dualzahlen parallel verarbeiten und war der erste vielseitig anwendbare Mikroprozessor. Man erhält ihn heute für weniger als 10DM" (Graf, Jacob u.a. 1984, S.11).

Die Mikroelektronik basiert prinzipiell auf der elementaren Elektronik, dem Binärsystem und der Boolschen Algebra. Als Teilgebiet der Elektronik befaßt sie sich mit den Bewegungen von elektrischen Ladungen im Vakuum, in Gasen, flüssigen und festen Körpern, wobei letztere wieder in Leiter, Halbleiter und Isolatoren unterteilt werden. Die Stromkreise, in denen die Ladungen gemäß der Boolschen Algebra verarbeitet werden, enthalten Transistoren als aktive Komponenten und Widerstände, Kondensatoren oder Induktoren als passive Bauteile.

Ohne die Entwicklung des Transistors wäre die rasche Ausbreitung der Mikroelektronik nicht möglich gewesen. Als elektronisches Bauteil kann er Signale verstärken und elektrische Ströme ein- und ausschalten. Die Zusammenfassung mehrerer Transistoren und passiver Bauelemente hing einerseits von der Möglichkeit ab, das Halbleitermaterial Silizium in höchster Reinheit herzustellen und andererseits davon, es an bestimmten Stellen gezielt mit Fremdatomen zu dotieren. Es entstanden so mit Hilfe der Maskentechnik und der Photolithografie produktionsreife integrierte Schaltungen, die als rechteckige Chips auf dünnen Siliziumscheiben implantiert wurden. Integrierte Schaltungen sind die Grundbausteine der Mikrotechnik. Jede Rechenoperation wird binär durchgeführt. Die von George Boole entwickelten logischen Verknüpfungen lassen sich ebenfalls eindeutig mit Hilfe des binären Systems realisieren.

"Die Anzahl der Komponenten, die auf einem einzigen Chip untergebracht werden können, ist exponentiell gewachsen. 1965 betrug sie noch etwa zehn. Im Jahre 1980 war der 10.000 Transistor-Chip bereits etwas Alltägliches" (Friedrichs, Schaff 1982, S.58). Aber nicht nur im Hinblick auf die Miniaturisierung, sondern auch im Hinblick auf die Geschwindigkeit wird weitergeforscht: Bereits 1986 wurden an der Universität Rochester integriert gefertigte Transistoren mit einer Schaltzeit von 5 Picosekunden entwickelt. Ein Lichtstrahl schafft in dieser Zeit eine Entfernung von ca. 1,5 Millimetern. 1990 wurde im Labor von Huang (Firma AT&T) ein optischer Transistor realisiert, der 1/25 Tausendstel Quadratmillimeter Platz benötigt. Angestrebt wird dort ein Computer auf Laserbasis, in dem die Datenströme mit Lichtgeschwindigkeit fließen.

Seit 1989 handelsüblich ist der 64-bit-Mikroprozessor der Firma Intel, der mit einer Million Transistoren auf einem Chip 120 Millionen Rechenoperationen pro Sekunde bewältigt. Der erste elektronenröhrenbestückte Rechner "ENIAC" (Electronic Numerical Integrator And Computer) wog 30 000kg und schaffte 1946 5000 Additionen pro Sekunde.

Die Mikroelektronik arbeitet grundsätzlich binär wie ein Schalter. Entweder liegt an einer bestimmten Stelle - zum Beispiel am Ausgang einer Leitung - eine Spannung an *oder* nicht. Mit Hilfe des binären Zahlensystems und bestimmter Zuordnungsvereinbarungen (zum Beispiel dem "American Standard Code for Information Interchange" (ASCII-Code)) lassen sich die Zahlen des Zehnersystems, Buchstaben und Zeichen darstellen. Man benutzt dazu die 256 Kombinationsmöglichkeiten, die 8 Bit liefern (von 00000000 bis 11111111). Die Zusammenfassung von 8 Bits nennt man 1 Byte. Die Speicherkapazität im Bereich der Mikroelektronik wird gewöhnlich in Byte, Kilo-Byte, MegaByte und GigaByte angegeben.

1991 ist der 4.000.000 Byte Speicherchip serienreif und die Forschungslaboratorien arbeiten mit Hochdruck an einem 10-MegaByte Speicherbaustein. Da die Anzahl der gespeicherten Bits ungefähr doppelt so viele Schaltkreiskomponenten erfordert (Friedrichs; Schaff, 1982 S.62) und ein Byte 8 Bit hat, erfordert ein 10-MByte Speicherbaustein demnach ca. 160 000 000 Schaltkreiskomponenten auf einem Chip.

Eine solche Entwicklung hat Folgen für alle Bereiche des menschlichen Lebens. Das wird aus der folgenden Aufzählung der wichtigsten Merkmale der mikroelektronischen Revolution deutlich. Sie ist gekennzeichnet durch

Wirtschaftlichkeit: Mikroprozessoren sind wirtschaftlich. Ein einzelner Chip ersetzte z.B. bei einer Nähmaschine 350 und bei einem Fernschreiber 936 mechanische Teile (Graf, Jacob u.a., 1984 S.12)

Universalität: Mikroprozessoren sind in allen Lebenszusammenhängen vorzufinden. Einige Beispiele: Sie sind im persönlichsten Bereich (Herzschrittmacher), im Haus (Waschmaschine, TV), im Auto (ABS), in der Freizeit (Video), in der Schule (Taschenrechner, elektronische Speicherchips als "Wörterbücher") und in der Rüstungsindustrie (Sensoren, Steuerungen) genauso verbreitet wie im Beruf (Computer, CNC-Maschinen).

Entwicklungsgeschwindigkeit: Die Leistungssteigerung ist beschleunigend in den Dimensionen Geschwindigkeit, Miniaturisierung, Preis/Leistung und den Einsatzbereichen, die ständig neu erschlossenen werden.

Verbreitungsgeschwindigkeit: Praktisch der gesamte technische Wandel unserer Industriegesellschaft wird von der Mikrotechnologie so schnell beeinflußt, wie es bislang bei keiner anderen Neuerung zu beobachten war.

Abhängigkeit: Kaum eine andere Technologie in der Vergangenheit durchsetzt "auf Gedeih und Verderb" (Friedrichs; Schaff, 1982) die Technik derart komplex und ist doch gleichzeitig abhängig von so wenigen Herstellern. Weltweit beherrschen nur eine Handvoll Chipsfabriken den gesamten Markt.

Undurchschaubarkeit: Es gibt praktisch keinen Menschen, der ein komplex installiertes Computersystem allein von der Hardwareseite her bis ins Einzelne begreift. Die Miniaturisierung, Komplexheit, Funktionsgeschwindigkeit und Weiterentwicklung vieler Bauteile und Baugruppen erfolgen schneller, als ein Mensch überhaupt zu erfassen und aufzunehmen vermag. Zusammengenommen mit Programmen, in letzter Konsequenz im Hinblick auf "Künstliche Intelligenz", erwartet man geradezu von ihnen Neues, noch nie von Menschen Erfaßtes und Gedachtes. Eigendynamische und unvorhergesehene Denkstrukturen sind bereits heute in fast allen größeren Anlagen auszumachen.

mentale Transformation auf die Menschen: Die Neuen Technologien entlasten den Menschen in erster Linie nicht von physischen Belastungen und Fähigkeiten. Sie zielen vielmehr auf "die Übernahme und Erweiterung geistiger Prozesse des Erfassens, Verarbeitens, Verknüpfens und Speicherns von Information. Damit greifen sie auf einer neuen Stufe in das individuelle, soziale und gesellschaftliche Leben ein. Ihre Rationalisierungswirkung transformiert geistige Arbeitssituationen und -zusammenhänge in elektronisch steuerbare Informationsprozesse. Damit bergen diese Techniken große Gefahren für eine Beeinflussung der individuellen und kollektiven Denkstrukturen in sich" (Alemann/Schatz 1987/2, S.26, vgl. auch S.24f).

Die Folgen der oben aufgeführten Merkmale der mikroelektronischen Revolution beeinflußten und beeinflussen natürlich auch das berufliche Bildungssystem einer Gesellschaft. Dabei sind Eindringtiefe, -breite und die zeitliche Dimension unterschiedlich. Unabhängig davon ist die Mikroelektronik "mit ziemlicher Sicherheit die stärkste und weitestreichende der heute stattfindenden technologischen Entwicklungen" (King, in Friedrichs;Schaff, 1982 S.25).

In der Metallindustrie wurden 1979 lediglich 5% aller Maschinen mikroelektronisch gesteuert, 1989 bereits 43% (BIBB, 1989 S.17). Im Hinblick auf die mit CAD erzeugbaren Daten sind besonders der Bereich der Konstruktion, der des klassischen "technischen Zeichnens" und im Hinblick auf CAD/CAM und CIM der gesamte Bereich der industriellen Produktion betroffen. Sowohl im Bereich der beruflichen Erstausbildung als auch im Bereich der Weiterbildung zieht das gravierende Konsequenzen nach sich.

Mit CAD (Computer Aided Design) ist ein informationstechnisches Verfahren im Bereich der Konstruktion gemeint. Mit Hilfe von CAD-Systemen, das sind

*bestimmte mikroelektronisch gesteuerte Geräte und entsprechende
Programme, werden digitale Daten erzeugt.*

"Unter CAD versteht man heute alle Tätigkeiten und Vorgänge zur Her-
stellung von Fertigungsunterlagen. ...
- Häufig wiederkehrende Teile müssen nicht ständig neu
  gezeichnet werden.
- Man greift auf bereits im Computer Gespeichertes
  zurück.
- Man kann Gespeichertes problemlos verändern.
- Der stark verminderte Anteil von manuellen Arbeiten
  führt zu weniger Fehlern.
- Gleichbleibend hohe Qualität der ausgedruckten
  Zeichnungen.
- Verkürzte Entwicklungszeiten.
- Fertigungsunterlagen wie Stücklisten, NC-Programme,
  Finite-Elemente-Berechnungen, Simulation können
  automatisch erstellt werden."
(Kotsch; Staniczek, 1987 S.11).

Gunter Hettich schreibt im Vorwort des Buches "Rechnergestütztes Konstruieren" von Aurich, Franz und Schönfelder:

"CAD (...) bezeichnet die Zukunft der Konstruktionswerkzeuge überhaupt,
nämlich Modellgenerierung mit dem Rechner, Ausführung technischer
Berechnungsalgorithmen durch den Rechner, Informationsrückgewinnung
mit dem Rechner und als Ziel jeder Konstruktionsarbeit die Steuerung von
Fertigungsmaschinen durch die Konstruktionsdaten in den CAD-Dateien"
(Aurich; Franz; Schönfelder, 1985 S.V).

Die Industriegewerkschaft Metall übernimmt in ihrer Sammelmappe
"Konstruieren mit CAD" die Definition des Ausschusses für wirtschaftliche Fertigung:

"CAD ist ein Sammelbegriff für alle Aktivitäten, bei denen die EDV direkt oder
indirekt im Rahmen von Entwicklungs- und Konstruktionstätigkeiten eingesetzt wird" (IGM, 1986 S.5).

Im Bereich der Metall- und Maschinentechnik sind neben "C"AD noch eine
Reihe anderer "C"-Techniken bedeutungsvoll; die bekanntesten sind:
CAP (Computer Aided Planning) - baut auf CAD-Daten auf und erzeugt
Teilefertigungs -und Montageanweisungen.
CAM (Computer Aided Manufacturing) - steuert und überwacht die Betriebs-
mittel im Produktionsprozeß. Dabei werden Daten von CAD, CAP und PPS
verbunden.
CAQ (Computer Aided Quality Assurance) prüft und überwacht anhand
vorgegebener Prüfmerkmale die Produktqualität.
BDE (Betriebsdatenerfassung) erfaßt u.a. materialdispositive, energetische,
maschinelle und personenbezogene Daten.

PPS (Produktionsplanung und Steuerung) veranlasst und überwacht die Aufträge aufgrund von Mengen-, Termin- und Kapazitätsaspekten.

CIM (Computer Integrated Manufacturing)

"ist ein firmenspezifisches, organisatorisches und technisches Gesamtkonzept für eine Fabrik (oder einen Fabrikteil), um alle betrieblichen Aktivitäten informationsmäßig zu verknüpfen, mit dem Ziel, schneller, besser und billiger zu produzieren. So können beispielsweise Vertrieb, Konstruktion, Planung und Produktion eng kooperieren und auf Kundenwünsche schnell und flexibel reagieren. Technisch beschreibt CIM den Rechnereinsatz für eine Vernetzung der technischen und administrativen Bereiche" (Kernforschungszentrum Karlsruhe, 1988 S.7).

CIM ist also kein käufliches Produkt wie ein bestimmtes Softwareprogramm, sondern ist als mittel- bis langfristige Firmenstrategie zu verstehen (Weck, 1989 vgl. S.506f; Scheer 1988/3 S.3ff).

Die hier vorliegende Arbeit hat schwerpunktmäßig die berufliche Weiterbildung, bezogen auf den CAD-Anwendungsbereich, zum Thema. Bei der Klärung des Begriffs "berufliche Weiterbildung" lassen sich engere und weitere Definitionen finden. Eine eher enge Definition lautet:

"Die berufliche Weiterbildung umfaßt im Rahmen der Weiterbildung die berufliche Fortbildung und die berufliche Umschulung" (Fink; Sauter, 1980 S.1).

Im Berufsbildungsgesetz und im Arbeitsförderungsgesetz ist ebenfalls von Fortbildung und Umschulung die Rede. Im Arbeitsförderungsgesetz werden unter beruflicher Fortbildung Maßnahmen subsumiert,

"die das Ziel haben, berufliche Kenntnisse und Fertigkeiten festzustellen, zu erhalten, zu erweitern oder der technischen Entwicklung anzupassen oder einen beruflichen Aufstieg zu ermöglichen und die eine abgeschlossene Berufsausbildung oder eine angemessene Berufserfahrung voraussetzen" (§41 Arbeitsförderungsgesetz).

Mit Umschulung sind demgegenüber Maßnahmen gemeint,

"die das Ziel haben, den Übergang in eine andere geeignete berufliche Tätigkeit zu ermöglichen, insbesondere um die berufliche Beweglichkeit zu sichern oder zu verbessern" (§41 Arbeitsförderungsgesetz).

Eine weiter gefaßte Definition von beruflicher Weiterbildung umfaßt demgegenüber "alle organisatorischen und damit auch institutionalisierten Lernprozesse, die entweder an eine in einem formalen (Erst-)Ausbildungsgang oder an eine durch ... Arbeitserfahrung gewonnene ... Qualifikation anknüpfen und eine weitere berufliche Bildung, in welcher Form und zu welchem Zweck auch immer, intendieren" (Münch 1982, S.205; vgl. auch BLK 1988, S.3). Dieser weiter gefaßte Begriff bezieht betriebliche Einarbeitung, Rehabilitation, Sondermaßnahmen nach dem AFG und andere, nicht unter Fortbildung und Umschulung zu subsumierende Weiterbildungsangebote ein.

Berufliche Weiterbildung hat, insbesondere unter dem Einfluß der neuen Technologien, enorm an Bedeutung gewonnen, denn ohne qualitativ und quantitativ ausreichende berufliche Weiterbildungmaßnahmen lassen sich die durch die Mikrotechnologie möglich gewordenen Verfahrensweisen von CAD bis CIM in den Betrieben weder einführen, noch durchsetzen, geschweige denn von den Beteiligten kritisch einordnen.

1.2 Zielsetzungen und Abgrenzung der Arbeit

Aus dem Vorausgegangenen dürfte bereits deutlich geworden sein, daß die Zielsetzungen sowohl für den Einsatz neuer Technologien als auch für die Qualifizierung der mit und an diesen Technologien Arbeitenden je nach den dabei durchschlagenden Interessen und gesellschaftspolitischen Positionen unterschiedlich formuliert werden.

"Eine objektive, interessenfreie Analyse der Technik, der sozialen Bedingungen und Folgen technologischer Entwicklungen gibt es nicht. Die Auswahl der Themen und Belege, die Gewichtung und die Ausblendung von Problemen und die Art der Begriffe und Schlußfolgerungen sind abhängig von erkenntnisleitenden Interessen" (Ulrich, 1982 S.184).

Daher ist es notwendig, die eigene Position, von der aus im folgenden Analysen und Folgerungen wesentlich bestimmt werden, kurz zu umreißen. Sie orientiert sich an der kritisch-konstruktiven Erziehungswissenschaft, deren Grundaussagen auf die mit den neuen Technologien erwachsenden Bildungsaufgaben bezogen werden.

"Bildung soll hier verstanden werden als der lebenslange Prozeß der Entwicklung von Denken, Fühlen und Tun in Richtung auf ein besseres Verständnis der eigenen Person und ihrer Lebenswelt und ein diesem Verständnis gemäßes Handeln. Arbeit und Technik gehören dann unabweislich zu den Dingen, die verstanden werden müssen, um mündig handeln zu können" (Voigt, 1990 S.4f). "Von diesem Verständnis her verbieten sich zwei Einengungen gleichermaßen: die Reduzierung von Bildung auf einen vom gesellschaftlichen Handeln abgetrennten "inneren Fortschritt' und die Zurichtung des Menschen auf ein angeblich von gesellschaftlichen Bedingungen determiniertes Verhalten. Das Verhältnis von Individuum und Gesellschaft wird von mir demnach als dynamisches Wechselverhältnis gesehen" (Voigt, 1990 S.46).

Auf die berufliche Weiterbildung bezogen heißt das:

"Die völlige Unterordnung beruflicher Weiterbildung unter angeblich sachgesetzlich erzwungene Anforderungen des Beschäftigungssystems wird als ebenso falsch und fragwürdig eingeschätzt wie die Versuche, zugunsten einer stärkeren Subjektorientierung die Qualifikationsanforderungen des Arbeitsmarktes zu vernachlässigen. Das Verhältnis von Bildungssystem - insbesondere beruflicher Weiterbildung - und Beschäftigungssystem wird hier vielmehr als ein dynamisches Wechselverhältnis mit wechselseitigen Beeinflussungen angesehen" (Voigt, 1990 S.64).

Leitziel einer so verstandenen beruflichen Weiterbildung ist die Entwicklung und Vermehrung kritischer Gestaltungskompetenz.

"Fähigkeit zum kompetenten Umgang mit Technologien ist dafür notwendig, aber nicht ausreichend. Gestaltungskompetenz setzt darüberhinaus die Fähigkeit voraus, Technologien nicht nur zu bedienen, sondern auch zu verstehen und zu durchschauen. ... Außerdem muß in Bildungsprozessen der Wille zur Gestaltung der Technologien herausgebildet werden (Klemm, 1987 S.109).

Erforderlich sind dazu:

"die volle Entfaltung des Arbeitsvermögens, die Entwicklung von Selbständigkeit, Kreativität und Kommunikationsfähigkeit, von Mitbestimmungs- und Beteiligungsfähigkeit, die Diskussion und Erprobung alternativer Gestaltungsmöglichkeiten, solidarisches Lernen statt konkurrenzorientiertem Individualismus" (Fricke; Schuchard, 1987 S.215f).

Um die Möglichkeiten und Probleme einer beruflichen Weiterbildung mit solchen Zielvorstellungen einigermaßen realistisch einschätzen zu können, ist es erforderlich, die gesellschaftlichen Rahmenbedingungen, durch die didaktische Handlungsspielräume wesentlich beeinflußt werden, in die Überlegungen zur Gestaltung der Lehr-Lern-Prozesse einzubeziehen.

"Lehren und Lernen von und mit Erwachsenen in der beruflichen Weiterbildung werden gesehen als didaktisches Handeln in einem Spannungsfeld aus gesellschaftlichen und institutionellen Rahmenbedingungen, inhaltlichen Anforderungen, pädagogischen und didaktischen Theorien sowie aus den Erwartungen, Bedürfnissen, sozialen Vorprägungen, Einstellungen und Wertungen der Lehrenden und Lernenden. Und die Leitfrage, zu deren Beantwortung eine Theorie der (beruflichen) Erwachsenenbildung beizutragen hat, lautet: Wie ist dieses Feld so zu gestalten, daß die Vernünftigkeit der Subjekte im Bildungsprozeß gefördert und nicht behindert wird" (Görs; Voigt; Crome; Gabele; Koggenhop, 1991 S.19).

Vor dem eingangs skizzierten Hintergrund und von der oben umrissenen Position her sollen im folgenden zunächst allgemeine Trends der technologischen Entwicklung und ihr Bezug zur Neuordnung der industriellen Ausbildungsberufe beschrieben werden, um die für die berufliche Weiterbildung wichtigon Rahmenbedingungen genauer zu erfassen.

Da es in dieser Arbeit schwerpunktmäßig um die CAD-Qualifizierung geht, ist der besonderen Stellung von CAD innerhalb der technologischen und arbeitsorganisatorischen Entwicklungen ein eigenes Kapitel gewidmet. In diesem Kapitel geht es nicht darum, wie CAD Programme geschrieben werden und wo die einzelnen Bits wann in welchem Zusammenhang in einem Computer an welcher Stelle sind, also nicht direkt um Programmiertechnik, theoretische oder angewandte Informatik, Mikroelektronik oder Schnittstellenspezialisierung, sondern um CAD als Konstruktionswerkzeug, das Daten erzeugt, die auf eine bestimmte Weise im modernen Industriebetrieb verwendet werden können und sollen.

Das folgende und umfangreichste Kapitel gilt dann dem Schwerpunktthema der Arbeit, den Zielen, Aufgaben, Chancen und Problemen beruflicher Weiterbildung im Blick auf die CAD-Qualifizierung.

Nachdem so die derzeitige Situation und die zu erwartenden Entwicklungen der auf CAD bezogenen Bereiche beruflicher Weiterbildung im einzelnen gekennzeichnet worden sind, werden im abschließenden Teil der Arbeit Aufgaben und Probleme der Curriculumentwicklung und -evaluation für die CAD-Qualifizierung am Beispiel eines Modellversuches und eines Forschungsprojektes veranschaulicht.

Die eigenen, recht umfangreichen Erfahrungen auf dem Gebiet der CAD-Qualifizierung, die mir zugleich Impuls und Hilfe für das Verfassen dieser Arbeit waren, habe ich gesammelt in mehrjährigen wissenschaftlich begleiteten Modellversuchen zu CAD und CAD/CAM im Bremer Schulzentrum "Im Holter Feld", während meiner Tätigkeit als Dozent an der Technischen Hochschule Bremen für den Themenbereich CIM (Computer Integrated Manufacturing) und als wissenschaftlicher Mitarbeiter im Forschungsprojekt "Technologietraining für Facharbeiter/innen aus dem Bereich der Metall- und Elektrotechnik" an der Universität Bremen. Dabei ist mir unter anderem deutlich geworden, daß curriculare Konzepte für eine umfassende CAD-Qualifizierung, die den oben genannten Zielen verpflichtet ist, weitgehend unbekannt sind. Ein wichtiges Ziel dieser Arbeit ist es daher, Lehrenden und Planern anhand von kommentierten Sammlungen, Beispielen und Berichten aus unterschiedlichen CAD-Qualifizierungsmaßnahmen Vorschläge und Hilfestellungen anzubieten, die ihnen ihre curriculare Arbeit erleichtern und einer kritischen Beurteilung zugänglicher machen soll.

2. Allgemeine Trends der technologischen Entwicklung

2.1. Einige allgemeine Aussagen zur gegenwärtigen Situation

Wir leben in einer Zeit der rasanten Veränderungen. Zu den wichtigsten Faktoren, die diese Vorgänge bewirken, gehören "das Bevölkerungswachstum auf der Welt ..., die Notwendigkeit einer vollkommenen Erneuerung des Systems der Energieerzeugung ..., die Auswirkungen der Neuen Technologien, insbesondere derjenigen, die auf der Mikroelektronik beruhen" (King, A. in Friedrichs; Schaff 1982 S.36).
Diesen Auswirkungen soll im folgenden etwas ausführlicher nachgegangen werden. Sie betreffen alle Bereiche unseres Lebens, denn so wie der technologische Wandel der ersten industriellen Revolution die Gesellschaft nachhaltig beeinflußt hat, so wird auch die vor allem durch die Mikroelektronik in Gang gesetzte zweite industrielle Revolution das Gesellschaftsgefüge nachhaltig verändern. Obwohl es natürlich interessant wäre, auch die Beeinflussung der außerberuflichen Lebensbereiche durch die Mikroelektronik näher ins Auge zu fassen, beschränken sich um des Schwerpunktes dieser Arbeit willen die folgenden Ausführungen und Überlegungen im wesentlichen auf den industriellen Bereich der Arbeitswelt.
Dort ist die Mikroelektronik das Vehikel einer gravierenden Umgestaltung der Arbeitsbedingungen. "Wir befinden uns", so Bernhard Franz - bei Nixdorf für Expertensysteme zuständig-, "in einem Zustand, der dem in den ersten fünf Minuten nach dem Urknall ähnelt. Die Teilchen fliegen in alle Richtungen, und so richtig weiß niemand, was daraus wird" (Mock W. 1986 S.41). "Computer steuern Werkzeugmaschinen, Fertigungsstraßen und ganze Produktionsbereiche" (Roßnagel u.a., 1990 S.IX).

Zudem verändert die Mikroelektronik die Kommunikation im beruflichen Bereich vom gesprochenen Wort zum nach bestimmten Regeln abgespeicherten, digitalisierten Text. Spielräume sind dabei kaum zugelassen. Diese Inhalte sind sowohl praktisch beliebig lange speicherbar, als auch fast mit Lichtgeschwindigkeit übertragbar. Damit sind Zeit und Raum verfügbar, die Welt wird zum globalen Dorf. In "Teilbereichen gibt es jetzt schon weltweit arbeitende Unternehmen, bei denen die Kundenbestellung einen Vorgang auslöst, der von der Fertigung bis zum Versand und zur elektronischen Fakturierung reicht" (Goering, R. 1986 S.10). Computer und Mikroprozessoren in Steuerungen beschleunigen die Automation. Die Kontrolle und Überwachung der gesamten Produktion werden durch die Mikroelektronik möglich.
Wissensverarbeitende und lernfähige Systeme sollen die Produktion von der besonderen Intelligenz, Erfahrung und Umsicht der Arbeitenden unabhängiger machen. In dem Umfang, wie das geschieht, wird entwertet, was einzelne Menschen wissen und können. Die sich schnell entwickelnde Fuzzy-Logik ersetzt bei komplizierten, bisher mit Hilfe von langen Differentialgleichungen gelösten Regelungsproblemen diese durch Expertenwissensbausteine, die

wiederum logisch miteinander verknüpft sind. "Das ist weniger Mathematik als in einem regelungstechnischen Modell, weil wir ja eben versuchen, die ganze komplexe Mathematik durch menschliches Wissen zu ersetzen." - so der Aachener Professor und deutsche Fuzzy-Experte Hans-Jürgen Zimmermann (Billerbeck; Bönsch, 1991 S.13).

Die Benutzerschnittstellen werden flexibler gestaltet. Gering Qualifizierte arbeiten dann mit Programmen, die ihr Ein- und Ausgabeverhalten mit den Methoden der künstlichen Intelligenz an die Benutzer automatisch anpassen und sie führen. Die Sprache als Eingabeanweisung wird erschlossen. Bis zum Jahre 2000 sollen Fachtexte sprecherabhängig und bis zum Jahre 2020 sprecherunabhängig erkannt werden können (vgl. Roßnagel; Wedde; Hammer; Pordesch, 1990 S.29).

Die Mikroelektronik hat es auch möglich gemacht, kleinste Stückzahlen industriell rationell und kostengünstig herzustellen. Bereits 1986 fertigte ein CIFM-System (Computer Integrated Flexible Manufacturing) in Rockford 25.000 unterschiedliche Teile pro Jahr. "Ungefähr 70% von ihnen werden einzeln hergestellt und 50% nur ein einziges Mal überhaupt" (Kämpfer S. 1986, S.126). Die technisch-wirtschaftlichen Vorteile flexibel automatisierter Fabriken lassen herkömmlich ausgerüsteten Wettbewerbern kaum eine Marktchance. Eine Umsetzung alter Produktionskonzepte mit neuer Technologie ist meist keine Zukunftslösung, eine stufenweise Umstellung sehr komplex und aufwendig. Während große Konzerne die Fabrik der Zukunft auf der grünen Wiese völlig neu bauen, haben kleine und mittelständische Unternehmen personell und kostenmäßig große Probleme bei der Umstellung.

In einer allerersten groben Zusammenfassung läßt sich sagen:

- Der gegenwärtige technologische Wandel erzeugt völlig neue arbeitssparende und arbeitsersetzende Produktionstechniken, die einen grundsätzlichen und tiefen Wandel von Wirtschaft und Gesellschaft ebenso zur Folge haben, wie sie notwendigerweise ein berufslebenslanges Lernen für die verbleibenden Beschäftigten in diesem Bereich erzwingen.

- Der gegenwärtige technologische Wandel bedarf dringend wegweisender Vorstellungen über die Gestaltung der Gesellschaft im Zeitalter der Mikroelektronik. Dabei ist insbesondere darauf zu achten, wie die Existenz aller in der Gesellschaft Lebender gesichert werden kann und auf welche Weise ihre Freiräume und Entfaltungsmöglichkeiten erweitert und garantiert werden können. Dabei trägt auch das Bildungssystem im Interesse aller eine besondere Mitverantwortung.

Solche Forderungen sind jedoch leichter ausgesprochen als erfüllt. Gegenwärtig bestimmen viel eher Macht- und Gewinninteressen sowie technizistisches Denken die Entwicklung und den Einsatz der neuen Technologien. "Gesteuert wird die Entwicklung vor allem durch die Sichtweise von Technikern, durch das Machtstreben von Bürokratien und durch die Gewinnerwartung der Unternehmen. Diese Interessen sind jedoch blind gegenüber den meisten sozialen Folgen" (Roßnagel u.a., 1990 S.IX).

Deshalb können "einige, wenn nicht gar alle eingeschlagenen Entwicklungswege ... neue Spannungsherde schaffen, d.h. zu größerer wirtschaftlicher Ungleichheit sowie zu einer Reihe vorhersehbarer sozialer und politischer Probleme führen" (Curnow; Curran in Friedrichs; Schaff, 1982 S.182f).

2.2 Zentrale Problempunkte

2.2.1 Zur politischen Gestaltbarkeit der technologischen Entwicklung

Im Blick auf die Forderung, in einer demokratischen Gesellschaft Chancenungleichheiten abzubauen, eine menschenwürdige Existenz aller zu sichern und möglichst große Freiräume und Gestaltungsmöglichkeiten für die Menschen in allen Lebensbereichen zu schaffen beziehungsweise zu erhalten, ist eine entsprechende politische Beeinflussung der technologischen Entwicklung dringend erforderlich.

Von einem derartigen politischen Gestaltungswillen ist jedoch derzeit kaum etwas zu spüren. Zum einen ist die gegenwärtig von den Regierungsparteien vertretene politische Linie liberalistisch im Sinne des 19. Jahrhunderts, das heißt, es gilt in den allermeisten Bereichen und insbesondere in Wirtschaft und Technik das Recht des Stärkeren, und das sind in aller Regel die Unternehmer und ihre Verbände.

Zum anderen macht die weltweite Vernetzung von Wirtschaftsunternehmen und moderner Technologie nationale Entscheidungen zunehmend schwieriger. Landesgrenzen bilden eine Macht- und damit meist auch eine Einflußbarriere gegenüber internationalen Entwicklungen. Was hier wegen drohender Proteste nicht durchführbar ist, wird oft anderswo auf diesem Planeten begrüßt und ermöglicht und überschwemmt später als importiertes Konsumgut unsere Marktwirtschaft. Die Politiker fürchten deshalb, als Bremser des technischen Fortschritts abgestempelt zu werden und mit ihren national einschränkenden Maßnahmen ausländischer Konkurrenz einen kaum aufzuholenden Vorsprung einzuräumen.

Innerhalb der vor allem bei Großunternehmen äußerst komplexen internationalen Verflechtung mit Auslandstochtergesellschaften und Computerarbeitsplätzen sind feste Betriebsstandorte oft kaum noch auszumachen. Der nationale Einfluß auf Arbeitsorganisation und -bedingungen ist minimal.

Doch auch die arbeitsmarktpolitische und sozialpolitische Einflußnahme im eigenen Lande - so sie denn beabsichtigt ist - stößt auf große Schwierigkeiten. "So kann zum Beispiel Telearbeit in der eigenen Wohnung oder in Nachbarschaftsbüros an formal selbstständige "Unternehmer" vergeben werden, um Lohnnebenkosten und soziale Folgekosten zu sparen" (Roßnagel u.a., 1990 S176).

Darüber hinaus gibt es nur wenige interessensneutrale Fachleute, die zu auftretenden Problemen von politischen Entscheidungsträgern befragt werden können. Dazu ist der Einfluß der von der Industrie bezahlten Forschung an den Universitäten und Technischen Hochschulen zu groß.

Hinzu kommt die Rasanz der technologischen Entwicklung, der gegenüber bürokratisch organisierte Entscheidungsgremien in aller Regel viel zu langsam reagieren, so daß zwischen dieser Entwicklung und ihrer politischen Aufarbeitung eine immer größer werdende Kluft entsteht.

Auch das Parlament als demokratisch eingesetzte Kontrollinstitution für die politischen Entscheidungen der Regierung vermochte bisher die Diskussion über die wünschbaren Entwicklungslinien von Technik und Arbeitsorganisation in unserer Gesellschaft nicht entscheidend zu beeinflussen.

"Sowohl im Hinblick auf die faktische Entwicklung und Nutzung von Techniken als auch, was deren gesellschaftliche Diskussion anlangt, teilt der Deutsche Bundestag das Schicksal der meisten parlamentarischen Gremien moderner Industriegesellschaften. Gegenüber Wissenschaft, Wirtschaft und Exekutive und dem dort verfügbaren Sachverstand und Finanzvolumen ist er ins Hintertreffen geraten" (Deutscher Bundestag, Bonn, 1986 Drucksache 10/5844 S.7).

Die Gewerkschaften, aus verständlichen Gründen die bisherige technische Entwicklung eher skeptisch betrachtend, beschränken sich in den offiziellen Verlautbarungen ihrer Dachorganisationen im wesentlichen auf Forderungen, die aus den oben angedeuteten Gründen schwer zu erfüllen sind.

So fordert der Deutsche Gewerkschaftsbund (DGB) unter anderem:

"- die Anpassung der wirtschaftlichen und sozialen Rahmenbedingungen an den technischen Wandel

- eine Arbeitszeitverkürzung (Wochen- und Lebensarbeitszeit)

- eine Verlängerung der Schulzeit und des Jahresurlaubes als Maßnahmen zur Beschäftigungssicherung und Neuschaffung von Arbeitsplätzen

- die Entwicklung einer Technologiepolitik als Bestandteil einer vorausschauenden Strukturpolitik. Dazu gehören die Umordnung der staatlichen Technologiepolitik auf die Förderung arbeitsplatzschaffender, umwelt- und sozialverträglicher Techniken, ...

- die Einrichtung eines Instituts für Technik und Arbeit im Range einer Großforschungseinrichtung, mit der Hauptaufgabe der Erforschung der Wechselwirkung von Arbeit und Technik" (Auszug: DGB, 1985 S.46-52).

Die Deutsche Angestelltengewerkschaft (DAG) fordert:

"- eine stärkere Förderung der Berufsforschung;

- eine wesentliche Erhöhung der Mittel für Forschungsvorhaben zur Untersuchung von Veränderungen der Arbeits- und Gesellschaftsstrukturen;

- ein Verbot der Speicherung nicht berufsbezogener Daten;

- eine Verbot, gespeicherte Daten zur Leistungs- und Verhaltenskontrolle zu verwenden" (DAG, Hamburg, 1986 S.35-42).

Aus den Forderungskatalogen der Einzelgewerkschaften ist eine Forderung der ÖTV hervorzuheben, die einen Kernpunkt des Problems trifft. Sie verlangt

"- eine Forschungspolitik, die die Interessen der Arbeitnehmer in Bildung, Erziehung, Wissenschaft und Forschung stärker als bisher berücksichtigt. Dabei soll vor allem verhindert werden, daß mit staatlichen Mitteln zunächst einseitig und isoliert technische Fragen erforscht und neue Verfahren entwickelt und erst danach soziale und andere Folgen erforscht werden" (Gewerkschaft ÖTV, Stuttgart, 1986 S.32ff).

Im Blick auf die eigenen Möglichkeiten zur Durchsetzung der obigen Forderungen befinden sich die Gewerkschaften in einem Dilemma, das King auf den Punkt gebracht hat:

"Wir wissen, daß der Mikroprozessor Arbeitsplätze vernichtet, aber wenn wir ihn nicht akzeptieren, dann wird es für Niemanden mehr Arbeitsplätze geben. ... Die Ära der Mikroprozessoren hat bereits begonnen, auf Gedeih und Verderb" (King, A. in: Friedrich; Schaff, 1982 S.43).

Die Folgen der damit angedeuteten Entwicklung - steigende Arbeitslosigkeit, Verdrängungswettbewerb um die verbleibenden Arbeitsplätze, Stärkung des Entscheidungsmonopols der Unternehmer über Personalstruktur und Arbeitsorganisation - bringen die Gewerkschaften bei der Verwirklichung humaner Arbeitsbedingungen in eine - gelinde ausgedrückt - sehr schwierige Situation.

2.2.2 Mikroelektronik als Kontrollinstrument

Die Probleme bei der Realisierung menschlicher Arbeitsbedingungen, die oben eher im Blick auf eine übergreifende Technologiepolitik betrachtet wurden, setzen sich im Betrieb fort. Eine große Gefahr, bezogen auf den Einsatz von Mikroelektronik mit dem Ziel einer datenvernetzten Fabrik der Zukunft, liegt in der damit gegebenen Kontroll- und Überwachungsmöglichkeit. Oft werden die neuen Technologien stufenweise eingeführt, als Werkzeug zum technischen Zeichnen beispielsweise CAD-Arbeitsplätze. Später werden die Programme mit CNC-gesteuerten Maschinen verbunden und danach an das PPS-Programm angekoppelt. Durch solche wachsenden Vernetzungen nehmen die Informations- und Einsichtsmöglichkeiten potentiell zu. Das vernetzte System ist dann nicht mehr nur ein Werkzeug einzelner Anwender, sondern erweist sich darüberhinaus als Steuerungs- und Kontrollsystem der Unternehmensleitung.

Soll eine Fabrik datengeregelt betrieben werden, ist es nur systemimmanent, auch die in ihr Arbeitenden datentechnisch einzubeziehen. Mit der Betriebsdatenerfassung (BDE) als Unterkategorie des Produktions-, Planungs- und

Steuerungsprogramms (PPS) können die Anwesenheit am Arbeitsplatz, die Arbeitsleistungen und Fehler einzelner Beschäftigter, Gruppen, Fertigungszentren usw. erfaßt und grundsätzlich auch verglichen werden. So gibt es beispielsweise nach eigenen Erfahrungen CAD-Programme, die zusätzlich im Hintergrund diejenigen Zeiten registrieren, summieren und speichern können, in denen länger als in einem einstellbaren Zeitraum keine Aktivitäten am Rechner erfolgen. Der Bildschirm schaltet dann ab und muß neu aktiviert werden. Darüber hinaus waren auf Fachmessen BDE-Ansätze erkennbar, bei denen jeder Beschäftigte die Türen im Betrieb nur mit seiner Plastikidentifikationskarte öffnen kann, sogar sein Bier in der Kantine damit bezahlen muß. Zentral erfaßt und gespeichert, kann so leicht automatisch registriert werden, wer wann wielange warum wo war (vgl. Roßnagel u.a., 1990 S.191).

Wegen des eklatanten Machtungleichgewichts zwischen Unternehmensleitung und einzelnem Arbeitnehmer ist es diesem einzelnen kaum möglich, sich erfolgreich gegen solche Kontrollen und Überwachungen zu wehren. Trotz aller Schwierigkeiten wäre es daher die Aufgabe der Arbeitnehmervertreter, hier die Grundrechte der Arbeitenden zu schützen und eine technokratische Dehumanisierung der Arbeit zu verhindern. Von den großen Parteien ist dabei kaum Hilfe zu erwarten. Lediglich "Die Grünen" fordern im Zusammenhang mit einer Technologiefolgenabschätzung "Widerstand gegen abteilungsübergreifende computergestützte Arbeitsplatztechniken" und ein "Verbot des Einsatzes von Personalinformationssystemen" (vgl. "Die "Grünen", 1986, S.148-150), allerdings mit wenig Aussicht auf Erfolg.

Hier ging es vor allem um den Einsatz der Mikroelektronik als Kontrollinstrument in Industriebetrieben. Die Kontrollgewalt der Computer geht jedoch weit über den Betrieb hinaus. Das nachfolgende Zitat aus dem Buch "Digitalisierung der Grundrechte?" verdeutlicht recht drastisch den Macht- und Kontrollaspekt, der prinzipiell in großen, vernetzten Computersystemen und -programmen steckt:

"Zählgewalt ist seit jeher Herrschaftsgewalt. Wer zählt, herrscht. Durch die Übertragung von Koordinations-, Steuerungs- und Kontrollfunktionen werden Herrschaftsmechanismen auf die Informations- und Kommunikationssysteme übertragen. Die Zwecke und die Macht des Systemherrn sind eingelassen sowohl in die einzelnen Anweisungen als auch in die gesamte Struktur des Systems. Sie erscheinen den Betroffenen aber nicht mehr als solche, sondern als objektive, sachliche und neutrale Anforderungen des technischen Systems. Der weitverbreitete Glaube an die Unfehlbarkeit von Computern und daran, daß Information aus Computersystemen objektiv und wahr seien, verstärkt noch diesen Effekt. Dieser Verschleierungsaspekt erhöht die Legitimationsfähigkeit von Macht. Der Computer ist das Gesicht der gesichtlosen Macht" (Roßnagel u.a., Opladen, 1990 S39, vgl. S.44).

2.2.3 Mikroelektronik und Arbeitslosigkeit

Arbeit, auch streßbelastete und kontrollierte, wird auf absehbare Zeit für die Mehrzahl der Menschen in unserer Gesellschaft der Kern ihres Lebens bleiben, von dem her sie sich selbst definieren und von anderen in das gesellschaftliche Statusgefüge eingeordnet werden. Für einen beträchtlichen Teil dieser Menschen wird jedoch die zweite industrielle Revolution in die Arbeitslosigkeit führen. Alles in allem vernichtet der Einsatz der Mikroelektronik im Industriebereich um ganze Faktoren mehr menschliche Arbeitsplätze als er neu schafft. Während die klassische industrielle Revolution die Menschen von schwerer körperlicher Arbeit befreite, beginnt mit der Automation und dem Einsatz von Mikroelektronik eine Zeit, in der darüber hinaus auch menschenbezogene Kenntnisse, Fähigkeiten und Fertigkeiten im Bereich der industriellen Produktion immer mehr überflüssig werden.

"Aufgaben, die früher mit hohen Qualifikationsanforderungen verbunden waren, werden vom Computer übernommen: Das Wissen des Arbeitsplaners ist gespeichert und kann unabhängig von seiner Person abgerufen werden; er selbst erfüllt nur noch Hilfsfunktionen der Maschine. Das System erlaubt es, auf hochqualifizierte Angestellte - wenn auch nicht völlig, so doch sehr weitgehend - zu verzichten" (Scharfenberg, 1982 S.27).

"Wenn man sich die zweite Revolution abgeschlossen denkt, hat das durchschnittliche menschliche Wesen mit mittelmäßigen oder noch geringeren Kenntnissen nichts zu verkaufen, was für irgend jemanden das Geld wert wäre" (Norbert Wiener, zitiert in Scharfenberg, 1987 S.8).

In Fuzzy-Logik-Programme eingebundene künstliche Intelligenz- und Expertensystemmodule werden zukünftig immer mehr mit entsprechenden Computerprozessoren wissens-, kenntnis- und erfahrungsgeladen ganze Fertigungs- und Montagestraßen steuern und regeln. Zusammen mit Robotern , die tasten, sehen, "denken" und entscheiden, werden in den Fabriken der Zukunft nur noch Arbeitsplätze für wenige Menschen bleiben: Neben der Unternehmensleitung Planer für das Computerprogrammsystem als Stabsabteilung, Ingenieure, die den Computer und die Roboter in bestimmten Grenzen befehligen und hochqualifizierte Techniker, die nicht selbst produzieren, sondern Störungen beseitigen und Wartungs- und Instandhaltungsarbeiten durchführen. Über den Produktionsbereich hinaus wird es noch das geben, was vom Kaufmännischen übrigbleibt, einen Kundendienst und die Bereiche der Konstruktion, Forschung und Entwicklung.

Für Facharbeiter und Mechaniker schrumpft die Zahl der Arbeitsplätze im Produktionsbereich drastisch. Wie alle anderen Verbleibenden müssen auch die im Konstruktionsbereich tätigen Ingenieure, Konstrukteure und Technischen Zeichner zukünftig anders als heute aus- und weitergebildet werden. "In vielen Fällen werden diese Tätigkeitsbereiche hohe, ja sehr hohe Qualifikationen erfordern, daher wird nicht jedermann die erforderlichen Bedingungen erfüllen können" (Schaff, A. in Friedrichs; Schaff, 1982 S.363; vgl. auch Scharfenberg, G. 1987 S.27). "Nur ein Bruchteil der Bevölkerung wird davon profitieren.

Jene, die mit der neuen Technik nicht umgehen können, werden noch weiter ins Hintertreffen geraten" (Lenk, K. in Volpert, W., 1985 S.113).

Das führt in letzter Konsequenz zu einer Teilung der Gesellschaft in Teile, die Arbeit, ausreichendes Einkommen und gesellschaftliche Anerkennung besitzen und solche, die als "Versager" von allen positiv besetzten gesellschaftlichen Rollen ausgeschlossen werden. Das ist eine Entwicklung, die, wie sich schon heute besorgniserregend zeigt, großen politischen Sprengstoff in sich birgt.

2.4.4 Mikroelektronik und die Qualität der Arbeit

Es wurde bereits erwähnt, daß für die im Arbeitsprozeß Verbleibenden die Arbeit höchstwahrscheinlich strenger Kontrolle unterworfen wird. Die Mikroelektronik führt jedoch darüber hinaus zu weiteren einschneidenden Veränderungen. Eine davon betrifft die Kommunikationsstruktur im Betrieb. Über den Überwachungsstreß hinaus, den ein vernetztes Computerterminal beim Arbeitnehmer hervorrufen kann, verringert es die menschlichen Kontakte (vgl. Lamborghini in Friedrichs; Schaff, 1982 S.164) zum einen, weil die Anzahl der Beschäftigten drastisch abnehmen wird und zum anderen, weil die rationalen Kommunikationszusammenhänge von Programmen abgewickelt werden. Damit wird die Gelegenheit informeller menschlicher Kontaktaufnahmen geringer. Auch viele Programmsysteme selbst erschweren Kontakte zwischen den gleichgestellten Mitarbeitern, während solche zwischen Untergebenen und Vorgesetzten eher zugelassen werden. "Natürlich ist auch diese Tendenz nicht neu, Rationalisierung heißt immer auch Vereinzelung" (Volpert, 1985 S.89f; vgl. auch Roßnagel u.a., 1990 S.175). Nimmt man den bemerkenswerten Trend zu einer zunehmenden Zahl von computervernetzten Heimarbeitsplätzen auch im CAD-Bereich hinzu, wird die zunehmende Isolierung der Arbeitenden voneinander noch deutlicher.

Ein weiteres Problem ist das der Gängelung der Arbeitenden durch die Computerprogramme.

"Da es dem König aber wenig gefiel, daß sein Sohn , die kontrollierten Straßen verlassend, sich querfeldein herumtrieb, um sich selbst ein Urteil über die Welt zu bilden, schenkte er ihm Wagen und Pferd. "Nun brauchst Du nicht mehr zu Fuß zu gehen", waren seine Worte. "Nun darfst Du nicht mehr", waren deren Sinn. "Nun kannst Du es nicht mehr", deren Wirkung" (Anders, 1956 S.97).

Was jener König damals mit Pferd und Wagen erreichte, das erreichen die Systemkundigen mit den Computerprogrammen. Je komplexer und "benutzerfreundlicher" nämlich die Computerprogramme werden, desto unmündiger werden diejenigen gehalten, die sie bedienen. Anwender müssen und können nur den vorgeschriebenen Pfaden und Anweisungen der Programmteile folgen, die ihnen zugänglich gemacht werden. Eigene Kreationen werden oft unmöglich gemacht und eliminiert. Das Programm selbst ist unzugänglich und geschützt. Die dadurch bewirkte zunehmende Abhängigkeit vom Computer wird noch unterstützt durch dessen Überschätzung. Die Maschinen leisten unglaublich viel, sind ständig aktiv, fordern auf, erinnern, kontrollieren und bewerten. Sie schaffen eine eigene soziale Realität.

Das kann folgenden Teufelskreis bewirken: Der auftretende Streß provoziert Fehler. Diese werden als menschliches Versagen interpretiert. Damit verlieren die Betroffenen meist unbewußt den richtigen Ausgangspunkt für eine angemessenen Kritik, die folgendermaßen lauten müßte:

Nicht der Mensch muß sich technikgerecht verhalten. Vielmehr müßte die Technik menschengerecht sein. Das wird oft unterdrückt und nicht bewußt gemacht. Die Anwender gewöhnen sich an die Reaktionen der Programme; an sie angebunden, glauben sie sogar oft, sie würden mit der Maschine in der vorgeschriebenen Sprache "reden" können. Es ist frag- und untersuchenswürdig, in welcher Weise das die Auffassung und den Gebrauch von Sprache seitens der Benutzer beeinflußt. Wahrscheinlich tritt so insgesamt die Gefahr einer Selbstentfremdung auf, verbunden mit einem Verlust an Kommunikationsfähigkeit, Menschenwürde und Selbstachtung.

Werden Konstruktions- und Produktionsabläufe durch Computerprogramme standardisiert und vorstrukturiert, so werden immer auch gleichzeitig alternative Arbeitsstrukturen und arbeitsplatzbezogene Spielräume eingeengt. Die Maschinisierung der Kopfarbeit erhöht die Monotonie vor den Bildschirmen und führt meist zur Isolierung. Oft werden auf rein zweckrationale Weise nur formale Symbole gehandhabt. Das instrumentell-rationale Denken wird auf Kosten des intuitiven und kreativen Denkens verstärkt.

Die Bedienung vieler Computerprogramme wird zudem zunehmend erleichtert. Das wird oft als Argument gegen die Befürchtung angeführt, mikroelektronische Systeme könnten in Zukunft nur noch von Hochqualifizierten bedient werden. Die Benutzeroberflächen der Programme, so wird behauptet, würden immer einfacher und würden sich zukünftig sogar den mehr oder weniger intelligenten Reaktionen der Bediener anpassen. Deshalb sei auch durchaus noch computergestützte Arbeit für durchschnittlich Begabte möglich.

Wenn das so ist - und einige Entwicklungstendenzen weisen darauf hin - dann wird damit eine andere Form der Polarisierung in den Betrieben festgeschrieben, die sich in verschiedenen Abwandlungen auch in anderen Lebensbereichen findet: die Polarisierung in Menschen, die Wesen und Funktion der Mikroelektronik und der Programme begreifen und solche, die bloß auf die Knöpfe drücken. Wenn sich für die Mehrzahl der Bürger alle Arbeitsvorgänge und Gebrauchsgegenstände des täglichen Lebens in bloße "schwarze Kästen" verwandeln, dann ist die Spaltung der Gesellschaft in Wissende und Unwissende vollzogen. "Dann entsteht eine Elite, die allein Technik durchschaut und damit die Funktion einer Priesterkaste annimmt, die Geheimlehren pflegt, die der Masse unverständlich sind und von denen sie ausgeschlossen ist" (Scharfenberg, 1987, S.85). Die meisten Arbeitenden würden zu bloßen Maschinenbedienern, wobei sie nicht die Maschine, sondern die Maschine sie anwendet. Sie werden durch die Programme buchstäblich gegängelt. So könnten zum Beispiel qualifizierte Technische Zeichner mit CAD und großen Programm-, Makro- und Symbolbibliotheken beruflich dequalifizieren zu Aneinanderreihern fertiger, abgespeicherter und relativ unveränderbarer Blöcke. Bereits Adam Smith beschreibt 1776 in seinem Hauptwerk "An inquiry into the nature and causes of the wealth of nations" die möglichen Wirkungen solcher Arbeit:

> "Ein Mensch, der sein ganzes Leben damit verbringt, ein paar einfache Operationen zu vollziehen, deren Erfolg vielleicht immer derselbe oder wenigstens fast derselbe ist, hat keine Gelegenheit, seinen Verstand zu üben oder seine Erfindungskraft anzustrengen, um Hilfsmittel gegen Schwierigkeiten aufzusuchen, die ihm niemals begegnen und wird am Ende so unwissend und dumm, als es nur immer ein menschliches Wesen werden kann. Die Verknöcherung des Geistes macht ihn nicht nur unfähig, an einer vernünftigen Unterhaltung teilzunehmen oder sie auch nur zu genießen, sondern läßt es auch in ihm zu keinem freien, edlen oder zarten Gefühl mehr kommen und erlaubt ihm selbst nicht, die alltäglichen Dinge des Privatlebens richtig zu beurteilen" (Smith, 1973 S.494f).

Solche gegängelte Arbeit in einem System, daß man nicht mehr durchschaut, wirkt sich zudem negativ auf Gesundheit und Wohlbefinden aus:

> "Die Arbeit an Bildschirmgeräten kann zu spezifischen Beschwerden wie Augenschmerzen, Streß, Erschöpfung, Rückenschmerzen, Kopfschmerzen und Hautentzündungen führen. Eine von gewerkschaftlicher Seite in zehn Ländern durchgeführte internationale Umfrage in Bezug auf Bildschirmgeräte ergab, daß diese Probleme fast überall auftreten" (Evans in Friedrich; Schaff, 1982 S.190).

Bei diesen Beschwerden ist es fast immer unmöglich, zu trennen zwischen physischen, psychischen und psychosomatischen. Die durch den Computereinsatz fortgesetzte Taylorisierung der Kopfarbeit läßt Verantwortlichkeiten und Zuständigkeiten verschwimmen. Streß entsteht, wenn unklar bleibt, ob Vorgesetzte, Datenbanken, das Programm, der Rechner oder der Anwender selbst etwas verursacht haben. Das gilt für Erfolg, über den der Anwender sich dann nicht so recht freuen kann, - und noch mehr für Mißerfolg, wenn als Sündenbock meist er als der einzig greifbare Mensch übrig bleibt.

Wie Sozialwissenschaftler mit aufwendigen Studien in verschiedenen Ländern bestätigen, "führen eingeschränkte und belastende Arbeitstätigkeiten

- zu Störungen des Wohlbefindens und zu andauernden psychischen und körperlichen Beschwerden,

- zu einem Abbau der intellektuellen Leistungsfähigkeit, insbesondere der geistigen Beweglichkeit,

- zu einem passiven Verhalten im Bereich der Freizeit und des Engagements für öffentliche Belange,

- zu einem Erziehungsverhalten, das wiederum bei den Kindern Unselbstän-
digkeit und Konformismus fördert" (Volpert, 1985 S.36).

So könnte sich verstärkt fortsetzen, was schon Vertreter der älteren Generation über ihre Erziehung anmerkten: "Dressiert man nicht uns alle von Kindheit
an zu formalisiertem, regelhaften Verhalten, damit wir in den maschinenartig
hierarchisch angelegten Institutionen unserer Gesellschaft besser bestehen?"
(Floyd, in Volpert, 1985 S.9).

2.2.5 Zur Fehleranfälligkeit komplexer mikroelektronischer Systeme

Ein gewichtiges Problem beim Einsatz komplexer mikroelektronischer Systeme, das sich möglicherweise als ein schwerwiegendes Argument für die
Erhaltung menschlicher Dispositions- und Gestaltungsspielräume am Arbeitsplatz und gegen die totale Gängelung durch die Technik erweisen könnte, ist
die Fehleranfälligkeit dieser Systeme.

Hinsichtlich der neuen Technologien gilt das für die Programme, für die Hard-
warekomponenten, für die Übertragung und die Speicherung. Fehlerhafte
Software kann prinzipiell verbessert werden. Demnach wäre anzunehmen, mit
zunehmender Einsatzdauer und Neuauflagenhöhe würden mit der Zeit alle
Fehler beseitigt. Das ist faktisch nicht der Fall, weil bei Neuauflagen in der
Regel neue Programmelemente hinzukommen, die ihrerseits fehlerrisikobe-
haftet sind. Da komplexe Systeme - wie z.B. CAD-Programme - auf vielfältige
Weise von Unterkomponenten abhängig sind, kann ein bestimmtes Unterpro-
gramm für eine Ansteuerung in Ordnung sein, von einer anderen aus aufgerufen jedoch falsch reagieren. Es treten mitunter auch kumulative Effekte auf.
Bei größeren Programmen kann man von 1,5% bis 2% fehlerhaften Anweisungen ausgehen.

"Dabei liegt der Anteil der Spezifikations- und Entwurfsfehler bei jeweils 30%
und der von Kodierungsfehlern bei etwa 40%. Von den Entwicklungsfehlern
sind nach Abschluß der Implementierungsphase ein Drittel noch nicht entdeckt. In großen Softwaresystemen muß daher mit einer entsprechenden
Anzahl latenter Fehler gerechnet werden. Aus dem 40 Millionen Zeichen
umfassenden Code des öffentlichen US-Telefonnetzes wurden im Laufe der
Zeit 40.000 Fehler eliminiert" (Roßnagel, u.a. 1989 S.113.

In der enormen Größe und Komplexität vieler CAD-, CAD/CAM-, PPS- und
CIM-Programme liegt eine wichtige Ursache ihrer Störungen und Unvollkommenheiten. Eine Fehlersuche bleibt oft erfolglos. Bestimmte Fehlerkonstella-
tionen lassen sich oft nicht reproduzieren, wenn viele Programme miteinander
verkoppelt sind. Das Betriebssystem geht - je nach bestimmten Voraussetzungen - für den Benutzer kaum kontrollierbare eigene Wege durch das Da-
tennetz und erschwert dadurch eine systematische Fehlersuche. Es genügt
prinzipiell nicht, im Hinblick auf CIM nur ein Programm zu testen. Notwendig

ist zu prüfen, ob der ganze Programmverbund relativ fehlerfrei funktioniert. Das ist um Potenzen aufwendiger und letztlich kann man immer sicher sein: Ein paar Fehler schlummern noch unerkannt und werden sich gelegentlich bemerkbar machen.

Damit erkannte Softwarefehler ausgemerzt werden, sind die Anwender darauf angewiesen, kostspielige Wartungsverträge mit den Softwarehäusern abzuschließen. In der Regel entfallen 40% bis 80% der Gesamtkosten eines Systems auf die "Softwarepflege und -wartung". Insider sprechen von einer "Bananensoftware", die grün ausgeliefert wird und erst beim Benutzer reift (vgl. Glaser; Rencin, 1991 S.74).

Dem Bremer Schulzentrum im Holter Feld wurde ein Wartungsvertrag für ein CAD-Programm von 20.000DM jährlich angeboten. Dieser wurde für mehrere Jahre abgeschlossen, nur um die Fehler eines CAD-Programmes beseitigen zu lassen und Programmneuauflagen zu erhalten. Um das Datenverlustrisiko zu verringern, empfiehlt es sich für Großanwender, zwei Anlagen parallel laufen zu lassen oder Verträge mit Partnern zu schließen, die eine gleiche Anlage in der Nähe haben, um Softwaresicherheitskopien auszutauschen und getrennt zu speichern.

Beim Großraumjet Airbus laufen sogar drei Bordcomputer gleichzeitig parallel und kontrollieren sich dabei gegenseitig, ob sie plausibel arbeiten. Ist das bei einem nicht der Fall, schalten die beiden anderen ihn automatisch ab. Selbst die Pilotenhandlungen werden von den Computern überwacht. Auch wenn die Flugzeugführer es wollten, könnten sie kritische Flugzustände nicht herbeiführen. Fehler im System "Bordcomputer-Triebwerk" können das offensichtlich. Sie schalteten Ende Mai 1991 die Schubumkehr eines Triebwerkes des Großraumjets Boeing 767-300 der neuesten Bauart in 10000m Höhe ein. Das Flugzeug zerriß in der Luft, 223 Menschen an Bord mußten sterben. Originalzitat des Fluglinienbesitzers Lauda: "Wenn dieses Unglück, das 223 Menschenleben gefordert hat, etwas Positives gebracht hat, dann jenes, daß Systemfehler klar gemacht wurden" (Weserkurier vom 3.6.1991 S.14).

Neben den Fehlern in den komplexen Softwaresystemen treten solche auch seitens der mechanisch empfindlichen Hardwarekomponenten auf. Sie sind meist erschütterungs-, feuchtigkeits-, staub- und temperaturempfindlich. Leitungs- und Sicherungssysteme sollen zwar Störspannungen und -freqenzen abfangen, externe Notstromakkumulatoren oder -aggregate springen bei äußerem Stromausfall ein. Trotzdem sind Störungen seitens der Hardware unvermeidlich.

Zusätzliche "Fehlerquellen" sind die Menschen, die mit den Systemen arbeiten müssen. "Menschen ermüden, altern ... Häufig sind sie dumm, unzuverlässig und in ihrem Gedächtnis beschränkt. Darüber hinaus versuchen sie manchmal, ihre eigene innere Logik aufzubauen" (Boguslaw, 1985 S.114). So verteilt sich das Schadensrisiko für Informationssysteme seitens der Anwender nach einer Auswertung von IBM auf folgende Faktoren: "Fehler und Unterlassungen 54%, unredliche Mitarbeiter 15%, verstimmte Mitarbeiter 9,8%, Feuer 9,8%, Wasser 7,8%, externe Bedrohung 3,6%" (Roßnagel, u.a., 1989

S.116). Fehler, die auf menschlichen Schwächen beruhen, sind nicht zu vermeiden, solange Menschen Geräte bedienen.

Industriebetriebe sind, wenn sie Mikroelektronik in Kerngebieten wie Verwaltung, Konstruktion und Produktion einsetzen und sogar miteinander verknüpfen (CIM), außerordentlich empfindlich gegen Funktionsstörungen und Sabo-
tage, die prinzipiell ohne große Schwierigkeiten von einzelnen verursacht werden kann.

Den Systemmanagern kommt deshalb hinsichtlich des Sicherheitsrisikos eine
besondere Bedeutung zu. Sie können alle erdenklichen Operationen durchführen, da sie seitens der Zugriffsberechtigung nicht beschränkt sind. Sie besitzen eine Machtposition, die nicht zu unterschätzen ist. Hochqualifiziert und
nicht kurzfristig zu ersetzen, können sie im Ernstfall einen ganzen Konzern
weltweit lahmlegen, um besondere Interessen durchzusetzen. "Die größten
Risiken gehen von den Programmentwicklern, Wartungstechnikern oder Sy-
stemverwaltern aus. Denn sie haben am ehesten die Möglichkeit, unentdeckt
Programme und Daten zu manipulieren" (Roßnagel u.a., 1989 S.148f).

2.3 Ein erstes Fazit

Der Weg in die mikroelektronisch gesteuerte Fabrik der Zukunft und in eine
von den neuen Technologien beeinflußte Gesellschaft ist heute ebenso unvermeidlich, wie es der Weg in die Industriegesellschaft im vorigen Jahrhun-
dert war. Bei der Vielzahl der diese Entwicklung beeinflussenden unterschiedlichen Interessen ist eine neutrale Technikfolgenabschätzung nicht möglich.
Die vorhandenen Ansätze zu einer Theorie von Arbeit und Kultur in unserer
Gesellschaft hinken zumeist hinter den rasanten technologischen Entwicklungen her.

"Das langfristige Ergebnis von Veränderungen, die jetzt erst Gestalt anzunehmen beginnen, könnte durchaus eine strenger geordnete Gesellschaft
sein. Dahinter steckt die große Frage, ob das Mehr an Ordnung sich auf das
Reich der Notwendigkeiten beschränken wird oder aber die Kreativität des
Menschen, sein Urteilsvermögen und seine Freiheit in Mitleidenschaft zieht,
was die Entstehung einer vollständig regulierten, bürokratischen Gesellschaft
zu Folge hätte" (Lenk in Friedrich; Schaff 1982 S.318).

Die Entwicklung kann sich also in unterschiedliche Richtungen bewegen, das
heißt, sie wird von den neuen Technologien zwar stark beeinflußt, aber nicht
determiniert. Die vorhandenen Möglichkeiten liegen zwischen einer mechanisierten Welt der Entfremdung und totaler Kontrolle, wie sie Orwell beschrieben hat, und der Nutzung der mit den neuen Technologien gegebenen Kräfte
zur Erweiterung menschlicher Freiheit, zur Bereicherung des individuellen Lebens und zu größerer kultureller Vielfalt. Es sind in erster Linie politische, nicht
technologische Entscheidungen, die die Richtung bestimmen.

Zwei Extrempositionen verbieten sich dabei, weil sie den Blick für eine konstruktive Sichtweise versperren: Erstens eine unkritische Technologiegläubigkeit und zweitens eine pauschale Technikfeindlichkeit.

Sinnvolle demokratische Beteiligung an den Entscheidungen über das zukünftige Gesicht unserer Industriegesellschaft ist aber nur dann möglich, wenn die meisten Betroffenen einen Bildungsstand erreicht haben, der es ihnen ermöglicht, die Risiken, Vor- und Nachteile neuer Entwicklungen abzuschätzen. Die öffentlichen Medien und das Bildungssystem tragen dabei eine besonders hohe Verantwortung. "Es kann kaum noch einem Zweifel unterliegen, daß die fehlenden Grundkenntnisse über Funktionsweise und Anwendungsmöglichkeiten der Mikroelektronik in der Informationsgesellschaft die gleichen Folgen haben werden, wie sie fehlende Kenntnisse in Schreiben und Lesen haben" (Scharfenberg, 1987 S.85).

Bevor jedoch die damit zusammenhängenden Aufgaben und Probleme näher ins Auge gefaßt werden, soll die oben versuchte Skizze der allgemeinen Entwicklungstrends ergänzt werden durch eine Analyse der Auswirkungen neuer Technologien auf den Produktionsbereich als zentralem Themenbereich dieser Arbeit.

2.4 Überblick über neue Technologien im Produktionsbereich

Es waren zunächst die internationalen Großindustrien der Luft- und Raumfahrt, die CAD und CAM entwickelten und anwendeten; später kam die Autoindustrie hinzu. Der Airbus war das erste Projekt, welches ausschließlich mit Hilfe des mächtigen CAD-Programms CATIA konstruiert wurde. Die damit erzeugten Daten steuerten Werkzeugmaschinen, die z.B. die großen Anschlußteile zwischen Rumpf und Tragwerk frästen. Damit wurde CAD/CAM einsatzfähig, die direkte Kopplung zwischen Konstruktionscomputer und Fertigungsrechner. Ein erster Schritt hin zu CIM, der computergesteuerten und datenvernetzten Fabrik der Zukunft, war getan. In ihr werden Konstruktion, Berechnung, Simulation, Produktionsunterlagen, Arbeitsvorbereitung, Material- und Werkzeugverwaltung, Fertigung, Betriebsdatenerfassung sowie Qualitätskontrolle zusammen in einer zentralen Datenbank erfaßt und von Rechnern gesteuert. Das PPS-Programm "kommuniziert" dabei mit allen Unterprogrammen und informiert insgesamt darüber hinaus das Management des Betriebes.

Inzwischen, 25 Jahre nachdem CAD großindustriell erstmals angewandt wurde, sind die Systeme, die Programme und die seitens des Personals erforderlichen Anpassungs- und Fortbildungsqualifikationsmaßnahmen auch für alle anderen Industriebranchen erschwinglich geworden.

Die Unternehmensleitungen, die CAD/CAM einsetzen, versprechen sich in der Regel nach einer kostenintensiven Einführungsphase kürzere Durchlaufzeiten für ihre Auftragsabwicklungen. Bei Einzelaufträgen im Maschinen- und Stahlbaubereich entfällt oft die Hälfte der Auftragszeit auf die Konstruktion und die Arbeitsvorbereitung. Hier soll mit Hilfe von CAD/CAM zum einen Zeit gespart und zum anderen die Konstruktion objektiviert und rationalisiert werden. So

werden zur Zeit immer mehr CAD-Systeme angewendet, mit denen man dreidimensional, also räumlich, konstruieren kann. Traditionelles Denken und
Zeichnen in "drei Ansichten" entfällt dabei, die Konstruktionsteile entstehen in
einem mathematisch definierten Raum und nicht mehr auf den Flächen von
Papierblättern. Daten von Berechnungen, Stücklisten und für das PPS-System
werden bereits am Bildschirm erzeugt und verfügbar gemacht.

Wie sich durch den Einsatz neuer Technologien industrielle Arbeit im Produktionsbereich verändert, das soll im folgenden durch Vergleiche mit
"klassischen" Produktionsverfahren verdeutlicht werden.

2.4.1 Wandel industrieller Arbeit durch neue Technologien

Analysiert man die Folgen der ersten industriellen Revolution, so fällt vor allem
die Entlastung des Menschen von schwerer körperlicher Arbeit ins Auge.
Kraft- und Arbeitsmaschinen ersetzten mit Hilfe der Energieversorgung aus
gasförmigem und flüssigem Treibstoff sowie aus Elektrizität menschliche Muskelkraft. Verbrennungs- und Elektromotoren übernahmen den Transport, die
Bewegung und die Bearbeitung materieller Güter. Muskelkraft war im Industriebetrieb kaum noch erforderlich. Maschinen unterschiedlichster Art verrichteten die Produktionsarbeit. Die körperliche Restarbeit teilte sich auf in die
Maschinenbedienung im Bereich der Fertigung, die Montage, den Werkzeug-
und Formenbau, die Wartung und Instandhaltung sowie Hilfsarbeiten. Die
blauen Arbeitsanzüge wurde meist eingetauscht gegen den grauen oder
weißen Kittel.

Das Management verrichtete anfangs im Prinzip die gleichen Arbeiten wie
vorher, konnte aber aufgrund der ersten industriellen Revolution immer weiter
von einem entwickelten Verkehrswesen und der wachsenden Nachrichten-
technik profitieren (vgl. Gergely, 1985/3 S.189ff).

Die zweite industrielle Revolution zog zunächst über die kaufmännischen Abteilungen in die Industriebetriebe ein. Die EDV (elektronische Datenverarbeitung) mit ihren teuren und empfindlichen Großrechnern übernahm zunächst
zeitaufwendige Routinetätigkeiten im Bereich der Personalabteilungen und im
Ein- und Verkauf. So wurde zum Beispiel mit Hilfe entsprechender Programme
und Datenverbindungen mit den regionalen Banken, Spar- und Krankenkas-
sen sowie der gesetzlichen Rentenversicherung und den Finanzämtern die
gesamte Lohn- und Gehaltsabrechnung abgewickelt.

Erst mit dem Preissturz aufgrund der rasanten Entwicklung der Mikroelektronik
und den sich parallel dazu ausbreitenden Informatikgrundkenntnissen und deren technische Anwendungen begann die elektronische Datenverarbeitung in
den Bereich der industriellen Produktion vorzudringen. Sie übernahm und
übernimmt dort zunehmend flexibel gestaltbare Routineabläufe innerhalb der
Steuerungs- , Regelungs- und Ablauflogistik. So ersetzt zum Beispiel die spei-
cherprogrammierbare Steuerung (SPS) aufwendige althergebrachte Steuerungen.

Parallel dazu rückte mit der Überarbeitung der durch die Großindustrie finanzierten ersten CAD-Programmentwicklungen und den immer preiswerteren und leistungsfähigeren Workstations und Personalcomputern der Konstruktionsbereich im Industriebetrieb ins Blickfeld möglicher Rationalisierung. Die Zeichnungen entstehen mit Hilfe von CAD nicht mehr auf dem Papier, sondern der digitale Datenvorrat wird auf dem Bildschirm sichtbar gemacht. Die Bildschirmdarstellung ähnelt einer Zeichnung. Speichert man die binären Daten, ist die Konstruktion oder sind Teile daraus jederzeit wieder verfügbar. Einzelnen Teilen können mit entsprechenden Unterprogrammen z.b. Stücklistenattribute für die Produktionsplanung und -steuerung (PPS) angehängt werden.

Nachdem immer mehr Produktionsmaschinen sich mit einem numerisch angebbaren Code (NC) steuern ließen, war der Schritt zur CNC, zur computergesteuerten und -kontrollierten Fertigung nicht mehr weit. Mit Hilfe eines Übersetzungsprogramms - Postprozessor genannt - steuert der Computer seitdem aus den mit CAD geschaffenen Daten und erforderlichen Ergänzungen die Werkzeugmaschine selbst an, schreibt den NC-Code automatisch. Dieser wichtige Schritt auf dem Weg zu CIM wird mit der Abkürzungsverbindung CAD/CAM bezeichnet, die unmittelbar auf die Koppelung zwischen Konstruktion und Fertigung hinweist. Manche Experten glauben, diese Koppelung würde die Zusammenarbeit zwischen dem Arbeiter an der Maschine und dem Konstrukteur während des Planungs- und Entwurfsstadiums überflüssig machen. "Das Werkzeug kann bereits im Entwurfsstadium vorbereitet werden, indem der Computer die Einstelldaten für die Werkzeugmaschine festlegt. In einer automatisierten Werkzeugmaschinenhalle wird folglich die Tätigkeit des Facharbeiters nach einiger Zeit überflüssig werden" (John, in Friedrichs; Schaff, 1982 S.175).

Spezielle Programme unterstützen die Qualitätskontrolle. Korrekturen werden zum Teil bei laufender Fertigung automatisch vorgenommen. Die Betriebsdatenerfassung liefert ständig den Fertigungszustand und -fortschritt an die zentrale Datenbank. Die Aufgaben der Materialdisposition, -verwaltung- und -lagerung sowie die der Arbeitsvorbereitung wandeln sich, seitdem die Produktionsplanung und -steuerung (PPS) gewissermaßen übergreifend die gesamte Produktion erfaßt.

Die Montage einzelner Bauteile und Baugruppen zum Fertigprodukt geschah "klassisch' am Fließband und/oder mit Hilfe von mehr oder weniger automatisierten Montagestraßen. An diesen waren meist spezialisierte Förder- und Handhabungsautomaten installiert. Beides erforderte in der Regel viele auf das Produkt genau abgestimmte Vorrichtungen. Ein Nachteil ist dabei die Festlegung auf ein Erzeugnis, das nur wenig variiert werden konnte, weil Anlagen dieser Art nicht flexibel zu betreiben sind. Darum lohnen sie sich in der Regel nur, wenn große Stückzahlen zusammengebaut werden müssen. Mit Hilfe moderner Antriebstechniken und der Mikroelektronik entfiel diese Einschränkung. Mit Hilfe von Robotern entstanden neben den flexiblen Fertigungszellen auch flexible Montagezellen, in denen, weil die Roboter leicht und schnell umprogrammierbar sind, auch kleine Losgrößen wirtschaftlich montiert werden können. Darüber hinaus kann das Steuerprogramm bis zum nächstgleichen Auftrag einfach gespeichert und aufbewahrt werden. Solche flexiblen

Rationalisierungsinseln ergeben einen weiteren Schritt hin zu CIM, wenn sie miteinander vernetzt und an zentrale Datenbanken angeschlossen werden. Mit Hilfe solcher zentraler Datenbanken und der mikroelektronisch möglich gemachten Verfolgung und Steuerung jedes einzelnen Auftrages, theoretisch von einem beliebigen Bildschirmterminal aus, wird immer mehr auftragsbezogen und immer weniger arbeitsplatzbezogen vorgegangen. "Von arbeitsteilig gegliederten Ablaufprozessen wird zu integrierten ganzheitlichen Abläufen übergegangen" (Scheer, 1988/3 SV).

In seinem Beitrag für den Bericht an den Club of Rome sieht Bruno Lamborghini bereits 1982 den Prototyp der Fabrik der Zukunft folgendermaßen:

"Es handelt sich dabei um vollautomatische Fabriken, die kleine Serien unterschiedlicher Produkte auf ein und derselben Maschine herstellen können. Kleine Zeilen numerisch gesteuerter Werkzeugmaschinen, von Robotern mit Rohmaterial versorgt, werden von Minicomputern gesteuert, die ihrerseits an einen Zentralcomputer angeschlossen sind, der den Rhythmus der Produktion und des Materialnachschubes reguliert. Qualitätskontrollen und Routineeinstellungsarbeiten werden von Robotern erledigt. Jede Panne kann vom Hauptcomputer bewältigt werden, der den Gesamtzeitplan der Produktion neu organisiert. Der Hauptcomputer kann mit anderen Computern zusammengeschaltet werden, der durch die CAD-Konstruktionstechnik detaillierte Konstruktionsunterlagen enthält" (Lamborghini in Friedrichs; Schaff, 1982 S.154).

Bezogen auf die noch verbleibenden Arbeitsplätze schreibt er:

"Diese Fabriken, die nie völlig ohne Personal sind, erfordern hochqualifizierte Ingenieure auf drei Ebenen: Planer des Gesamtprogramms, Ingenieure, die den Computer für die computerisierte Produktion bedienen, und Techniker in den Werkshallen." (Lamborghini in Friedrichs; Schaff, 1982 S.154).

Arbeitsplätze für den "klassisch" ausgebildeten Industriefacharbeiter und Technischen Zeichner, ja selbst für den nach der Neuordnung der industriellen Ausbildungsberufe geschulten Industriemechaniker scheint es demnach in den Fabriken der Zukunft nur noch in geringer Anzahl zu geben. Damit sind traditionelles und weitverbreitetes berufliches Fachwissen und Können sowohl im Konstruktions- wie auch im Fertigungs- und Montagebereich, also in der gesamten Produktion, elementar betroffen. Zum Beispiel spielen die Werkzeugmaschinen in der Fertigung eine Hauptrolle. Computergesteuert verdrängen sie qualifizierte menschliche Facharbeit, indem die erforderlichen Facharbeiten vom CAD-Datenvorrat aus programmiert in Arbeitszyklen zerlegt und von den Maschinen selbsttätig ausgeführt werden. Ein Systemspezialist überwacht mehrere CNC-Maschinen, Facharbeit wird eliminiert.

Alternativ dazu kann jedoch an Stelle des Systemspezialisten auch der speziell dazu weitergebildete Facharbeiter selbst an der Maschine programmieren, optimieren und eingreifen, Probleme unmittelbar erkennen und ausschalten, mit der Konstruktionsabteilung zusammenarbeiten. In diesen Fällen steigt seine Qualifikation, der Arbeitsplatz wird aufgewertet.

In den Konstruktionsabteilungen verdrängen die CAD-Arbeitsplätze zunehmend die althergebrachte Zeichenmaschine. Weite Bereiche traditioneller Tätigkeiten im Konstruktions- und Zeichenbüro lassen sich mit ihnen automatisieren, wenn sie konsequent angewendet werden. Einer der wichtigsten Berufe in den traditionell arbeitenden Konstruktionsabteilungen ist der des "Technischen Zeichners". Die dort arbeitenden Zeichnerinnen und Zeichner setzen die Skizzen und Vorlagen der Konstrukteure in genormte technische Zeichnungen um, fertigen Gesamt- und Detailzeichnungen - meist in verschiedenen Ansichten - und Stücklisten an . Darüber hinaus ergänzen sie die Vorlagen meistens durch Norm- und Standardteile, die sie erfahrungsgemäß selbsttätig entsprechenden Nachschlagwerken entnehmen. Ihre Werkzeuge sind neben dem Zeichenbrett Bleistifte, Radiergummis, Schablonen, Zirkel, Beschriftungs- und Tuschezeichengerät. Meist stehen ihnen noch Schreibmaschine, Fotokopierer und Pausgeräte als Hilfsmittel zur Verfügung. Sie müssen handwerklich geschickt, sorgfältig, genau und konzentriert arbeiten. Ihr Produkt ist ein auf Papier aufgebrachter Datenvorrat, nach dem gefertigt und produziert wird. Die Originale werden nach bestimmten Regeln in ein Archiv eingeordnet und sorgfältig verwahrt. Für die interessierten und betroffenen Abteilungen sind Kopien verfügbar. Änderungen im Original und deren Verbreitung sind arbeitsintensiv und aufwendig.

Wie die im Rahmen unserer Forschungsvorhaben und Modellversuche gemachten Erfahrungen und Beobachtungen zeigen (vgl. Görs; Voigt; Crome; Gabele; Koggenhop, 1991; Bremer Senator für Bildung Wissenschaft und Kunst, Bremen 1987, 1988, 1990), sind diese meist mühsam erworbenen und ausgebauten technischen Fähigkeiten der Zeichnenden größtenteils überflüssig, wenn sie auf CAD umsteigen. Darüber hinaus ändert sich ihre Zusammenarbeit mit den Konstrukteuren und Ingenieuren gravierend. Konnten die Zeichner früher weitgehend selbsttätig arbeiten, ist der mit CAD gefertigte Datenvorrat meist derart komplex, daß sie entweder eine umfangreiche Aufstiegsfortbildung absolviert haben müssen oder aber der Ingenieur ist ständig gehalten, ergänzend einzugreifen, um beispielsweise die CAD-Daten PPS-fähig zu vervollständigen. Des weiteren werden die CAD-Daten mittelbar für technische Berechnungen aller Art genutzt. Die Tendenz am Konstruktionsarbeitsplatz geht mit zunehmender Leistungsfähigkeit der Rechner und Programme immer mehr dahin, nicht mehr zweidimensional-flächig, sondern räumlich zu konstruieren, man sagt bereits: zu modellieren. Spätestens dann werden die meisten klassischen Denk- und Vorgehensweisen der Zeichner/innen eher störend als konstruktiv sein. Sie stehen, weil zum Teil internalisiert, neuen Vorgehensweisen geradezu im Wege.

Wie sich insgesamt gesehen die neuen Technologien auf die Qualität der Arbeit, insbesondere auf der mittleren Qualifikationsebene, auswirken werden, ist derzeit schwer zu sagen, zumal Sozialstruktur und -geschichte der Betriebe, Qualifikation der Beschäftigten, die jeweils vorherrschende

"Betriebsphilosophie" des Managements und viele andere Faktoren auf den Technologieeinsatz und die Arbeitsorganisation einwirken.

So werden einerseits Tendenzen zur weiteren Zerstückelung der Arbeitsprozesse und zur zunehmenden Dequalifizierung traditioneller Facharbeiter sichtbar, aber andererseits ist eine mögliche Renaissance der Facharbeit oder eine weitere qualifikatorische Polarisierung der verbleibenden Beschäftigten ebenso möglich. Schon bei ersten Eindringen in diesen Problembereich zeigt sich, daß es im Blick darauf, wie zukünftig die Arbeitsprozesse in Konstruktion und Produktion gestaltet werden, nur wenig Gewißheiten gibt. Eines jedoch scheint sicher: Es sind nicht vorrangig die neuen Technologien, sondern die politischen, wirtschaftlichen, technischen und sozialen Zielsetzungen, die für die Auswirkungen der Technologien auf die Arbeitsplatzverhältnisse bestimmend sind.

Aber um menschengerechte Entscheidungen hinsichtlich des Technologieeinsatzes, der Arbeitsorganisation und vor allem der erforderlichen Bildungs- und Qualifikationsprozesse treffen zu können, sind genaue Kenntnisse über die mit den neuen Technologien möglichen Veränderungen der Industriearbeit notwendig. Nach den vorausgegangenen allgemeinen Ausführungen sollen deshalb im folgenden solche Veränderungen am Beispiel des Maschinenbaus verdeutlicht werden.

2.4.2 Einflüsse der Neuen Technologien auf die Produktion am Beispiel des Maschinenbaus

Im klassischen Maschinenbau, der im Bereich der Einzel- und der Kleinserienfertigung angesiedelt ist, aber auch, wenn in der Großserienfertigung eine neues Produkt aufgelegt wird, gibt es eine typisch lineare Vorgehensweise. An dieser werden nacheinander die verschiedenen, voneinander getrennten Abteilungen beteiligt. Ein vereinfachter Überblick soll diese Vorgehensweise vergegenwärtigen:

1. Der vom Kunden formulierte Wunsch wird in einem ersten Schritt präzisiert. In einem Pflichtenheft werden alle Anforderungen, Aufgaben und Ziele des Produktes sowie Besonderheiten und Termine festgehalten. Kunde, Verkaufs- und Konstruktionsabteilung arbeiten zusammen.

2. Mit der Methode einer Funktionsanalyse wird das optimale technische Funktionsprinzip ermittelt. Ziel ist die genaue Funktionsbeschreibung und -struktur. Das technische Konzept wird beschrieben. Federführend sind die Entwicklungs- und/oder die Konstruktionsabteilung.

3. In der Gestaltungsphase werden die funktionsentscheidenden Komponenten und geometrischen Parameter des Produktes quantitativ bestimmt. Betriebliche Standard- und Normteile werden optimal berücksichtigt. Ziel ist der technische Entwurf. Die Konstruktionsabteilung arbeitet schwerpunktmäßig zusammen mit den Abteilungen Entwicklung, Versuch, Einkauf, Materialdisposition und Fertigung.

4. Innerhalb der Detaillierungsphase werden alle zu fertigenden Teile, Normteile, Antriebs- und Steuer- und Regelelemente und Baugruppen in technischen Zeichnungen erfaßt und technisch dokumentiert. Ziel sind für die Produktion, Montage und Wartung hinreichende technische Zeichnungen und Stücklisten. Die Konstruktionsabteilung arbeitet schwerpunktmäßig zusammen mit den Abteilungen Einkauf, Materialdisposition und Fertigung.

5. Die Abteilung Fertigungsvorbereitung ermittelt die Art der Rohteile und bestimmt deren Parameter, legt die Reihenfolge der Arbeitsgänge fest und wählt die nötigen Maschinen aus. Mit der Ausarbeitung der Arbeitsgänge werden als Ziel die Arbeits- und Prüfunterweisungen in Form der Arbeitsplanstammkarten und gegebenenfalls die NC-Maschinensteuerdaten angefertigt.

6. In der Produktionsplanung werden die Fertigungskapazitäten und Materialien disponiert. Ziele sind konkrete Planungsergebnisse in Form der Auftragsbildung und der Durchlaufplanung.

7. Im Bereich der Fertigung werden die Abläufe überwacht, die Arbeitsplätze mit Material, Vorrichtungen, Werkzeugen, Prüfmitteln sowie ggf. den NC-Daten versorgt. Entsorgung, Zwischenlagerungen und -transport werden organisiert. Die gefertigten Teile werden zusammen mit den hinzugekauften Teilen montiert. Ziel ist das lieferfertige Produkt.

Charakteristisch für diese aufbau- und ablauforganisatorische Gestaltung der Produktentwicklung und -fertigung ist eine typische funktionale Arbeitsteilung, die dem Taylorismus entspricht. Bis zur konkreten Fertigung ist ein langer administrativer Weg vorgeschaltet, wobei die einzelnen Schritte von unterschiedlichen Abteilungen ausgeführt werden. Bei jedem Teilvorgang fallen "eigene" Daten an, die in der Regel in der jeweiligen Abteilung gespeichert und verwaltet werden. Wird ein Teilvorgang weitergegeben, müssen sich die Betroffenen zunächst einarbeiten. Ihr Arbeitsergebnis ist in der Regel ein neuer Bearbeitungszustand des Vorgangs. Er wird in Form von Informationen umständlich weitergereicht. Das geschieht auf den unterschiedlichsten Datenträgern und -kanälen. Beispielsweise werden zunächst Lichtpausen von technischen Zeichnungsoriginalen angefertigt und danach mit der Hauspost verteilt. Diese Aufgreif-, Einarbeitungs- und Übertragungszeiten von Teilvorgängen können außerordentlich hoch sein, Die Vorteile tayloristischer Aufteilung werden damit fragwürdig. "Konkret wurden Anteile zwischen 70-90% an Übertragungs- und Einarbeitungszeiten bei administrativen Auftragsbearbeitungs- oder Fertigungsvorgängen ermittelt" (Scheer, 1988/3 S.4). Diese unproduktiven Zeiten stellen ein hohes Rationalisierungspotential dar.

Wie der oben dargestellte Produktionsablauf zeigt, kommt das Material selbst, aus dem das Produkt zusammengesetzt wird, erst zum Schluß konkret ins Spiel. Bis zum Fertigungszeitpunkt bestehen die oft weitläufigen Vorbereitungsarbeitsergebnisse also "nur" aus Daten, die für alle Zuständigen verfügbar und transparent sein müssen. Mit der Entwicklung der Mikroelektronik, den Programmen und den nötigen Fachqualifikationen ist es naheliegend, diese Daten in einer zentralen Datenbank benutzerfreundlich zusammenzufassen. Das ist der Grundgedanke von CIM, einer in das gesamte Betriebsgeschehen integrierten Datenverarbeitung. Dabei wird nicht, wie traditionell üblich, jeder Auftrag nur linear, hintereinandergestaffelt bearbeitet. Kleine, von den einzelnen Abteilungen ausgehende, autonom gelenkte Regelkreise begleiten ihn parallel. Unter bestimmten Vorbehalten kann dafür von allen Abteilungen mittelbar oder unmittelbar auf eine zentrale Datenbank zurückgegriffen werden, die von einem eigenen Rechner verwaltet wird. Dieser File- und Netzserver betreut und überwacht in der Regel auch das Netz zu den anderen Rechnern.

"Bezüglich CIM bedeutet die Verwirklichung dieses Prinzips, daß nun auch zwischen den technischen Funktionen Konstruktion, Arbeitsplanung, Fertigung und den begleitenden administrativen Prozessen wie Fertigungsplanung und -steuerung entsprechende Datenverbindungen aufgebaut werden müssen; d.h. die in sich bereits zum Teil integrierten Informationssysteme müssen nun auch untereinander verbunden werden, weil innerhalb der Ablaufkette einer gesamten Kundenauftragsbearbeitung zunehmend technische und betriebswirtschaftliche Teilfunktionen ineinandergreifen" (Scheer, 1988/3 S.5).

Ziel und Ergebnis des Einsatzes der neuen Technologien ist also im wesentlichen die informationstechnische, mit benutzerfähigen (Spezial-) Programmen installierte Verbindung aller kaufmännischen, dienstleistungs- und fertigungsbezogenen Abteilungen.

Wenn nicht - wie bei Großkonzernen durchaus üblich - eine CIM-orientierte neue Fabrik auf der grünen Wiese gebaut wird, ist zu fragen, wie CIM in einen typischen Fertigungsbetrieb eingeführt werden kann. Das folgende Beispiel soll einen von vielen möglichen Wegen schildern.

In einem ersten Schritt wird die Produktion vernetzt. Zunächst entstehen flexible Fertigungs- und Montagezellen, die vor Ort programmiert werden. Als nächstes werden über einen CAD/NC Koppelbaustein die CAD-Stationen der Konstruktionsabteilung angeschlossen. Beide Abteilungen verwalten ihre Daten getrennt. Danach wird das außerordentlich komplexe Programm der Produktionsplanung und -steuerung (PPS) im Betrieb implementiert und vermutlich unter beachtlichem Aufwand mit dem CAD/CAM-Bereich verbunden. Gleichzeitig, damit PPS laufen kann, muß jeweils ein Programm zur Betriebsdatenerfassung (BDE) und eines zur Qualitätskontrolle (CAQ) installiert und datentechnisch eingebunden werden. Wurden bislang die Daten noch getrennt verwaltet, ist jetzt eine zentrale Datenbank mit einem eigenen Serverrechner an der Reihe. In ihr werden alle Daten zusammengeführt und verfügbar gemacht. Dabei ist es sinnvoll, darüber hinaus kleinere Datenvorräte auch noch bei den einzelnen Stationen zu belassen. Es sind in erster Linie Kerndaten, um den autonomen Betrieb bei Störungen fortsetzen zu können, und die aktuellen Daten der laufenden Aufträge. Das erhöht die Betriebs- und Datensicherheit bei Problemen der zentralen Datenbank. Wenn bis hierher alle erforderlichen Programme und Rechner vernetzt arbeiten, können weitere Module eingebunden werden: An die Produktionsplanung und -steuerung zum Beispiel Module zur Kapazitätsplanung, Material- und Lagerwirtschaft, Ein- und Ausgangskontrolle, Kalkulation sowie zur Arbeitsvorbereitung; an das CAD-System beispielsweise Rechen- und Simulationsprogramme unterschiedlichster Art; an das CAM-System zusätzliche Transport- und Robotersteuerungen. Wesentliche Ziele von CIM sind eine anwendungs- und auftragsunabhängige Datenorganisation, konsequent programmgeführte Vorgangsketten und kleine, schnell wirkende dezentrale Regelkreise vor Ort (vgl. Scheer, 1988/3 S.12). Entscheidend sind darüberhinaus die produktbegleitenden Spezifikationen, die eindeutig in allen Programmen benutzt werden. Für die Produktion lassen sie sich in drei grobe Bereich aufgliedern: Die produktionsbeschreibenden Daten, die produktdefinierenden Daten und die ablauforganisatorischen Daten.

Die produktionsbeschreibenden Daten werden im Bereich von PPS erzeugt. Sie sind betriebswirtschaftlich orientiert und erfassen das Buchungs- und Abrechnungssystem, die Teilelogistik (Kunden, Zulieferer, Bestellungen, Bestand) und die Produktionsplanung und -steuerung (Bedarfsermittlung, Termin- und Kapazitätsplanung, Fertigungsveranlassung, Fortschrittskontrolle).

Die produktdefinierenden Daten beschreiben die Funktionsweise und Gestalt der technischen Objekte. Zu ihnen gehören die Produktstruktur (Stücklisten, Teilefamilien, Varianten, Standardteile), die geometrische Beschreibung (technische Zeichnungen, CAD-zwei- und dreidimensionale Datenvorräte), die physikalische Beschreibung (Material, Eigenschaften) und die fertigungstechnologische Beschreibung (Werkzeuge, Maschinen, Arbeitspläne, CNC-Daten). Hier liegt das Hauptaufgabengebiet von CAD. Deutlich wird, wie komplex, jedoch unausweichlich dieser Bereich mit den anderen datentechnisch verzahnt ist.

Die ablauforganisatorischen Daten beziehen sich auf die Produktion selbst. Sie erfassen die Betriebsdaten (Anlagen- und Systemzustand), die betriebliche Organisation (z.B. Auftragsdaten, Personaldaten, Verfügbarkeiten) und die Fertigunstechnologie (Maschinendaten, Produktionszeit, Stillstand, Störung, Prozeßdaten, Qualität, Prozeßparameter, Fertigungskontrolle) (vgl. Weck, 1989 S.512).

Zur Zeit werden Netzwerkprogramme herstellerspezifisch angepaßt, sogenannte LAN-Netze (Local Area Network). Übergreifend für den Bereich, der der Produktion vorgelagert ist, wird ein von einer Arbeitsgruppe der Boeing-Werke initiiertes offenes System weiterentwickelt. Es heißt TOP (Technical Office Protocols). Für den Bereich der Fertigung begann General Motors bereits 1980 damit, MAP (Manufacturing Automation Protocol) zu entwerfen. MAP berücksichtigt die entstehenden ISO-Normen und legt eine standardisierte Kommunikationsinfrastruktur fest. Wegen einiger Nachteile (Kosten, Zeitverhalten, Komplexität, USA-Monopol) wird die MAP-Erfahrung seit 1986 angepaßt auf ein System, welches vorrangig kurze Antwortzeiten ermöglicht. Das MAP-EPA (Enhanced Performance Architecture) erhöht den Nutzdatendurchsatz deutlich. Antwortzeiten von weniger als 100 Millisekunden sollen sich realisieren lassen (vgl. Weck, 1989 S.541f).

Abstrahiert gesehen, gibt es bei der Produktion drei wesentliche Bereiche: Den Energiestrom, den Materialstrom und den Informationsstrom. Der Einfluß der neuen Technologien ist bei allen drei Strömen gravierend. In den meisten Fällen dürfte in einem ideal realisierten CIM-Betrieb der Energiestrom durch sie effizienter, der Materialstrom schneller, qualitativ dichter und hochwertiger und der Informationsstrom drastisch beschleunigt und klarer verlaufen. Besonders deutlich wird das in Betrieben, in denen mit Mikroelektronik mikroelektronische Bauteile, Baugruppen oder Komponenten gefertigt werden.

Auf das Ganze gesehen lassen sich die Auswirkungen der neuen Technologien auf die Produktion in folgenden Punkten zusammenfassen:

1. Aufhebung der tayloristischen Zerlegung von Aufträgen im Hinblick auf ihre administrative Bearbeitung und damit abteilungsübergreifende, parallele Auftragsbegleitung.

2. Einführung von zentralen Datenbanken und Netzwerken und Aufbau einer programm- und datentechnischen Verknüpfung aller Betriebsbereiche.

3. Installation einer personen- , material- und fertigungsbezogenen umfassenden Betriebsdatenerfassung mit einer Zugriffshierarchie auf die Daten.

4. Einführung flexibler Fertigungs- und Montagezellen und /oder integrierter Fertigungs- und Montagesysteme (IFMS) und damit wirtschaftliche Produktion kleiner Stückzahlen und Varianten.

5. Einführung von CAD-Systemen und komplexe Einbindung des Konstruktionsbereichs hinsichtlich seiner Aufgaben und seiner Struktur.

6. Reduktion der Menge der menschlichen Arbeitskraft in allen Abteilungen. Die Arbeitsproduktivität nimmt zu.

7. Wandel der verbleibenden Arbeit. Meist Abwertung von traditionellen Kenntnissen und Routinearbeiten. Erfordernis umfassender Schulungsmaßnahmen zur Anpassungsqualifikation für die Verbleibenden.

2.4.3 Einflüsse der neuen Technologien auf die Arbeitsplätze

Materialstrom, Energiestrom und Informationsstrom werden in der künftigen industriellen Revolution weitgehend programmiert und durch CIM verzahnt ablaufen. Eine große Zahl von Arbeitsplätzen wird dadurch wegrationalisiert werden. Das, was noch von Menschen zu tun bleibt, muß demnach auf Restarbeitsplätze verteilt werden. Mit welchen charakterlichen, sozialen und fachlichen Qualifikationen das bewältigt werden kann, wird unterschiedlich sein. Denn trotz der bevormundenden Einengungen, die der Mikroelektronik prinzipiell innewohnen, bleibt für die "Restarbeit" ein gewisser, menschlich auszufüllender Gestaltungsspielraum. Wie sich also die Arbeitsplätze entwickeln, ist keinesfalls naturwüchsig und eigengesetzlich, sondern ist entscheidbar. Unterschiedliche Ansätze sind erkennbar (vgl. z.B. Senbert, 1985; IGM (Hrsg.) 1985/2).

Einige dieser Ansätze sollen im folgenden kurz beschrieben werden.

Einer dieser Ansätze geht aus von einer sehr weitreichenden Vereinfachung der Benutzeroberflächen, die das Anspruchsniveau bei der Anwendung neuer Technologien für die am Bildschirm Arbeitenden deutlich herabsetzen. Lernfähige Bildschirmterminal-Benutzeroberflächen, die sich dem Antwortverhalten der Bediener innerhalb eines gewissen Spielraums anpassen, würden durch entsprechende Ausgabe-Reaktionen dem Arbeitenden die noch erforderlichen Eingaben gewissermaßen "entlocken" und ihn gegebenenfalls zu den gewünschten Fragestellungen und Antworten führen. Die Eingaben würden auf ihre Plausibilität hin untersucht, gewichtet und gewertet. Menschliche Fehler - so die Theorie - würden vom System weitgehend erkannt und ausgeklammert. Ein solches Verfahren wäre seitens der Programmstruktur allerdings außerordentlich aufwendig, aber, wenn künstliche Intelligenz, Fuzzy-Logic und Datenpools angeschlossen und entsprechend programmtechnisch miteinander verknüpft würden, nicht unmöglich.

Ansätze solcher benutzerfreundlichen Bildschirmoberflächen sind vor allem für das Firmenmanagement geplant, hat doch besonders dieser Personenkreis meist wenig Lust und Zeit, sich aufwendig schulen zu lassen, um mit den normalen Programmen zurecht kommen zu können. Soft- und Hardwarehäuser versuchen deshalb, durch leicht zugängliche Spezialprogramme die Akzeptanz der Unternehmensleiter zu gewinnen, indem sie eine leicht zu bedienende Benutzeroberfläche vor die eigentlichen Programme setzen.

Die neuesten Entwicklungen gehen dahin, daß der Benutzer noch nicht einmal eine Tastatur zu beherrschen braucht.

"Dem Menschen wird das Schreibgerät zurückgegeben. ... Im High-Tech-Zeitalter ist es ein Spezialstift in der Größe eines Füllfederhalters, mit dem auf einem flachen Bildschirm geschrieben werden kann. "Slate PC" heißt das neue Geschöpf. ... Nicht mehr der Software angepaßte Datentypen werden vom Benutzer über eine Tastatur eingegeben, sondern die persönliche Krakelei darf vom Programm entschlüsselt werden. ... Die "Fuzzy-Logic"-Technik ... vermag auch unterschiedlichst handgeschriebene Schrifttypen sofort zu erkennen. Die Benutzer eines Computers dürfen für die nahe Zukunft wieder munter drauflos schreiben, und auch ein völliger Neuling im Computerarbeit braucht keine Einarbeitungszeit mehr für das Beherrschen der Tastatur und das Einpauken des Textverarbeitungsprogramms. Korrekturen? Ein Kinderspiel. Bloßes Durchstreichen des Wortes genügt. Geradezu umständlich und bereits antiquiert mutet bei der neuen Technik der Maus-Doppelklick zum Löschen an.

... Ähnlich dem Kleinkind, das seine ersten Malversuche mit Farbe auf den Fingern bewältigt, darf man beim neu entwickelten "Touchscreen' von IBM nicht mehr bloß den Bildschirm antippen, sondern auch ganz sensibel Druck ausüben. Der berührungsempfindliche , jetzt dreidimensionale Bildschirm, registriert folglich nicht mehr bloß wohin man tippt, sondern auch, wie fest. Und das zeigt Wirkung: Sogleich erhöht sich das Durchblättern der Datenbank. ...

Jeder Computerlaie kann mit seinem Schreibvermögen in Zukunft ohne Mühsal mit maus- und tastaturlosen PCs zurechtkommen. Ein Vergleich sei erlaubt: Ein Mückenstich. Es juckt, und der Mensch kratzt. Er fragt nicht nach dem zu erfolgenden Einsatz von physiologischen Vorgängen, die ihn endlich kratzen lassen. Der Mensch kratzt einfach. Dasselbe gilt für den Schreibvorgang." (Schmid, 1991, S.7f).

Die Vertreter dieses Ansatzes vertrauen völlig auf die Leistungsfähigkeit der neuen Technologien, die nach ihrer Ansicht menschliche Intelligenz im Produktionsprozeß weitestgehend zu ersetzen vermag. Aufwendige Spezialschulungen entfielen weitgehend. Das Management und wenige Hilfskräfte produzierten - gleichermaßen zusammen - mit dem CIM-ausgerüsteten Betrieb. Nur wenige Konstrukteure unterstützten sie noch fachlich, wenn neue Produkte entwickelt werden müßten. Ansonsten wären kaum besondere berufliche Qualifikationen vor Ort erforderlich, da vernetzte Computersysteme, Datenbanken, Expertensysteme, Künstliche Intelligenz, Programme, CNC-Maschinen, Roboter, automatisierte Warendisposition, selbststeuernde Transportsysteme, flexible Fertigungs- und Montagezellen, usw. das meiste übernähmen. Selbst routinemäßige Wartungs- und Instandhaltungsarbeiten könnten an außerhalb der Firma etablierte Subunternehmen abgegeben werden, die auch im Störfall die erforderlichen Spezialisten schickten.

Abgesehen von der bereits beschriebenen Fehleranfälligkeit komplexer Systeme, die im Falle der CIM-Fabrik ohne ausreichend qualifizierte Arbeitnehmer ganze Produktionsstätten lahmlegen könnte, birgt dieser Ansatz eine - auch politisch hochbrisante - Gefahr. Einer Priesterkaste ähnlich, könnten einige, kaum kontrollierbare Systemspezialisten eine unglaubliche Macht bekommen. Sie wären mutmaßlich die einzigen, die aus dem Programmuntergrund heraus praktisch alles unkontrollierbar steuern und manipulieren könnten. Ließe eine Firma ein solches System von einem außerhäusigen Softwareunternehmen installieren, wäre sie diesem in hohem Maße ausgeliefert (vgl. Scharfenberg, 1987 S.86).

Ein anderer Ansatz hinsichtlich der Verteilung und Gestaltung der Restarbeit ließe die verbleibenden Arbeitsplätze hinsichtlich ihres fachlichen Qualifikationsniveaus stark divergieren.

In den verschiedenen Abteilungen arbeiteten fachlich umfangreich Ausgebildete an den Bildschirmterminals, die die Computer und die Programme gewissermaßen als anspruchsvolle Werkzeuge einsetzten. Sie verfügten neben ihren eigentlichen beruflichen Fachkenntnissen zum Beispiel als Kauffrau oder Konstrukteur über grundlegende Informatik-, Betriebssytem-, Datenverwaltungs- und Netzwerkkenntnisse. Ihr Entscheidungsspielraum und Verantwortungsbereich wäre beträchtlich. Daneben würden Hilfskräfte diejenigen Arbeiten ausführen, die nicht automatisiert wurden, aber keine besondere Fachausbildung verlangten.

Im Gegensatz zu heutigen Fabriken fehlten jedoch in dieser Fabrik der Zukunft im Produktionsbereich, gewissermaßen im Bereich der mittleren Qualifikation, die meisten der heute noch üblichen typischen Industriefacharbeiter. CNC-Maschinen, flexible Fertigungs- und Montagezellen sowie automatische Fördersysteme verrichteten ihre Aufgaben dort weitestgehend. Die verbliebenen Facharbeiter würden in der Regel spezialgeschult sein, um die Wartungs- und

Instandhaltungsarbeiten sowie einfache Reparaturen ausführen zu können. Einige von ihnen würden möglicherweise auch in der Werkstatt, unmittelbar im Bereich der Fertigungszellen, programmieren. Diese Beschäftigtengruppen wären dann den hochqualifizierten Spezialisten zuzuordnen.

Würden alle vorbereitenden Arbeiten wie Werkstoff-, Werkzeug-, Hilfs- und Prüfmittelauswahl von einem der der Fertigung vorgelagerten Bereiche - z.B. der CAD/CAM-Kopplung und/oder der Arbeitsvorbereitung - ausgeführt, würden an der Maschine nur noch Maschinenbediener stehen, die wenig Entscheidungsspielraum hätten und kaum Verantwortung übernehmen können.

Ebenso wenig wie heute wäre also in dieser Fabrik der Zukunft das Ideal einer Gemeinschaft gleichberechtigter Arbeitender mit relativ großen Gestaltungsspielräumen für ihre Arbeit verwirklicht. Aber es gäbe keinen generellen Dequalifizierungsprozeß und für die gut qualifizierten Beschäftigten könnten durchaus befriedigende, menschenwürdige Arbeitsplätze geschaffen werden.

Würde dagegen der technozentrierte Ansatz konsequent verwirklicht, wie es gegenwärtig bei einigen großen Industriebetrieben den Anschein hat, so hätte das die folgenden Auswirkungen:

1. Mit Hilfe von Datenbanken, Expertensystemen und künstlicher Intelligenz wird das Fachwissen der Arbeiter, Ingenieure und Kaufleute auf das Computersystem übertragen. Damit wird in der Regel deren Arbeit dequalifiziert, ihr Handlungsbereich verringert sich. Gleichzeitig wird der Leistungsdruck und damit die Streßbelastung größer, weil relativ streßfreie Routinearbeit entfällt und nur noch besonders belastende Sonderfälle so lange übrigbleiben, bis auch sie über die künstliche Intelligenz und Expertensysteme erfaßt und erledigt werden können.

2. Durch die Wissensenteignung und die Gängelung durch datenvernetzte Programme geht Kreativität verloren. Besonderheiten und Originalitäten passen oftmals nicht in die Linie. Darüber hinaus werden die verbleibenden Beschäftigten wenig Zeit für menschliche Kommunikation und Interaktionen haben. Auch das beeinflußt wahrscheinlich die Kreativität negativ.

3. Durch die Fernsteuerung der Produktion läuft der CIM-Betrieb immer in der Kategorie "Dienst nach Vorschrift". In der Alltagssprache wird damit häufig ausgedrückt, daß dann nichts mehr richtig funktioniert und unkalkulierbare Störungen die Abläufe lahmlegen. Die Tendenz, das Fachwissen und -können am Produktionsort zu entfernen oder wegen fehlender Beeinflussungsmöglichkeiten dort nicht nutzen zu können, kann fatale Folgen bei kleinsten Störfällen haben.

4. Das Management sitzt wahrscheinlich vor bunten Bildschirmen und ist möglicherweise bereits durch Unternehmensberatungen und Softwaresystemspezialisten entmündigt, ohne es zu merken (vgl. Dunckel; Resch 1987 S.78f).

5. Computerarbeitsplätze sind Bildschirmarbeitsplätze. Es wird an ihnen tendenziell immer perfekter ein auf menschliche Sinneserwartung abgestimmtes Surrogat der Wirklichkeit, im wahrsten Sinn des Wortes eine Scheinwirklichkeit

widergespiegelt. Es ist an den Ausgabe- und Eingabegeräten prinzipiell nicht eindeutig festzustellen, ob die dargestellten Daten und die beabsichtigten Eingaben mit irgendeiner Realität übereinstimmen und etwas Beabsichtigtes bewirken. Bewußt oder unbewußt dürfte Entfremdung von den real zu fertigenden Produkten und von der Arbeitsumwelt die Folge sein.

Nimmt man all diese Punkte zusammen, so dürfte sicher sein, daß mit dieser technozentrierten Weise des Technologieeinsatzes Arbeitsfreude, Zufriedenheit und Verantwortungsbewußtsein der Mitarbeiter weitgehend zerstört werden. Auch für ein gewinnorientiertes Unternehmen wird es daher auf lange Sicht erheblich vorteilhafter sein, eine eher humanzentrierte Weise des Technikeinsatzes, wie sie im zweiten oben skizzierten Ansatz enthalten ist, zu praktizieren.

Überlagert werden allerdings alle derzeit erkennbaren arbeitsorganisatorischen Ansätze durch das Problem Arbeitslosigkeit, denn insgesamt gesehen, vollzieht sich die Entwicklung zur Zeit zu schnell, um über Ausscheiden in den Ruhestand und "natürliche' Fluktuation Zwangskündigungen vermeiden zu können. Es wird einen Kampf um die noch verbleibenden Arbeitsplätze geben. Je lernfähiger, lernbereiter und jünger jemand ist, desto eher dürfte er die Chance haben, zu bleiben. Vor allem, während die neuen Technologien eingeführt werden, müssen die Hochqualifizierten in der Regel viele Überstunden leisten, während parallel dazu Schritt für Schritt menschliche Arbeit durch Computer, CAD-Arbeitsplätze, Roboter, CNC-Maschinen, ja ganze flexible Fertigungssysteme ersetzt wird. Möglicherweise wird deshalb ein gnadenloser Verdrängungswettbewerb und Leistungsstreß die momentan Beschäftigten, die eine Chance zur Anpassungsqualifikation bekommen, gegeneinander aufbringen. Eine so entstehende Mischung aus Streß, Frustration und Aggresion dürfte sich auch im Freizeitbereich der meisten Betroffenen negativ bemerkbar machen.

Das wird eine berufliche Weiterbildung mit den Zielen Gestaltungskompetenz, Interaktionsfähigkeit, Solidarität und Mitbestimmungsfähigkeit sehr erschweren. Davon wird später noch die Rede sein. Um aber allen Schwierigkeiten zum Trotz solchen Zielen überhaupt eine Realisierungschance zu geben, bedarf es der genauen Analyse der Veränderungen von Arbeitsorganisation und Arbeitsanforderungen als unabdingbarer Grundlage für künftige Qualifizierungsbemühungen. Sie ist oben in noch etwas allgemeiner Weise für den Bereich der Produktion versucht worden.

Da das zentrale Thema dieser Arbeit aber CAD-Qualifizierung heißt, soll im folgenden Kapitel dargestellt werden, was CAD ist, wie komplex CAD in das Betriebsgeschehen verwoben ist, was man mit CAD kann und zukünftig können wird. Diese ausführliche Sachanalyse ist vonnöten, um später die noch zu formulierenden curricularen Überlegungen zum Thema besser verstehen zu können. Dabei soll besonders berücksichtigt werden, in welcher Weise die in den Industriebetrieben Arbeitenden von der Einführung und Anwendung von CAD betroffen sind.

3. Zur besonderen Stellung von CAD innerhalb der technologischen und arbeitsorganisatorischen Entwicklungen

Wird CAD in einem Betrieb eingeführt, so ändern sich insbesondere die Tätigkeiten und Arbeitsanforderungen der Mitarbeiter in der Konstruktionsabteilung. Sie galten lange Zeit als nicht so rationalisierbar wie der Produktionsbereich, weil die Ingenieure und Konstrukteure im Entwicklungs- und Versuchsbereich Fachwissen mit menschlicher Kreativität und Intuition verbanden und so die technische Entwicklung vorantrieben (vgl. Scharfenberg, 1987 S.20).

Je nach Produktpalette der Unternehmen, ob zum Beispiel Einzel- oder Serienfertigung, ob feinmechanische Instrumente oder Tankschiffe, gab es zwar immer Unterschiede in Bezug auf den Rationalisierungsgrad im Varianten- oder Wiederholbereich bestimmter Konstruktionen (vgl. Scharfenberg, 1987 S.23). Aber grundsätzlich tangierten solche Wiederkehrungen die EDV-Großrechner, die meist im Rechenzentrum eines Unternehmens für den kaufmännischen Bereich installiert waren, die Konstruktionsabteilungen dagegen kaum. Lediglich für umfangreiche technische Berechnungen wurden sie eingesetzt.

Mit der rasanten Entwicklung der Mikroelektronik und mit der zunehmenden Leistungsfähigkeit elektronischer Rechner bei gleichzeitig immer kostengünstigeren Angeboten auch seitens der Programme änderte sich das (vgl. Grotelüschen, 1986 S.71+73; vgl. Kap. 2.4).

Es lohnt sich heute für fast alle, die mit Konstruktionen und grafischen Arbeiten befaßt sind, CAD in unterschiedlicher Anwendungsbreite und -tiefe einzusetzen.

Der Unterschied zwischen CAD-Anwendungen und althergebrachter Konstruktions- und Zeichenarbeit ist sowohl instrumentell als auch inhaltlich groß. Die Art der Datenschöpfung mit CAD ist grundsätzlich anders konzipiert, als althergebracht technische Zeichnungen mit Tusche oder Bleistift sorgfältig auf Transparentpapier anzufertigen.

"Den Einstieg in CIM sehen viele in CAD, weil hier Daten erzeugt werden, die das Produkt durch den gesamten Fertigungsablauf begleiten" (Kämpfer, 1986 S.126).

3.1 Begriff, Umfang und Entwicklungstendenzen von CAD

Man spricht von CAD immer dann, wenn in der Konstruktionsabteilung die EDV eingesetzt wird, um schwerpunktmäßig die Zeichentätigkeit (Computer Aided Drafting) oder die Konstruktionstätigkeit (Computer Aided Design) zu unterstützen. Dabei werden die in der Konstruktion erzeugten Daten in den nachgelagerten Bereichen Materialdisposition, Arbeitsplanung, Kalkulation, Betriebsmittelkonstruktion und Produktion verwendet (vgl. Encarnacao u.a., 1984 S.3f; vgl. hierzu auch Kap. 1.1). Mit den CAD-Programmen können in der Regel

- die Zeichnungen erstellt,
- Stücklisten generiert sowie
- Simulationen und Berechnungen durchgeführt werden (vgl. Scharfen berg, 1987 S.20).

Darüber hinaus wird zunehmend angestrebt, mit Hilfe von passend aufbereiteten CAD-Daten direkt u.a. Produktions-, Transport- und Qualitätskontrollmaschinen anzusteuern. Dabei bereiten Spezialprogramme, genannt Postprozessoren, die CAD-Daten maschinengerecht auf. Solche, als Zwischenziel zu CIM - der komplett computergesteuerten Fabrik - angepeilten Kombinationen sind unter der Kombinationsbezeichnung CAD/CAM ein Begriff geworden. Postprozessoren dienen ebenfalls dazu, die mit Hilfe von CAD generierten Daten zielgerichtet und aufbereitet in eine zentrale Datenbank einspeisen zu können. Dort sind sie dann - z.B. die Stücklisten - dem PPS-Programm und damit den kaufmännischen Abteilungen zugänglich.

Mit Hilfe eines CAD-Sytems lassen sich alle Konstruktions- und Fertigungsunterlagen erstellen. Es besteht aus den

- EDV-Eingabe-,
- Verarbeitungs-,
- Speicher- und
- Ausgabegeräten sowie dem
- Programm.

Dabei spielen am CAD-Arbeitsplatz der Bildschirm und die Art der Dateneingabe qualitativ eine wesentlichere Rolle als bei der üblichen EDV-Textverarbeitung (vgl. Evans, 1982 S.191).

Die CAD-Fachkraft erstellt die Zeichnung als Fertigungsunterlage über die "Benutzeroberfläche" des "implementierten" Systems "interaktiv". In Form eines "Dialoges" über die "Mensch-Maschine-Schnittstelle" werden die Daten "generiert".

Im Laufe des CAD-Konstruktionsprozesses entstehen binäre Daten. Diese lassen unter anderem auf dem Bildschirm in Form von "Pixeln" eine Darstellung aufleuchten und veranschaulichen so einen Teil des Arbeitsergebnisses. Ein Pixel ist die kleinste Bildschirminformationseinheit, ein elektronisch ansteuerbarer Bildpunkt. Diese Pixeldarstellung ähnelt zwar auf der Bildschirmoberfläche oder geplottet auf einen "Zeichnungsträger" einer auf dem Reißbrett entstandenen technischen Zeichnung, ist aber nur eine Möglichkeit von vielen, die erzeugten Daten zu nutzen.

Der CAD-Arbeitsplatz selbst stellt die materielle Gerätschaft des CAD-Systems - die "Hardware" - dar. Sie besteht aus den

- Verarbeitungs- und Speichergeräten (Rechner, Platten-, Disketten- und Bandlaufwerken), den

- Eingabegeräten (Tastatur, Tablett, Menuetablett, Maus, Fadenkreuzlupe, Griffel, Rollkugel, Steuerknüppel), den

- Ausgabegeräten (Bildschirmen, Druckern, Plottern) und den

- Spezialmöbeln (Tischen, Stühlen, Abschirmungen, Fußbodenbelägen, Beleuchtungskörpern etc.).

Bei der Installation der CAD-Rechner können verschiedene Konzepte verwirklicht werden:

Beim Großrechnerkonzept (Mainframe) versorgt ein Rechner mehrere Bildschirmarbeitsplätze gleichzeitig. Mit ihm wird die zentrale Datenbank verwaltet. Von allen Plätzen aus kann leicht auf sie zugegriffen werden. Darum sind Änderungen sofort für alle verfügbar. Großrechner ermöglichen umfangreiche Berechnungen und können - z.b. zusammenhängend mit CIM - von allen anderen Abteilungen des Betriebs genutzt werden.

Je mehr Benutzer einen solchen Großrechner gleichzeitig benutzen, desto langsamer wird er. Bei Störungen ist der gesamte Betrieb blockiert.

Beim Arbeitsplatzkonzept (Workstation) ist an jedem Bildschirm ein eigener Rechner installiert. Diese autonome Lösung macht relativ zum Großrechner unabhängiger. Fällt der Rechner aus oder werden umfangreiche Berechnungen durchgeführt, bleiben andere Arbeitsplätze ungestört.

Ein Datenaustausch über eine zentrale Datenbank ist direkt nicht möglich. Gemeinsame Normteil- und Symbolbibliotheken können nicht installiert werden.

Bei Netzwerkkonzepten werden diese Nachteile weitgehend aufgehoben. Jeder einzelne Arbeitsplatz ist über ein Netz mit anderen Arbeitsplatzrechnern, Datenbanken und evtl. einem Großrechner verbunden. Ein Organisationsrechner (Server) verwaltet das Netz, in das in der Regel auch gemeinsame ansteuerbare Peripheriegeräte (Drucker, Plotter, Datenbanken) eingebunden sind.

Die Art der Netzverbindung bestimmt ihren Namen: Es gibt Stern-(vom Server in der Mitte aus), Ring- (kreisförmig verbunden) oder Busnetzwerke (längs eines Kabels).

Bei der Arbeit mit CAD-Programmen richten sich für den einzelnen, der seinen Konstruktionstisch mit dem CAD-Bildschirm tauscht, die Reihenfolge und die Art und Weise von Problemlösungen nicht mehr nach den individuellen Gewohnheiten und Fähigkeiten, sondern nach der durch das Programm vorgegebenen Reihenfolge.

Grundsätzlich gibt es zwei Eingabemöglichkeiten für die Befehle: den interaktiven Dialog mit Hilfe von Menüs und den Stapelbetrieb (BATCH). Als "Mensch-Maschine-Schnittstelle" für die CAD-Programme wird dabei meist eine "dialoggeführte" Menütechnik angeboten.

Prinzipiell könnte auch die BATCH-Eingabetechnik angewandt werden. Sie erfordert alle nötigen Eingaben auf einmal. Während der Abarbeitung der aufgelisteten und auf einmal aufgerufenen Befehle kann der Benutzer nicht eingreifen. Das Ergebnis erscheint zum Schluß auf dem Bildschirm. Ein solcher Stapelbetrieb wird oft bei Varianten und Makros genutzt.

Das Menü zwingt zu einem programm- und systemgeführten "Dialog". Dabei gibt es zwei Arten: das dynamische und das Tablettmenü. Auch Kombinationen aus beiden kommen vor. Das dynamische Menue ist hierarchisch aufgebaut. (Hauptmenü, Untermenü, Unteruntermenü usw.; z.B.: "Zeichnen", "Kreiszeichnen", "Kreiszeichnen mit Mittelpunkt und Durchmesser"). Dabei werden Befehlsworte mit der Maus, Zahlen und Buchstabeneingaben mit der Tastatur ausgelöst.

Neben dem dynamischen Menue, welches auf dem Bildschirm dargestellt wird, beziehungsweise aufgerufen werden kann, gibt es das Tablettmenü. Eine Menuekarte mit Piktogrammen, Zahlen und Buchstaben wird auf einem Digitalisierungstablett eingemessen und befestigt. Mit dem Digitizer (Stift oder Fadenkreuzmaus) klickt der Benutzer die Daten an.

Bevor "gezeichnet" wird, müssen Darstellungsparameter eingegeben werden wie Zeichnungsgröße und Maßstab, handhabungsbezogene Parameter wie Maßeinheiten und Zeichnungshilfen wie z.B. Punkt- oder Linienraster sowie elementbezogene Parameter (Attribute) wie Strichart, Farbe und Schriftgröße. Das sind sogenannte "Voreinstellungen".

Die Operatoren (Funktionen) werden aufgeteilt in Standardfunktionen, Eingabefunktionen, Ausgabefunktionen, Verwaltungsfunktionen, Manipulationsfunktionen und Hilfsfunktionen.

Die meisten Standardfunktionen muß praktisch jedes CAD-Programm beinhalten. Als Beispiele seien "Zeichnen", "Löschen", "Ein- und Ausblenden" genannt.

Die Eingabe-, Ausgabe- und Verwaltungsfunktionen ermöglichen den Umgang mit Datensätzen und Programmen außerhalb des Rechners. Zu ihnen gehören z.B. das Einlesen von Daten aus Datenträgern (Bändern, Disketten), die Plot- und CNC-Funktionen, das Sichern und Speichern.

Die Manipulationsfunktionen wie z.B. "Trimmen", "Kopieren", "Spiegeln", "Dehnen", "Abrunden" und "Brechen" werden auch als Veränderungs- funktionen oder Editierfunktionen bezeichnet. Sie verändern oder ergänzen vorhandene Zeichnungselemente auf bestimmte Weise, ohne daß diese Elemente neu erzeugt werden müssen.

Die Hilfsfunktionen sollen die Arbeit am Bildschirm unterstützen und er- leichtern. Zu ihnen gehören beispielsweise "Lupe" und "Bildausschnitt".

Ein ganzer CAD-Systembefehl setzt sich zusammen aus dem Operator, dem Operand und der Spezifikation. Der Operand bezeichnet das Element, an welchem die Tätigkeit (Operator) ausgeführt werden soll. Dabei setzt sich jede

Zeichnung aus geometrischen Grundelementen zusammen. Operanden können Punkte, Linien, Kreise und abgeleitet daraus erweiterte Grundelemente wie z.B. Ellipsen oder Parabeln sein.

Darüberhinaus gibt es zeichnungstechnische Operanden wie z.B. Bemaßungen und Texte.

Die Spezifikationen sind eindeutige Festlegungen zwischen Operator und Operand, z.B. "parallel", "lotrecht" oder "Winkel halbieren". Dabei müssen oft mehrere Operanden gleichzeitig markiert werden. Will man beispielsweise einen Winkel halbieren, so müssen beide Schenkel (Operanden) angeklickt werden.

Ein eigener CAD-Komplex ist das Identifizieren. Dabei unterscheidet man zweckmäßig zwischen der Einzelidentifikation eines Elementes und der gleichzeitigen Mehrfachidentifikation mehrerer Elemente.

Will man ein einzelnes Element identifizieren, wird das Markierungssymbol (Kreuzchen, "Fangkreis oder -rechteck") dicht an das gewünschte Element bewegt und angeklickt, damit es erfaßt werden kann. Um einen Schraffurbereich zu erfassen, müssen oft nacheinander alle Elemente, die um den Bereich herum liegen, einzeln identifiziert werden.

Mehrfachidentifikationen können durch Konturverfolgung, Definieren eines Fensters oder bestimmte Auswahlkriterien ausgeführt werden.

Bei der Konturverfolgung werden von einer angeklickten eingeschlossenen Fläche aus alle Umfangselemente erkannt (z.B. für Schraffuren) oder eine unverzweigte Elementenkette wird markiert, wenn ein Element der Kette angeklickt wird.

Ein Fenster wird durch die Endpunkte einer Diagonalen vom Benutzer festgelegt. Alle vollständig vom Fenster umfaßten oder von seinem Rahmen angeschnittenen Elemente werden vom Rechner identifiziert.

Durch Auswahlkriterien - z.B. "Kreise" - erkennt das Programm alle Kreise und markiert sie entsprechend.

Der Komplex Positionieren beinhaltet die Lage der einzelnen Elemente und die Koordinatensysteme die notwendig sind, um die Lage eindeutig zuzuordnen.

Die Positionierhilfen wie Punktraster, Liniengitter, "rechtwinklig aufeinander", "parallel zu den Koordinatenachsen" und Fangfunktionen zu Punkten und Objekten erleichtern die Arbeit.

Koordinatensysteme sind für die Konstruktionsarbeit unabdingbar. Bei zweidimensionalen Koordinatensystemen sind das kartesisch-rechtwinklige und das polare üblich. Bei dreidimensionalen das kartesisch-kubische, das zylindrische und das Kugelkoordinatensystem. Die meisten CAD-Programme enthalten verschiedene, zwischen denen sich beliebig umschalten läßt.

Jedes CAD-Programm kann definierte Datenmengen aus der Gesamtmenge der erzeugten zusammenfassen und sie als Gruppe gesondert behandeln. So gestattet z.B. die Ebenentechnik, definiert zusammengefaßte und bestimmten Ebenen zugeordnete Bildteile auf dem Bildschirm ein- oder auszublenden.

Symbole, Makros und Varianten sind ebenfalls zusammengefaßte Datenelemente, die unter einem bestimmten Namen in der Datei (z.B. der Symbolbibliothek) abgelegt und von dort aufgerufen und positioniert werden können.

Während Makros (Zusammenfassungen mehrerer CAD-Elemente) fest definiert sind, lassen sich Varianten hinsichtlich der Abmessung der einzelnen Elemente verändern.

Mit Hilfe der Fenstertechnik lassen sich beliebige Zeichnungen oder Zeichnungsteile in neben- oder übereinander auf dem Bildschirm erzeugten Unterbildschirmen (Windows) gleichzeitig darstellen. Auch Berechnungen oder Stücklisten lassen sich in einzelnen Fenstern ausführen, ohne daß die Gesamtzeichnung zwischenzeitlich vom Bildschirm verschwinden muß.

Die mit CAD eindeutig generierten Datensätze lassen sich mit Hilfe besonderer Aufarbeitungsprogramme auch für andere Arbeitsbereiche des Betriebes nutzen.

Mit Hilfe der Methode der finiten Elemente können die Ingenieure die Beanspruchung der Bauteile und deren Verformung berechnen und darstellen. Dabei wird das Bauteil in einzelne, beliebig kleine Strukturelemente (Stäbe, Flächen oder Volumina) zerlegt. Die benachbarten werden miteinander verknüpft, sie bilden dort jeweils einen Knoten. Mit Hilfe bestimmter Regeln lassen sich an jedem Knoten die Belastungen und die Verformung berechnen und grafisch darstellen.

Bei der CAD/CAM-Kopplung werden die mit CAD entstandenen Datensätze genutzt, um Fertigungsmaschinen anzusteuern und somit Werkstücke maßgerecht zu fertigen. Die CAD-Daten werden dafür um die technologischen Daten ergänzt. Das sind zum Beispiel die Werkzeuge, Schnittgeschwindigkeiten, Vorschübe und maschinenspezifische Voreinstellungen (z.B. Kühlung). Die erforderlichen Daten werden der Werkzeug-, Maschinen- und Werkstoffdatei entnommen.

Mit Hilfe des Preprozessors werden die Daten aus unterschiedlichen Quellen zusammengestellt und ein Quellprogramm für eine einzelne Aufgabe erzeugt. Der nachgeschaltete Postprozessor wandelt die Daten in spezielle Anwendungsprogramme um. Der CLDATA-Code (Cutter Location Data-Code) ist ein Zwischenprogramm mit Steuerdaten. Aus diesem erzeugt der maschinenspezifisch programmierte Postprozessor das NC-Programm.

Mit Hilfe von Simulationsprogrammen können die Fertigungsschritte meist am Bildschirm simuliert werden. So werden Kollisionen einzelner Bauteile vermieden und Fertigungen optimiert, ohne daß wertvolle Maschinen beschädigt oder zeitlich belastet werden.

Im Hinblick auf CIM es ist für die Arbeitsvorbereitung und Materialdisposition wichtig, auf bestimmte Daten (z.B. Mengen, Werkstoffe) zurückgreifen zu können, die in der der CAD-Zeichnung zugeordneten Stückliste aufgeführt sind. Ein besonderer Stücklistenprozessor verarbeitet die Angaben in der Stückliste und liefert die für das Lager und den Einkauf erforderlichen Daten (Materialbestellungsliste).

Mit CAD-Programmen lassen sich Geometriedaten, je nach Möglichkeit und Anwendungsfall, auf unterschiedliche Weise berechnen, verwalten und darstellen.
Beim 2D-Modell werden die Kanten von Körpern als Linienelemente verwaltet. Flächen und deren Schwerpunkte lassen sich bei geschlossenen Linienzügen berechnen.

Beim 2 1/2D-Modell wird eine beliebige Grundfläche kopiert und normal zu sich verschoben, wobei die Kanten in der Verschiebungsrichtung generiert werden können. Eine andere 2 1/2D-Darstellungsmöglichkeit ist, eine Fläche um eine Achse zu drehen, einen Rotationskörper zu generieren.
Beim 3D-Modell entsteht der Körper als Kanten-, Flächen- oder Volumenmodell.

Beim Kantenmodell verwaltet der Rechner ausschließlich Linien (wie Drähte, daher auch der Name "Drahtmodell"). Er registriert jeden Raumpunkt als Bestandteil einer Kante, eines Linienendes oder einer Ecke. Das Flächenmodell verwaltet die Daten als Flächen zwischen den Kanten, Kanten selbst oder Eckpunkte und beim Volumenmodell erkennt der Rechner, ob ein Raumpunkt einem Volumen, einer Fläche oder einer Kante (einschließlich der Ecken) zuzuordnen ist. Eine Berechnung von Volumina, Oberflächen und Kantenlängen ist meist möglich. In den Darstellungen lassen sich nicht sichtbare Kanten gesondert darstellen oder ausblenden.

In der Zukunft "scheinen zwei zentrale Aspekte der EDV eine entscheidende Rolle zu spielen: Noch schnellere, allgemein leistungsfähigere Hardware und neue Softwaretechniken" (Obermann, 1988 S.408). Die CAD/CAM-Systeme der nächsten Generationen werden mit neuen Programmiersprachen realisiert werden, Stichworte dafür sind Künstliche-Intelligenz-Sprachen und objektorientierte Programmierung. "Mit Hilfe der neuen Sprachen sollen die heute bestehenden Komplexizitätsbarrieren überwunden werden. Die Programmierung soll erheblich schneller gehen, die Systeme transparenter und bedienungsfreundlicher werden" (Obermann, 1988 S.409).
Bei der objektorientierten Programmierung werden zum Beispiel Grundkörper in Klassen gegliedert, wobei jede Klasse alle Eigenschaften ihrer übergeordneten Klassen beinhaltet. Folgende Kette ist denkbar: A-Klasse (Zylinder) ist in B-Klasse (Topf), (Topf = Zylinder - kleinerer Zylinder ab einer Grundfläche), enthalten und A- und B-Klasse in C-Klasse (Kolben), (Kolben = Topf - Kolbenringnut - Querbohrung für Pleuelbolzen), automatisch enthalten. Wählt man nun Kolben, werden Zylinder und Topf als zugehörig erkannt und gleich mit abgefragt. Wird nun zum Objekt Kolben der Befehl "zeichne" geschickt, werden alle erforderlichen Angaben abgefragt und auf dem Bildschirm das Objekt dargestellt. Wird jedoch dem gleichen Objekt der Befehl "fräse" zugeordnet, werden die Geometriedaten des Objektes Kolben mit den Fertigungsdaten einer bestimmten Maschine kombiniert und der NC-Datensatz entsteht, und schließlich wird über die Zuordnung "Kosten" eine komplexe Abschätzung der Kosten ausgelöst.

Der Vorteil der objektorientierten Programmierung liegt in der Verkürzung der Entwicklungszeiten und der leichteren Anpassungsmöglichkeit an bestimmte Kundenwünsche. "Die Entwicklungszeiten lassen sich damit im Gegensatz zu herkömmlichen Programmiersprachen um Größenordnungen reduzieren. ... Diese Art der Programmierung ist nicht mit der Anwendung herkömmlicher Programmiersprachen (z.B. FORTRAN) vergleichbar. Da die Sprache selbst beliebig erweiterbar ist, spricht man besser anstatt von einer Programmiersprache von einer objektorientierten Programmumgebung" (Obermann, 1988 S.411).

Neben der objektorientierten Programmierung spielen für CAD-Systeme Expertensysteme und künstliche Intelligenz zukünftig eine wichtige Rolle. "Damit besteht anwenderspezifisch die Möglichkeit, bestimmte Konstruktionsmerkmale in einer Wissensbasis anzuspeichern und für künftige Anwender nutzbar zu machen" (Obermann, 1988 S.414). Für unterschiedliche Anwendungsgebiete werden dann spezifische Fachdatenbanken in das CAD-Programm eingebunden. Dabei ist für die Anwendenden hinsichtlich ihrer eigenen Möglichkeiten entscheidend, auf welche Weise sie mit im Bereich ihres CAD-Systems installierten Expertensystemen auch umgehen können.

Zusammengefaßt, und ohne nochmals auf die bereits dargestellten und zukünftig noch aufzuführenden Kritikpunkte zu verweisen, hat CAD Vorteile, die verschieden genutzt werden können:

- Mit guten CAD-Programmen lassen sich die meisten technischen Zeichnungen normgerecht und fehlerfrei erzeugen.

- Einmal mit CAD erzeugte Datenbestände können EDV-üblich gespeichert und gesichert werden. Wiederholt benötigte Zeichnungen oder Teile daraus sind verfügbar. Häufig zu zeichnende Komplexe werden normalerweise als Symbole oder Makros abgelegt und können schnell aufgerufen und plaziert werden.

- Für viele technische Bereiche sind besondere Norm- und Symbolbibliotheken einsatzfertig erhältlich.

- Gespeicherte Zeichnungen sind problemlos duplizier- und veränderbar.

- Dreidimensional konstruierte und darstellbare Geometriedaten erlauben breite Anwendungsbereiche.

- Die mit einem guten Plotter angefertigten Zeichnungen haben eine gleichbleibend hohe Qualität.

- Mit Hilfe besonderer Programmodule können meist Stücklisten, NC-Programme, Geometrie- und Massen- und Schwerpunktsberechnungen sowie Finite-Elementeberechnungen und Funktionssimulationen durchgeführt werden.

Mit Hilfe der hier skizzierten Darstellung von CAD-Systemen und ihren Möglichkeiten sollte unter anderem deutlich gemacht werden, wie sehr sich das Konstruieren mit CAD vom herkömmlichen Arbeiten am Reißbrett unterscheidet. Aber nicht nur innerhalb des Konstruktionsbereiches verändert

CAD die Arbeit. Seine Anwendung wirkt weit in den übergreifenden Bereich der neuen Technologien und die Art, wie sie im modernen Industriebetrieb angewendet werden, hinaus.

3.2 Abschätzung des Stellenwertes von CAD in den Neuen Technologien

Um den Stellenwert von CAD in den Neuen Technologien abschätzen zu können, soll zunächst etwas über die Anwendungsbreite und -tiefe von CAD ausgeführt werden. "Das Anwendungsspektrum der CAD-Technologie ist nahezu unbegrenzt. Überall, wo graphische Informationen erstellt werden müssen, ist ein Einsatz der graphischen Datenverarbeitung möglich. Dieser reicht von der einfachen Präsentationsgrafik über die Bebilderung und Dokumentation von Handbüchern, Prospekten und Katalogen bis hin zu dem eigentlichen Produktionseinsatz im Entwicklungs- und Konstruktionsbereich" (Eigner; Maier, 1986/2 S.56).

Um die Anwendungsbreite von CADgestützten Tätigkeiten im Zusammenhang mit neuen Technologien zu veranschaulichen, einige Beispiele (vgl. Scharfenberg, 1987 S.21f; Obermann, K., 1988 S.132-224):

Der Entwurf moderner *integrierter Schaltungen* ist ohne CAD nicht möglich. Hier erweist sich CAD als innovatives Hilfsmittel. Mit ihm werden neue technologische Möglichkeiten eröffnet, die ohne CAD überhaupt nicht realisiert werden könnten (vgl. Eigner; Maier, 1986/2 S.56f). Die mit CAD gezeichneten und gespeicherten Schaltkreisdaten werden mit Hilfe von Test- und Simulationsprogrammen hinsichtlich ihres Verhaltens geprüft. Fehler werden ermittelt und mit Hilfe des CAD-Systems korrigiert. Die fertigen IC-Bausteine werden mit Hilfe von bis zu 12 CAD-gezeichneten Masken übereinander aufgebaut.

Die IC-Bausteine und andere elektronische und elektrotechnische Bauteile werden auf *Leiterplatten* befestigt. Diese bestehen aus elektrisch-isolierendem Plattenmaterial, auf dem beidseitig und manchmal auch mehrschichtweise leitende Bahnen zwischen den Bauteilen verlaufen. Die Leiterbahnen sind meist Kupferpfade, die mit Hilfe des Fotolackverfahrens hergestellt werden. Das Leiterplattenlayout wird mit CAD entworfen. Der Konstrukteur verbindet mit "Gummibändern' die erforderlichen Kontakte der als CAD-Makros auf dem Bildschirm plazierten Elemente. Das CAD-Programm errechnet dann im Idealfall selbständig ein optimales Layout der Leiterbahnen mit einem Minimum an Durchgangsbohrungen, Leiterlängen und erforderlichen Abständen. "Erfahrungsgemäß arbeiten diese Programme nicht hundertprozentig automatisch und häufig auch nicht ganz fehlerfrei. Der Benutzer muß immer interaktiv das Layout vervollständigen. Dennoch werden in der Literatur Faktoren von bis zu 3:1 als Verhältnis des manuellen zum maschinellen Zeitaufwand für Leiterplattenlayout angegeben. Gerade für die Entwicklung kleiner Losgrößen bietet CAD große Vorteile in fachlicher wie in wirtschaftlicher Hinsicht" (Eigner; Maier, 1986/2 S.59). Mit Rückgriff auf die CAD-Daten werden über Postprozessoren die Schaltmasken und NC-Programme für die Bohrungen generiert. Da alle Bauteile gespeichert sind, kann die Stückliste einer Leiterplatte leicht zusammengestellt werden. Die rechnerunterstützte Erstellung von Stromlaufplänen und Blockschaltbildern wird mit Hilfe der CAD Symbol-, Makro- und Variantentechnik besonders favorisiert. Vorteilhaft können den einzelnen Bauteilen Attribute wie dreidimensionale geometrische Werte, Wärmeabgabeleistungen, Teilenummern, Leistungs- und Kennwerte sowie Typen- und Herstellerbezeichnungen zugeordnet werden. So werden komplexe Schaltschrankanordnungen und Kühllasten mit Hilfe der Spezial-CAD-Programme entworfen.

Die *Kartographie* ist ein weites Anwendungsgebiet von CAD. Mit Hilfe der dreidimensionalen Darstellungsmöglichkeiten und der Ebenentechnik lassen sich Geländeoberflächen komplex mit Attributen versehen und auf die unterschiedlichsten Weisen darstellen. Geländegeometrie-, Bebauungs-, Leitungs-, Gewässer-, Verkehrsdichte-, Umweltbelastungs- und Nutzungsdaten aller Art können hilfreich die Regional- und Stadtplanung unterstützen. Ganze Szenarien können simuliert und statistisch ausgewertet und die Folgen von Veränderungen abgeschätzt werden. Darstellungen - auch auszugsweise - sind in jedem Maßstab leicht verfügbar. Seitens der Hardware sind für die Kartographie oft große und damit kostspielige Eingabe- (Präzisionsdigitalisierer) und Ausgabegeräte (Präzisionsplotter) erforderlich.

Im Bereich der *Verfahrenstechnik*, z.B. im Anlagenbau der chemischen Industrie, werden prozeßbedingte Installationen oft als schematisches Flußdiagramm dargestellt. Ähnlich wie bei der Leiterplattenbestückung im Bereich der Elektrik kann hier auf gekaufte oder selbstentworfene CAD-Symbolbibliotheken zurückgegriffen werden, in denen jeweils Apparate, Leitungs-, Steuerungs-, Regelungs- und Meßelemente gespeichert sind. Das Schaltungs- und Wirkprinzip kann auf verschiedenen CAD-Ebenen simuliert werden, die Stücklisten werden bei guten Programmen automatisch zusammengestellt. Es bereitet keine großen Probleme, solche Installationsdarstellungen mit Hilfe des CAD-Draht- oder CAD-Kantenmodells dreidimensional zu entwerfen.

Im *Stahlbau* werden die Systemlinien der Tragkonstruktion mit Hilfe eines CAD-Programms entworfen. Dabei werden die Knoten des statischen Systems durch die Schnittpunkte der Schwerlinien dargestellt. Die einzelnen Profildaten sind in Halbzeugdateien gespeichert. "Daraus werden die Querschnittsdaten automatisch gelesen und den Schwerlinien zugeordnet. Das Systemlinienmodell wird bereits im 3D-Raum beschrieben. Aus diesen Daten sowie den interaktiv eingegebenen Lastfalldaten können Eingabedateien für ein statisches Berechnungsprogramm ... generiert werden" (Eigner; Maier, 1986/2 S.65). Mit Hilfe von Makros, die die Standardanschlußkonstruktionen beinhalten, wird dann die abschließende Detaillierung durchgeführt. Auch hier kann über Programm-Module die Anzahl der Schraubverbindungen mit den optimalen Elementen automatisch zusammengestellt werden.

Mit der Methode der *finiten Elemente* werden mit CAD generierte Oberflächen (z.B. Karosserieteile) und Volumina (z.B. Tragstrukturen) logistisch in meist dreieckige Strukturelemente zerlegt. Mit Hilfe von Programmen und entsprechenden Rechnerleistungen sind solche Netzwerke berechenbar. Als Ergebnisse werden Aussagen über Belastungs- und/oder Verformungsgrade ermittelt, Über- und Unterdimensionierungen erkannt. "In Erfahrungsberichten wer den Reduktionsfaktoren im Vergleich der manuellen Generierung von FE-Netzen zur finiten Elemente-Modellierung mit CAD von 1:10 genannt" (Eigner; Maier, 1986/2 S.73).

Wegen des großen *Architekturbüromarktes* und der damit verbundenen hohen Anwenderzahl, eröffnet CAD mit einer rasanten Entwicklungsgeschwindigkeit äußerst komplexe, immer vielfältigere CAD-Programmanwendungsmöglichkeiten. Große Anteile der Baunormen, statischen Grundlagen und Gestaltungsrichtlinien sind oft in die Programme integriert. Der Anwender kann am Computerbildschirm das Objekt von außen aus allen Perspektiven dreidimensional farbig betrachten und oft sogar auch von innen am Bildschirm simuliert "durchwandern'. Dabei lassen sich Bauelemente oder Farbgestaltungen der Wände sowie Einrichtungsausstattungen (z.b. Möbel und Lichtquellen) am Bildschirm verändern. Für Angebotsausschreibungen sind auf verschiedenen CAD-Ebenen die elektrische, die Heizungs- und die Sanitärinstallationen generiert. Leitungslängen und Bauteile werden über Stücklisten ausgegeben.

Produktionsstätten lassen sich mit Hilfe von CAD konzipieren. Lager, Maschinen, Handhabungsgeräte, Roboter, Transportsysteme, Ver- und Entsorgungsinstallationen können auf dem Grundriß der Produktionsstätte variabel plaziert werden. Auch dabei sind die Betriebsmittel meist als Symbole oder Makros in Bibliotheken abgelegt. Anschlüsse für Ver- und Entsorgung sind CAD-fangaktiv. Bereits während der Planung können Kollisionsprobleme und andere Eng- und Problemstellen erkannt und ausgeräumt werden. Dabei sind die CAD-Ebenentechnik und die Möglichkeiten der dreidimensionalen Gestaltung sehr hilfreich. Der CAD-gestützte Aufbau flexibler Fertigungs- und Montagezellen sei hier als Beispiel genannt.

Zur Simulation von *speicherprogrammierbaren Steuerungsabläufen* werden Spezialprogramme, zum Beispiel LogiCAD, dazu benutzt, komplexe Steuerungsschaltungen zu prüfen und zu optimieren. So wird meist der weitaus größte Teil an Fehlern erkannt, ohne daß Modell- oder Versuchsaufbauten erforderlich sind.

Die CAD/CAM-Kopplung wurde bereits mehrfach im Rahmen dieser Arbeit als CAD-Anwendung erwähnt. Darunter versteht man allgemein die mittelbare digitale Ansteuerung von Fertigungsmaschinen durch Daten, die während der CAD-Konstruktion entstanden sind.

Damit sind noch nicht alle Nutzungsgebiete von CAD aufgezeigt. Die CAD-Anwendung im Fahrzeug- und Fluggerätebau ist weitbekannt, wird sie doch allenthalben zu Werbezwecken, meist als Symbol des technischen Fortschritts, verwendet.

Während die oben genannten Beispiele einen Teil der Breite der Anwendungspalette von CAD im Zusammenhang mit den neuen Technologien aufzeigt, folgt nun eine Auslotung in die Tiefe der CAD-Verknüpfungsmöglichkeiten.

Die CAD-Daten werden zunehmend auch im schwerpunktmäßig betriebswirtschaftlichen Bereich einer Firma mit Produktions-, Planungs- und Steuerungsprogrammen (PPS) verwendet (vgl. Weck, 1989 S.508). Bei genauerer Betrachtung erweist sich dabei CAD als "Schlüsseltechnologie". Die Schlüsselfunktion von CAD wird klar, wenn man nachvollziehend bedenkt, daß im Konstruktionsbereich faktisch vorausgesetzt wird, was in allen anderen Bereichen nachfolgend berücksichtigt werden muß. Die PPS-Computerprogramme bilden das Rückgrat der Fabrik der Zukunft. Sie verbinden über eine Datenbank den

- administrativen Bereich einer Firma (Auftrags-, Personal- und Finanzverwaltung, Beschaffung, Kapazitätsplanung, Kalkulation, Betriebsdatenerfassung, Werkstattsteuerung) mit der

- Konstruktionsabteilung (CAD, Entwicklungs- und Versuchsabteilung, Simulation, Prozeßplanung, Qualitätsplanung), mit dem

- Fertigungsbereich (Transportsteuerung, Robotersteuerung, Qualitätssteuerung, Fertigungssteuerung) und mit der

- Lagersteuerung (Eingangskontrolle, Versand, Automatischer Aus-/Eingang) (vgl. Scheer, 1988/3 S.13).

Da Beispiele aus dem Bereich des Maschinenbaus in dieser Arbeit bereits verschiedentlich genannt wurden, soll hier aus dem "CAD/CAM Handbuch" von Karl Obermann (München, 1988 S.135ff) ein Beispiel aus der Elektrotechnik aufgeführt werden, welches exemplarisch die ganze Anwendungstiefe von CAD verdeutlicht:

Eine elektrische Schaltung soll konstruiert werden. Üblicherweise sind Normteil- und Symbolbibliotheken verfügbar:

Der Konstrukteur beginnt direkt am Bildschirm .

Er ruft seine Symbole durch die DIN-Kurzbezeichnungen auf und plaziert sie.

Mit Tastendruck werden die einzelnen Elemente miteinander automatisch verbunden.

Die so entstehenden Teilschaltbilder werden als Ganzes abgelegt. Manche Anwendungen erfordern bis zu 1000 solcher meist DIN-A3 großer Teilstücke.

Nach der Zeichnung werden nun vom Programm die Klemmenpläne generiert. Das ist machbar, wenn hinter jedem Symbol unterschiedliche Attribute abgelegt sind, so zum Beispiel eine Betriebsmittelkennzeichnung, Orts- und Funktionseinträge.

Bei der automatischen Generierung des Klemmenplans wird durch das Programm festgestellt: Wo kommt ein Kabel her? Wo führt es hin? Wie ist die Bauteilkennzeichnung? An welche Klemme wird es angelegt? Wie ist die Pfadbezeichnung? Wo ist der Einbauort? Welcher Art ist die mechanische Funktionsgruppe?

Insgesamt enthält ein fertiger Klemmenplan die Nummern der Klemmen- oder Steckerleiste, Klemmennummer, Bauteilebezeichnung, Kabel- bzw. Aderbezeichnung sowie das Ziel mit Vor- und Rückbezeichnung.

Mit Hilfe eines besonderen Computerbausteins lassen sich die Klemmenbeschriftungen automatisieren. Mit Hilfe einiger Vorgaben können so komplette

Klemmenschilder angefertigt werden.

Für die Querverweise werden blattübergreifend die zum Relais gehörenden Kontakte am Ort der Spule dargestellt. Für jeden Kontakt wird der Ort in Form von Blattnummer und Strompfad eingetragen.

Die Schützauswahl berücksichtigt die unterschiedlichen Herstellertypen. Kontaktnummern werden automatisch zugeordnet.

Die Stücklisten werden aus den Schaltplaninformationen automatisch mit Hilfe der PPS-Datenbank zusammengestellt. Alle Artikelinformationen wie Identnummer, Klartextbezeichnung, Typendeklaration, Artikelgruppe, Stückzahlen, Preis, Lieferant usw. sind verfügbar.

Darüber hinaus können automatisch weitere Listen, wie Potentiallisten, Netzlisten, Verdrahtungslisten und Kabellisten erstellt werden.

Der zugehörige PPS-Programmbaustein kann anhand der CAD-Schaltpläne unter Berücksichtigung verschiedener Kriterien Kalkulationen durchführen, zum Beispiel für Material, Lohnanteil, Schaltschränke, Edelmetallzuschläge.

Das Programm unterstützt die Flächenbedarfsermittlung, die erforderliche Montageplattenauswahl und die Schranktypauswahl.

Dienstleistungen wie Inbetriebnahmeterminermittlung, Montagen, Anschlußarbeiten werden ebenfalls mit Hilfe des PPS-Programmbausteins kalkuliert. Für Kostenermittlungen können bis zu zehn verschiedenen Lohngruppen berücksichtigt werden. Arbeitszeiten, gefahrene Kilometer werden kalkuliert oder abgefragt, Einzel- und Gesamtkosten unter verschiedenen Gesichtspunkten dargestellt.

Dabei kann jedes Angebot sofort aktualisiert werden, wenn sich etwas ändert.

Die Angebote lassen sich in Auftragsbestätigungen umwandeln.

Werkstattaufträge werden automatisch erstellt. In ihnen sind alle für die Werkstatt erforderlichen Daten wie Bauelemente, Zeitvorgaben und Einbaumaße ermittelt.

Aus den Auftragsbestätigungen sind automatisch Rechnungen abrufbar.

Für die Nachkalkulation sind echt benötigte Zeiten zum Beispiel für den mechanischen Aufbau, die Verdrahtung und Prüfung sowie Zusatzkosten und Bearbeiternamen einzugeben. Unterschiede zwischen Vor- und Nachkalkulation werden erfaßt und Folgerungen daraus entsprechend in die Datenbank eingegeben.

Die Lagerverwaltung wird aus dem Bereich der CAD-Konstruktion gegebenenfalls informiert und kann frühzeitig reagieren. Daten über Bestand, Unterschreitungsmeldungen von Mindestbestandsmengen und automatische Nachbestellungen sowie Terminüberwachungen sind im PPS-Baustein enthalten. Lagerbestandwerte sind jederzeit darstellbar.

Diese messereife "Mustervorführung" ist noch nicht der weitverbreitete Betriebsalltag. Trotzdem: Praktisch alle CAD- und PPS-Programmeschreiber streben in vielen Anwendungsbereichen solche Möglichkeiten mit Hilfe der Mikroelektronik an. Dienstleistungsbüros spezialisieren sich zunehmend darauf, für ausgesuchte Bereiche einen Markt aufzubauen. Läuft ein bestimmtes

Softwarepaket erst einmal, ist es im Vergleich zu Neuentwicklungen, was den Selbstkostenanteil angeht, spottbillig. Wird dann der erzielbare Gewinn durch Verkäufe weiterer "Kopien" zum Ausbau des Marktvorsprungs genutzt, wachsen die Abhängigkeiten derjenigen Firmen, die, meist aus Wettbewerbsgründen, auf jede kostspielige Neuauflage der maßgeschneiderten Programmpakete angewiesen sind. Vor allem kleine und mittelständische Unternehmen, die sich keine eigenen Informatiker und Ingenieure in diesem Entwicklungsbereich leisten können, drohen abhängig zu werden. Ein Wechsel der Programme und deren Anbieter ist nämlich mit einem relativ großen Risiko verbunden, weil ein problemloser Datenaustausch zwischen unterschiedlichen Datenbankverwaltungen, CAD- und PPS-Programmen nicht einfach ist, und selbst wenn er gelingt, geraten die Anwender doch nur in neue Abhängigkeiten.

Die Firma Norsk Data veröffentlichte einen Zeitvergleich zwischen der herkömmlichen Methode, elektronische Konstruktionen durchzuführen, und unter Zurhilfenahme von CAD. Dabei stehen 210 Stunden 23 Stunden gegenüber. Das ergibt einen Zeitersparnisfaktor von fast 1:10. Interessanterweise ergibt sich dabei für die reinen Zeichnungserstellungszeiten "nur" ein Unterschied von 40 (manuell) zu 22 Stunden. Der gravierende Unterschied ergibt sich in der Zusammenstellung der in der Elektrotechnik erforderlichen umfangreichen Dokumentationsunterlagen. Hier waren herkömmlich 170 Stunden erforderlich, programmunterstützt ist nur noch eine Stunde vonnöten (vgl. Obermann, 1988 S.136).

So wird offensichtlich, welchen immensen Stellenwert CAD innerhalb der neuen Technologien einnimmt. Dabei wurde zum einen ein Teil der großen Anwendungsbreite, zum anderen exemplarisch die Durchdringungstiefe der CAD-Daten bei einem einzigen Auftrag innerhalb der Elektrotechnik gezeigt. Die Verzahnung der CAD-Daten ist also komplex, wenn sie erst einmal in eine Datenbank gespeichert und mit angepaßten Postprozessoren für die betriebswirtschaftlichen und die produktionstechnischen EDV-Programme verfügbar gemacht werden können. In diesem Bereich, der je nach Firmenkonzept und Produktpalette der Betriebe sehr unterschiedlich ist, liegt auch das eigentliche Rationalisierungspotential von CAD. Das oben aufgeführte Beispiel zeigt diese Tatsache besonders deutlich.

"Durch eine computerintegrierte Fertigung erübrigen sich viele Lager und Konstruktionsbüros. Lagerzeit und Lagerplatz werden durch zeitgenaue Produktion und die Konstruktionsbüros durch eine zentrale CAD-Abteilung ersetzt" (Roßnagel, A., u.a., 1989 S.76).

3.3. Der Einfluß von CAD auf die arbeitsorganisatorischen Entwicklungen

Die Auswirkungen auf die Arbeitsorganisation der Industriebetriebe, in denen CAD eingeführt wurde, sind unterschiedlich. Die Art der Produkte, der Umfang der Produktpalette, die Mitarbeiterstruktur, die Einbindung und Größe der Konstruktionsabteilung, die betriebliche Organisation, der Führungsstil und die Tradition beeinflussen auch, in welcher Weise CAD im jeweiligen Betrieb installiert und in das Betriebsgeschehen eingebunden wird.

Trotz solcher Unterschiede läßt sich hinsichtlich des Einflusses von CAD auf die Arbeitsorganisation jedoch einiges verallgemeinern:

- Menschliche Arbeit wird eingespart

- Methoden und Inhalte der Arbeit verändern sich

- Arbeitsbelastungen ändern sich

- Arbeitsbeziehungen ändern sich (vgl. Poths/Löw, 1985; Zimmermann, 1985; Senbert, 1885; Fraunhofer-Institut, 1989).

Die Einsparung menschlicher Arbeit infolge einer Umstellung auf CAD ist zunächst nicht immer gleich am Anfang ersichtlich; häufig erfolgt sie innerhalb der Konstruktionsabteilung und auch im Umfeld später, wenn alles läuft. Besonders betroffen im Umfeld sind z.B. die Pauserei, die Archivabteilung und die Arbeitsvorbereitung.

Die Methoden und Inhalte der Arbeit verändern sich zumeist ebenfalls allmählich. In der Regel werden mit CAD zunächst die monotonen Anteile der Arbeit (z.B. Reinzeichnen, Ausplotten, Stück- und CNC-Listenschreiben) übernommen. Je "intelligenter" die Systeme jedoch werden, desto mehr werden sie wahrscheinlich auch in den Bereich kreativer und unstrukturierter Konstruktionsarbeit vordringen. "Das bedeutet, daß bei der CAD-Einführung die einfachen und schematischen Tätigkeiten direkt bedroht sind, später aber auch die höherwertigen Tätigkeiten betroffen sein werden" (IGM, 1985 S.43).

Die neuen Belastungsformen, die auftreten, wenn CAD eingeführt wird, sind gravierend. "Durch die Verdichtung der Tätigkeiten ... treten zunehmend Streß und andere Arbeitsbelastungen auf. Der Wegfall von Routinearbeiten bewirkt eine Verdichtung der übrigen Arbeit des Konstrukteurs" (IGM, 1985 S.45).
Häufig leiden die zwischenmenschlichen Arbeitsbeziehungen, wenn CAD eingeführt ist. Die erforderliche hohe Konzentration während des "Dialoges' an der Schnittstelle Computer/Mensch und die in der Regel von den Kollegen abgewandten, abgeschirmten CAD-Arbeitsplätze behindern zwischenmenschliche Kontakte. "Das zuvor immer mögliche und notwendige Fachgespräch wird als lästig empfunden und der Arbeitskollege als Störer angesehen" (IGM, 1985 S.44).

3.3.1 Erläuterungen zum Konstruktionsprozeß

Um den Einfluß von CAD auf die arbeitsorganisatorischen Entwicklungen besser verstehen zu können, ist es nützlich, zunächst einmal darzustellen, wie der Konstruktionsprozeß normalerweise verläuft. Vom lateinischen Wortstamm her bedeutet "construere" Aufstapeln, Beieinanderbringen, Anhäufen und Aufbauen. Bauen durch Zusammenfügen wird "constructio" genannt (vgl. Spur; Krause, 1984 S.11).

In der Technik ist die Konstruktion

"die Zusammensetzung der einzelnen Teile eines Bauwerks, einer Maschine, eines Apparates und dergleichen, ihr Aufbau zu einem Ganzen, aber auch die Formgebung im einzelnen. Sie muß nach den Gesichtspunkten der Wirtschaftlichkeit und betrieblichen Sicherheit durch Wahl des richtigen Werkstoffes, durch kleinsten Aufwand für die Fertigung, festigkeitsgerechte Dimensionierung und den Normenvorschriften entsprechend vorgenommen werden. Maßgebend hierfür ist die vom Konstrukteur zu entwickelnde Konstruktionszeichnung" (Brockhaus, 1970, Bd.10 S.452).

Die industrielle Konstruktionstätigkeit selbst findet in den Betrieben in der Regel in den Konstruktionsabteilungen statt, die in größeren Firmen ihrerseits mit anderen Abteilungen, zum Beispiel den Statik- und Versuchsabteilungen, eng zusammenarbeiten. Die Konstruktionstätigkeit selbst überstreicht ein weites Spektrum menschlicher Tätigkeit. Sie reicht von ingenieurwissenschaftlichen Spitzenleistungen bis hin zu einfachsten Detailkonstruktionen (vgl. Rauner, 1989 S.7f).

Konstruieren heißt immer, eine Mittel-Zweck Beziehung erarbeiten. Diese hat die Aufgabe, zur Befriedigung des jeweiligen Bedarfs eine funktionelle Lösung zu finden.

"Dieser kreative Vorgang des Erfindens ist sehr komplexer Natur. Er zeigt eine gewisse Verwandtschaft zum künstlerischen Gestalten, wie auch zum analytischen, einfallsorientierten Denken. In der menschlichen Vorstellung können Funktionslösungen bildhaft entwickelt werden. ... Dieser schrittweise ablaufende, nach Funktionsprinzipien geordnete, schöpferische Prozeß der Schaffung von Einzellösungen, der sich an der Funktion des Ganzen orientiert, kann als Konstruieren definiert werden" (Spur; Krause, 1984 S.11).

Andere, ähnliche, in einigen Punkten ergänzende Definitionen lauten:

"Das Konstruieren ist eine vorwiegend schöpferische, auf Wissen und Erfahrung basierende Tätigkeit, die das spätere Erzeugnis beschreibt und die geistig, manuell und maschinell Operationen enthält. Dabei wird der funktionelle und strukturelle Aufbau beschrieben. Eine effektive Arbeitsweise des Konstrukteurs beruht auf guten fachlichen Kenntnissen und ist stets eine Mischung aus Intuition und Systematik (Methodik), und er bedient sich dabei des Rechners" (Rugenstein, 1989 S.2).

"Der Konstruktionsprozeß steht am Anfang der Produktionsvorbereitung eines technischen Erzeugnisses. Er ist ein Teilprozeß des gesamten Prozesses der Entwicklung, der Herstellung und des Verkaufs von Erzeugnissen. ... Er kann in vier Phasen (Funktionsfindungs-, Prinzip-, Gestaltungs- und Detaillierungsphase) gegliedert werden. ... Der Konstrukteur ist gezwungen, sich permanent mit neuestem Wissen der verschiedenen Fachgebiete vertraut zu machen und dieses auch zu ordnen, zu vergleichen und zu systematisieren, um entsprechend ableitbar neue Erkenntnisse bei der Entwicklung und Konstruktion umzusetzen. Insofern ist die konstruktive Entwicklung eng verflochten mit der verfahrenstechnischen und technologischen Entwicklung" (Aurich u.a. 1985 S.4f).

Die vorliegenden Zitate, bis auf das aus dem Brockhaus alle den ersten Seiten von CAD-Fachbüchern entnommen, beziehen sich beim Begriff der Konstruktionsarbeit auf schöpferische Kraft, Erfinden, Intuition, Kreativität, Erkenntnisgewinn und menschliche Intelligenz. Demnach ist die Arbeitsaufgabe von Ingenieuren, Konstrukteuren und Zeichnern zum großen Teil Kopfarbeit und kreativ-schöpferisch orientiert.

Konstruktionsarbeit wird also einerseits, besonders in den Präambeln der entsprechenden Fachbücher, vom schaffenden Menschen aus gesehen. "Die Lösung der Aufgabe und das Arbeitsergebnis ist daher als Resultat von konkreter, lebendiger Arbeit an die Arbeitsperson und an ihre Qualifikation gebunden" (IGM, 1985 S.38). Andererseits werden von Betroffenen Entfremdungs-, Entmündigungs- und Spaltungsbefürchtungen hinsichtlich der Arbeitsvollzüge geäußert, wenn CAD in den Konstruktionsabteilungen installiert wird. Sie sehen sich nicht mehr als ganzheitlich Produzierende, sondern instrumentalisiert:

"Die eigene Arbeitsmethode soll nun durch ein maschinengestütztes System zum Teil ersetzt werden. Damit wird die Individualität der Arbeit, die Ganzheit des Arbeitsvollzugs und die eigene Kreativität mit der personengebundenen Arbeitsmethode zurückgedrängt. Durch die Übergabe von Produktionswissen, von Kenntnissen und Erfahrungen auf das CAD-System wird gewissermaßen der Mensch von seinem qualifizierenden Wissensbestand getrennt" (IGM, 1985 S.38).

Befürworter des CAD-Einsatzes argumentieren demgegenüber, die Systeme würden als bequemes Werkzeug die Konstruktionsarbeit von nervtötenden und langweiligen Routinetätigkeiten befreien und schöpferische Konstruktionsarbeit erst richtig ermöglichen (vgl. z.B. Poths; Löw, 1985 S.17).

Eindeutige Festlegungen werden sich kaum treffen lassen, weil - wie schon gesagt - unterschiedliche Formen der Arbeitsorganisation und viele andere Fakten zu sehr verschiedenen Formen des CAD-Einsatzes führen. Für die weiteren Überlegungen zum Thema ist es jedoch nützlich, die in den Konstruktionsabteilungen insgesamt anfallenden Tätigkeiten daraufhin zu analysieren, ob und in welchem Umfang sie heuristische und/oder algorithmierbare Anteile enthalten.

Heuristische Vorgänge beinhalten Ideen, Intuitionen und Erfindungsvermögen. Sie lassen sich als geistig-schöpferische Tätigkeiten nicht computerisieren, wenngleich Rechnerleistungen sie unter bestimmten Voraussetzungen beflügeln oder sogar erst ermöglichen können.

Neben den heuristisch bestimmten Konstruktionstätigkeiten gibt es strukturierbare Problemstellungen und Tätigkeiten. Bei ihnen sind die Variablen und wie sie zusammenhängen, klar definierbar. Sie sind prinzipiell mit Hilfe von Computern bearbeitbar.

Heuristisch bestimmte und arithmetisierbare, unstrukturierte und strukturierte Aufgabenanteile innerhalb des Konstruktionsprozesses sind meistens miteinander - mehr oder weniger - verwoben, liegen selten klar trennbar hinter- oder nebeneinander. Das wird deutlich, wenn man den Konstruktionsprozeß für Bereich der Metall- und Maschinentechnik in die drei Phasen Konzipieren, Gestalten und Detaillieren untergliedert und jeweils weiter aufschlüsselt (vgl. auch Rugenstein, 1989 S.1; Aurich u.a., 1985 S.5; Spur, Krause, 1984 S.255; Poths, Löw, 1985 S.24; Scheer, 1988/2 S.13ff).

1.) Konzipieren:
- die gestellte Aufgabe definieren
- die Teilefunktionen ermitteln
- Varianten der Teilefunktionen miteinander verbinden
- Lösungen auswählen
- Konzept für das Realisieren der Lösung festlegen

2.) Gestalten:
- Gestalt der einzelnen Elemente festlegen
- Entwurfsskizzen anfertigen
- Berechnungen durchführen
- Anordnung der Elemente zueinander bestimmen
- Modelle erstellen

3.) Detaillieren:
- Fertigungsverfahren auswählen
- Normen berücksichtigen
- Einzelteile zeichnen
- Baugruppen zeichnen
- Stücklisten zusammenstellen
- Fertigungsunterlagen erstellen

In einigen Forschungsarbeiten sind die Tätigkeitsanteile innerhalb der Konstruktionsabteilung weiter aufgeschlüsselt (Aurich u.a., 1985/2 S.16; Dressel u.a., 1989 S.8; Hettich, 1986 S.57; Spur, Krause, 1984 S.256; Wingert, 1983 S.13;). In allen Untersuchungen beträgt der Anteil an Zeichentätigkeit von Hand, bezogen auf die gesamte Tätigkeit im Konstruktionsbüro, ca. 25-35% (genannt als: Detaillieren, Ändern, Zeichnen mit Tusche, Zeichnen der Einzelteile, Zeichnen). In diesen Bereichen sind die Tätigkeiten zum Teil formalisierbar und damit direkt CAD-geeignet. Mit weiteren ca. 10% an Arbeitsanteil kommt die Stücklistenbearbeitung dazu, welche sich ebenfalls mit Hilfe von CAD schneller ausführen läßt, als bislang üblich. Eine Auflistung aller in den Analysen genannten Kategorien verdeutlicht jedoch auch hier, wie schwierig es ist, diese eindeutig in heuristische und arithmatisierbare aufzuteilen:

Allgemeine Büroarbeiten
Ändern
Anleiten
Berechnen
Besprechungen und Informationsaustausch
Besuch bei Kunden
Detailieren
Dokumentation
Entwerfen
Freigeben
Informationsaufbereitung
Informationsbeschaffung und -vermittlung
Informieren außerhalb der Abteilung
Informieren innerhalb der Abteilung
Inspektion und Inbetriebnahme
Kontrollieren
Konzipieren
Kundenkontakte im Hause
Listen bearbeiten
Reklamationen
Routinearbeiten
Schriftwechsel
Sonstiges
Stücklisten
Tätigkeiten für andere Abteilungen
Technische Dokumentation
Unterlagen suchen
Verkaufsunterstützung
Versuch
Zeichnen der Einzelteile
Zeichnen mit Tusche
Zentrale Tätigkeiten

Die nachfolgende Auflistung von Verben ist den Lernzielen der im Entwurf befindlichen neuen Ausbildungsordnung für "Technische Zeichner/Technische Zeichnerinnen" entnommen und alphabetisch sortiert. Auch sie zeigt in ihrer Vielfalt, wie komplex die Tätigkeiten während des Konstruktionsprozesses sind. Eindeutige Zuordnungen in heuristische und arithmetische - und damit völlig computerisierbare - sind nur selten möglich:

abändern
ablegen
abrufen

abschätzen
absichern
abspeichern
abstimmen
anwenden
auf etwas beziehen
aufbereiten
aufmerken
aufteilen
auswählen
beachten
beauftragen
begeistern
beherrschen
berechnen
berichten
beschaffen
beurteilen
bewerten
beziehen
codieren
detaillieren
diagnostizieren
diskutieren
dokumentieren
durchsetzen
einarbeiten
einbeziehen
einhalten
einrichten
einschätzen
einsetzen
entscheiden
entwerfen
entwickeln
erkunden
ermitteln
festlegen
folgern
gestalten
handhaben
herausziehen
heraussuchen
informieren
kennen
kombinieren
kommunizieren

kontrollieren
konzipieren
kooperieren
mitarbeiten
mitgestalten
mitwirken
notieren
nutzen
optimieren
organisieren
orientieren
programmieren
protokollieren
prüfen
regeln
registrieren
reparieren
Rückschlüsse ziehen
sammeln
sichern
skizzieren
sprechen
steuern
testen
überblicken
übermitteln
überprüfen
überwachen
überzeugen
unterstützen
veranlassen
verdeutlichen
vergleichen
vertreten
verwalten
vorschlagen
wahrnehmen
wissen
zuordnen
zusammenarbeiten
zusammenstellen
(vgl. BIBB, 1990)

Selbst die Tatsache, daß in den Konstruktionsbüros Ingenieure, Konstrukteure, Techniker und Technische Zeichner zusammenarbeiten, läßt erfahrungsgemäß, vor allem im mittelständischen Maschinenbaubetrieben, eine zwar tendenzielle, aber keineswegs eindeutige Aufteilung der oben genannten

Tätigkeiten auf die einzelnen Berufsgruppen zu. So wurde der früher vorhandene und heute nicht mehr nachgefragte Beruf des "Teilezeichners" von der Liste der Ausbildungsberufe gestrichen und zwar unter anderem deshalb, weil die Tätigkeiten selbst im Bereich des Detaillierens - dort wurden Teilezeichner nach zweijähriger Lehrzeit vorwiegend eingesetzt - komplex und mit solchen Aufgaben verknüpft sind, die eine differenzierte Berufsausbildung voraussetzen.

Die Wettbewerbsfähigkeit eines Unternehmens wird in den Konstruktionsabteilungen entscheidend mitbeeinflußt: Bereits beim Konstruktionsprozeß werden 75% - 80% aller anfallenden Kosten für ein Produkt festgelegt. In der Fertigungsabteilung selbst sind nur noch 6% zu verantworten. (vgl. Aurich u.a., 1985 S.13f; Bullinger u.a., 1974 S.747-754).

Zusammenfassend erweist sich somit der industrielle Konstruktionsprozeß

- als Tätigkeit, in der ingenieurwissenschaftliche (technische), naturwissenschaftliche (mathematische und physikalische), gestalterisch-künstlerische und gesellschaftsbezogene Elemente zusammenkommen;

- als Tätigkeit, in der parallel und hintereinander eine Vielzahl von unterschiedlichen Teilaufgaben zu bewältigen sind;

- als Tätigkeit, in der Beschäftigte mit verschiedenen Ausbildungsrichtungen und -niveaus eng zusammenarbeiten;

- als Tätigkeit, in der meist heuristische (nicht computerisierbare) und formalisierbare (prinzipiell computerisierbare) Anteile mehr oder weniger miteinander verflochten sind;

- als Tätigkeit, in der in der Regel eng mit anderen Abteilungen (Statik, Normenwesen, Materialwirtschaft, Versuchsabteilung, Arbeitsvorbereitung, Produktionsabteilung, kaufmännische Abteilung) zusammengearbeitet werden muß (vgl. Aurich u.a., 1985 S.19).

3.3.2. Zum Unterschied zwischen Handzeichnen und CAD-Arbeit

Wie in den vorherstehenden Erläuterungen zum industriellen Konstruktionsprozeß im Bereich der Metall- und Maschinentechnik ausgeführt, beträgt der durchschnittliche Zeitbedarf für das Zeichnen von Hand zwischen 25% - 35% und für die Stücklisten ca. 10% der insgesamt anfallenden Arbeiten im traditionellen Konstruktionsbüro. Da durch Normen und Regeln eindeutig strukturiert, ist das Anfertigen von Zeichnungen und Stücklisten computerisierbar.

Ist CAD noch nicht eingeführt, muß althergebracht gearbeitet werden. Dieses erkennt man an einer Anzahl von Zeichenmaschinen. Sie bestehen in der Regel aus höhen- und winkelverstellbaren DIN A0 großen Tafeln mit Senkrecht- und Parallelführungen für die drehbaren Zeichenköpfe, an denen Lineale rechtwinklig zueinander angeordnet sind. Auf den Tafeln wird das Papier befestigt. Gezeichnet wird das meiste von Technischen Zeichnerinnen und Zeichnern. Aber auch Techniker, Konstrukteure und Ingenieure fertigen mit diversen Zeichenstiften, Linealen, Zirkeln, Schablonen und speziellen Beschriftungsgeräten die technischen Zeichnungsoriginale auf Transparentpapier an. Während des Zeichnens oder später werden die für den gesamten Produktions- und Verwaltungsprozeß wichtigen Stücklisten zusammengestellt. Telefone und einige Schreibmaschinen, die meist von mehreren genutzt werden, sind die einzigen Geräuschquellen.

Die Zeichnenden stehen beim Arbeiten meist vor den Zeichenbrettern. Daneben verfügen sie über Schreibtische mit allen erforderlichen Utensilien. An Pinwänden werden Skizzen, Rohentwürfe und Notizen befestigt. Die Hauptlichtquelle ist Tageslicht. Somit ist es meistens möglich, zwischenzeitlich von der Arbeit auf und durch das Fenster hinaus zu blicken. Reicht das Tageslicht nicht aus, läßt sich die Arbeitsfläche hinreichend elektrisch beleuchten.

Die Organisationsformen der Zeichenarbeit sind je nach Betrieb, Betriebsgröße, Produktspektrum und eigener Firmentradition sehr unterschiedlich. Sie reichen vom "reinen" Zeichenbüro, in dem als Dienstleistung nur "Fremdaufträge" gezeichnet werden, bis zur Kleingruppe als Konstruktionsabteilung, in der die Zeichnenden direkt in das Entwicklungsgeschehen und damit in dessen einzelne Phasen - vom Entwurf bis zur Reinzeichnung eines Produkts - unmittelbar eingebunden werden.

Ebenso unterschiedlich sind die Informations- und Kommunikationsformen der im Konstruktionsbüro Arbeitenden. In der Regel werden Informationen über direkte Sprach- und Blickkontakte ausgetauscht. Archive sind, meist in Schränken und Registraturen untergebracht, allen zugänglich, gegenseitige Hilfestellungen und Zusammenarbeit üblich.

Von den fertigen Stamm- oder Muttertransparentzeichnungsoriginalen fertigen die Mitarbeiter in der Pauserei Kopien auf Pauspapier für den unmittelbaren Einsatz im Betrieb an. Die Originale werden in einem Archiv sorgfältig inventarisiert.

Die CAD-Arbeitsplätze unterscheiden sich erheblich von den oben geschilderten traditionellen. Es erscheint deshalb zweckmäßig, hier ausführlich auf sie einzugehen. Sie sind typische Bildschirmarbeitsplätze und das, verglichen mit denen der Textverarbeitung oder für kaufmännischen Nutzung, unter verschärften Bedingungen: Während an Letzteren nur Buchstaben und Zahlen über Tastaturen eingetippt werden, erfordert CAD-Arbeit, mit empfindlich reagierenden Eingabegeräten, präzise und sorgfältig mit den Programmmöglichkeiten und Bildschirminformationen umzugehen.

Von den Bildschirmen, die vom technischen Aufbau her Kathodenstrahlröhren sind, gehen unterschiedlichste Strahlungen aus. Hoch- und niederfrequente elektrische und magnetische Emissionen, radioaktive und unnatürliche Lichtstrahlen treffen auf den Anwender. Eine verbindliche Verordnung, die Strahlen in bestimmter Weise zu mildern, gibt es bisher nur nach einer schwedischen Norm.

Da die CAD-Schirme abgedunkelt und ohne Reflexionen das beste "Bild" darstellen, vertragen sie sich nicht mit den Bedingungen, die für das Arbeiten an Zeichenbrettern gut sind. Befindet sich der CAD-Arbeitsplatz im traditionellen Konstruktionsbüro, helfen sich Anwender oft und bauen sich "Pferdeboxen, in-

70

dem sie oberhalb und an der Seiten des Bildschirms aus Holz, Gummi oder Pappe Vorrichtungen anbringen" (Obermann, 1988 S.337).

Werden die CAD-Arbeitsplätze aus dem allgemeinen Konstruktionsbereich ausgelagert, ergeben sich, neben der Trennung von den anderen Mitarbeitern der Gruppe, weitere Probleme:

"Zu wenig Raum für den einzelnen Arbeitsplatz, kein Platz für Sitzungen und Gespräche, enge Wege sowie schlechte Licht- und Klimaverhältnisse führen zu einer hektischen und lärmhaltigen Arbeitsatmosphäre, die konzentriertes Arbeiten erheblich erschwert. Zudem kommt hinzu, daß beispielsweise in Neubauten Fenster mit Plänen zugeklebt werden, um direktes Sonnenlicht und damit Blendung auszuschließen. Ein Arbeitswissenschaftler formuliert das so: "Der erholsame Blick ins Freie und die blendfreie Arbeit am Bildschirm sind allzuoft unvereinbare Wünsche' (E. Frieling)" (IGM, 1986 S.33).

Durch Überlagerungen der Lichtfrequenz mit der Bildschirmfrequenz kann es zu störendem Flimmern kommen. Kontrastunterschiede zwischen Bildschirmdarstellung, Vorlagen, Möbeloberflächen und Raumhintergrund belasten die Augen. Hinzu kommen noch störende Wärme und Lärm durch die Kühlungslüfter, die in viele Geräte eingebaut sind.

Meistens müssen sich mehrere Anwender die Speicher-, Sicherungs- und Ausgabegeräte teilen. Diese sind in der Regel lärmintensiv. Installiert man sie in einem Nebenraum, sieht man in den seltensten Fällen, ob sie frei sind. Ist das nicht der Fall, hängt der Benutzer mit seinen Daten in einer oft streßerzeugenden Warteschlange.

Im CAD/CAM Jahrbuch 1988 werden für einen einzigen CAD-Arbeitsplatz 12000 - 13000DM teure Möbel empfohlen. Diese sind speziell für die CAD-Gerätschaften und ihre Verkabelung angefertigt und beinhalten zusätzlich einen normalen Schreibtisch und entsprechende Ablagen (vgl. Obermann,K., 1988 S.339). Kosten für spezielle antistatische Böden und spezielle Beleuchtung sind darin nicht enthalten. "Der Raumbedarf für einen CAD-Arbeitsplatz sollte nach bisherigen Erfahrungen ... zwischen 15 und 20 m^2 betragen. Eine engere Aufstellung führt zu erheblichen Beengungen und Umweltbelastungen" (IGM, 1986 S.33).

Ohne ausführliche Orientierungen ist es praktisch unmöglich, die Geräte eines CAD-Arbeitsplatzes verantwortlich auszuwählen.

Differenzierte Auswahlkriterien dazu für die Entscheidung über die Hardware (Rechner, Speicher), die Ein- und Ausgabegeräte (Tastatur, Maus, Tablett, Bildschirm, Drucker, Plotter), die CAD-Programmpakete und die ergonomiegerechte Ausstattung der Arbeitsplätze (Bildschirm, Raum, Möbel) sind während der Konzeptionierung sorgfältig zusammenzustellen.

Zusammenfassend lassen sich eine Reihe von wichtigen Unterschieden zwischen technischem Zeichnen von Hand und der Arbeit mit einem CAD-System ausmachen. In der folgenden Aufstellung ist schwerpunktmäßig noch einmal die CAD-Arbeit betont. Die Aufstellung entstand während eines

Fortbildungsseminars mit CAD-erfahrenen Teilnehmern (Crome, Sommersemester 1991, VHS Bremen, CAD-Seminar mit Fortgeschrittenen). Sie ist auszugweise wiedergegeben:

Die CAD-Arbeit -

- erfordert eine zum Teil völlig neue Qualifikationsstruktur;

- ist im Gegensatz zum Zeichnen von Hand immer vermittelt und abstrakt; Aktionen können nur über bestimmte Geräte mit bestimmten Befehlen ausgeführt werden;

- ist bevormundend, weil individuelle Vorgehensweisen aufgrund der festliegenden Programmabfolge kaum möglich sind;

- ermöglicht vom Arbeitsplatz aus, wenn das System vernetzt ist, den Zugriff auf das gesamte Betriebsgeschehen;

- ist unbemerkt kontrollierbar mit Hilfe der Betriebsdatenerfassungsprogramme;

- ist besonders belastend, weil sie dicht vor einem Bildschirm ausgeführt wird;

- beansprucht die Augen stärker als am Zeichentisch;

- setzt die Zeichnenden ständig zwar geringer, aber langfristiger Strahlenbelastung aus;

- rationalisiert die am Zeichenbrett durchaus üblichen, entspannenden Routinetätigkeiten weg und erzeugt andauernden Leistungsdruck;

- wird häufig im Mehrschichtbetrieb organisiert, um die teuren Stationen besser ausnutzen zu können;

- ermöglicht nicht so gut wie die Brettarbeit, mit anderen vor der Zeichnung zu stehen und über Einzelheiten zu sprechen;

- trennt manchmal traditionell zusammenarbeitende Arbeitsgruppen, wenn die CAD-Stationen aus der Abteilung in ausgegliedert werden;

- ist oft einsame Arbeit. Sie isoliert durch die sogartige Hinwendung zum abgeschirmten Computer.

Ein auf CAD umgeschulter Zeichner sagte:

"Wir haben jetzt weniger Zeit, mitzukriegen, was um uns ørum vorgeht. Ja, ich glaube, es kommt so weit, daß man an den Bildschirm angeschlossen ist. Man fühlt sich mehr an den Bildschirm gebunden. Vielleicht ändert sich das. Und wie ich schon gesagt habe, es hat alles mit den unnormalen Arbeitszeiten zu tun. Man stellt irgendwie fest, daß man nicht mehr zur Gruppe gehört. Man arbeitet mehr allein. Ich glaube wirklich, daß es das ist, was passiert. (Andersen u.a., 1989 S.30)".

Eine andere Äußerung zur CAD-Arbeit eines Maschinenbaukonstrukteurs zitiert Walter Volpert in seinem Buch "Zauberlehrlinge, die gefährliche Liebe zum Computer":

"Er erhält weit mehr Einzelaufträge mit sehr viel engeren zeitlichen Vorgaben, und er unterliegt einer erheblich verschärften Leistungskontrolle. Auch sein Handlungsspielraum hat sich sehr eingeschränkt. Entweder wird er mit einem Programm zur Varianten-Erzeugung konfrontiert, und er muß von Mal zu Mal die etwas veränderten Daten eingeben. Oder er arbeitet mit einem Programm, an dem er auch neue Teile konstruieren kann. Aber auch in diesem Fall sind ihm in aller Regel die Wege und Möglichkeiten weithin vorgeschrieben. Schon aus Zeitnot wird er den "Vorschlägen", die ihm das Programm macht, willig folgen. Statt von Routinehandlungen befreit zu sein, versinkt er nun in einer neuen, noch dazu sehr anstrengenden Routine" (Volpert, 1985 S.37; vgl. auch Dunckel; Resch, 1987 S.61ff).

Hier deutet Volpert auf die Gefahr hin, daß auch der heuristisch-kreativ-gestalterische Anteil an der Konstruktionsarbeit immer kleiner wird, wenn er bei Wiederhol- und Änderungskonstruktionen mit Hilfe der Variatentechnik und ausgefeilter, fertiger CAD-Prozeduren immer mehr festgelegt wird.

Wissenschaftliche Forschungsarbeiten befinden sich auf dem Gebiet der CAD-Arbeit noch in den Anfängen. Die Zeichenarbeit wandelt sich von der Anfertigung einer in der Regel großflächigen Zeichnung auf Transparentpapier zum Schaffen eines digitalen Datenvorrates in mikroelektronischen Geräten, der auf bestimmte Weise auf einem Bildschirm in Pixelform dargestellt werden kann. Das erfordert eine Reihe von neuen, noch schwer genauer formulierbaren Qualifikationen (vgl. Wingert u.a., 1984).

"Deren Nutzung bedeutet eine Umstellung von der relativ direkten sinnlich-unmittelbaren Tätigkeit am Reißbrett und auf Papier auf ein Sich -"Bewegen' in den Befehlsstrukturen des Programmsystems. Dessen "Kommandos" müssen gewußt und gezielt "eingesetzt" werden; sie schieben sich gleichsam zwischen Handlungsintention und -resultat. Das System erlaubt dabei durchaus ähnliche Konstruktionsschritte wie früher, aber diese sind jetzt anders auszuführen: als "Bedienen" vorgegebener Befehlsoperatoren" (Manske; Wolf, 1989 S.82f).

Sauberes Reinzeichnen von Hand, die Meisterleistung eines traditionellen technischen Zeichners, ist bei CAD überflüssig geworden. Technisches "know how" mit dem Computersystem ist wichtig (vgl. Muggli; Zinkl, 1985 S.107).

3.3.3. Veränderungen innerhalb der Konstruktionsabteilungen durch die Einführung von CAD

Die Einführung von CAD in einer Firma hat neben der gravierenden Umstellung von traditioneller Konstruktions- und Zeichentätigkeit auf rechnergestütztes Konstruieren auch Einfluß auf die Arbeitsorganisation insgesamt: Zum einen innerhalb der Abteilung selbst, aber auch auf die anderen Abteilungen des Betriebes. "Welche Aufgaben bei rechnerintegriertem Ablauf in die Konstruktion verlagert oder ggf. andernorts zusammengefaßt werden müssen, hängt v.a. von der technisch-organisatorischen Vernetzungsstrategie des Betriebes ab" (Dressel u.a., 1989 S.27). CAD kann sowohl in einer Abteilung mit weitestgehender Arbeitsteilung (Taylorismus) eingesetzt werden als auch in einer, in der ganzheitliche Arbeitsstrukturen vorherrschen.

Im ersten Fall führt eine in sich abgeschlossene Gruppe innerhalb der Abteilung die CAD-Arbeiten für alle aus. Laut Hettesheimer ist ein solcher "Schalterbetrieb" vorteilhaft, wenn CAD nur genutzt wird, um eine Zeichnung als Endergebnis eines traditionellen Konstruktionsvorganges mit CAD zu dokumentieren, um aus komplexen Konstruktionen in sich abgegrenzte Teilaufgaben anzufertigen, wie zum Beispiel Schaltpläne oder iterative Berechnungszyklen mit Hilfe der Methode der finiten Elemente (vgl. Hettesheimer, 1985). Eine gewisse rationale Effizienz ist diesem Verfahren besonders dann nicht abzusprechen, wenn hochspezialisierte Aufgaben zu lösen sind, die bei jedem einzelnen in der Abteilung selten vorkommen. Die Gefahr besteht jedoch in einer für die Mitarbeiter frustrierenden Zerstückelung zusammengehörender Aufträge, bei denen letztendlich, beispielsweise wegen der organisatorisch aufwendigen Schnittstellen zwischen den einzelnen Auftragshäppchen, sogar die Effizienz auf der Strecke bleibt. Darüber hinaus hat der "Schalterbetrieb", bei dem die Vorlagen an CAD-spezialisierte Mitarbeiter abgegeben werden müssen, "den Nachteil von Informationsverlusten bei der Weitergabe, die durch eine bessere Auslastung nur schwer aufzuwiegen sind" (Zimmermann, 1985).

Im zweiten Fall nutzen alle Arbeitenden in der Konstruktionsabteilung CAD; ähnlich, wie althergebracht das Reißbrett. Nur so sind schwerpunktmäßig ganzheitliche Arbeitsvollzüge möglich. "Aus der Sicht der Arbeitsgestaltung sind Formen der Arbeitsorganisation vorzuziehen, die den Mitarbeitern Mischarbeit, d.h. den Wechsel zwischen konventioneller Arbeit und Arbeit mit dem CAD-System, erlauben wie z.B. bei Open-shop-Betrieb (Lay et. al., 1986). Die CAD-fähigen Arbeitsaufgaben sollten demnach nicht nur von einer spezialisierten Konstruktions- oder Mitarbeitergruppe durchgeführt werden" (Dressel u.a., 1989 S.28).

Bei dieser Form der Arbeitsorganisation muß jeder mit einem verfügbaren CAD-System arbeiten können. Die Terminals stehen dabei entweder dezentral am jeweiligen Arbeitsplatz, oder die CAD-Arbeitsplätze sind, aus ergonomischen Gründen, zentral in einem besonders ausgestatteten Bereich zusammengefaßt. Ist das letztere der Fall, sind möglicherweise weniger Arbeitsplätze eingerichtet, als zeitweise nachgefragt werden. Reservierungen und Prioritätsschlüssel komplizieren dann in der Regel den Zugang. Belegpläne mit Wartezeiten und Streßbelastungen sind die Folge. Um Zeit zu gewinnen, wird die möglicherweise im Betrieb eingeräumte Gleitzeitspanne gewissermaßen im Schichtbetrieb belegt, oder, was nicht selten vorkommt, tatsächlich schichtweise am CAD-System gearbeitet (vgl. Obermann, 1988 S.330; Manske; Wolf, 1989 S.85f).

Untersuchungen (vgl. Kuntze,U., u.a., 1987) ergaben, daß sich beide Einsatzformen von CAD, dezentrale und zentrale, in etwa die Waage halten. Der "closed-shop"-Betrieb (zentraler CAD-Dienst, keine Mischarbeit) wurde in 12% der Anwendungen ermittelt, der schon wünschenswertere Betrieb mit "open-shop"-Organisation (zentraler CAD-Bereich, Mischarbeit) wurde in 35% der Fälle vorgefunden und der "ideale" dezentrale Betrieb mit CAD-Arbeitsplätzen unmittelbar im Konstruktionsbereich sogar mit 45%. In nur 8% der untersuchten Betriebe wurden der CAD-Bereich und der traditionelle völlig getrennt und unverbunden vorgefunden (vgl. auch: Manske; Wolf, 1989 S.76).

In den meisten Fällen werden die CAD-Rechner, gleichgültig ob dezentral oder zentral plaziert, miteinander vernetzt sein. Damit wirken die an einer Stelle des Betriebes erzeugten, veränderten oder gelöschten Daten überall. Alle bisher beschriebenen Probleme hinsichtlich der Zugriffsberechtigungen auf Zeichnungen, der korrekten Numerierung, Klassifizierung, des Datenschutzes und der Datensicherung sind damit aktuell. Durch die Einbindung der Mikroelektronik in den Betrieb ist damit auch im Konstruktionsbereich ein Aufgabengebiet für sogenannte "Systemmanager" entstanden, welches traditionell nicht vorkommt. Sie kümmern sich um die Lauffähigkeit der Programmmodule, richten die Dateien ein, vergeben Passwörter mit entsprechenden Zugangsberechtigungen und verbinden die CAD-Rechner mit den zentralen Datenbanken (vgl. Manske; Wolf, 1989 S.77f).

Die Aufgabenverteilung zwischen den einzelnen Ausbildungsberufen innerhalb der Konstruktionsabteilung, in der CAD genutzt wird, "erfolgt eher nach Können und Erfahrung als nach Berufsbezeichnung oder formaler Qualifikation. Sie hängt zudem stark von produkt- bzw. betriebsspezifischen Besonderheiten ab" (Dressel u.a., 1989 S.33).

"In den meisten Betrieben wird vom Techniker und vom technischen Zeichner erwartet, daß er sich "on the job" im Laufe der Zeit höherqualifiziert. Es wäre mithin verfehlt, aus einer Momentaufnahme der relativ feingliedrigen Tätigkeitsstrukturen auf sehr dauerhafte und feste Grenzlinien der Aufgabenteilung zu schließen. Die Übergänge sind im Gegenteil weich und fliessend und befördern personen- und fallbezogene Flexibilität" (Manske; Wolf, 1989 S.72).

Dabei ist jedoch nach eigener Erfahrung auch zu beobachten, daß die Leiter und erfahrenen Älteren häufig nicht so intensiv CAD-geschult werden wie die Jüngeren. Das kann zu Konflikten führen, derart, daß beispielsweise die Älteren, da sie nicht mehr so viel zeichnen wie früher, mehr kognitiv-mental belastet werden und die Jüngeren - häufig die Technischen Zeichner - an "CAD-Dateneingabeplätzen" die vorgelegten Entwürfe nur noch bearbeiten.

Mit Hilfe der automatischen Stücklistengenerierung, der Varianten- und Makrotechnik sowie der Symbolbibliotheken entfallen viele der traditionell zeichnerischen Routinetätigkeiten. Trotzdem bleiben zum Beispiel in der Phase der Aufbereitung, der Konzeptionierung und in der Entwurfsphase viele Arbeiten bestehen, die nicht mit dem CAD-Rechner bearbeitet werden können.

"In den technischen Büros ist auffallend, daß trotz zunehmend umfangreicherer Computerausstattung, dem Einsatz von CAD-Systemen und entsprechenden Datenbanksystemen zur Archivierung von Plänen und Entwürfen weiterhin viele Handakten verwendet werden. Der Konstruktionsprozeß zeichnet sich durch das nebeneinander von EDV und Handakten aus. Trotz vieler Ankündigungen der Technologiehersteller ist das papierlose Büro dort ebensowenig wie im kaufmännischen Bereich in Sicht" (Rudolf u.a., 1988 S.5).

Es gibt offensichtlich einen beachtlichen Entscheidungsspielraum hinsichtlich der Aufgabenverteilung und zwar sowohl personen- als auch methodenbezogen. In der Literatur sind unterschiedliche Auffassungen festgehalten: Manske; Wolf schreiben,

"daß der Einzug der Computertechnologie in die technischen Büros keineswegs einer eindimensionalen Taylorisierung- und Dequalifizierungslogik folgt. Die Komplexität der Tätigkeitsfunktionen in den modernen Konstruktionsbüros und ihre Bündelung zu Arbeitsplatztypen verbietet es, von einer "Enteignung" des technisch-organisatorischen Wissens der hier Tätigen zu sprechen, die an die Substanz ginge. Es wäre ebenso unsinnig, das Entstehen neuer Tätigkeitsfunktionen allein als Folge der Abspaltung planender von ausführenden Tätigkeiten zu deuten. ... Insgesamt wird durch Variation und Differenzierung die Arbeitsteilung im technischen Büro modifiziert und reproduziert, ohne daß dieser Vorgang als Taylorisierung bezeichnet werden könnte. Das Entstehen komplexerer Strukturen mit vielleicht sogar einem höheren Grad von Arbeitsteilung führt nicht zur Degradierung der geistigen Arbeit im technischen Büro" (Manske; Wolf, 1989 S.88/89).

Demgegenüber beziehen sich Andersen, Rasmussens und Tottrup auf eine Reihe empirischer Studien mit anderslautenden Ergebnissen (Cooley 1981; Finne 1982; Wingert 1984; Andersen 1987; Rasmussen 1987). Diese hätten gezeigt, daß die Einführung von CAD-Systemen unter anderem eine verstärkte Trennung von kreativen und nicht kreativen Tätigkeiten bewirken könne (Andersen, u.a., 1989 S.25).

Manske und Wolf formulieren hinsichtlich neuer Tätigkeitsstrukturen wegen des CAD-Einsatzes im Konstruktionsbereich folgende Hypothese:

"Die mittlere Konstruktionsfunktion des Detaillierens unterliegt ... einer Sogwirkung, die je nach Einsatzkonzept der Betriebe in verschiedene Richtungen zeigt. Wird mit CAD "von oben" (Entwurf) begonnen, dann wirkt der Sog auch nach oben und sorgt für eine relative Konservierung im Tätigkeitsbereich des Zeichners. Wird dagegen "von unten" begonnen, ... ist die Sogwirkung umgekehrt, also nach unten zur Zeichnungsdarstellung hin gerichtet, und womöglich erhalten die technischen Zeichner dadurch die Chance, anspruchsvollere Tätigkeitselemente zu vereinnahmen (Manske; Wolf, 1989 S.84).

Offensichtlich ist es mit CAD wie mit vielen neuen, die Lebens- und Arbeitswelt beeinflussenden Dingen: Neben einem Anteil, der unverwechselbar ihnen selbst innewohnt, liegt es weitgehend im Bereich menschlichen Entscheidens und Handelns, in welchem Maße und auf welche Weise die Neuerungen ein-

76

geführt und angewandt werden (vgl. Senbert, 1985 S.23f).

"Konventionelle und CAD-Konstruktion können durch arbeitsorganisatorische Maßnahmen getrennt oder im Hinblick auf Belastungswechsel und Motivation der Mitarbeiter in Form von Mischarbeitsplätzen verbunden werden" (Dressel u.a., 1989 S.34). Je mehr Handlungsspielraum beim einzelnen bleibt, desto besser für ihn: "Arbeitspsychologische Untersuchungen haben gezeigt, daß ein hoher Handlungsspielraum in der Arbeit zu mehr Selbstbewußtsein, weniger psychischen und psychosomatischen Beschwerden, aktiverem Freizeitverhalten und größerem politischen und gewerkschaftlichen Engagement führt" (Dunckel; Resch, 1987 S.87).

In den meisten Konstruktionsabteilungen ohne CAD wurde und wird vorwiegend mensch- und nicht technikzentriert gearbeitet. Würde man CAD um seiner selbst willen anwenden, nämlich zugunsten einer ausschließlichen Technikzentrierung, fehlten entscheidende heuristische Möglichkeiten der Konstruktionsgestaltung und des miteinander Arbeitens. Das unbestreitbare Rationalisierungspotential von CAD muß nicht notwendigerweise im Bereich einer Technikzentrierung liegen, wenngleich - wie oben angegeben - Tendenzen in dieser Richtung befürchtet werden.

"Inwieweit CAD-Systeme sinnvoll für die Beschäftigten im Konstruktionsbüro eingesetzt werden, entscheidet sich bisheriger Erfahrung nach primär an der Form der Arbeitsorganisation. ... Davon abhängig ist u.a. die konkrete Ausgestaltung des Arbeitsplatzes, und es stellen sich Anforderungen an das Anwendungsprogramm sowie an die Qualifizierungsmaßnahmen für die Beschäftigten. Daraus folgt, daß bereits im Planungsprozeß ausreichende Spielräume für die Arbeitsgestaltung verankert werden müssen, damit nicht zentralisierte Planungs- und Steuerungssysteme humane Arbeitsorganisationen blockieren" (IGM, 1986 S.25).

Sollen Veränderungen durch die CAD-Einführung innerhalb der Konstruktionsabteilung am ehesten zugunsten einer humanen Arbeitsorganisation mit vergrößerten Handlungs- und Entscheidungsspielräumen für die Arbeitenden vorgenommen werden, erweisen sich dafür dezentrale arbeitsorganisatorische Formen mit wahlweise konventioneller oder CAD-Arbeit und einer darauf bezogenen wechselweisen Dispositionsbefugnis am sinnvollsten. Über die konkrete Ausgestaltung des CAD-Einsatzes sollte dabei letztendlich die einzelne Gruppe in einem möglichst breiten Rahmen selbst entscheiden können.

"Die Vorteile dieser Arbeitsorganisation sind die, daß Teams von Konstrukteuren/innen und Zeichner/innen bei Auftragsabwicklung zusammenarbeiten und eine größere Übersichtlichkeit von allen Teammitgliedern über die anstehenden Arbeiten erreicht werden kann. Dazu sind als Voraussetzung die Kommunikations- und Kooperationsformen im Konstruktionsbereich und zu den benachbarten Abteilungen weitestgehend offen zu halten" (IGM, 1986 S.31).

3.3.4 Wandel durch CAD in anderen Abteilungen

Neben den arbeitsorganisatorischen Veränderungen im Konstruktionsbereich selbst beeinflussen die neuen Technologien auch die logistisch angrenzenden Nachbarabteilungen in den Betrieben. "CAD wälzt eine Arbeitslandschaft um, über die wir bislang nur sehr wenig wußten" (Manske; Wolf, 1989 S.71). Dieses "Umwälzen" erfolgt hauptsächlich über zwei Sorten von Datenmengen, die mit CAD erzeugt werden:

Zum einen sind es geometrische Daten, die alles über die Größe, Form und Oberflächenbeschaffenheit sowie die Maßtoleranzen von Körpern aussagen. Besteht eine Konstruktion aus mehreren Teilen, ist deren Zuordnung zueinander einer Baugruppendarstellung oder der Gesamtzeichnung zu entnehmen, die alle Einzelteile enthält. Diese Daten entsprechen den traditionellen technischen Zeichnungen und lassen sich in der Regel mit entsprechenden Ausgabegeräten, meist Plottern, auch so darstellen.

Zum anderen sind es alphanumerische Daten über die Materialien, die Stückzahlen, die Arten der Bearbeitungen und gegebenenfalls die vorgeschriebenen Normen. Diese Daten werden in den Stücklisten festgehalten. Beide, Zeichnungen und Stücklisten, gehören zusammen. Über ein Teilenummernsystem sind sie einander zugeordnet.

Der Datenstrang, welcher die alphanumerischen (Stamm-)Daten aus der Konstruktion weiterleitet, soll in der Fabrik der Zukunft im Bereich der Produktionsplanung und -steuerung (PPS) enden. Die dort ankommenden Informationen würden in einem althergebrachten Betrieb von den Abteilungen Beschaffung, Materialwirtschaft, Kapazitätsplanung, Auftragsverwaltung, Kalkulation, Betriebsdatenerfassung und Werkstattsteuerung genutzt werden.

Der Datenstrang, welcher die geometrischen Daten transportiert, endet im Produktionsbereich (CAM). Dort steuern die noch speziell aufzubereitenden CAD-Daten entsprechende Maschinen (CNC) oder ganze flexible Fertigungs- und/oder Montagezellen (FFZ, FMZ). An dieser Prozedur würden im klassischen Industriebetrieb die Abteilungen Konstruktion, Arbeitsvorbereitung, Fertigung und Qualitätskontrolle beteiligt sein. Die Aufbereitung der Geometriedaten für die Fertigung kann prinzipiell in jeder der drei Abteilungen geschehen.

Geht es nach der Meinung einiger Firmenvertreter auf der CeBit 1991, so ist das im ideal mikroelektronikvernetzten CIM-Betrieb anders geplant. Die traditionell üblichen Grenzen und Aufgabenbereiche zwischen den Abteilungen sollen dort - so einige Zukunftsstrategen - verschwinden und die langanhaltende Diskussion, ob die Zeichner, die Arbeitsvorbereiter oder die Zerspaner die Maschinensteuerungsprogramme erstellen, wird - ihrer Meinung nach - umso überflüssiger, je besser die Postprozessoren zwischen dem CAD-Datenvorrat und den flexiblen Fertigungszellen werden: Die Prozedur reduziere sich im wesentlichen immer mehr auf ein paar Knopfdrücke.

Noch ist es nicht soweit. Abhängig von einigen Firmenparametern, wird die verbleibende Arbeit von Betrieb zu Betrieb unterschiedlich verteilt. Es gibt dabei drei praktizierte Möglichkeiten: Zum ersten können die Zeichnerinnen die im Konstruktionsbereich erzeugten Daten bearbeiten. "Die Weiterverarbeitung der mit der Werkstattzeichnung erstellten Konturdaten in Programme und die Übergabe der im CAD-System erstellten Stücklisten in die Produktionsplanung und -steuerung werden so zu neuen Aufgabenbereichen für den Technischen Zeichner (s. Buschhaus/Stolze)" (Rauner, 1989 S.10). Zum zweiten gibt es die Werkstatt- oder Maschinenprogrammierung. Sie beschreibt einen Vorgang, bei dem der Facharbeiter an der CNC-Maschine die Geometriedaten der Zeichnung mit den Maschinendaten "vor Ort" verbindet und die Fertigung einleitet und überwacht, und als dritte Möglichkeit werden zuerst in der Arbeitsvorbereitung die erforderlichen Steuerdaten aus den CAD-Zeichnungen und den Maschinenspezifikationen heraus zusammengestellt und danach an die Fertigung weitergeleitet.

Die Streitfrage, welche der Arbeitsanteile zwischen Zeichnen, Disponieren und Fertigen in einem Betriebsgeschehen unbedingt zusammengehören und welche nicht, läßt sich nicht leicht beantworten, genau so wenig wie die, welcher Personenkreis sie bewerkstelligen soll.

"Welche Aufgaben bei rechnerintegriertem Ablauf in die Konstruktion verlagert oder ggf. andernorts zusammengefaßt werden müssen, hängt vor allem von der technisch-organisatorischen Vernetzungsstrategie des Betriebes ab. Der Qualifikations- und Qualifizierungsbedarf läßt sich nicht aus der Technologie als solcher, also etwa aus der spezifischen Variante der CAD/NC- oder CAD/PPS-Integration ableiten, sondern erst aus der betrieblichen Nutzung. Die in der Praxis realisierte Arbeitsorganisation bewegt sich dabei zwischen den Polen "hoher Grad der Arbeitsteilung (Taylorismus)" und "ganzheitlichen Arbeitsstrukturen (Teamarbeit)'" (Dressel u.a., 1989 S.27).

Von CAD ausgehend, bestehen zur Zeit folgende funktionierende Integrationspfade zu Bereichen, die traditionell anderen Abteilungen zuzuordnen sind (vgl. z.B. Dressel, 1989; Weck, 1989; Scheer 1988/2):

- Kopplung von CAD-Geometrien zu FEM (Finite-Elemente Methode) für Strukturberechnungen;

- Automatische Generierung von Stücklisten und ihre Eingabe in Datenbanken;

- Kopplung von CAD mit NC über

a) eine Geometrieschnittstelle zum NC-Programmiersystem,

b) ein NC-Modul im CAD-Programm; Werkzeuge und -wege werden vor der Übergabe an das NC-System definiert; meist Simulationen möglich und üblich,

c) ein NC-Modul, NC-Prozessor und NC-Postprozessor im CAD-Bereich; Simulationen möglich und üblich; Fertige NC-Dateien als Ausgabe möglich;

- Verbindung von CAD mit PPS über:

a) eine Schnittstellendatei, über die direkt an die PPS übergeben werden
kann;

b) ein redundantes Datenformat in gleichem Datenverwaltungssystem;

c) eine direkte Programmvernetzung zwischen CAD und PPS.

- Kopplung von CAD mit Meßmaschinen für die Qualitätskontrolle;

- Kopplung von Roboterprogrammiersystemen mit CAD, zum Beispiel für flexible Montagezellen;

Wie damit noch einmal deutlich wird, nimmt CAD eine Schlüsselposition in den Neuen Technologien und im Betriebsgeschehen ein. Schon 1984 schrieb Encarnacao:

"Die Kinderjahre des CAD, in denen CAD-Systeme nur zur Unterstützung von isolierten Konstruktionsproblemen verwandt werden konnte, sind vorbei. Die neue Generation von CAD-Systemen kennzeichnet mehr und mehr ihre Integrationsfähigkeit in vorhandene DV-Umgebungen" (Encarnacao u.a., 1984 S.75).

Die Frage, ob die neuen Technologien, insbesondere CAD, zu einer stärker humanzentrierten oder zu eher technikzentrierten Formen der Arbeitsgestaltung führen werden, läßt sich, wie schon mehrfach betont, aus der technischen Entwicklung allein nicht beantworten. Menschenleer, soviel scheint sicher, wird die Fabrik der Zukunft nicht sein.

Eine Ursache dafür liegt in den mit CAD erzeugten Daten selbst. Sie führen nicht selten in der Problemsituation "vor Ort" zu Irritierungen,

"weil sie unerwartete Vorkommnisse und die konkreten Bedingungen des Fertigungsprozesses, den jeweiligen Zustand der Maschinen oder auftretende Probleme bei der Fertigung bestimmter Werkstücke nicht hinreichend berücksichtigen. ... Viele Anzeichen deuten darauf hin, daß technische Systeme die Formen menschlicher Wahrnehmung, menschlichen Wissens und die organisatorischen Bedingungen des Betriebes häufig nicht hinreichend berücksichtigen. Der Arbeitsprozeß sollte für die Beschäftigten transparenter gemacht werden und vor Ort in der Fertigung sollten zusätzliche Eingriffs- und Manipulationsmöglichkeiten geschaffen werden. Heutige Techniken blenden bestimmte Arten von Wissensrepräsentation aus" (Rudolf u.a., 1988 S.6f).

3.3.5 Rationalisierungseffekte durch CAD und die sozialen Folgen

Trotz der genannten Ungleichheiten und Entscheidungsspielräume ist unbestreitbar, daß mit der Einführung von CAD Rationalisierungseffekte verbunden sind. Diese Effekte sind komplex und abteilungsübergreifend, d.h. sie wirken sich nicht nur auf den Konstruktionsbereich aus, sondern darüber hinaus auch in den betriebswirtschaftlichen und produzierenden Bereichen. Es "schält sich ein "neuer Rationalisierungstyp' heraus, bei dem nicht mehr einzelne Arbeitsplätze, sondern ganze Abteilungen und abteilungs- oder gar betriebsübergreifende Arbeitsabläufe und Produktionszusammenhänge einer "systematischen Rationalisierung" unterworfen werden" (vgl. Baethge; Overbeck, 1986; Manske; Wolf, 1989 S.70). "Kein Konstruktions- oder Zeichenbüro, und sei es noch so klein, kann es sich leisten, die Entwicklung auf diesem Gebiet zu ignorieren" (Cooley, 1989 S.23).

Wie bereits im vorigen Abschnitt (3.3.4) beschrieben, wirkt CAD immer abteilungsübergreifend. Im BIBA (Bremer Institut für Betriebstechnik und angewandte Arbeitswissenschaft an der Universität Bremen) wird beispielseise derzeit ein europäischer Kommunikationsnetzverbund für die Produktionstechnik aufgebaut und simuliert. Über eine gemeinsame Datenbasis und Datenkanäle sind auch die CAD-Computer eines Betriebes oft mit denen anderer Firmen oder -standorte verbunden. So steuerten sie bereits 1980 von Toulouse (Frankreich) aus Bearbeitungsmaschinen bei MBB in der Nähe von Bremen.

Theo Fürst, CAD/CAM-Leiter bei VAG Kugelfischer: "Wir sehen, daß unser System die Konstruktion in unserem Stammwerk verbessert, den Datenaustausch zwischen dem Zweigwerk Wuppertal und unserem Stammwerk beschleunigt und insgesamt dem Unternehmen Wettbewerbsvorteile bringt" (Grotelüschen, 1986 S.69).

"Nach Berechnungen der Gewerkschaft ÖTV sind durch den zunehmenden Einsatz von CAD-Systemen maximal 400.000 Arbeitsplätze gefährdet. Dabei ist infolge der raschen Ausbreitung des Systems eher mittel- als längerfristig mit den entsprechenden >Freisetzungen< zu rechnen, zumal 1. die Experimentierphase beim Einsatz des CAD-Systems als abgeschlossen angesehen werden kann und weil 2. - im Zusammenhang damit - sich die Kosten dafür laufend verringern" (Scharfenberg,G., 1987 S.26).

Auch wenn am Anfang, wenn die einzelnen "Mikroelektronikinseln" wie CAD, PPS, Flexible Fertigungs- und Montagezellen eingerichtet werden, mitunter sogar noch zusätzlich spezialgeschultes Personal eingestellt wird, kommt die Entlassungswelle spätestes dann, wenn die Inseln miteinander vernetzt werden und das ganze Rationalisierungspotential frei wird. Als absolutes Extrem beschreibt Günter Friedrichs ein kaum glaubliches Beispiel aus einer deutschen Gießerei mit 150 Beschäftigten:

"Dort ist die Umstellung bereits abgeschlossen. Vorher waren dafür zwei Ingenieure ... sowie 15 technische Zeichner nötig. Heute werden nur noch ein

Diplomingenieur, ein Bildschirmgerät und ein Zeichenautomat gebraucht. Ein weiterer Ingenieur steht für den Fall zur Verfügung, daß der Diplomingenieur einmal nicht anwesend ist" (Friedrichs, 1982 S.205).

Ein exemplarischeres Rationalisierungsbeispiel als das obige konnte der Verfasser in einer Bremer Firma für Fördertechnik verfolgen. Dort wurden aus dem Konstruktionsbereich zehn von fünfzehn Konstrukteuren/Ingenieuren in andere Abteilungen des Unternehmens versetzt, nachdem einer ein weitverbreitetes CAD-System (AutoCAD) an die besonderen Belange der Firma angepaßt hatte. Er definierte das gesamte Standardangebot an Förderschienenelementen mit Hilfe der CAD-Symbol- und Makrotechnik. Wenn nun am Bildschirm die Kundengebäudekontur dreidimensional eingegeben wird, lassen sich sämtliche Förderelemente fehlerfrei aneinanderreihen und die Stücklisten automatisch ausgeben. Nur noch Spezialitäten werden einzeln am Bildschirm oder Zeichenbrett konstruiert. Die Vorarbeiten dauerten für eine Person ein Jahr lang und hatten sich bereits komplett - hard-, software- und personalmäßig - in drei Monaten amortisiert.

Die personellen Rationalisierungseffekte sind also enorm. J. Encarnacao u.a. beschreiben das in ihrem CAD-Handbuch unter der Rubrik "Produktivitätssteigerung" und "Ermittlung der Wirtschaftlichkeit" unter Angabe sogenannter "Beschleunigungsfaktoren'. Für den Bereich des Maschinenbaus werden die Ergebnisse aus 10 Anwenderbefragungen im wesentlichen wie folgt angegeben:

Einsatz	Beschleunigungsfaktor
Neukonstruktion	2 - 5
Variantenkonstruktion	3 - 20
Änderungen	3,5 - 25
NC-Vorbereitung/CAM	10 - 20

(vgl. Encarnacao u.a., 1984 S.136f)

Auf der Achse CAD/CAM ist am stärksten die Arbeitsvorbereitung betroffen. Entweder sie entfällt ganz oder sie wird stark dezimiert. In vielen Industriebetrieben folgen die in ihr zu vollziehenden Tätigkeiten festen und damit programmierbaren Abläufen. Zusammen mit der Programmverbindung CAD/CAM und/oder dem Fertigungssteuerungsmodul aus dem PPS-Programm sind die meisten Routinen der Arbeitsvorbereitung deshalb vom Konstruktionsbüro oder von der Fertigungsabteilung her abwickelbar.

Wolfgang Mazurek kommt zu folgenden Einschätzungen:

"Der Computereinsatz in Konstruktion und Arbeitsvorbereitung führt zu hohen Produktivitätssteigerungen. Im Durchschnitt steigen die Beschleunigungsfaktoren um 3 bis 5 innerhalb von drei bis vier Jahren. ... Konstrukteure und Arbeitsvorbereiter werden, obwohl sie in der ersten Phase Träger der Rationalisierung sind, später dann selbst Opfer der Rationalisierung: Sie sind also zeitlich verzögert selber betroffen" (Mazurek, 1985/2 S.24f; vgl. auch S.27f).

Neben den "personellen Rationalisierungseffekten" reduzieren CAD und die angeschlossenen Bereiche neuer Technologien ganz erheblich die Durchlaufzeiten pro Auftrag. In einem Beispiel aus dem Flugzeugbau werden bei der Konstruktion 75%ige und bei der NC-Programmierung 55%ige Verkürzungen angegeben (vgl. IGM, 1985/2 S.27).

Ein weiteres Beispiel aus dem Motorenbau für eine Variante oder eine Änderung einer bereits in CAD vorhandenen Motorkonstruktion verdeutlicht, wie gravierend die Zeiteinsparungen im Einzelfall sein können:

	Ablauf heute	Ablauf geplant
Zeichnungsänderung	10	2 (CAD)
Stücklistenaufgabe	12	entfällt
Arbeitsvorbereitung	40	2 (CAP)
Vorrichtungskonstruktion	200	entfällt
Vorrichtungsbau	300	entfällt
Motorenfertigung	300	12 (CAM)
Summe	862 Stunden	16 Stunden

Weil hier bei der CAM-Fertigung des geänderten Motors keine besonderen Vorrichtungen nötigt sind, wird offensichtlich überdurchschnittlich viel Zeit eingespart (vgl. IGM, 1985/2 S.25) und deshalb die Durchlaufzeit extrem verkürzt.

Obermann gibt am Beispiel einer amerikanischen Maschinenfabrik, was den Beitrag der Konstruktionsabteilung unmittelbar zur Senkung der Fertigungskosten anbetrifft, einen Wert von 20% und durch Erhöhung der Fertigungsautomatisierung 30% an. Hierbei sind sowohl die personelle Verringerung wie auch die (Mehr-)Kosten der CAD/CAM-Anlage entsprechend berücksichtigt (vgl. Obermann, 1988 S.350).

Die Durchlaufzeiten werden um so kürzer, je mehr Konstruktions- und Fertigungsdaten im Laufe der Zeit in den zentralen Datenbanken verfügbar sind und je mehr sich die Produktion standardisieren und normieren läßt. "Der Zugriff der anderen Abteilungen auf die einmal erstellten und gespeicherten Datensätze unter Berücksichtigung aktueller Änderungen und der schnellen Rückkopplung von Veränderungen, vergrößert die zeitgleiche Anbindung aller betrieblichen Abteilungen an den neuesten Konstruktions- und Fertigungsstand" (Mazurek, 1985/2 S.28).

Die qualitativen Effekte, die durch CAD entstehen, sind beachtlich. Zunächst einmal nimmt die Präzision der Daten zu. Weil digitalisiert, sind die Arbeitsergebnisse aus dem Konstruktionsbereich von hoher Genauigkeit und absolut korrekt reproduzierbar. Nicht ohne Grund war es deshalb der Bau des Airbusses, aufgeteilt auf vier verschiedenen Nationen, bei dem sich CAD im großen Maßstab zum erstenmal bewährte.

Die Transparenz und damit auch die Möglichkeiten der Kontrolle erhöhen sich. Verglichen mit traditioneller Konstruktion, sind die Arbeiten in der Regel fehlerfreier (vgl. Poths; Löw, 1985 S.17). Darüber hinaus werden die im CAD-Konstruktionsbereich verbleibenden Mitarbeiter und Mitarbeiterinnen von langweiligen und ermüdenden Routinearbeiten weitgehend befreit. Das kann, auch wenn es noch andere Gesichtspunkte gibt (z.B. höherer Leistungsstreß durch den Wegfall von Routinetätigkeiten), unter dem Gesichtspunkt höherwertiger Arbeit durchaus als qualitativer Fortschritt gesehen werden. Qualitativ arbeitsabwertend wirkt jedoch der sogenannte "Mensch-Maschine-Dialog" mit dem CAD-Programm. Er isoliert die Bildschirmgebundenen, da er teilweise in erheblichem Maße kommunikative Fachbesprechungen zwischen den Kolleginnen und Kollegen ersetzt und so einer Eigenbrötlerei Vorschub leistet (vgl. IGM, 1986 S.19).

Als aus der Sicht der Mitarbeiter negativer qualitativer Effekt durch den Einsatz von CAD ist die Tatsache zu werten, daß bislang subjektiv gebundenes Fachwissen objektiviert wird. Der Aufbau einer Datenbank und die Erstellung der Software beinhalten sehr viel persönliches Fachwissen und gegebenenfalls auch selbsterarbeitete Fachprozeduren, die durch Abspeichern im Archiv für Viele verfügbar werden. Danach sind die Beschäftigten als Individuen leichter als vorher austauschbar. Ihre "Spezialitäten" sind Allgemeingut geworden. Für die technischen Angestellten liegt somit eine gewisse Ambivalenz vor: Diejenigen, die eine Konstruktionsabteilung auf CAD umstellen, sind keineswegs nur Betroffene, sondern auch selbst Akteure der Rationalisierung, indem sie sich an der Implementierung der Neuen Technologien engagiert beteiligen. Im Rahmen dieser Tätigkeit können sie vor Ort durchaus eigene Interessen einbringen, die jedoch meist einer engen, individuellen Berufsperspektive verhaftet bleiben. Andere Abteilungen werden kaum solidarisch berücksichtigt. Mit einer Mitbestimmung im weiteren Sinne dürfte das meist wenig zu tun haben (vgl. Manske; Wolf 1989 S.79).

Wolfgang Mazurek von der IGM faßt die Veränderungen durch den Einsatz der neuen Technologien folgendermaßen zusammen: "Nach der Einführung von CAD/CAM-Systemen werden mit einer zeitlichen Verzögerung von zwei, drei Jahren folgende Auswirkungen und Rationalisierungseffekte deutlich:
- Organisatorische Effekte durch Veränderung und Straffung des Arbeitsablaufs,

- personelle Effekte durch Wegfall von Routinearbeit und automatische Erstellung von Fertigungsunterlagen,

- zeitliche Effekte durch Verkürzung der Durchlaufzeit und Verringerung des Personalbedarfs,

- qualitative Effekte insbesondere durch Standardisierung der Produkte, fertigungs- und montagegerechtes Konstruieren und bessere Beherrschbarkeit der Planungsarbeiten und der Konstruktion,

- Kosteneinsparungseffekte durch Wegfall von Routineaufgaben und Nebenarbeiten" (Mazurek, 1985/2 S.22)

Zusammenfassung:

Schlußfolgernd für dieses Kapitel und als "Schnittstelle" zum nächsten ist zusammenfassend folgendes zutreffend:

CAD ist ein Baustein im Mosaik der rechnergestützten und datentechnisch miteinander vernetzten Fabrik der Zukunft und hat dort eine zentrale Schlüsselfunktion. Die Entwicklung ist noch lange nicht abgeschlossen und wird den Konstruktionsbereich, dessen Organisation, die Arbeitsinhalte, die Arbeitsbedingungen und damit die Qualifikationsanforderungen an die dort Beschäftigten verändern.

CAD reicht über die Datenvernetzung weit in andere Betriebsabteilungen hinein und darf deshalb nicht isoliert betrachtet werden. CAD ist ein wichtiger Schritt zu CIM, einer computerintegrierten Fabrik der Zukunft, die - ganz gleich, auf welche Produktionseinheit auch immer bezogen - mit erheblich weniger Personal als heute auskommen soll.

CAD weckt bei den Unternehmen die Erwartung nach einer mittelfristigen Produktivitätssteigerung der Konstruktionsabteilung, einer erhöhten Flexibilität bei der Neuentwicklung und Anpassung, einer Reduzierung der Durchlaufzeit und Auftragsabwicklung und schließlich insgesamt einer Senkung der Produktionskosten aufgrund der angepeilten Verbindung von CAD/CAM und CAD/PPS.

CAD bestimmt die zukünftige Arbeitorganisation in der Konstruktionsabteilung keineswegs vollständig. Für die Beschäftigten bleiben beachtliche Varianten der Arbeitsgestaltung und -organisation. Sie reichen von vielseitig zusammengesetzten unterschiedlichen, auf die spezifische Aufgabe bezogenen Projektteams, die CAD als angemessenes modernes Werkzeug nutzen auf der einen Seite, bis hin zu angelernten Knöpfchendrückern, die bloß vorgefertigte CAD-Symbole, -Varianten oder -Makros aufrufen und nach Vorschrift plazieren, auf der anderen Seite.

CAD wird, abhängig von der jeweiligen betrieblichen Gegebenheiten, unterschiedlich eingesetzt. Dabei spielen die Art der industriellen Produkte, die Tradition, der Einsatzort, das Verhältnis von Konstruktions- zu Produktionsaufwand, die Betriebsgröße, die Art der Fertigung und nicht zuletzt die Qualifikation der Beschäftigten, die Lohn- und Gehaltskosten sowie die Kostenentwicklung bei den CAD-Systemen und deren spezielle Anpassungmöglichkeiten an die jeweilige Produktpalette mitentscheidende Rollen.

CAD und die angekoppelten C-Technologien (PPS und CAM) führen in der Regel nach ihrer Einführung sowohl im Konstruktions- als auch im Verwaltungs- und Produktionsbereich zum Abbau von Arbeitsplätzen. Die verbleibenden Arbeitsplätze werden meist von hochqualifizierten Neulingen und entsprechend qualifizierten Beschäftigten aus dem Betrieb selbst besetzt. Mittelbis langfristig werden die Entlassenen im Bereich der industriellen Produktion keine Arbeit mehr bekommen, die ihren Qualifikationen entspricht.

CAD im Konstruktionsbereich setzt seitens der dort Beschäftigten zum einen modernste Fachqualifikationen im Bereich neuer Spezialkenntnisse und Vorgehensweisen voraus, zu anderen sind aber auch übergreifende "Schlüsselqualifikationen' gefordert; dazu gehören zum Beispiel allgemeine System- und Strukturkenntnisse über moderne industrielle Produktionsweisen, Problemlösungsfähigkeit, die Einsicht in technisch- ökonomische Zusammenhänge sowie auch soziale und kommunikative Kompetenzen wie zum Beispiel eine große Frustrationstoleranz, Konzentrations-, Interaktions- und Kooperationsfähigkeit (vgl. Görs; Voigt; Crome; Koggenhop; Gabele, 1991 S.21ff).

Kurz ausgedrückt wirkt sich CAD auf die Beschäftigten folgendermaßen aus:

- Belastungsformen werden anders als bislang,
- Arbeitsinhalte und Qualifikationen ändern sich,
- Arbeitsbeziehungen verändern sich,
- Berufsbildsbilder wandeln sich,
- menschliche Arbeit wird eingespart.

4. Aufgaben und Probleme der Qualifikationsermittlung für die Arbeit mit CAD

Nachdem in den vorigen Kapiteln die Veränderungen der Arbeitsorganisation und der Arbeitsanforderungen durch die neuen Technologien, insbesondere durch CAD, umrissen worden sind, gilt es nun, die sich daraus ergebenden Qualifikationen zu ermitteln, um eine Grundlage für die Curriculumentwicklung zu haben. Das ist jedoch einfacher gesagt als getan, denn es tun sich dabei einige schwerwiegende Probleme auf, die im folgenden verdeutlicht werden sollen.

4.1 Grundsätzliche Probleme der Qualifikationsforschung

Das vor allem in den sechziger Jahren entwickelte Konzept einer Qualifikationsbedarfsplanung für die gesamte Wirtschaft ist das sogenannte Manpower Approach-Konzept. Es ist, aller an ihm geübten Kritik zum Trotz, bis heute in der Bildungs- und Arbeitsmarktpolitik so wirksam wie eh und je.

"Ausgehend von Zielwerten für das Wirtschaftswachstum werden - sehr vereinfacht ausgedrückt- im wesentlichen Trends der Qualifikationsentwicklung aus der Vergangenheit erfaßt, in die Zukunft extrapoliert und daraus der Bedarf an Qualifikationen auf verschiedenen Ausbildungsniveaus für die unterschiedlichen Produktionszweige und Wirtschaftsbereiche ermittelt. ... Das Bildungssystem hat sich nach diesem Konzept dem Beschäftigungssystem unterzuordnen, d.h. es hat, bezogen auf die berufliche Weiterbildung, ausschließlich die Qualifikationen zu vermitteln, die das Beschäftigungssystem benötigt, um die Produktion aufrecht zu erhalten und die Produktivität zu steigern" (Voigt, 1986 S.62f).

Die - im Grunde vernichtende - Kritik am Manpower Approach läßt sich in folgenden Punkten zusammenfassen: Die Ansätze nach diesem Konzept

"- ermöglichen keine Aussagen über inhaltliche Prozesse der Veränderung von Bildungs- und Qualifikationsstrukturen, da sie mit ihren quantitativen Parametern notwendig an formale Abschlüsse im Schul- und Hochschulbereich gebunden bleiben; sie geben damit auch keine Planungshinweise für inhaltliche Reformen;

- sie unterstellen im Methodenansatz eine durch nichts ausgewiesene Kontinuität der Beziehung von bestimmten Bildungsabschlüssen und bestimmten Beschäftigungskategorien; im Extrapolationsansatz liegt zudem die Annahme einer sehr geringen Substitutionselastizität von Arbeitsvermögen ...

- noch problematischer ist die methodisch durch nichts gerechtfertigte Annahme, daß die Entwicklungsdynamik der Verhältnisses und der Struktur von Bildungswesen und Beschäftigungssystem selbst bei qualitativen Veränderungen der Arbeitsprozesse (Produktivitätssteigerungen) über einen längeren Zeitraum invariant sei.

- Am schwersten aber wiegt sicherlich der Einwand, daß mit solchen Methoden der Bedarfsanalyse die bestehende Form der gesellschaftlichen Arbeitsteilung fortgeschrieben werde und damit auch ihre gesellschaftlichen und sozialstrukturellen Folgen in Kauf genommen werden und keine Ansätze für Innovationen - es sei denn durch schlichte Dezision - herausgearbeitet würden. Der gesellschaftspolitische Immobilismus und Konservatismus macht diese Ansätze über ihre immanenten Mängel hinaus ... unakzeptabel" (Baethge; Mickler; Mohr, 1977 S.170f).

Diese Kritik macht verständlich, warum es mit dem Manpower-Ansatz nicht gelingen kann, die für die curriculare Planung erforderlichen Daten über den Qualifiaktionsbedarf zu gewinnen, zumal - wie weiter oben bereits ausgeführt - die technisch-arbeitsorganisatorische Entwicklung in den Betrieben und Wirtschaftszweigen sehr unterschiedlich und sehr rasant verläuft. Daher ist es auch nicht verwunderlich, daß es auch mit anderen auf generelle Entwicklungslinien gerichteten bildungökonomischen und industriesoziologischen Ansätzen bisher nicht möglich war, den Qualifikationsbedarf für die einzelnen Wirtschaftsbereiche auch nur annähernd genau vorauszusagen.

Ein weiterer Grund für die Ungenauigkeit und Widersprüchlichkeit von Forschungsergebnissen zur Qualifikationsforschung liegt in den differierenden wertenden Vorannahmen und in der daraus sich ergebenden unterschiedlichen Definition der verwendeten Begriffe.

Geht man - wie der Manpower Approach - von einer eindeutigen Unterordnung des Bildungssystems unter das Beschäftigungssystem aus, so wird man zu einer instrumentellen, das heißt auf Anpassung an die durch den Arbeitsmarkt determinierten Anforderungen gerichteten, Definition von Bildung und Qualifikation kommen. Aber:

"Der Zusammenhang zwischen Bildungs- und Beschäftigungssystem ist nicht eindeutig, sondern es handelt sich um ein Verhältnis wechselseitiger Abhängigkeiten und Beeinflussungen. Es verändert sich im Zeitablauf, abhängig von Einflußfaktoren wie Arbeitsmarkt, Konjunktur, technische Entwicklung, Politik gesellschaftlich relevanter Gruppen wie Unternehmer und Gewerkschaften, Ansprüche der Beschäftigten, demographische Entwicklung etc. Diese fehlende Eindeutigkeit der Beziehungen zwischen Bildungs- und Beschäftigungssystem ... hat u.a. zum Scheitern fast aller Prognosen der Bildungs- und Beschäftigungsbedarfs geführt, und zwar sowohl quantitativ als auch qualitativ" (Fricke; Schuchard, 1987 S.197).

Im folgenden wird, soweit die Ausführungen die eigene Position betreffen, von einem dynamischen Wechselverhältnis zwischen Bildungssystem und Beschäftigungssystem ausgegangen. "Es gibt also den einen technisch-ökonomisch determinierten Qualifikationsbedarf gar nicht; er ändert sich vielmehr qualitativ und quantitativ entscheidend je nach den bei seiner Definition durchschlagenden gesellschaftlichen Interessen" (Voigt, 1990 S.6).

Solche unterschiedlichen Interessen und Vorannahmen bestimmen - wie gesagt - sehr weitgehend die Ergebnisse der Qualifikationsforschung. Aus den gleichen - allerdings in sich sehr komplexen und differenzierten - vorfindbaren technologischen und arbeitsorganisatorischen Entwicklungen werden sehr unterschiedliche Schlußfolgerungen gezogen. Sie reichen von der Behauptung einer generellen Höherqualifizierung über die These, es werde eine Polarisierung der Restbeschäftigten in Hochqualifizierte und Angelernte eintreten, bis hin zu der Aussage, die weitaus überwiegende Mehrheit der Beschäftigten müsse eine Dequalifizierung hinnehmen.

Für alle drei Positionen lassen sich in der gegenwärtigen Entwicklung je nach Forschungsansatz, Art und Sozialstruktur der untersuchten Betriebe, technischem Entwicklungsstand, Art der Produktion und Betriebsphilosophie Belege finden; das heißt die Entwicklung verläuft überaus uneinheitlich.

Bezogen auf den Einsatz neuer Technologien im Produktionsbereich metallverarbeitender Betriebe sind derzeit im wesentlichen zwei unterschiedliche Strategien zu beobachten.

Bei der einen sollen die Facharbeiterqualifikationen objektiviert, weitgehend programmierbar gemacht und damit zu Qualifikationen umgewandelt werden, die integriert in Fuzzy-Logic und künstliche Intelligenzbausteine die Produktion weitgehend steuern. Die Restbeschäftigten werden dabei aufgeteilt in Hochspezialisierte und Angelernte.

Unterstützt wird diese Strategie von einem Großteil der ingenieurwissenschaftlichen Forschung, in der die Ansicht vorherrscht, menschliche Tätigkeit werde fortschreitend durch Maschinen ersetzt und kontrolliert. Die Idee der vollautomatischen Fabrik bestimmt die Richtung vieler Entwicklungsarbeiten (vgl. Jorissen 1986; Scheer 1988/2).

Die so angelegten Forschungsstrategien werden jedoch bereits seit einigen Jahren von einer Position her kritisiert, die den humanen Aspekt der Arbeit und die Erhaltung zentraler menschlicher Fähigkeiten und Bedürfnisse in den Mittelpunkt ihrer Überlegungen stellt. Die Vertreter dieser Position versuchen nachzuweisen, daß ein alternativer Entwicklungsweg, bei dem die Technik ihren ursprünglichen Werkzeugcharakter behält, durchaus realistisch und durchsetzbar ist (siehe z.B. Cooley 1980 und Rosebrock 1984).

So stieß zum Beispiel der Versuch, mit Hilfe der im CAD-Bereich erstellten Bearbeitungs- und Werkstoffdateien eine automatische Wahl der Werkzeuge und Bearbeitungsschritte vorzunehmen, auf erhebliche Schwierigkeiten.

Diese haben zu Forschungsarbeiten geführt, deren Ergebnisse deutlich auf die Notwendigkeit erfahrungsbezogener Facharbeiterqualifikationen an den Produktionsmaschinen hinwiesen. Bezogen auf Einzelfertigungen und kleine Stückzahlen haben experimentelle Vergleichsuntersuchungen die deutliche Überlegenheit des zweiten Ansatzes erwiesen.

Diese andere Strategie, die auch durch neuere Untersuchungen des Bundesinstitutes für Berufsbildung bestätigt wird, geht davon aus, daß ein rationeller Einsatz von CAD-Stationen und computergestützter Werkzeugmaschinen eine qualitativ gute Facharbeiterqualifikation voraussetzt. Ihr liegt die Annahme zugrunde, daß gute Facharbeiter über einen Fundus an Erfahrungswissen und komplexen Fähigkeiten verfügen, der nur unter sehr großem technischen und organisatorischen Aufwand und auch dann nur zum Teil objektivierbar ist (siehe z.B. Bundesverband der Deutschen Industrie 1982 S.92; Boehle, 1987 S.3f). Zudem kommt es dem Ziel, stärker kundenorientiert zu produzieren und die Produktqualität zu verbessern entgegen, wenn die Qualitätssicherung bei den produktiven Arbeitsplätzen liegt bzw. an sie zurückverlegt wird (vgl. Warnecke 1984).

Wenn sich dieser Requalifizierungsansatz durchsetzt, dann kommen auf die Beschäftigten in der Produktion erhöhte Qualifikationsanforderungen zu, die nur durch einen erheblichen Aufwand an beruflicher (Weiter-) Bildung zu bewältigen sind.

"Wenn heute über Arbeitsorganisationen für die Fabrik der Zukunft nachgedacht wird, die mehr Qualifikationen am Arbeitsplatz abfordern und zugleich menschenwürdige Arbeitsbedingungen schaffen - viele sprechen sogar von einer Reprofessionalisierung der Facharbeit - dann muß berufliche Qualifizierung diesem Prozeß unmittelbar Rechnung tragen. Neue arbeitsorganisatorische Lösungen, die Verankerung von mehr Qualifikation am Arbeitsplatz, dürfen nicht daran scheitern, daß Arbeitnehmer zu geringe, unzureichende oder falsche Qualifikationen besitzen. ... Denn: Eine auf Ganzheitlichkeit von Arbeit ausgerichtete Berufsausbildung wird die Möglichkeiten eines umfassenden Einsatzes von Facharbeitern erweitern und ergänzen. Die Schnittstelle zwischen Mensch und Technik kann neu definiert werden und zwar zugunsten umfassender Qualifikation, die mehr ist, als die verbleibende Restmenge von Arbeit aufgrund technischer Lösungen" (Heimann, 1989 S.23).

In der hier angesprochenen Diskussion um die beruflichen Qualifikationen für die Fabrik von morgen überlagern sich - mit unterschiedlichen Gewichtungen - zwei Aspekte des Qualifikationsbegriffs. Zum einen meint Qualifikation das, was die jeweiligen Arbeitsplätze an Kenntnissen, Fertigkeiten und Fähigkeiten den dort Arbeitenden abverlangen. Zum anderen ist mit Qualifikation die Verfügbarkeit der Arbeitenden selbst über Fähigkeiten, Fertigkeiten, Kenntnisse und Verhaltensdispositionen gemeint.

Hinzu kommen die bereits angesprochenen unterschiedlichen wertenden Vorannahmen. Geht man vom Vorrang der durch den Betrieb definierten Qualifikationsanforderungen aus, dann zielt Qualifizierung auf Anpassung der Arbeitenden an diese Anforderungen. Qualifikation in diesem Sinne befindet sich in einem scharfen Widerspruch zu einem Bildungsbegriff, der Gestaltungs- und Kritikfähigkeit als wesentliche Bestandteile in sich aufnimmt.

"Bildung soll hier verstanden werden als der lebenslange Prozeß der Entwicklung von Denken, Fühlen und Tun in Richtung auf ein besseres Verständnis der eigenen Person und ihrer Lebenswelt und ein diesem Verständnis gemäßes Handeln. Arbeit und Technik gehören dann unabweislich zu den Dingen, die verstanden werden müssen, um mündig handeln zu können" (Voigt, 1990 S.5).

Ein Qualifikationsbegriff, der diesem Bildungsbegriff entspricht, "kann dann definiert werden als Arbeitsvermögen, als die Gesamtheit der je subjektiv-individuellen Fähigkeiten, Kenntnisse und Fertigkeiten, die es dem einzelnen erlauben, eine bestimmte Arbeitsfunktion zu erfüllen. Qualifikation bedeutet somit die an das arbeitende Subjekt gebundenen Voraussetzungen des Produktions- und Reproduktionsprozesses . Sie umfaßt sowohl die politisch-ökonomische als auch die intellektuelle, affektive und sensomotorische Dimension von Arbeit" (Baethge 1976, S.480). So verstanden wird Qualifikation zum zentralen Bestandteil von Bildung.

Doch nicht genug damit, daß die oben skizzierten unterschiedlichen wertenden Vorannahmen zu ebenso unterschiedlichen Zielvorstellungen für die Arbeitsorganisation führen - die rasante Entwicklung der neuen Technologien und der damit verbundene zunehmende Trend zu abteilungsübergreifenden Vernetzungen erschweren eine einigermaßen präzise Voraussage der Qualifikationsbedarfs zusätzlich.

Hans-Jörg Bullinger, der Leiter des Fraunhofer-Instituts für Arbeitswissenschaft und Organisation, faßt diese zusätzlichen Schwierigkeiten folgendermaßen zusammen:

Erstens sei das Instrumentarium der Qualifikationsanalyse, insbesondere dann, wenn es prospektiv angewandt werden soll, extrem unzulänglich. "Der künftige Arbeitsgegenstand der Mitarbeiter, also das komplexe Automationsmittel als solches, ist eben kompliziert und unter Umständen technisch untererprobt. Damit ist er für den technischen Planer vielleicht beschreibbar, jedoch kaum unter dem besonderen Blickwinkel der Qualifikationsanforderungen" (Bullinger, 1989 S.16f).

Zweitens seien die neuen Technologien in ihren bedienerischen Anforderungen nur ein Teil der Problemstellung. In der Regel bedeutender sei die qualifikationsbezogene Erfassung der durch die Arbeitsorganisation ganzheitlich entstehenden Anforderungen. Diese sei im Planungskontext nur in den seltensten Fällen hinreichend definiert und bezüglich ihrer Auswirkungen und Entwicklungslinien erfaßbar. Sie müsse sogar dynamisch gehalten werden, um der rasant verlaufenden Entwicklung folgen zu können. Die in einigen Fällen verwendeten "Behelfe" prospektiver Anforderungsanalysen hätten keinen Verläßlichkeitsnachweis, etwa durch wissenschaftliche Überprüfung. Sie seien in der Regel mit vielen Annahmen versehen und relativ abstrakt.

Als drittes Defizit - so Bullinger - gilt: "Der Qualifizierungsaufwand ist mit den Analyseergebnissen nicht zwingend zu begründen" (Bullinger, 1989 S.18). Die Umsetzung des ermittelten Qualifikationsbedarfes aus den Arbeitsanforderungen heraus in Qualifizierungsziele sei ein neuer, eigenständiger Planungsvorgang. Kausale Abhängigkeiten ließen sich, wenn überhaupt, nur in einem eng begrenzten Bereich, etwa der Bedieneranforderung, herstellen.

"Wenn wir uns nun ganz bildlich vorstellen, wie eng in aller Regel der zeitliche, finanzielle und planerische Spielraum der Investitionsplanung im Unter-

nehmen bei diesem Stand der Planung bereits geworden ist, Marketing-
pläne, Anlaufpläne, Beschaffungsaktionen etc. stehen zu diesem Zeitpunkt je
bereits an - läßt sich ermessen, daß häufig nur noch die unmittelbar einsichtigen Qualifikationen durchsetzbar sind, doch wohl keinesfalls die, die aufgrund des zu vermutenden Qualifikationsdefizites erforderlich wären"
(Bullinger, 1989 S.18).

Doch selbst dort, wo das Unternehmensmanagement sich auf die Definition
solcher zu vermutenden Defizite einläßt, werden die daraus abgeleiteten Qualifikationen in den meisten Fällen immer noch relativ eng umschrieben.

Betrachtet man jedoch die Mehrzahl der Aussagen zu den künftigen Qualifikationsanforderungen für Fachkräfte, dann fällt auf, daß auch in den auf qualifizierte Produktionsarbeit gerichteten, sich progressiv verstehenden Ansätzen
fast nur solche Qualifikationen genannt werden, die einem reibungslosen und
effektiven Produktionsablauf dienen. Es wird fast nirgends gesprochen von
Mitbestimmung oder Mitgestaltung der Arbeitsorganisation, von Einsicht in die
gesellschaftlichen Zusammenhänge, z.B. in die Folgen neuer Technologien für
die Sicherheit der Arbeitsplätze, die zwischenmenschliche Kommunikation im
Betrieb oder die Gesundheit der Beschäftigten.

Sobald der Qualifizierungsbegriff so weit gefaßt wird, daß er auch die Fähigkeit zu selbstbewußter Mitgestaltung des Arbeitsprozesses und zur Durchsetzung entsprechender Interessen einschließt, stößt er auf erbitterten Widerstand der Arbeitgeberseite. Das soll durch einige Zitate belegt werden:

"Mitarbeiterbezogene Technisierungspolitik ... hat mit der gewerkschaftlichen
Forderung nach Ausweitung der Mitbestimmung bei Einführung neuer Tech-
niken nichts gemein. Die Erfüllung dieser Gewerkschaftsforderung wäre im
Gegenteil das Ende jeder Technisierungspolitik in unseren Unternehmen ..."

"Anforderungsbezogenes und anwendungsorientiertes Lernen hilft den Menschen, sie erfahren unmittelbar die Notwendigkeit und den Nutzen ... Isolier-
stationen mit pädagogischer Intensivbehandlung ... helfen bei der Bewältigung nicht".

"Die direkte Steuerung der Weiterbildung durch die Betriebe ist unabdingbar." "Der jeweilige Bedarf für ... Weiterbildung kann im einzelnen nur unter-
nehmens- und situationsspezifisch festgestellt werden ... Ein Kartell von eta-
blierten, abgestimmten und koordinierten Weiterbildungsträgern ... geht an
der eigentlichen Aufgabenstellung vorbei, ... weil das auf diese reglemen-
tierte Weise bereitgestellte Angebot von der Praxis nicht nachgefragt wird"
(Allers, 1987 S.41ff).

Es gibt allerdings, vor allem von seiten des Bildungsmanagements in fort-
schrittlichen Großbetrieben, durchaus auch Ansätze in Richtung auf kooperative, die Handlungsspielräume der Mitarbeiter erweiternde Formen der Arbeitsorganisation und der darauf bezogenen beruflichen Weiterbildung.

Für die Art der beruflichen Weiterbildung in betrieblicher und außerbetrieblicher Hand gilt, daß sie nicht auf sichere Qualifikationsprognosen warten kann. Trotz der genannten großen Schwierigkeiten sind daher sofortige Analysen und Trendaussagen zur künftigen Gestalt der Arbeitsplätze im Einflußbereich der neuen Technologien notwendig, wenn die Qualifizierungsprozesse die Realität nicht völlig verfehlen sollen. Solche Analyseergebnisse sind jedoch stetes als vorläufig und revisionsbedürftig zu betrachten. Bei den daraus gezogenen Folgerungen für die Qualifikationsvermittlung sind die wertenden Vorannahmen und die übergreifenden Ziele zu verdeutlichen. Die vermittelten Qualifikationen dürfen dementsprechend nicht zu eng ausgelegt werden, sondern müssen so dynamisch wie möglich gehalten werden. In den Lehr-Lern-Prozessen muß also dem Lernen des Lernens breiter Raum gegeben werden.

Im folgenden wird es daher zunächst um die - vorläufige - Beantwortung der Frage gehen, wie sich in der Metallindustrie in Konstruktion und Produktion mit einiger Wahrscheinlichkeit und bei Zugrundelegung eines progressiven, das heißt auf die Erweiterung von Handlungsspielräumen gerichteten Konzepts der Arbeitsorganisation die Qualifikationsanforderungen entwickeln werden.

4.2 Entwicklungslinien für die Qualifikation im Konstruktions- und Produktionsbereich der Metallindustrie

Nach den bisher vorliegenden Untersuchungen (siehe z.B. den BIBB-Kongreßbericht 1989) werden an die Beschäftigten in der Konstruktion und in der Produktion in den nächsten Jahren vorwiegend folgende Anforderungen gestellt: Sie müssen ...

... eine rechnergestützte Arbeitsstation optimal bedienen,

... die vorgegebene Arbeit kunden- und auftragsbezogen
termingerecht abwickeln und

... im Rahmen "neuer" Arbeits- und Produktionsstrukturen mit
anderen zusammen Aufgaben gemeinsam lösen können.

Die dabei anfallenden Qualifikationselemente lassen sich in ihren Grundzügen wie folgt beschreiben:

Ein Bildschirmterminal - ohne dieses ist ein Industriearbeitsplatz der Zukunft nicht denkbar - erfordert allgemeine Kenntnisse über rechnergestützte Anlagen und Geräte und spezielle für den jeweiligen betrieblichen Anwendungsbereich.

Im Funktionsbereich computergestützte Fertigung wird beispielsweise für die Maschinenbedienung bei CNC-Fertigung folgendes "Berufswissen" als erforderlich herausgestellt:

- Grundwissen, d.h. Wissen über EDV-Grundlagen, Steuerungstechnik, NC-

Technologie, NC-orientiertes Fachrechnen, Aufbau der CNC-Werkzeugmaschine;
- Fachwissen, d.h. Wissen über Codiersysteme, Informationsträger, Programmierung, Technologiedaten, NC-Organisation, Qualitätssicherung und
- Praxiswissen, d.h. Wissen über Maschinenhandhabung, Programmeingabe, Programmtest, Programmkorrektur und Optimierung, Maschinendiagnose sowie die Verkettung mit Automaten (vgl. Funke, 1989 S.56).

Da künftig von Fachkräften auch ein Beitrag zur Instandhaltung und Wartung zu leisten sein wird, brauchen sie darüberhinaus Kenntnisse und Fertigkeiten in den Bereichen Transportsysteme, Antriebs-, Steuerungs- und Regelungstechnik, Hydraulik, Pneumatik und Elektronik.

Durch rechnergestützte Programmplanungs- und Steuerungssysteme (PPS) werden Material, Betriebsmittel und Arbeitseinsätze mengen- und terminmäßig aufeinander abgestimmt. In einem mehr dezentral organisierten PPS-System werden der Durchlauf von Fertigungsaufträgen und auch die zentral errechneten Planungs- und Steuerungsdaten dezentral - also am konkreten Arbeitsplatz - überprüft und gegebenenfalls auch korrigiert. Dazu muß den Fachkräften ein Überblick über betriebswirtschaftliche und technische Abläufe, den Aufbau und die Anwendung betrieblicher PPS-Systeme sowie die bedarfsgerechte und qualitätsorientierte Auftragsabwicklung vermittelt werden.

Um zunehmend ganzheitliche und komplexe Arbeitsbedingungen und -aufgaben übersehen und handelnd im Blick auf die eigenen Interessen beeinflussen zu können, bedarf es neben den oben skizzierten fachlichen einer Reihe von Schlüsselqualifikationen, die zusammen mit den fachspezifischen vermittelt werden müssen. Dazu zählen vor allem

- Einsicht in Systemzusammenhänge,
- Planungs- und Systematisierungsfähigkeit,
- Fähigkeit zur Informationsverarbeitung und -strukturierung sowie die
- Fähigkeit, Probleme erfassen, analysieren und lösen zu können und
- Verantwortungsfähigkeit

(Buschhaus; Goldgräber 1986; Boehle 1987; Klein 1989).

Als soziale Qualifikationen im Betrieb auf die gemeinsame Interessendurchsetzung und die gemeinsamen Bewältigung von Arbeitsaufgaben kommen hinzu:

- Kommunikations- und Interaktionsfähigkeit
- Frustrationstoleranz und rationale Konfliktlösungsfähigkeit sowie
- Solidarisierungsfähigkeit (siehe z.B. Loomann 1987; Funke 1989).

4.3 Zur Qualifikationsentwicklung an CAD-Arbeitsplätzen

Die oben unter 4.1.angesprochenen Probleme bei der Ermittlung des Qualifikationsbedarfs gelten in besonderer Weise für die Arbeit mit CAD, denn

"CAD wälzt eine Arbeitslandschaft um, über die wir bislang nur sehr wenig wußten. Unterschiedliche Formen des Computereinsatzes treffen hier seit einiger Zeit auf die lange tradierten und dabei kaum bekannten resp. erforschten Arbeitsstrukturen in den Entwicklungs-, Konstruktions- und Arbeitsplanungsabteilungen" (Manske; Wolf, 1989 S.70).

"Angezeigt ist beim Betreten eines neuen Terrains der Rationalisierung von technischer Angestelltenarbeit ... zunächst, sich möglichst nüchtern empirisch verbürgte Informationen über dieses Terrain zu verschaffen. Man erleichtert sich diese Aufgabe beim gegenwärtigen Kenntnisstand durch gezielte Eingrenzung auf überschaubare Gegenstandbereiche. Vorsicht vor allzu schnellen Verallgemeinerungen ist geboten" (Manske; Wolf, 1989 S.71).

Um unzulässige Verallgemeinerungen zu vermeiden und zu einigermaßen fundierten Ergebnissen im Blick auf die Qualifikationsanforderungen an CAD-Arbeitsplätzen in hiesigen Industriebetrieben zu kommen, wurden im Auftrag des Bundesinstitutes für Berufsbildung viele Interviews und Gespräche mit Ausbildungsleitern für Technische Zeichner, mit Leitern der Konstruktionsabteilungen verschiedener Betriebe (unter anderem Mercedes, Bremer Vulkan, Bremer Werkzeugmaschinenbau, Bremer Spinnbau, Atlas-Elektronik, MBB, Systemtechnik Nord und Atelier David) sowie mit sachkundigen Mitarbeitern des Bundesinstitutes geführt. Die dabei genannten detaillierten Qualifikationen differieren zum Teil je nach den Fachgebieten der Gesprächspartner, die aus dem Maschinenbau, dem Apparatebau, dem Schiffbau, dem Metallkonstruktionsbau und der Elektrotechnik bzw. Elektronik kamen (siehe dazu im einzelnen Hecker 1990 und Crome; Hasselhof; Hoppe 1991). Deshalb wird es erforderlich sein, im Qualifizierungsprozeß auf solche fachspezifischen Unterschiede einzugehen. Selbst wenn in Weiterbildungslehrgängen keine hinreichend großen Gruppen dieser Fachrichtungen zusammenkommen, ist es doch möglich, in arbeitsteiliger Kleingruppenarbeit ihren besonderen Belangen gerecht zu werden.

Hier soll es aber nicht darum gehen, ausdifferenzierte Qualifikationskataloge aufzulisten, zumal solche Kataloge infolge der schnellen Technologieentwicklung ständig der Revision bedürfen. Vielmehr sollen die aus den Untersuchungsergebnissen sichtbar werdenden gemeinsamen Qualifiaktionslinien herausgearbeitet werden.

Eine dieser Gemeinsamkeiten ist, daß der Konstruktionsbereich immer mehr zum wesentlichen Kreuzungspunkt der Datenflüsse und -archive innerhalb des Inductriobotriocbos wird. Weil Auftragseingang, Konstruktion, Arbeitsvorbereitung, Materialwirtschaft und Produktion über PPS miteinander vernetzt werden, wird es immer wichtiger, auch im Konstruktionsbereich die Daten zuverlässig zu erstellen, zu verwalten, zu lenken und zu speichern. Dabei geht es um das Klären und Präzisieren der Aufgabenstellung, das Ermitteln der Funktionen und ihrer Strukturen, das Finden von Lösungsprinzipien und -wegen, das Gestalten des gesamten Produkts, das Gliedern des Entwurfs in realisierbare Module, das Gestalten dieser Module und schließlich das Ausarbeiten der Ausführungs- und Nutzungsangaben (siehe VDI 1986).

Für die unterschiedlichen auf CAD basierenden Tätigkeiten im Konstruktionsbereich bedeutet das im wesentlichen folgendes:

- Die Arbeit am CAD-Arbeitsplatz selbst ist neu. Der gesamte Vorgang der Gestaltung und Schöpfung technischer Informationen, der konkrete Umgang mit dem CAD-System, unterscheidet sich grundlegend von der traditionellen Konstruktionsarbeit am Reißbrett.

- Die Konstruktiontätigkeit mit dem CAD-System selbst wird inhaltlich erheblich beeinflußt durch die Verwendung von Symbolen, Makros, Variantenprogrammen und Simulationsmöglichkeiten sowie durch den Zugriff auf Normteilbibliotheken und Expertensysteme.

- Die Hard- und Softwareergonomie sowie die Zugänglichkeit zum CAD-Programm und zu den angeschlossenen Systemen beeinflussen arbeitsorganisatorisch die Art und Weise, wie sich die einzelnen Mitarbeiter die anfallende Arbeit in Anteile "neuer" und traditioneller Konstruktionsarbeit aufteilen.

- Käufliche branchenbezogene Spezialprogramme oder Programmbausteine konkurrieren mit eigenen Entwürfen. Anpassungen und Substitutionen von Programmmodulen werden in der Regel die Möglichkeiten, Konstruktionsprobleme anzugehen, ständig beeinflussen.

- Mit zunehmender Hardwareleistung werden sich in den nächsten Jahren immer mehr dreidimensional arbeitende CAD-Systeme durchsetzen, die mit logistischen Körpern arbeiten. Das erfordert wiederum grundsätzlich neue Denk- und Vorgehensweisen beim Konstruieren.

- Der digitalisierte Informationsfluß in und durch die Konstruktionsabteilung, seine Nutzung und Veränderung sowie die Neuschöpfung von Informationsströmen können zur weitgehenden Aufhebung der traditionellen Aufsplitterung von Arbeit und Verantwortung und zu neuen Formen kooperativer Zusammenarbeit führen..

- Die Lenkung, Transformation, Übermittlung und Speicherung digitalisierter Daten wird zunehmend komplexer und anspruchsvoller. Datenkontrolle, Datenschutz und Datensicherheit werden nicht nur für die Konstruktionsabteilung, sondern für den Betrieb insgesamt eminent wichtig.

Die im Rahmen dieser komplexen Veränderungen anfallenden Tätigkeiten werden je nach vorherrschender Betriebsphilosophie und daraus entspringender Zielsetzung für die Arbeitsorganisation sehr unterschiedlich auf die Mitarbeiter im Konstruktionsbereich verteilt werden. Bei einer humanzentrierten, auf Erweiterung der Handlungsspielräume aller Mitarbeiter gerichteten Arbeitsorganisation würde im Idealfall eine Gruppe von Mitarbeitern ein Produktionsprojekt vom Auftragseingang bis zum Versand bearbeiten. Aber selbst bei weiterer Vereinfachung der Bedienung von Benutzeroberflächen wird es in aller Regel nicht so sein, daß jeder Mitarbeiter in der Konstruktion alles kann. In den von uns untersuchten Betrieben sind daher folgende - hier grob umrissene - Tätigkeitsprofile auszumachen, die bei den Schulungsangeboten und Curricula zu berücksichtigen sind:

Die Leitungsebene

Die im Leitungsbereich der Konstruktionsabteilung Tätigen haben neben ihrer fachbezogenen Arbeit in der Regel eine Reihe administrativer Aufgaben zu erfüllen. Spezielle, unmittelbar an den Systemen zu praktizierende CAD-Qualifikationen auf höchstem Niveau werden von den Inhabern dieser Positionen nicht verlangt. Die Leiter im Konstruktionsbereich müssen vielmehr wissen, was man mit CAD alles kann und nur prinzipiell, wie man es kann.

Unterhalb der Leitungsebene ist eine Reihe neuer Tätigkeitprofile in den Konstruktionsbüros auszumachen, deren Qualifikationsniveau zwar unterhalb der Ingenieurebene aber deutlich über dem der Technischen Zeichner oder Industriemechaniker liegt. Als Bezeichnungen sind derzeit üblich CAD-Konstrukteur, Konstruktionstechniker, Teile- und Detailkonstrukteur, CAD-Organisator, CAD-Systemprogrammierer und andere (siehe hierzu auch Hecker, 1990).

Konstruktionstechniker und CAD-Konstrukteure

Die Konstruktionstechniker haben in der Regel ein viersemestriges Studium absolviert, nachdem sie vorher einen Ausbildungsberuf, z.B. Technischer Zeichner oder Industriemechaniker, gelernt und Erfahrung in der Praxis gesammelt haben. Ihr Arbeitsgebiet ist hauptsächlich die Entwurfsphase. Sie berechnen und gestalten auf unterschiedlichem Niveau und greifen dabei, wenn möglich, auf die Datenbanken mit den Bereichen Materialdisposition, Lagerverwaltung und Einkauf zurück. Ohne CAD direkt für den Entwurf zu nutzen, lassen sie sich von der Mikroelektronik bei der Berechnung statischer und dynamischer Aufgabenstellungen unterstützen. CAD verwenden sie in der Regel, um Kollisions- oder Montageprobleme von Einzelteilen und Baugruppen zu simulieren.

Teile- und Detailkonstrukteur

Die Teile- beziehungsweise Detailkonstrukteure haben in der Regel ebenfalls den Ausbildungsberuf Technischer Zeichner. Sie sind durch Erfahrung und Weiterbildungs- bzw. Anpassungsqualifikationsmaßnahmen kompetent genug geworden, um kleinere Konstruktionsaufträge selbständig abwickeln zu können und deshalb gehaltstariflich höher eingestuft als Zeichner. Dieser Personenkreis benutzt die CAD-Anlage nicht nur in der Ausarbeitungsphase zum Zeichnen, sondern bereits in der Entwurfsphase. Er greift auf bereits gespeicherte Symbolbibliotheken zurück und nutzt Makros und die Möglichkeiten der Variantenkonstruktion.

CAD-Organisatoren bzw. Systemprogrammierer

Neben der CAD-Anwendung im engeren Sinn ist es erforderlich, die eingangs erwähnten Datenströme und Datenmengen im Bereich der Konstruktionsabteilung zu lenken, zu speichern, zu transformieren und zu verwalten. Diese Arbeit wird von den CAD-Organisatoren, auch Systemprogrammierer oder CAD-Operatoren genannt, erledigt. Sie betreuen die CAD-Gerätschaften, die Netzwerke, die Programme, die Bibliotheken, verteilen Nutzungs- und Zugriffsrechte, führen "updates" durch und betreiben den Datenschutz und die Datensicherung. Haben sie entsprechende Spezialqualifikationen erworben, dann sind sie darüber hinaus in der Lage, die CAD-Programme selbst zu verändern, damit sie schneller, sicherer, benutzerfreundicher und zuverlässiger für die Anwender werden. Sie schulen zum Teil betriebsintern und halten den Kontakt zu den CAD-Lieferfirmen, um deren Entwicklungsprogramme so weit wie möglich zu verfolgen und zugunsten der Mitarbeiter im Konstruktionsbereich zu beeinflussen.

Technische Zeichner

Zwar finden sich in den oben genannten Tätigkeiten auch Informatikassistenten, Abbrecher aus der Ingenieurausbildung und andere, aber überwiegend bildet bisher die Ausbildung zum Technischen Zeichner die Ausgangsbasis für den Aufstieg in die neuen Tätigkeitsbereiche.

Ob und in welchem Umfang der Beruf des Technischen Zeichners in Zukunft bestehen bleiben wird, bzw. ob sich unter der alten Berufsbezeichnung eine neue Qualifikationsstruktur entwickelt, die eine Teil der oben genannten Tätigkeiten wieder in sich aufnimmt, ist ungewiß. Bisher schwankt der Einsatz Technischer Zeichner von Betrieb zu Betrieb erheblich, abhängig von der Menge und Qualität der verfügbaren CAD-Systeme, der Art der Produktionsstrategie, den Sozialstrukturen des Betriebes und anderen Faktoren. Neukonstruktionen werden in der Regel gleich mit Hilfe von CAD ausgeführt. Dabei gehört des Anfertigen von Stücklisten für die Datenbanken oft bereits zur Arbeitsroutine Technischer Zeichner.

Eine neue Ausbildungsordnung für Technische Zeichnerinnen/Zeichner ist verabschiedet. Rahmenlehrpläne liegen vor. Die Bundesländer arbeiten an internen Lehrplänen. Wie lange diese Neuordnung und die technische Weiterentwicklung zusammenpassen und welche Wechselwirkungen mit den Veränderungen im Konstruktionsbereich daraus im einzelnen erwachsen, kann nur die Zukunft zeigen.

Trotz der oben umrissenen unterschiedlichen Tätigkeitsprofile im Konstruktionsbereich und trotz der dort vorfindbaren fachsparten- und betriebsspezifischen Besonderheiten bei der Arbeitsorganisation und bei der Gewichtung der Inhaltsbereiche lassen sich Basisqualifikationen erkennen, die allen mit CAD arbeitenden Beschäftigten zu vermitteln sind, wenn das Ziel die Schaffung menschenwürdiger Arbeitsplätze mit größtmöglichen Handlungsspielräumen und geringstmöglicher physischer und psychischer Belastung heißt. Diese Basisqualifikationen sollen im folgenden grob skizziert werden:
a) Die Schaffung humaner Formen des Technikeinsatzes und der Arbeitsorganisation ist nur möglich, wenn die Beschäftigten über die zugehörigen Kenntnisse und Fähigkeiten verfügen. Den Teilnehmern an CAD-Weiterbildungsveranstaltungen sind deshalb Kenntnisse über Entwicklungsrends der neuen Technologien im Konstruktions- und Produktionsbereich einschließlich der möglichen Alternativen zu vermitteln. In einem Vermittlungsprozeß, der Interaktionsfähigkeit und kooperative Problemlösungsfähigkeit fördert, sollen

dabei die Auswirkungen der unterschiedlichen Formen der Arbeitsorganisation und der Technikkonstellation auf ihre Arbeitsbedingungen verdeutlicht werden einschließlich der mit der Wahrnehmung von Gestaltungsmöglichkeiten verbundenen und von ihnen zu bewältigenden Qualifizierungsanforderungen.

b) Wenn die Einführung von CAD-Systemen statt zur Polarisierung der Beschäftigten zur Anreicherung der Arbeitsinhalte durch ganzheitliche Arbeitsaufgaben für alle führen soll, dann müssen die Teilnehmer befähigt werden, entsprechende Organisationsformen der Arbeit kooperativ auf- bzw. auszubauen. Dazu brauchen sie Kenntnisse über den Aufbau und die Funktionsweise von CAD-Systemen und über deren Vernetzungsmöglichkeiten mit anderen EDV-Systemen bis hin zu CIM, und sie brauchen ferner Erfahrungen mit verschiedenen typischen Problemlösungsstrategien sowie Übung darin, Arbeitszusammenhänge in modernen technischen Systemen zu erkennen und in ihrem Interesse zu nutzen.

c) Bildschirmarbeitsplätze bergen eine Reihe von unterschiedlichen gesundheitlichen Risiken, die zu minimieren sind. Dazu brauchen die Teilnehmer Kenntnisse über die Gefahrenquellen (Augenbelastung, Belastungen durch Zwangshaltung, Überforderung durch Dauerkonzentration, Veränderung der Kommunikationsstruktur, psychische Belastungen) und die vorhandenen Möglichkeiten, diese auszuschalten oder so gering wie möglich zu halten. Es sind also auch Probleme in den Blick zu rücken, die nicht unmittelbar mit den Geräten zu tun haben, sondern mit der Art der neuen Arbeit und mit deren Umfeld.

d) Die mit den neuen Technologien möglichen Vernetzungen werfen Probleme der Verhaltens- und Leistungskontrolle auf. Den Teilnehmern sind daher mögliche Formen solcher Kontrollen und deren Konsequenzen zu verdeutlichen. Zugleich sind sie zu befähigen, kooperativ akzeptable Regelungen für dieses Problem zu entwickeln und solche Regelungen gemeinsam mit den betrieblichen Arbeitnehmervertretungen und den anderen Betroffenen im Betrieb durchzusetzen.

e) Die Basis für die oben umrissenen Möglichkeiten zur Gestaltung der Arbeitsbedingungen im Interesse der Beschäftigten bilden jedoch die Grundqualifikationen für den Umgang mit den neuen Systemen und Geräten. CAD-Systeme bauen alle auf allgemeine und speziell grafikbezogene Informationsgrundlagen auf. Die Teilnehmer müssen daher zunächst das Prinzip und den Aufbau der digitalen Datenstrukturen und deren Verarbeitung in der Zentraleinheit einer Computers kennenlernen. Dazu gehören Aufbau, Wirkungsweise und Handhabung der wichtigsten Datenspeicher sowie der sachkundige Umgang mit Dateneingabe- und Datenausgabegeräten. Hier wird dich die Eindringtiefe allerdings wesentlich nach dem späteren Hauptaufgabengebiet richten.

f) Besondere Aufgaben ergeben sich durch die zunehmende Einführung von dreidimensional arbeitenden Programmen in die CAD-Arbeit. Zwar unterscheidet sich die CAD-Arbeit bereits grundlegend von der herkömmlichen Konstruktions- und Zeichenarbeit, doch bleibt beim Arbeiten mit zweidimensional arbeitenden Programmen das gewohnte Denken in Ansichten und Schnitten weitgehend unverändert. Bei dreidimensional arbeitenden Programmen muß der Anwender aber völlig umdenken, weil er jetzt mit zweidimensionalen und räumlichen Koordinatensystemen zurecht kommen muß. Es gilt daher, die Teilnehmer sorgfältig und systematisch in diese neuen Denk- und Arbeitsweisen einzuführen und dabei sowohl ihr Abstraktionsvermögen und ihr räumliches Vorstellungsvermögen zu schulen als auch der bei vielen vorhandene Angst vor diesen übermächtig erscheinenden Systemen und Programmen abzubauen und sie so beherrschbar und als Instrumente der eigenen Kreativität nutzbar zu machen.

g) Die neuen Technologien und insbesondere die CAD-Systeme entwicklen sich immer noch sehr rasch, sodaß Lehrende und Lernende in der beruflichen Weiterbildung genauso wie die Anwender in den Betrieben mit immer neuen Anforderungen konfrontiert werden. Deshalb ist als eine vorrangige, die oben umrissenen Aufgaben übergreifende Aufgabe anzusehen, die Teilnehmer zum selbständigen Lernen zu befähigen, das heißt ihnen Lernstrategien zu vermitteln, die sie in die Lage versetzen, neue Herausforderungen bei der Wahrung ihrer Interessen angemessen zu bewältigen.

4.4 Zusammenfassung und Folgerungen

Die Ausführungen in den voraufgegangenen Kapiteln dürften deutlich gemacht haben, daß die neuen Technologien und insbesondere die mit der Mikroelektronik zusammenhängenden unser Leben in einem noch gar nicht abzusehenden Maße beeinflussen werden, daß aber die Art dieser Beeinflussung, d.h. die Struktur der Gesellschaft von morgen und vor allem der Arbeitswelt, durch diese Technologien nicht determiniert werden. Vielmehr gibt es - entgegen aller Sachzwangbehauptungen - erhebliche Entscheidungspielräume beim Einsatz der neuen Technologien. Die Mikroelektronik führt entweder

"in eine mechanisierte Welt der Entfremdung und Ablehnung, oder aber in eine Welt der Bereicherung des individuellen Lebens und zu größerer kultureller Vielfalt. Die Entscheidungen liegen bei uns. Wir können sie nicht unseren Nachkommen überlassen. ... Die Revolution der Mikroelektronik wird erst dann wirklich revolutionär sein, wenn es ihr gelingt, eine gerechtere Gesellschaft mit einem hohen Maß an industrieller Demokratie und der Chance der kreativen Verwirklichung für die Mehrheit zu schaffen" (King, 1982 S.352).

Die Entscheidung über die möglichen Alternativen hängt ab vom Durchsetzungsvermögen manifester Interessen in den jeweiligen Konflikt- und Entscheidungssituationen und ist keinesfalls durch technische Sachzwänge vorausbestimmt.

Die aus solchen Interessen und Entscheidungen entstehenden unterschiedlichen Formen der Arbeitsorganisation bestimmen auch über die künftig im Arbeitsprozeß erforderlichen Qualifikationen. Ihnen liegt immer auch eine Vorstellung von Verhältnis von Bildungssystem und Beschäftigungssystem zugrunde. Diese Vorstellungen reichen von der Annahme, man könne aus den technisch-ökonomischen Gegebenheiten objektive Schlüsse auf die benötigten Qualifikationen ziehen, denen sich das Bildungssystem als Zubringer dieser Qualifikationen fraglos zu unterwerfen habe, bis zu der Annahme eines dynamischen Wechselverhältnisses zwischen Bildung und Beschäftigung, die die zum Teil rasanten Veränderungen in beiden Bereichen zu berücksichtigen versucht (vgl. z.B. Weymann, 1987)

Solch unterschiedlichen Vorannahmen führen - neben anderen Fakten wie zum Beispiel äußerst differierende Betriebsstrukturen und Untersuchungsmethoden - zu den derzeit vorfindbaren ebenso unterschiedlichen Prognosen über die Qualifikationsentwicklung. Da gibt es zum einen die Dequalifizierungsthese, nach der bei zunehmender Technologie- bzw. Kapitalinvestition das Qualifikationsniveau der Beschäftigten generell - mit wenigen Ausnahmen - sinken wird. Zum anderen wird eine Polarisierung der Beschäftigten in wenige Hochqualifizierte und eine Mehrheit an Arbeitsplätzen mit geringen Qualifikationsanforderungen prognostiziert. Zum dritten schließlich wird von einer notwendigen Höherqualifizierung der meisten Beschäftigten im Zusammenhang mit den Einsatz der neuen Technologien gesprochen (siehe hierzu z.B. Baethge u.a., 1976; Voigt, 1986 und Lamszus; Sanmann, 1987).

Faßt man im besonderen den Bereich CAD der neuen Technologien ins Auge, so lassen sich - je nach Sozialgeschichte, Sozialstruktur, Entscheidungshierarchie, Interessenvertretung, vorhandener Qualifikation der Beschäftigten, Betriebsgröße und Produktionsgegenstand - für alle drei Thesen Belege finden, d.h. die Entwicklung ist äußerst uneinheitlich und wird es wohl auch in absehbarer Zukunft bleiben.

Die bisherige Qualifikationsforschung hat solche uneinheitlichen Entwicklungen vorwiegend lediglich abgebildet. Eine alternative Qualifikationsforschung hätte dagegen die Aufgabe, ausgehend von dem Interesse der Beschäftigten an humanen, identitätsstiftenden Arbeitsbedingungen und bezogen auf bestimmte, nicht allzu heterogene Produktionsbereiche, Möglichkeiten für erweiterte Handlungsspielräume bei anderen Formen der Arbeitsgestaltung zu erforschen (siehe z.B. Laur-Ernst, 1984 S.47).

Ansätze zu dieser Art von Qualifikationsforschung gibt es bereits, und sie scheinen sich bis zu einem gewissen Grade mit den Interessen progressiv denkender Unternehmensleitungen vereinbaren zu lassen (siehe z.B. Kern; Schumann, 1984). "Für den Produktionsbereich läßt sich mit Kern und Schumann konstatieren, daß der neue und zukunftsweisende Typus von Arbeit nicht mehr die direkt produktionsbezogene Herstellungsarbeit, sondern indirekte, planende, steuernde, kontrollierende Arbeit zur Systembetreuung ist und ihre wichtigste Aufgabe darin besteht, die Funktionsfähigkeit und den kontinuierlichen Ablauf maschineller Systeme sicherzustellen und damit den Nutzungsgrad der Maschinen zu optimieren. Der hierfür erforderliche Arbeiter bedarf einer beträchtlichen theoretischen Kompetenz, die sich nicht mehr allein durch learning by doing erwerben läßt, gute Produkt- und Prozeßkenntnisse, aber auch eines gerüttelten Maßes an Erfahrungswissen aus dem unmittelbaren Umgang mit Maschinen --- zu schnellem und zielsicherem Eingreifen bei Produktionsstörungen" (Baethge 1989 S.7). "Nimmt man jedoch den Arbeitenden "vor Ort" dieses "Produktionswissen", dann können die Beschäftigten ... nicht mehr (wie früher) selbständig auf Störungen reagieren. Der Arbeitsprozeß wird daher nicht geplanter und vom Management besser kontrollierbar, sondern störungsanfälliger" (Dunckel; Resch, 1987 S.78).

Für den Konstruktions- und Dienstleistungsbereich kommt dieser Qualifikationsforschungsansatz zu ganz ähnlichen Ergebnissen. Die Vertreter dieses Ansatzes schließen daraus auch auf eine Veränderung der Weisungs- und Kooperationsstruktur in den Betrieben.

"Es ist einleuchtend, daß, wenn sich das durchschnittliche Anforderungs- und Kompetenzniveau in den industriellen und dienstleistenden Kernbetrieben in der angedeuteten Weise verändert, dann auch die traditionellen betrieblichen Führungs- und Kommunikationsstile nicht mehr greifen. Wo nicht die unselbständige ausführende Arbeitskraft, sondern der selbständige und kompetente, lernwillige und lernfähige Facharbeiter und Angestellte gefragt ist, werden starre Hierarchien und Anweisungsstrukturen auf die Dauer dysfunktional. Die Betonung von Gruppenarbeit, das Aufkommen von Konzepten partizipativer Organisationsentwicklung markieren Wegweiser zu einem weniger autoritären Kommunikations- und Führungsstil in den Betrieben" (Baethge 1989 S.8).

Anzumerken bleibt, daß die neuen Produktionskonzepte das Problem der durch den Rationalisierungseffekt der Mikroelektronik ausgelösten Arbeitslosigkeit nicht lösen. Die Zahl der in den Industriebetrieben verbleibenden Arbeitskräfte wird aller Voraussicht nach dramatisch abnehmen, d.h. die mögliche Wiedergewinnung oder Ausweitung von Handlungsspielraum am Arbeitsplatz aufgrund eines humanzentrierten Technologieeinsatzes wird nur einer privilegieren Minderheit zugute kommen. Mit beruflicher Weiterbildung allein ist also der Arbeitslosigkeit nicht zu begegnen, zumal eine Qualifizierung, die den Anforderungen der veränderten Arbeitsorganisation entspricht, in aller Regel nur beruflich bereits gut qualifizierten, relativ jungen Arbeitskräften offensteht und die Ausleseprozesse sich eher verschärft als vermindert haben. Zur wirksamen Bekämpfung der Arbeitslosigkeit wäre daher eine völlig andere Struktur-, Arbeitsmarkt- und Bildungspolitik erforderlich. Sie ist derzeit nicht in Sicht. Doch das ist ein Thema, das den Rahmen dieser Arbeit sprengen würde.

Ob sich im übrigen die neuen Produktionskonzepte und die in ihnen enthaltenen Entwicklungstendenzen letztlich in der Mehrzahl der Betriebe gegen traditionelle Muster des Denkens und der Machterhaltung durchsetzen werden, ist ungewiß. Sie geben aber Anlaß zu einigen Hoffnungen, und eine auf Mündigkeit und Gestaltungskompetenz gerichtete berufliche Weiterbildung sollte sich an ihnen orientieren.

Deshalb wurde auf den voraufgehenden Seiten versucht, Qualifikationen zu umreißen, die sich bei Zugrundelegung eines humanzentrierten Konzepts der Arbeitsorganisation aus dem derzeitigen Entwicklungsstand und den zu vermutenden Entwicklungstendenzen der CAD-Arbeit ablesen lassen. Sie umfassen fachliche Basisqualifikationen für den sachgerechten Umgang mit den neuen Technologiesystemen ebenso wie die Einsichten in die Zusammenhänge von Arbeitsorganisation, Technikeinsatz und dabei wirksam werdenden Interessen, das heißt, sie zielen auf berufliche Kenntnisse, Fertigkeiten und Fähigkeiten im gleichen Maße wie auf soziale Kompetenzen zur kooperativen und solidarischen Durchsetzung menschengerechter Arbeitsbedingungen.

Daß die Vermittlung solcher Qualifikationen angesichts der technischen und ökologischen Herausforderungen, vor denen wir stehen, existenznotwendig ist, dürfte allen Einsichtigen deutlich sein:

"Die wachsende Informationsdichte, die zunehmende Vernetzung von Informationsträgern, die expandierende Zugänglichkeit von Informationsvorräten für eine immer größere Zahl von Menschen wird kennzeichnend sein für die technologische Entwicklung der kommenden Jahrzehnte. Unsere wirtschaftliche Produktion wird immer informationsgesättigter sein. Deshalb werden die Faktoren Bildung, Lernen, Aufnahmefähigkeit, die Fähigkeit, sich von alten Erfahrungen zu trennen und neu aufzunehmen, bestimmend sein für die Art und Weise, wie wir mit der technologischen Herausforderung fertig werden" (Biedenkopf; zitiert in Baethge, 1989 S.10).

Wie jedoch die Bildungsprozesse zu gestalten sind, die zu solchen Fähigkeiten führen, dafür gibt es mindestens ebenso viele unterschiedliche bis gegensätzliche Ansichten wie über die dabei zu berücksichtigenden Bildungs- und Qualifizierungsinhalte. Deshalb sollen im folgenden zunächst Grundzüge der erziehungs- und sozialwissenschaftlichen Position nachgezeichnet werden, der ich mich verpflichtet weiß und die die theoretische Basis für die von mir vertretene didaktische Konzeption für die berufliche Weiterbildung bildet. Um einigermaßen realistisch die Möglichkeiten und Probleme bei der Vermittlung dieser auf Mündigkeit und Handlungsfähigkeit gerichteten Konzeption einschätzen zu können, schien es mir notwendig, in Umrissen die jetzige Situation der beruflichen Weiterbildung für den Umgang mit den neuen Technologien, insbesondere mit CAD, darzustellen. Vor dem so entstehenden Hintergrund aus Situationsanalyse und didaktischen Leitorientierungen für eine bessere Berufsbildung sind dann die beiden innovativen Praxisbeispiele zu sehen und zu beurteilen, die den letzten Teil der Arbeit abschließen.

5. Die gegenwärtige Situation der beruflichen Weiterbildung im CAD-Bereich und die Grundzüge einer Didaktik mit dem Leitziel Handlungs- und Gestaltungskompetenz

5.1 Grundzüge der eigenen erziehungswissenschaftlichen und berufspädagogischen Position

Da es in den Erziehungs- und Sozialwissenschaften äußerst unterschiedliche Positionen und Sichtweisen zum Verhältnis von Arbeit, technischem Fortschritt und (beruflicher) Bildung gibt, erscheint es mir notwendig, an dieser Stelle noch einmal, und zwar etwas ausführlicher als in der Einführung, meine eigene Position zu kennzeichnen. Sie orientiert sich an den Grundsätzen der kritisch-konstruktiven Erziehungswissenschaft. Für diesen erziehungswissenschaftlichen Ansatz "konstitutiv ist das Prinzip, das besagt, daß Erziehung und Bildung ihren Zweck in der Mündigkeit des Subjektes haben. Eine so verstandene Theorie gewinnt die Maßstäbe ihrer Kritik durch ihr Interesse an der Aufhebung von Verdinglichung und Selbstentfremdung des Menschen. Sie wendet sich also kritisch gegen alle (Bildungs- und) Erziehungsverhältnisse, die die Verdinglichung - die Unterdrückung der Vernunft - weiter betreiben, oder auch gegen solche, die ihr nicht entgegenzuwirken vermögen" (Mollenhauer, 1973 S.10).

"Die praktische Frage, zu deren Beantwortung die Erziehungswissenschaft beizutragen hat, lautet: Wie ist das pädagogische Feld zu strukturieren, damit die Vernünftigkeit der zu bildenden Subjekte nicht verhindert, sondern gefördert wird?" (Mollenhauer, 1973 S.70). Auf die berufliche Weiterbildung bezogen lautet diese Frage: Wie ist unter den derzeitigen gesellschaftlichen und technologischen Bedingungen reflexions- und mündigkeitsfördernde Bildung und Handlungsorientierung mit dem Ziel einer Humanisierung der Arbeitswelt möglich?

Um auf diese Frage antworten zu können, ist eine Neubestimmung des Bildungsbegriffs unumgänglich, die zwei Einseitigkeiten vermeidet. Zum einen darf Bildung nicht, wie in der geisteswissenschaftlichen Pädagogik und einigen neueren Ansätzen, vom gesellschaftlichen Handeln abgeschnitten werden, denn dann würde sie "in selbst gewählter Isolierung und Distanz gegenüber dem Arbeitsleben, seinem technologischen Wandel und dem Fortschreiten der Arbeitsteilung verharren. Dann wäre die gegenwärtige Allgemeinbildungsrenaissance objektiv nichts weiter als der Versuch, im Bildungswesen eine entlastende Spielwiese zu schaffen, während der gesellschaftliche Prozeß der Ausgrenzung fortschreitet" (Klemm, 1987 S.10).

Zum anderen darf Bildung nicht, wie in einigen bildungsökonomischen und technokratischen Ansätzen, zur Zurichtung für eine angeblich von technisch-ökonomischen Sachzwängen determinierte Arbeitswelt verkommen.

Diesen Vereinseitigungen sei hier noch einmal die in der Einleitung bereits angesprochene Definition von Bildung entgegengesetzt, der ich mich anschließe: "Bildung soll hier verstanden werden als der lebenslange Prozeß der Entwicklung von Denken, Fühlen und Tun in Richtung auf ein besseres Verständnis der eigenen Person und ihrer Lebenswelt und ein diesem Verständnis gemäßes Handeln. Arbeit und Technik gehören dann unabweislich zu den Dingen, die verstanden werden müssen, um mündig handeln zu können" (Voigt, 1990 S.4f).

Auf eine von den neuen Technologien durchdrungene Arbeitswelt und die zu ihrer mündigen Bewältigung erforderlichen Qualifikationen bezogen, hat Bildung nach diesem Verständnis mindestens folgende drei Aufgaben zu erfüllen;

"(1) Bildung muß Zusammenhänge deutlich und verständlich machen. Für die berufliche Bildung heißt das, sie hat zu verdeutlichen, welche Folgen der Einsatz von Computern und anderen neuen Technologien für die Arbeit hat, wie die vernetzten Systeme in Freizeit und Familie hineinragen und welche Probleme der Mitgestaltung und Kontrolle mit ihnen verbunden sind" (Voigt, 1990 S.5).

(2) Bildung darf die historische Dimension der neuen Technologien nicht vernachlässigen, denn "Einsicht in historische Prozesse ist ... immer auch Einsicht in die Gestaltbarkeit der Welt. ... Natürlich haben auch die neuen Technologien eine Geschichte. Mir scheint es notwendig, diese Geschichte wenigstens in den Grundzügen zu kennen, um den gesellschaftlichen Stellenwert und auch die soziale Beeinflußbarkeit der technischen Entwicklung angemessen einschätzen zu können. Eine solche historische Betrachtung ist gerade hier erforderlich, weil Computer wie andere technische Geräte nur allzuleicht als geschichtslos begriffen und entsprechend mystifiziert werden." Die historische Betrachtung läßt erkennen, "daß die Erfindung und Verbreitung von neuen Techniken stets in interessenbestimmte gesellschaftliche Prozesse eingebunden ist" (Tillmann, 1987 S.101).

(3) "Durch Wissenschaft gewonnenes Wissen muß für den einzelnen durchschaubar werden ..."
Dazu sind folgende Einsichten zu vermitteln:

"- Computer können mit Riesengeschwindigkeit nur solche Probleme lösen, die algorithmierbar sind. Viele Probleme sind aber nicht algorithmierbar.

- Computer können nicht denken, nicht interpretieren, nicht verstehen.

- Computer arbeiten in Modellen; die Arbeitsbasis besteht vor allem aus Symbolen, Algorithmen und Elektrizität.

- Computer selbst agieren nicht, handeln nicht, beabsichtigen nichts. Sie werden von Menschen eingesetzt, die etwas wollen, die mal lautere, mal unlautere Absichten haben ..."

Solche Einsichten sind die Voraussetzung, "um nicht als unabänderlichen Sachzwang zu interpretieren, was von Menschen mit bestimmten Interessen auf dem gegenwärtigen technischen Niveau realisiert wird" (Tillmann, 1987 S.102).

Damit sind die Grundzüge eines auf die moderne Arbeitswelt bezogenen Bildungsbegriffs skizziert. In diesem Bildungsbegriff geht die im vorigen Kapitel definierte Qualifikationsauffassung nahtlos auf. Sie sei hier zur Erinnerung noch einmal wiederholt. Qualifikation wird von mir verstanden als "Arbeitsvermögen, als die Gesamtheit der je subjektiven Fähigkeiten, Kenntnisse und Fertigkeiten, die es dem einzelnen erlauben, eine bestimmte Arbeitsfunktion zu erfüllen. Qualifikation bedeutet somit die an das arbeitende Subjekt gebundenen Voraussetzungen des Produktions- und Reproduktionsprozesses". Sie umfaßt "sowohl die politisch-ökonomische als auch die intellektuelle, affektive und sensomotorische Dimension der Arbeit" (Baethge, 1976 S.480).

In diesem Verständnis von Bildung und Qualifikation ist Technik nicht die eigengesetzlich ablaufende Sachgesetzlichkeit, der man sich unterwerfen muß, sondern Hilfsmittel zur Gestaltung einer humanen Welt. Sie ist daher immer bezogen zu sehen auf die soziale Lebenswelt, von der die Arbeitswelt ein zentraler Bestandteil ist (siehe hierzu z.b. Görs; Voigt u.a. 1991). "Konkrete existierende Technik ist also immer zu verstehen in ihrer unauflöslichen Dualität von technisch Möglichem und sozial Gewolltem" (Drescher, 1991 S.52). "In einer demokratischen Gesellschaft müssen in die Entwicklung ... gesellschaftsverändernder Technik auch die bisher ausgeblendeten Interessen eingehen. Vor allem aber müssen wir die Technik und das soziale Feld, in dem sie genutzt wird, so gestalten, daß die befürchteten gesellschaftlichen Risiken nicht Wirklichkeit werden" (Roßnagel u.a., 1990 S.X).

Aus dem, was ich oben als die Auffassung von Bildung, Qualifikation und Technik skizziert habe, der ich mich verpflichtet fühle, lassen sich nun Leitziele für die berufliche Weiterbildung ableiten. Berufliche Weiterbildung hat danach "zum einen berufliche Kompetenzen oder Qualifikationen zu vermitteln. Sie hat aber auch die unterschiedlichen, bei der Gestaltung der Arbeitsorganisation wirksam werdenden Interessen bewußt zu machen, mögliche Alternativen aufzuzeigen und sie mit den unterschiedlichen Interessen zu verknüpfen. Ihr generelles Ziel ist es also, Erwachsene erstens dazu zu befähigen, ihre Arbeitswelt einschließlich deren Zusammenhänge mit der Gesellschaftsstruktur und dem Lebensbereich außerhalb der Arbeit bewußter zu erfassen und sie zweitens mit Handlungskompetenzen auszustatten, die es ihnen ermöglichen, diese Welt zu verändern" (Voigt, 1986 S.99f; vgl. auch Faulstich, 1981 S.151f).

5.2 Zur jetzigen Situation der beruflichen Weiterbildung im CAD-Bereich

Um die oben skizzierten Ansprüche an berufliche Weiterbildung in die Realität umsetzen zu können, bedarf es entsprechender Rahmenbedingungen. Die derzeit für den für den größten Teil der beruflichen Weiterbildung im Technologiebereich wirksam werdenden Einflußfaktoren stehen jedoch einem mündigkeitsfördernden Lehr-Lern-Prozeß eher entgegen. Das soll in der folgenden knappen Darstellung der jetzigen Weiterbildungssituation im Bereich des CAD verdeutlicht werden.

5.2.1 Das Entscheidungsmonopol der Betriebe

Durch ihre Entscheidungen über Arbeitsorganisation und Personalstruktur legen die Betriebe die Bedingungen fest, unter denen die in der Weiterbildung erworbenen Qualifikationen verwertet werden können, d.h. sie allein entscheiden über Beschäftigungs- und Startchancen der Absolventen betrieblicher und außerbetrieblicher Weiterbildungslehrgänge (siehe hierzu z.B. Schmitz, 1980). Diese bisher kaum zu erschütternde Machtposition der Betriebe wird noch dadurch verstärkt, daß sie selbst mit einem Anteil von ca. 50% der gesamten beruflichen Weiterbildung die quantitativ bei weitem bedeutendsten Anbieter auf dem Weiterbildungssektor sind. Dabei gibt es allerdings besonders im Blick auf die Schulung für die neuen Technologien gravierende Unterschiede zwischen Groß- und Kleinbetrieben, Industrie und Handwerk, hochtechnisierten und weniger technisierten Branchen (siehe Witwer 1982 und Voigt 1990, S.17).

"Hauptargument dafür, wie unverzichtbar und richtig die betriebliche Weiterbildung sei, ist die Aussage, nur dort könne eine genaue Bedarfsanalyse und eine darauf aufbauende praxis- und bedarfsgerechte Qualifizierung stattfinden. Dagegen spricht, daß es nur in ganz wenigen Betrieben ein leistungsfähiges Qualifizierungsmanagement, ein brauchbares Instrumentarium zur Ermittlung des Qualifikations- und Weiterbildungsbedarfs und eine längerfristige Qualifizierungsstrategie gibt" (Voigt, 1990 S.17).

Kritik an solcher Kurzsichtigkeit kommt auch aus den eigenen Reihen, vor allem am bisher feststellbaren eindeutigen Vorrang der Technikinvestition. So sagt der Weiterbildungsleiter eines der größten deutschen Industrieunternehmen:

"Bei der Implementation neuer Techniken konzentriert sich die Aufmerksamkeit vorwiegend auf die technischen Fragen zukünftiger Sachinvestitionen .., während die Vorbereitung auf die Vermittlung von Qualifikationen relativ vernachlässigt wird. Es ist sogar häufig festzustellen, daß Überlegungen zur Optimierung der Qualifikationsvermittlung erst während des Diffusionsprozesses einsetzen, weil vorherrschende Mängel erst jetzt bemerkt werden" (Meyer-Dohm, 1987 S.32).

Wenn dann betriebliche Weiterbildung einsetzt, so sind ihre Ziele - von ganz wenigen Ausnahmen abgesehen- nicht die einer emanzipatorischen Berufsbildung. Es geht vielmehr vor allem um drei Dinge:

- Zum *einen* soll durch die Vermittlung von betriebsspezifisch zugeschnittenen Qualifikationen die Produktivität gesichert beziehungsweise gesteigert werden, und zwar soweit irgend möglich ohne Erhöhung des Lohnkostenfaktors.

"Mit der Ausweitung solcher Anpassungsweiterbildung vollzieht sich weitgehend eine unmittelbare und nahtlose Ankopplung des Weiterbildungssystems an die Interessen des Wirtschaftssystems. Das viel beschworene Pluralismus- bzw. Wettbewerbsargument reduziert sich auf den schlichten Sachverhalt, daß verschiedene Betriebe eigene Weiterbildungsangebote machen - es sichert keineswegs, daß "Bildung" in der Weiterbildung angestrebt wird" (Grüner u.a. 1987 S.122).

- Zum *anderen* sollen durch die vor die Weiterbildungsbeteiligung geschobenen innerbetrieblichen Ausleseprozesse und durch die damit verbundene Kanalisierung von Aufstiegschancen ausgewählte Teile der Belegschaft als Kernbelegschaft an den Betrieb gebunden werden. Das ist im übrigen ein Grund für den Kampf der Unternehmerverbände gegen staatliche Fortbildungsordnungen, die ja den Absolventen ein - wenn auch schwierig durchzusetzendes - Einstiegsrecht in eine höhere Stufe der Betriebshierachie eröffnen könnten.

- zum *dritten* sollen mit der Zuweisung von Weiterbildungschancen bestimmte Leistungsansprüche legitimiert und betriebliche Weisungshierarchien abgesichert werden (siehe Schmitz, 1980 S.123f).

Betriebliche Weiterbildung bewirkt also

"in vielfältiger Weise eine Polarisierung der innerbetrieblichen Qualifikationsstruktur, was zur Folge hat, daß personalpolitische Instanzen Weiterbildung einsetzen, um einzelne Beschäftigte für privilegierte Positionen zu rekrutieren, während die Mehrzahl der Arbeiter und der an routinisierten Arbeitsplätzen tätigen Angestellten, d.h. diejenigen mit dem niedrigsten Qualifikationsniveau und dem größten Beschäftigungsrisiko, von der betrieblichen Weiterbildung zumeist ausgeschlossen bleiben. Diese Unterprivilegierung kann von der öffentlichen Arbeits- und Bildungspolitik nur bedingt konterkariert werden, da die Betriebe über ihre Einstellungs- und Beförderungspolitik die Verwertung von Berufsqualifikationen bestimmen" (Schmitz 1989 S.135).

Die Computerfirmen verstärken mit ihrer Verkaufsstrategie noch weiter den hierarchischen Aufbau betrieblicher Weiterbildung. So werden beim Verkauf von CAD-Systemen die Teilnehmer häufig in entsprechend ihrem Status getrennten Gruppen betreut. Dabei sind die sogenannten "CAD-Schnupperkurse" für Führungskräfte oft Werbevorführungen der veranstaltenden Firmen. Eigene Leistungen seitens der Teilnehmer werden kaum gefordert. Ihnen wird von virtuosen CAD-Experten, hauptsächlich auf die Produktpalette der Kundenfirmen abgestimmt, vorgeführt, was mit CAD alles möglich ist. Dabei wird dann den staunenden Zuschauern nicht selten unter der Hand "verraten", daß Konkurrenzfirmen bereits kurz davor seien, sich ebenfalls mit CAD auszustatten. Von einer notwendigen CAD-bezogenen Weiterbildung ist in dieser Phase durchweg kaum die Rede. Von wenigen Vorführpannen abgesehen, erscheint den Vertretern des Managements der Umgang mit den CAD-Programmen spielend leicht.

Beim mittleren Management, auf der Ebene der Abteilungs- und Gruppenleiter, findet die betriebliche Beratung meistens schon fachbezogener statt. Kostspielige "Extras", die im Interesse der Wettbewerbsfähigkeit über die Normalausstattung hin angeschafft werden sollten, werden angeboten. Den ohnehin gestreßten Abteilungsleitern, die in aller Regel nicht über die erforderlichen Informatikgrundlagen verfügen, helfen die CAD-Firmenvertreter gern bei der Aufstellung eines Pflichtenheftes. Wird dieses dann der Geschäftsleitung vorgelegt, so liegt der dort für Hard- und Software ausgewiesene Betrag häufig bereits erheblich über dem zuerst genannten. In dieser Phase des Geschäftes identifizieren sich die Abteilungs- und Gruppenleiter jedoch oft bereits mit dem System, vor allem dann, wenn die Firmenvertreter ihnen in Aussicht stellen, daß nicht sie selbst, sondern höchstwahrscheinlich die ihnen unterstehenden Ingenieure, Konstrukteure und Technischen Zeichner an den Geräten sitzen werden. Erst wenn die Struktur der zu installierenden CAD-Systeme festgelegt ist und die Firmenleitung praktisch ihrem Einsatz in der Konstruktionsabteilung zugestimmt hat, wird die Notwendigkeit von CAD-Schulungen angesprochen. Für solche Schulungen sind die Vertreter des mittleren Managements dann umso leichter zu gewinnen, je größer ihre Chance ist, von ihren Mitarbeitern getrennt und etwas exclusiver als diese geschult zu werden (vgl. Eggers u.a., 1989 S.194ff).

Aus der Sicht der CAD-Anbieter versteht es sich zudem von selbst, daß in den von ihnen durchgeführten Lehrgängen ausschließlich auf die Handhabung des firmeneigenen Systems hin geschult wird.

Es dürfte deutlich geworden sein, daß diese Art der beruflichen Weiterbildung den eingangs aufgestellten Ansprüchen in keiner Weise gerecht wird.

5.2.2 Die außerbetriebliche Weiterbildung für den CAD-Bereich

Aber auch in weiten Teilen der außerbetrieblichen Technologieschulung sieht es nicht besser aus. Soweit die entsprechenden Weiterbildungsmaßnahmen von den Arbeitsämtern finanziert werden, schreibt man sie aus wie neu zu bauende Straßen, d.h. in der Regel erhält der billigste Anbieter den Zuschlag, solange er sich an bestimmte Mindestanforderungen für die sachliche und personelle Ausstattung hält, die erwachsenenpädagogisch indiskutabel sind.

"Kommerzielle Weiterbildungseinrichtungen mit relativ geringen Personal-
und Sachkosten machen sich das mehr und mehr zunutze. Die Einrichtungen der Kommunen und Gewerkschaften stehen damit vor dem Problem,
entweder auf staatliche Gelder zu verzichten (was sie sich zumeist aus
Existenzerhaltungsgründen nicht leisten können, H.C.) oder die Qualität der
von ihnen angebotenen Bildungsveranstaltungen senken zu müssen" (Voigt,
1986 S.75).

Das führt sehr oft dazu, daß CAD mit zu hohen Teilnehmerzahlen, unzureichend qualifizierten Lehrkräften und in schlecht ausgestatteten Räumen unterrichtet wird (siehe z.B. Roßnagel u.a. 1989 S.45). In solchen Lehrgängen wird die Arbeitstätigkeit an durch die CAD-Systeme Vorgegebenes angepaßt. Eine Teilnehmerorientierung, die die oft von Unsicherheiten und Ängsten durchmischte neue Lernsituation der Teilnehmer aufgreifen müßte, fehlt in der Regel (vgl. Rauner, 1988 S.29). Persönliche Wünsche der Lernenden hinsichtlich neuer Arbeitsorganisationen, die die Arbeit vielseitiger und interessanter machen könnten, bleiben meist außen vor.

"Es bleibt dann dabei, daß abhängig Beschäftigte den Veränderungen des Arbeitsprozesses, des Arbeitsmarktes und des Beschäftigungssystems hinterherlaufen, ohne Einfluß darauf zu gewinnen. Anpassungsbildung ist zu einem hohen Grad von Fremdbestimmung geprägt" (Görs; Voigt u.a., 1991 S.273).

Im einzelnen sieht eine CAD-Schulung dieser Art dann so aus: Aufgereiht, neben- und hintereinander ausgerichtet sitzen bis zu 24 Teilnehmer während der Lehrgänge an ihren Tischreihen, die jeweils kammzinkenartig von der Installationswand her in den Raum hineinragen und nur an einer Seite einen Gang freilassen. An den Bildschirmen vorbei schauen meist zwei Teilnehmer pro Platz nach vorne, um das vom Dozenten Gesagte zu verstehen und das von ihm Gezeigte zu sehen. Will er sich selbst vom Lernfortschritt überzeugen, muß er bis hinter die letzte Reihe treten, um einen Blick auf alle Bildschirme werfen zu können.

Nur in seltenen Fällen kann ein Dozent die Anordnung und Ausstattung des Raumes mitbeeinflussen. Wegen der vielen Kabel- und Steckerverbindungen ist eine andere Anordnung nachträglich nur schwer zu realisieren. Die kommunikationsfeindliche Installation in vielen Unterrichtsräumen läßt kaum Möglichkeiten für kooperative und kommunikative Unterrichtsformen.

Zudem sitzen die Teilnehmer und Teilnehmerinnen oft vor kleinen 14-Zoll-Bildschirmen der untersten Preiskategorie und verderben sich die Augen bei Unterrichtszeiten von bis zu 40 (!) Stunden wöchentlich, und das, obwohl die Berufsgenossenschaften und die Gewerbeaufsicht für CAD-Arbeit mindestens 19-Zoll-Bildschirme mit einer Pixelauflösung von ca. 1200x1000 vorschreiben.

U-förmige Anordnungen mit in der Mitte des Raumes von Computern freien Tischflächen für Besprechnungen sind nach unseren Analysen äußerst selten vorzufinden (vgl. Senator für Bildung, Wissenschaft und Kunst Bremen, 1990, S.27).

Hinzu kommt, daß es bisher kaum brauchbare Unterrichtsmaterialien gibt. Die Handreichungen der Hersteller sind einseitig auf ihre Systeme zugeschnitten und kaum didaktisch aufgearbeitet. Bei den direkt programmbezogenen Arbeitsunterlagen werden immer noch mit der Schere zusammengestellte Verschnitte aus, von Fachunkundigen schlecht ins Deutsche übersetzte, ausländischen Handreichungen eingesetzt.

Auf brauchbare Lehrbücher konnte bis vor kurzem kaum zurückgegriffen werden, doch hier beginnt sich die Situation in den letzten Jahren zu verbessern (vgl. z.B. Kotsch, Günter; Staniczek, Martin: "CAD-Grundkenntnisse", Hamburg, 1991; Blum, Christiane: "CAD", Düsseldorf, 1991; Schwarzer, Ingo: "Fachkunde CAD-Technik", 1992). Auch die Erstellung von Prüfungsordungen kommt, wenn auch langsam, voran. Die Landesverbände der Volkshochschulen entwerfen zur Zeit gestufte "CAD-Führerscheine" mit verbindlichen Prüfungsinhalten und auch im Rahmen der Entwicklung der "Aufstiegs-fortbildungsverordnung im Bereich Technisches Zeichnen/Konstruktion" des Bundesinstitutes für berufliche Bildung wird an verbindlichen Inhalten und einer entsprechenden Prüfungsordnung gearbeitet (siehe Landesverband der VHS Niedersachsens e.V., 1987).

Doch auch, bzw. gerade, wenn ein akzeptables erwachsenenpädagogisches Konzept für die CAD-Qualifizierung vorliegt, bilden allein die Kosten für eine brauchbare materielle Ausstattung der Schulungsräume ein von den meisten privaten und öffentlichen Weiterbildungseinrichtungen schwer zu überwindendes Hindernis. Das soll an einem Beispiel verdeutlicht werden:

Die Kosten eines einzigen CAD-Arbeitsplatzes, so wie er den gewerblichen Richtlinien für technische Zeichner entspricht, liegen bei 25000DM bis 50000DM.

Dafür entfallen auf

den Rechner selbst ca.	3000 DM,
die Eingabetastatur und das Tablett	1000 DM,
die Grafikkarte	2000 DM,
und den 20" Farbmonitor (strahlungsarm)	4000 DM.
Dazu kommen anteilige Kosten für Speicher- und Datensicherungsgeräte (Tapestreamer etc.) pro Arbeitsplatz	2000 DM,
die Vernetzung von z.B. 7 Rechnern	2000 DM,
die Ausgabegeräte Plotter, Drucker und Laserprinter (anteilig)	2000 DM.
Das Betriebssystem (DOS od.UNIX) kostet	1000 DM.
Ein CAD-Programmpaket (Schulpreis) kostet mit 2D, 3D-Kanten, Oberflächen und Volumenmodell, Makros, Stücklistengenerator, Datenbank, Symbolbibliothek, NC-Postprozessor, Variantengenerator und Managementfunktionen pro Rechner (d.h. anteilig) ungefähr	5000 DM.

Die Einrichtung eines CAD-Labors mit antistatischen Fußböden, Möbeln Verkabelungen, Beleuchtungen, Mediengeräten und Abdunkelungsmöglichkeiten ist bei 7 Rechnern pro Raum ungefähr mit mit 3000 DM pro Rechner anzusetzen.	3000 DM

Die Summe beträgt hier beispielsweise 25000 DM pro Arbeitsplatz.

Für das Labor ergibt das 7 x 25.OOO DM = 175.000 DM.

In einem solchen Labor können 12 Lernende untergebracht werden, wenn an jedem Bildschirm zwei arbeiten. Ein Rechner sollte für Unterrichtsdemonstrationen verfügbar sein, beziehungsweise in Reserve bleiben. Die jährlichen Kosten für Programmanpassungen belaufen sich auf ca. 5000 DM. Darüberhinaus ist es sinnvoll, ca. 10.000 DM an Rücklagen für Reparaturen und Ersatzbeschaffungen zu disponieren. Die laufenden Kosten an Material (Verbrauchsmaterial, z.B. Plotterstifte) sind hier noch nicht angesetzt. Die CAD-Schulung kostet für eine Lehrkraft selbst ca. 10.000DM und erstreckt sich erfahrungsgemäß über 100 - 200 Stunden, wenn sie ihren Namen verdienen soll. Für eigene Übungen und Vorbereitungen benötigen die Unterrichtenden für ca. 6 Stunden an Arbeitszeit pro Woche eine CAD-Anlage für sich allein. Während dieser Zeit ist das Labor für Unterrichtszwecke nicht verfügbar. Darüber hinaus entstehen Reisekosten im Zusammenhang mit sogenannten Benutzertreffen. Dabei kommen jeweils Benutzer ein- und desselben Programmpaketes zusammen, um Erfahrungen auszutauschen, Fehler und Mängel des Programmes zu melden und Wünsche hinsichtlich der CAD-Programme zu äußern. Sehr kostenintensiv ist ein spezialgeschulter Informatikassistent für das gesamte System in einer Schule oder einem Aus- und Weiterbildungszentrum. Dieser Systemmanager, oft auch Superuser genannt, muß soft- und hardwaremäßig sowie organisatorisch die EDV-Labore betriebsfähig halten. Als Jahresgehalt sind von der Arbeitgeberseite her brutto ca. 100.000 DM für diese Stelle an Kosten zu kalkulieren. Wenn diese eine Person ausfällt, ist dringend vonnöten, daß es jeweils eine zweite gibt, die ihre Arbeiten übernehmen kann, sonst bricht nach kurzer Zeit das gesamte Datenmanagement zusammen und das Labor wird unbenutzbar.

Rechnet man all diese Kosten zusammen und bezieht sie auf einen Lernplatz, so wird deutlich, daß sich diese Kosten sowohl materiell als auch personell deutlich von denen unterscheiden, die auftraten, als für die Aus- und Weiterbildung im Konstruktionsbereich noch der Rechenschieber, ein Zeichenbrett und eine Tafel ausreichten.

Solange jedoch eine Ausstattungsqualität der oben beschriebenen Art nicht erreicht ist, kann - allein vom Materiellen her beurteilt - eine auf Handlungskompetenz gerichtete berufliche Weiterbildung für den CAD-Bereich nicht realisiert werden.

5.2.3 Lehrende und Lernende in der CAD-Weiterbildung

Doch auch die erwachsenenpädagogische und didaktische Kompetenz, die für ein mündigkeitsförderndes Lehren und Lernen erforderlich ist, findet sich nur bei ganz wenigen in der beruflichen Weiterbildung lehrend Tätigen. Für die weitaus überwiegende Mehrheit von ihnen gilt, daß sie sich vorrangig als Fachexperten und Wissensvermittler für einen bestimmten relativ eng umgrenzten Inhaltsbereich verstehen. Diesem Selbstverständnis entsprechend sehen sie ihre Hauptaufgabe darin, in einem zweckrational strukturierten, lehrerzentrierten Unterricht vorgegebene, nicht in Frage zu stellenden Kenntnisse und Fertigkeiten zu vermitteln.

"Individueller Aufstieg durch Bewährung in den so aufgebauten und fraglos hinzunehmenden institutionalisierten Ausleseprozessen gilt ihnen weithin als das unserer Gesellschaft angemessene Lösungsmuster für soziale Status- zuweisung. Die gesellschaftlichen Interessen, die sich über solche Auslese- verfahren durchsetzen und die Fragwürdigkeit vieler der angeblich aus tech- nisch-ökonomischen Sachgesetzlichkeiten abgeleiteten Lehr- und Lernin- halte geraten erst gar nicht in den Blick. Der Versuch, eine kritische Analyse der gesellschaftlichen (und institutionel- len) Rahmenbedingungen vorzunehmen, von denen die Situation und die Handlungsmöglichkeiten der Lehrenden und der Lernenden bestimmt wer- den, erscheint aus dieser Sicht überflüssig und illusionär. Das gilt auch für Lernziele wie Interaktionsfähigkeit, Fähigkeit zur Überprüfung und Verände- rung von Wertungen, Deutungs- und Handlungsmustern, kurz: für alles, was auf möglichst selbstbestimmtes Lernen und Arbeit an der eigenen Identität gerichtet ist" (Görs; Voigt, 1984 S.129).

Dieses Selbstverständnis hat seinen Ursprung sehr oft in der eigenen Soziali- sations- und Lebensgeschichte der Lehrenden, die in Schule und Ausbildung, zumal in den technischen Berufen zumeist Lernerfahrungen gemacht haben, die ganz ähnlicher Art waren. Da sie andere Formen des Lehrens und Lernens in der Regel nicht kennen, werden die selbst erlittenen jetzt von ihnen repro- duziert, zumal die Rolle des überlegenen Fachmannes für sie auch eine Schutzfunktion gegenüber schwer kalkulierbaren Teilnehmerwünschen und - erwartungen hat, die von vorher festgelegten Unterrichtskonzepten abwei- chen. So führt dieses Selbst- und Aufgabenverständnis "zu einem überwie- gend autoritären Lehrstil, bei dem der Lehrende eindeutig dominiert, das Lehr- Lern-Geschehen strikt kontrolliert, abweichende Meinungen und Kritik wenn irgend möglich nicht zuläßt und die Teilnehmer zu weitgehend passiven Lern- formen zwingt" (Voigt 1986, S.166).

Für die Lehrenden im Bereich der CAD-Schulung gilt das oben Gesagte im besonderen Maße. Der Personenkreis der Ingenieure und klassisch ausgebil- deten Gewerbelehrer, aus diesem rekrutieren sich über 90% der CAD-Leh- renden, verhält sich während des CAD-Unterrichts so, wie er es selbst wäh- rend seiner Ausbildung nicht besser erfahren hat. Teilnehmerorientiert, hand- lungsbezogen und integrativ gehen die wenigsten vor. Als Entschuldigung dafür nennen sie Zeitdruck und fachbezogene Erfordernisse, vorausgesetzt, ihnen sind die pädagogischen Defizite ihrer Lehrweise *überhaupt* bewußt zu machen. Viele der Lehrenden erledigen ihre Arbeit nebenberuflich abends oder an den Wochenenden. Sind sie für eine bestimmte Softwarefirma tätig, werden sie einer enormen Leistungserwartung seitens der eigenen Vorge- setzten, der Lernenden und der Firma, die die Software einführen will, ausge- setzt. Ein auch dem Selbstschutz dienendes opportunes Verhalten ist zumeist die Folge.

Eine erwachsenenpädagogische Weiterbildung ist bei diesen Lehrenden eher die große Ausnahme, denn zum einen fehlt ihnen, wie gesagt, daß Bewußtsein für die Notwendigkeit solchen Weiterlernens, zum anderen besteht vordergründig dafür keine Nachfrage und drittens wird für eine über den engeren fachlichen Rahmen hinausgehende Schulung in aller Regel nichts gezahlt. Zu erwähnen ist noch, daß bis auf wenige Ausnahmen die Lehrenden im CAD-Bereich männlichen Geschlechts sind. Zwar pflegen die Hard- und Softwareunternehmen ihre Messestände mit oft fachlich außerordentlich fähigen Zeichnerinnen als CAD-Vorführdamen zu dekorieren, geht es aber an die Schulungen, so setzen sie dafür Diplomingenieure ein, und zwar weniger wegen der Fachkompetenz dieser Herren, die im Blick auf die hier gefragten Eigenschaften oft geringer ist als die der Zeichnerinnen, sondern wegen des imageträchtigen Titels, der später eine höher ausfallende Abrechnung rechtfertigen soll.

Aus dem oben Gesagten ergibt sich, daß die in einer langen eigenen Lebensgeschichte eingeschliffenen Denk-, Verhaltens- und Deutungsmuster der meisten Lehrenden in der beruflichen Weiterbildung ein erhebliches Problem bei der Verwirklichung offener, auf Selbsttätigkeit, Eigenverantwortung, kurz: auf Mündigkeit zielender Lehr- und Lernprozesse darstellen. Dasselbe gilt für sehr viele Lernende, denn auch sie haben in ihren unterschiedlichen Lern- und Sozialisationsverläufen relativ feste Deutungsmuster und Einstellungen entwickelt.

"Damit ist ein Schlüsselproblem der Erwachsenenbildung im allgmeinen und der beruflichen Weiterbildung im besonderen bezeichnet. Lernprozesse, die über Wissensvermittlung hinaus auf Einstellungsveränderungen im Sinne mündigen Denkens und Handelns zielen, lassen sich erfolgreich nur in Gang setzen, wenn es gelingt, stereotype Interpretationsmuster, die im Laufe der bisherigen Sozialisation entstanden sind, aufzubrechen und zu problematisieren. Das ist nicht einfach, weil Deutungsmuster und Einstellungen ein gewichtiges Stück der sozialen Identität ausmachen und nicht ohne weiteres aufgegeben oder verändert werden können" (Voigt, 1986 S.149; siehe auch Tietgens; Weinberg, 1971 S.38ff).

Insbesondere die voraufgegangenen Lernerfahrungen wirken sich prägend auf das spätere Lernverhalten der Erwachsenen aus. "Wer in Schule und Berufsaubildung nur rezeptiv gelernt hat, wer als Kind stets gehorchen mußte und am Arbeitsplatz nur monotone, standardisierte Handgriffe ausführt, von dem kann ... nicht plötzlich Eigeninitiative und kreatives Lernverhalten erwartet werden" (Siebert, 1979 S.77). Wer aber positive Lernerfahrungen in der Schule gemacht hat und eine abwechselungsreiche Arbeit mit relativ großen Dispositionsspielräumen und entsprechenden Anforderungen an die Lernfähigkeit ausübt, wird viel eher eine flexible Identität ausbilden und sich leichter auf veränderte Lernanforderungen einstellen können (siehe z.B. Hoff; Lappe; Lempert, 1982 S.78).

Entsprechend den unterschiedlichen Lebensläufen der Teilnehmer sind auch die Lerngruppen in der beruflichen Weiterbildung äußerst heterogen. Befragungen von Teilnehmern an CAD-Schulungslehrgängen ergaben oberflächlich zunächst ein durchgängig instrumentelles Lernverständnis. Die CAD-Schulung sollte den Arbeitsplatz sichern, beruflichen Aufstieg ermöglichen oder zur Wiedergewinnung eines Arbeitsplatzes beitragen. Hinter dieser oberflächlichen Übereinkunft zeigen sich dann aber schnell sehr unterschiedliche Lernhaltungen und -fähigkeiten, die von mißerfolgsängstlich bis erfolgsorientiert-optimistisch, von abstraktions-, umstellungs- und strukturierungsfähig bis zum Fehlen wichtiger Lernvoraussetzungen wie Lern- und Arbeitstechniken reichen.

Beim Umgang mit neuen Technologien, insbesondere mit CAD, scheint zudem, vor allem in der Anfangsphase, das Lebensalter eine größere Rolle zu spielen als sonst in der Erwachsenenbildung. Das liegt zum einen daran, daß mit der Umrüstung der Konstruktionsabteilungen auf CAD, d.h. mit den neuen Systemen, Geräten, Programmen und Fachausdrücken, völlig neue Anforderungen auf die traditionell ausgebildeten Zeichner und Techniker einstürmen. Was für sie der Kern ihrer bis dahin hoch eingeschätzten Facharbeit war, gilt plötzlich als weitgehend überholt und rückt in den Hintergrund. So zeichnet zum Beispiel ein CAD-Plotter zigmal schneller, genauer und sauberer als es ein geübter Zeichner von Hand kann. Das in langer Arbeitserfahrung angeeignete fachliche Wissen ist bei der Umstellung auf CAD eher hinderlich als lernfördernd, da dieser Teilnehmerkreis CAD oft zunächst fälschlicherweise nur als teures, umständliches und eigentlich überflüssiges Zeichenwerkzeug ansieht und - wenn überhaupt - erst spät einen Blick für die Komplexität und Anwendungsbreite der CAD-Technologie bekommt.

Hinzu kommt der verstärkte Leistungs- und Konkurrenzdruck, der für die älteren Arbeitnehmer entsteht, wenn jüngere, schon während der Erstausbildung mit neuen Technologien vertraut gemachte Kollegen in die Abteilung kommen, die einen - manchmal uneinholbar erscheinenden - Vorsprung im Umgang mit den neuen Geräten haben und diese auch viel unbefangener benutzen.

Zum anderen erfordern die CAD-Geräte eine relativ hohe Reaktionsgeschwindigkeit. Zwar haben lernpsychologische Untersuchungen ergeben, daß die intellektuellen Leistungen sehr viel weniger durch das Alter als durch die im Lebenslauf erhaltenen oder nicht erhaltenen Lernanreize bedingt sind.

"Die Bedeutung der Altersvariablen ... in der Intelligenzentwicklung ist in der Vergangenheit offenbar überschätzt worden. Ein Abfall ist nicht vor dem Alter von 50 bis 60 Jahren und nur in bestimmten Funktionsbereichen beobachtbar. Allgemeine Gesundheit vorausgesetzt, zeigen sprach- und symbolgebundene Leistungen Konstanz, wenn nicht sogar beständige Steigerungen bis ins hohe Lebensalter" ... Aber "Leistungen, die Integration von Wahrnehmungen und Reaktionstempo verlangen, (fallen) vom genannten Alter an allmählich ab" (Skowronek, 1979 S.290f).

Dieses Nachlassen von Reaktionsgeschwindigkeit und schnellem Einordnungsvermögen erschwert den älteren Teilnehmern zusätzlich das Hineinfinden in CAD und den Umgang mit den Systemen. Das alles führt häufig zu Lernschwierigkeiten, die nur mit viel Geduld, Einfühlungsvermögen und teilnehmergerechter didaktischer Unterrichtsgestaltung überwunden werden können. Das davon in der CAD-Weiterbildung bisher nur sehr selten etwas zu spüren ist, wurde bereits gesagt.

Unabhängig vom Alter ist die voraufgegangene Lernerfahrung der allermeisten Teilnehmer die eines lehrerzentrierten Unterrichts mit fester Stoffvorgabe und weitgehend passiver Wissensaufnahme durch die Lernenden.

"Diese schulischen Lernerfahrungen führen bei Erwachsenen oft zu einer zwiespältigen Einstellung. Einerseits haben sie häufig eine ausgeprägte Abneigung gegen schulische Formen der Lernens entwickelt, andererseits erwarten sie, da sie andere Lernformen zumeist nicht kennengelernt haben, typisch schulische Lernformen auch in der Weiterbildung, d.h. sie zweifeln am Wert des Lernens, wenn es sich nicht in der erwarteten Form vollzieht" (Voigt, 1986 S.148).

Solche Vorerfahrungen und Prägungen machen die Einführung von Lehr- und Lernformen schwierig, die auf Kooperations- und Interaktionsfähigkeit sowie auf selbständiges Arbeiten und Problemlösen zielen.

Im Blick auf die Teilnehmer an CAD-Kursen ist schließlich noch die Verteilung der Tätigkeiten im Konstruktionsbüro auf die Geschlechter interessant. Als Beispiel soll hier ein CAD-Modellversuch in Bremen dienen. Diese Beispiel läßt sich jedoch nach unserer Recherchen weitgehend verallgemeinern (vgl. Börchers; Crome u.a. 1990 ff). Während bei den Männern neben ausgebildeten technischen Zeichnern die meisten Techniker, Meister oder Ingenieure waren (statistisch verhielten sich die Gruppen wie 3:5), blieben die letztgenannten Berufe bei den Frauen die Ausnahme. Hier waren praktisch alle Bau- oder Maschinenbauzeichnerinnen (Verhältnis 15:1). In den Kursen erwies sich jedoch sehr deutlich, daß die Besetzung der übergeordneten Berufspositionen mit Männern nichts mit der so oft behaupteten Unterbegabung von Frauen für mathematisch-technische Fächer und Berufszusammenhänge zu tun hat. Im Gegenteil: die Frauen erwiesen sich im Durchschnitt als flexibler und experimentierfreudiger als ihre männlichen Kollegen.

5.2.4 Zusammenfassung

Der größte Teil der bisher angebotenen Veranstaltungen zur Weiterbildung im CAD-Bereich genügt den Kriterien einer auf Mündigkeit und Handlungskompetenz gerichteten beruflichen Weiterbildung nicht. Das liegt zu einem großen Teil an dem nahezu unbeschränkten Entscheidungsmonopol der Unternehmer über die betriebliche Personalstruktur, Arbeitsorganisation und Qualifizierungspolitik. Mit Hilfe des Entscheidungsmonopols nutzen die Betriebsleitungen die berufliche Weiterbildung, um betriebliche Weisungshierarchien abzusichern, Stammbelegschaften an den Betrieb zu binden und betriebsspezifisch erforderliche, in der Regel eng umgrenzte fachliche Qualifikationen zu vermitteln. Trotz einiger anders lautender industriesoziologischer Untersuchungsergebnisse scheint für die Mehrheit der Betriebe immer noch folgende Aussage zu gelten:

"Arbeitgeber und ihre Interessenvertreter sind in aller Regel nicht daran interessiert, handlungskompetente MitarbeiterInnen zu beschäftigen. Ihre Vorstellungen von beruflicher Bildung ist die der Anpassungsbildung zum Zwecke störungsfreier Produktion und Einübung von Verhaltensweisen, die den Arbeitnehmer/die Arbeitnehmerin eng an das betriebliche Geschehen bindet, ihn/sie konfliktunfähig macht und die Mitbestimmung so unterläuft. Daher wird in integrativer beruflicher Weiterbildung eher ein Gefahrenpotential für den betrieblichen Frieden gesehen" (Görs; Voigt u.a. 1991 S.409).

Die außerbetriebliche Weiterbildung vermag bisher dieser Art von Anpassungsschulung kaum entgegenzuwirken, denn zum einen wirken die Betriebe durch ihre letztendliche Entscheidung über die Verwertung der in der Weiterbildung erworbenen Qualifikationen weit in die außerbetrieblichen Qualifizierungsangebote hinein. Zum anderen fehlen den Einrichtungen und Trägern der außerbetrieblichen beruflichen Weiterbildung zumeist sowohl die Kriterien als auch die personelle und sachliche Ausstattung für eine berufliche Bildung, die erwachsenenpädagogischen Ansprüchen genügen könnte. Die Wirksamkeit der dort durchgeführten CAD-Weiterbildungsmaßnahmen wird in der Regel am problemlosen Einsatz der Geschulten in den betrieblichen Konstruktionsabteilungen gemessen (vgl. Roßnagel; Wedde u.a., 1990 S.260).

Die finanzierenden Arbeitsämter oder Betriebe, die Weitergebildeten und auch die Dozenten sowie die Institutionen, in denen sie arbeiten, sind meistens zufrieden, wenn vordergründige Effizienzgesichtspunkte beachtet werden.

Eine erwachsenenpädagogische Aus- und Weiterbildung fehlt für die große Mehrheit der Lehrenden ebenso wie Curricula, mit deren Hilfe ein Lehr-Lern-Prozeß gestaltet werden könnte, der dem Leitziel kritische Gestaltungskompetenz verpflichtet ist.

Trotz oder gerade wegen dieses nicht gerade ermutigenden Zustandsbildes des größten Teils der gegenwärtigen beruflichen Weiterbildung auf dem Sektor der neuen Technologien ist es dringend erforderlich, zu didaktischen Orientierungen für eine andere berufliche Bildung zu kommen, die die Teilnehmer befähigt, "Alternativen des Technikeinsatzes erkennen und die humaneren, d.h. die im Sinne menschlicheren Zusammenlebens besseren und im Sinne des gemeinsamen Überlebens verantwortbaren nutzen zu können" (Görs; Voigt u.a., 1991 S.268). Im folgenden soll deshalb der Versuch unternommen werden, solche didaktischen Orientierungen zu geben.

5.3. Didaktische Leitlinien für eine emanzipatorische berufliche Weiterbildung

Mit der Einführung einer so komplexen und auf den ersten Blick schwer zu durchschauenden Technologie, wie sie CAD darstellt, wächst die Gefahr, moderne Technik und ihre Anwendung als deterministisch vorgegeben zu betrachten und kritiklos zu akzeptieren. Diese Gefahr wird noch verstärkt durch die oben skizzierten vorherrschenden Auffassungen der meisten Lehrenden und Unternehmungsleitungen.

"Um die Aura scheinbarer Objektivität, die die Kenntnisvermittlung von Technik umgibt, aufzuheben und um die immer wieder hervorgehobenen und vielfach auf Erkenntsnisverhinderung abzielenden sogenannten technikimmanenten Sachzwänge in Frage zu stellen, ist in integrierten ... Qualifizierungsprozessen die Abkehr von der bloßen Abbildung technikwissenschaftlicher Fachsystematik erforderlich" (Görs; Voigt u.a. 1991 S.103).

Im Blick auf CAD gehört dazu unter anderem die Vermittlung folgender Erkenntnisse:

- Das Anwendungsgebiet von CAD wird ständig in Richtung auf CIM, die völlig vernetzte, computerintegrierte Produktion, ausgebaut. Ohne fundierte CAD-Kenntnisse, die die Erweiterungs- und Vernetzungsmöglichkeiten einschließen, kann die Fabrik der Zukunft mit den in ihr vorhandenen Handlungs- und Gestaltungsspielräumen nicht verstanden werden.

- CAD-Systeme sind mikroelektronische Konstruktionsunterstützungswerkzeuge auf hohem mathematischen Abstraktionsniveau. Der mit CAD erzeugte Datenvorrat ist vielseitig und sehr unterschiedlich nutzbar.

- CAD kann den bislang auf verschiedene Abteilungen aufgesplitteten und damit für den einzelnen kaum zu übersehenden industriellen Konstruktionsprozeß wieder enger zusammenführen und damit durchschaubarer machen.

- CAD kann aufgrund der immer größer werdenden Programm- und Rechnerleistungen in einer humanzentrierten Form der Arbeitsorganisation die Gestaltungs- und Dispositionsspielräume der Beschäftigten erweitern.

- CAD-Arbeit kann methodisch und zeitlich individuell gestaltbar sowie vom Umfang her ausgewogen in die Konstruktionsarbeit integriert werden.

"Aus einer anthropozentrischen Perspektive ist es wichtig, "persönliche Stile' des Konstruierens zu bewahren und so die Ausnutzung der subjektbezogenen Fähigkeiten in einer Weise zu ermöglichen, die dem kreativen Teil des Prozesses am ehesten angemessen sind" (Andersen, u.a. 1989 S.33).

- Dazu ist es notwendig, im Konstruktionsbereich Mischarbeitsplätze zu installieren. Die an solchen Arbeitsplätzen erforderliche Zusammenarbeit und Kommunikation schafft bessere Voraussetzungen für die Identifikation mit der Arbeit und dem gesamten gerade anliegenden Projekt und damit für ein positives Lebensgefühl, das wiederum die Voraussetzung ist für Kreativität, eine der unverzichtbaren menschlichen Aktivitäten (siehe dazu z.B. Dunckel; Resch, 1987 S.78 + 88).

- CAD Arbeitsplätze können ergonomisch so gestaltet werden, daß die gesundheitlichen Belastungen auf ein Minimum absinken.

Um solche Erkenntnisse handlungsanleitend werden zu lassen, sind betriebliche Kommunikations- und Weisungsstrukturen, Formen der Arbeitsorganisation, die in ihnen sich niederschlagenden Interessen und die möglichen Alternativen transparent zu machen. "Die Vermittlung gesellschaftspolitischer Zusammenhänge muß Bestandteil jeder Qualifizierungsmaßnahme im Bereich der neuen Techniken sein. So müssen z.b. die Erfahrungen der Berufstätigen und die technischen Möglichkeiten der neuen Geräte sowie die Auswirkungen auf die Arbeits- und Lebensbedingungen der Arbeitnehmer in Zusammenhang gebracht werden. Berufstätige müssen befähigt werden, die Möglichkeiten der Humanisierung der Arbeitswelt bei Entscheidungen über Planung und Durchführung von Organisationsänderungen bei Entwicklung und Einsatz neuer Techniken zu berücksichtigen" (G. Fehrenbach in: Hans-Böckler-Stiftung, 1986 S.9f).

5.3.1 Grundbegriffe einer Didaktik der beruflichen Weiterbildung

Um die oben skizzierten Forderungen in entsprechende Lehr-Lern-Prozesse umzusetzen, bedarf es eines didaktischen Rahmenkonzeptes. Eine allgemein konsensfähige Didaktik der beruflichen Weiterbildung gibt es jedoch ebensowenig wie eine von allen Betroffenen und Beteiligten akzeptierte Theorie der Erwachsenenbildung. Die folgenden Überlegungen zu einigen didaktischen Grundbegriffen, zur Curriculumentwicklung und zur Gestaltung der Lehr-Lern-Prozesse orientieren sich daher an der eingangs unter 5.1 entwickelten eigenen Theorieposition.

Didaktik hat sich nach diesem Verständnis

"analytisch und orientierend sowohl mit der Planung und Gestaltung von Unterricht einschließlich der beim Lehren und Lernen ablaufenden Interaktionsprozesse, als auch mit den Macht-, Interessen- und Wertungszusammenhängen zu befassen, die Ziel-, Inhalts- und Methodenentscheidungen maßgeblich beeinflussen ..." Doch "obwohl sie direkter auf die Gestaltung von Lehr-Lern-Prozessen bezogen sind (als allgemeine Theorien der Erwachsenenbildung, H.C.), gilt auch für didaktische Theorien, daß sie lediglich Orientierungen zu geben vermögen, d.h. sie können den Lehrenden die Entscheidung im konkreten Einzelfall nicht abnehmen. Anders ausgedrückt: Praktische Problemlösungsverfahren können nicht unmittelbar aus didaktischen Theorien abgeleitet werden; die Suche nach ihnen kann aber im Lichte sehr unterschiedlichen Theorien erfolgen" (Voigt, 1986 S.113f).

Das wichtigste Leitziel für die hier gemeinte Didaktik heißt *Handlungs- und Gestaltungskompetenz*, d.h. "die Lernenden sollen zu mündigem, möglichst weitgehend selbstbestimmtem Denken und Handeln im Blick auf die bessere

Bewältigung ihrer Lebens- und Arbeitssituation befähigt werden" (Görs; Voigt u.a. 1991 S.314). "Berufliche Handlungskompetenz ist keine eigenständige und isoliert zu vermittelnde Teilqualifikation, sondern integrierter Bestandteil der Gesamtpersönlichkeit". Sie läßt sich nicht allgemeinverbindlich definieren, sondern "konstituiert sich in individueller Weise in Abhängigkeit von der beruflichen Situation, Position und den zu erledigenden Arbeitsaufgaben". Das Erscheinungsbild handlungsfähiger Menschen wird also interindividuell variieren. Berufliche Handlungskompetenz "ist eine dynamische Qualifikation und selbst Veränderungen unterworfen;" sie schließt die Bereitschaft und Fähigkeit zum Weiterlernen ein (Laur-Ernst, 1984 S.108f).

Berufliche Handlungskompetenz enthält folgende konstitutive Faktoren:

- beruflicher Sachverstand (fachspezifisch und allgemeinberuflich),

- Selbständigkeit im Denken und Handeln (durch kritisch-konstruktive Berufstätigkeit verbunden mit persönlicher Weiterentwicklung),

- zwischenmenschliche Kooperativität (in unmittelbarer und mittelbarer Zusammenarbeit),

- Sachinteresse als motivationaler Faktor (der erst die aktive Hinwendung auf die Arbeits- und Berufswelt und damit die persönliche Weiterentwicklung ermöglicht (vgl. Laur-Ernst, 1984 S.72f).

Bei Ute Laur-Ernst finden sich auch schon Umrisse einer didaktischen Konzeption, die dem Leitziel *berufliche Handlungskompetenz* verpflichtet ist. Sie schreibt:

"- Lehrziele werden erst dann zu Lernzielen, wenn sie von den Lernenden akzeptiert werden. Didaktische Konzepte sollten deshalb von berufsrelevanten Problemen und Handlungssituationen ausgehen und in einem von den Lernenden nachvollziehbaren Zusammenhang mit selbst erlebten oder vorstellbaren Situationen in der Arbeitswelt stehen. Dem Lernenden sollte also das Gefühl vermittelt werden, daß er als Person akzeptiert wird und die zu lernenden Inhalte ihn etwas angehen.

- Die verfügbaren Handlungsmuster der Lernenden können nur erweitert werden, wenn in der Lehr-Lern-Situation neue, differenzierte Formen der Interaktion mit anderen Personen und der Umwelt geschaffen werden. Es müssen also Entscheidungsspielräume gewährt, selbständige Interaktions- und Kooperationsprozesse angeregt und ermöglicht werden.

- Insbesondere im Blick auf neue Technologien, aber auch darüber hinaus ist die Fähigkeit zu vermitteln, komplexe Sachverhalte erkennen zu können, und zwar dadurch, daß Strukturen und Systeme einschließlich der in ihnen enthaltenen Widersprüche erfahrbar gemacht, Einzelfaktoren in Zusammenhänge eingeordnet werden. Dazu gehört auch das Vermitteln der Fähigkeit, mit abstrakten Sachverhalten umgehen und selbst abstrahieren zu können, d.h. es müssen identische Merkmale identifiziert, Funktionsweisen verglichen, Sachverhalte nach bestimmten Kriterien strukturiert, Hypothesen über erwartbare Ergebnisse aufgestellt und überprüft werden.

- Lernorganisatorisch sollten Zusammenhänge größerer Inhalts- und Lernbereiche geschaffen, der alte Fächerkanon also so weit wie möglich aufgelöst werden. Lehren und Lernen sollten unabhängiger werden von rigiden Zeitvorgaben (45- oder 90-Minuten-Rhythmus) und Raumeinteilungen, so daß insgesamt Lehrenden und Lernenden größere Gestaltungsspielräume bleiben" (Laur-Ernst, 1984 S.134ff + S.256-298).

Auf einige der hier angesprochenen didaktisch-methodischen Anforderungen an einen mündigkeits- und identitätsfördernden Unterricht wird später noch zurückzukommen sein. Es war unter anderem deutlich zu machen, daß berufliche Handlungskompetenz in meinem Sinne viel mehr umfaßt, als die Zurichtung für die Lösung bestimmter eng umgrenzter Arbeitsaufgaben. Mit ihr soll vielmehr ein innovatorisches Potential geschaffen werden, das zur Mitwirkung bei der Planung, Gestaltung und Veränderung komplexer Arbeitsvollzüge befähigt.

Sehr ähnliche didaktische Überlegungen wie sie oben, ausgehend vom Leitziel Handlungs- und Gestaltungskompetenz, angestellt werden, finden sich seit Anfang der siebziger Jahre mit etwas anderer Akzentuierung in der berufspädagogischen, erziehungswissenschaftlichen und bildungssoziologischen Literatur unter dem Stichwort *Integration von allgemeiner, beruflicher und politischer Bildung.* So heißt es beispielsweise im Strukturplan für das Bildungswesen des Deutschen Bildungsrates, alle Lernenden in der Sekundarstufe II sollten in den Genuß allgemeiner Bildungselemente kommen. "Das gilt insbesondere für den Erwerb von Fähigkeiten, Fertigkeiten und Kenntnissen, die im späteren Leben die Voraussetzung für soziale Orientierungsfähigkeit, Einsicht in politische, ökonomische und soziale Zusammenhänge, Kritikvermögen und selbständiges Handeln, kurz für die Mündigkeit des erwachsenen Gesellschaftsmitglieds sind" (Deutscher Bildungsrat 1970 S.165).

Die damals sehr abstrakt vorgetragene Integrationsforderung war "Kernstück einer mit dem ganzen liberalen Pathos vorgetragenen bildungspolitischen Chancengleichheitsprogrammatik" (Baethge 1975, S.261). Sie wurde von den progressiven Vertretern der Erwachsenenbildung übernommen. Integrierte Bildungsprozesse sollten unter anderem folgende Aufgaben erfüllen:

"- Entwicklung eines geschichtlichen Bewußtseins an individuellen Sozialisationserfahrungen in gesellschaftlichen Prozessen ...

- Entwicklung kritischer Distanz zur Forderung nach blinder Unterwerfung unter Leistungszwänge;

- Entwicklung sozialer Phantasie zur Überwindung von gesellschaftlichen Herrschaftsverhältnissen im Umfeld von abhängiger Arbeit;

- Entwicklung von Kommunikations- und Kooperationsfähigkeit ..." (Hessische Blätter für Volksbildung 1972, Heft4, S.351).

Den Integrationsforderungen lagen - und liegen - weitgefaßte Definitionen der in ihnen enthaltenen Begriffe zugrunde. Allgemeine Bildung ist danach "jede Art von Bildung und Lernen, die der Persönlichkeitsentfaltung und der mündigen Bewältigung von Lebenssituationen dient". Berufliche und politische Bildung sind somit existentielle Teile dieser Allgemeinbildung.

Berufliche Bildung umfaßt nach dieser Auffassung sowohl die Vermittlung der für eine bestimmte berufliche Tätigkeit erforderlichen Fähigkeiten, Fertigkeiten und Kenntnisse als auch die Vermittlung berufsübergreifender Fähigkeiten wie Kommunikations- und Kooperationsfähigkeit, die Fähigkeit, Zusammenhänge zwischen Arbeitsbedingungen und gesellschaftlichen Rahmenbedingungen zu erkennen, Problemlösungsfähigkeit u.a.

"Politische Bildung im weiteren Sinne umfaßt jede Art der Bildung und des Lernens, durch die die politische Reflexions- und Handlungsfähigkeit erweitert wird. Dazu gehört z.b. das Erkennen und Reflektieren der eigenen Rolle und ihrer Anforderungen ebenso wie die Befähigung zum Erkennen und vernünftigen Nutzen von Handlungsspielräumen in allen Lebensbereichen" (Voigt, 1986 S.104).

Doch so wichtig und richtig die Forderungen nach integrierten Bildungsprozessen auch waren, sie blieben viel zu allgemein und abstrakt, um eingelöst werden zu können, zumal es kaum realitätsgerechte Curricula gab und die Widerstände von konservativer Seite beträchtlich waren.

Das Aufkommen der neuen Technologien und die zu ihrer Bewältigung erforderlichen Qualifikationen ließen jedoch die Diskussion um die Integration von allgemeiner, beruflicher und politischer Bildung wieder aufleben. Was jedoch in dieser Diskussion unter Integration verstanden wird, ist durchaus nicht einheitlich. So wird der Integrationsbegriff - wie viele andere reformerische Begriffe auch - von den Unternehmervertretern übernommen und ihren Interessen untergeordnet. Von der Integrationsforderung bleibt dann zum einen die Aufhebung der Fächertrennung, d.h. Mathematik, Physik, Informatik, Techniklehre, Fachkunde und Englisch sollen projektorientiert und bezogen auf die Anwendung der neuen Technologien unterrichtet werden. Zum anderen soll die Einsicht in die Notwendigkeit der neuen Technologien vermittelt werden, d.h. die einsichtsvolle Akzeptanz der von den Unternehmen bestimmten Art der Technikverwertung und der damit verbundenen Arbeitsorganisation. Die ursprünglich emanzipatorische Zielsetzung des Integrationspostulats wird damit verfälscht zur bruchlosen Anpassung menschliche Arbeitskraft an vorgegebene Produktionskonzepte. Neben dieser Verfälschung der Integrationsforderung sind bei der Planung und Durchführung integrativer Bildungsarbeit zwei weitere Verkürzungen zu vermeiden:

"- Es wäre nicht ausreichend, politische Aufklärung auf unveränderte technisch-instrumentelle Vermittlung additiv aufzusetzen.

- Es wäre eine Verkehrung des Integrationspostulats, wenn technisch-instrumentelle Anforderungen lediglich noch als Vehikel für die eigentlich beabsichtigte politische Bewußtseinsbildung benutzt würde" (Faulstich, 1981 S.128).

Zusammenfassend ist also zu sagen:

"Wenn wir von Integration beruflicher, allgemeiner und politischer Bildung reden, dann ist damit weder gemeint, daß der herkömmliche Fächerkanon des traditionellen Gymnasiums als Maßstab für die Inhalte der Allgemeinbildung herangezogen werden soll, noch ist es ausreichend, politische Aufklärung auf unveränderte technisch-instrumentelle Vermittlung aufzusetzen oder ist von Integration zu sprechen, wenn technisch-instrumentelle Unterweisung als Vehikel für politische Bewußtseinsbildung genutzt wird.

Die Integration von politischer und allgemeiner Bildung in Berufsbildung ist zudem nicht wertneutral, sondern setzt die von technologischer und sozialer Umgestaltung Betroffenen in das Zentrum ihrer Betrachtung. Dabei geht es nicht um eine formale Addition verschiedener Fächer, die unabhängig voneinander unterrichtet werden, sondern um die Behandlung von Sachthemen in ihrer Komplexität hinsichtlich der technischen, arbeitsmarktpolitischen, ökonomischen, sozialen und kulturellen Auswirkungen" (Görs,D., Voigt,W.; 1991, S.389).

Eine so verstandene Integrationsforderung geht in die gleiche Richtung wie die Forderung nach Vermittlung von Handlungskompetenz. Integrative Bildungsprozesse haben anzusetzen an der konkreten beruflichen Situation und an den Erfahrungen der Lernenden, und sie haben, von der Vermittlung der situations- und erfahrungsbezogenen berufsfachlichen Qualifikation ausgehend, die gesellschaftliche Zusammenhänge und ihre Veränderbarkeit zu verdeutlichen, von denen die Arbeitenden existentiell betroffen sind.

Ein dritter, derzeit - wieder einmal - heftig diskutierter Reformansatz für die berufliche Bildung, der sich mit den beiden oben erörterten in mehrfacher Hinsicht verzahnt, heißt *Vermittlung von Schlüsselqualifikationen*. Geprägt wurde der Begriff Schlüsselqualifikationen schon vor fast zwanzig Jahren von Dieter Mertens, dem damaligen Leiter des Instituts für Arbeitsmarkt- und Berufsforschung der Bundesanstalt für Arbeit (Mertens, 1974). Er glaubte damit eine Lösung für das Problem gefunden zu haben, daß sich alle Voraussagen zur Entwicklung des Qualifikationsbedarfs als unzulänglich oder falsch erwiesen haben (siehe dazu Kapitel 4.1). Seine optimistische These lautete, sehr komprimiert zusammengefaßt, man müsse alle Beschäftigten zunächst vor ihrem Eintritt in die Arbeitswelt und später in entsprechenden Weiterbildungsveranstaltungen mit grundlegenden, allgemeinen formalen Qualifikationen ausstatten, dann sei es ihnen relativ problemlos möglich, sich schnell und flexibel auf neue, sich ständig verändernde Arbeitsanforderungen einzustellen.

Sein Aufsatz, zum großen Teil der Versuch der Wiederbelebung einer formalen Bildungsthese Humboldtscher Prägung, wurde seinerzeit zwar unter Wissenschaftlern viel erörtert, hatte aber in der beruflichen Bildung kaum Auswirkungen. Erst die rasante Entwicklung der neuen Technologien und die ihnen gegenüber relativ große Hilflosigkeit der Qualifizierungsbemühungen ließen die Diskussion um Schlüsselqualifikationen wieder aufleben.

"Auf allen Tagungen, Kongressen usw., bei denen es um den Zusammenhang von neuen Technologien, Qualifikationen und beruflicher (Weiter-) Bildung geht, werden daher mehr oder weniger umfangreiche Kataloge solche Schlüsselqualifikationen als zur Bewältigung der neuen Arbeitsanforderungen unverzichtbar vorgestellt. Zu den wichtigsten der immer wieder genannten Qualifikationen zählen Problemlösungskompetenz, Abstraktionsfähigkeit, Kommunikations- und Kooperationsfähigkeit, Informationsaufnahme- und -verarbeitungsfähigkeit, Fähigkeit zu analytischem und synthetischem Denken, Genauigkeit, Zuverlässigkeit, Qualitäts- und Pflichtbewußtsein, Identifikation mit der zu bewältigenden Aufgabe u.a. ... Nun ist auf den ersten Blick gegen die oben aufgezählten Fähigkeiten nichts einzuwenden. Sie sind allesamt wichtig und notwendig. Aber sie sind als bloße Aufzählung auch formal und abstrakt, d.h. ein genaueres Urteil über sie wird erst möglich, wenn die Frage beantwortet wird, an welche Inhalten zu welchem Zweck von wem sie an wen vermittelt werden sollen und wieviel Zeit mit welchen didaktischen Handlungsspielräumen dafür zur Verfügung steht. Eingeordnet etwa in den Kontext gängiger kurzzeitiger betrieblicher Weiterbildungsmaßnahmen schrumpft der in den Schlüsselqualifikationen enthaltene große Anspruch schnell auf die Erhaltung traditioneller Arbeitstugenden und die Erhöhung der Anpassungsfähigkeit an vorgegebene, nicht in Frage zu stellende Arbeitsanforderungen zusammen" (Voigt, 1990 S.14f).

Doch auch die in der aktuellen Diskussion vorfindbare Rückbesinnung auf den Mertensschen Ansatz ist in der formalen Ausprägung problematisch. Eine von den konkreten Anforderungen des Arbeitsplatzes abgelöste Vermittlung von Schlüsselqualifikationen in Form einer "Allgemeinbildung mit einem starken Fundament in den Human- und Geisteswissenschaften" (Levin; Rumberger 1987 S.16), auf die dann eine "lebenslange, flexible, arbeitsplatz- und berufsbezogene Zusatzqualifikation folgen" soll (Weymann, 1987 S.16), geht meines Erachtens an der Aufgabe vorbei, situationsbezogene Handlungskompetenzen zu vermitteln. Zum einen werden dabei die Schwierigkeiten unterschätzt, die entstehen, wenn allgemeine formale Fähigkeiten auf ganz konkrete Arbeitsaufgaben übertragen werden sollen, d.h. die Bedeutung bestimmter berufsfachlicher Inhalte und Kenntnisse für die Problemlösung wird unterschätzt. Zum anderen entstehen mit großer Wahrscheinlichkeit erhebliche, lernhemmende Motivationsprobleme, wenn die Lernenden zwischen dem Lernangebot und ihren praktischen Anwendungsinteressen sowie ihren Berufserfahrungen keinen Zusammenhang mehr erkennen können.

Auch im Blick auf die Vermittlung von Schlüsselqualifikationen führen also die Überlegungen zu ähnlichen Schlüssen wie in den voraufgegangenen Abschnitten. Wenn das Leitziel berufliche Handlungs- und Gestaltungskompetenz heißt, dann hat die Vermittlung der dazu erforderlichen Schlüsselqualifikationen ebenso wie der integrative Bildungsprozeß, der diese Vermittlung tragen soll, anzusetzen bei der Arbeitssituation und bei den Erfahrungen der Lernenden. Von daher sind dann Zusammenhänge zu verdeutlichen, d.h. die technisch-ökonomischen Faktoren, die Interessen und Machtverhältnisse sind offenzulegen, die wesentlich diese Lebens- und Arbeitssituationen bestimmen. Zudem sind die in der realen Situation vorhandenen Gestaltungsalternativen aufzuzeigen, einschließlich der Qualifikationen, die zur Nutzung solcher Gestaltungsspielräume erforderlich sind. Erst auf der Basis solcher Einsichten und Erkenntnisse kann dann das Ziel berufliche Handlungskompetenz im hier gemeinten Sinne mit einiger Aussicht auf Erfolg angestrebt werden.

Auf die CAD-Schulung bezogen bedeutet dies unter anderem, die in der Umstellungskrise vorhandenen Befürchtungen der Teilnehmenden ernst zu nehmen und ohne Beschönigungen zu verdeutlichen, welchen Folgen die Umstellung auf CAD für die Arbeitsorganisation, die Arbeitsbedingungen und die Qualifikationsanforderungen zukünftig im Konstruktionsbereich hat. Zugleich ist ihnen dabei zu helfen, diesen Qualifikationsanforderungen gewachsen zu sein, denn erst wenn die Weiterzubildenden und im Konstruktionsbereich Verbleibenden erste Erfolge mit CAD erleben, Vertrauen in ihre Fähigkeiten und Fertigkeiten im Umgang mit dem CAD-System gewinnen und so fachliche Kompetenz erwerben, kann sich ihr Selbstvertrauen auf die humane Gestaltung des Arbeitsplatzes richten, z.B. auf die oben skizzierten Möglichkeiten einer Arbeitsorganisation, die CAD als Werkzeug nutzt, selbständiges Arbeiten in Kooperation mit der Gruppe zuläßt und einen Freiraum für kreatives Konstruieren bietet.

5.3.2 Leitlinien für die Curriculumentwicklung

Die in den voraufgegangenen Kapiteln dargestellte Komplexität des Technologiegebietes CAD mit seiner Vielzahl aufeinander bezogener, unterschiedlicher Wirkungsfaktoren verweist ebenso wie die oben umrissenen Leitziele darauf, daß eine Qualifizierung im hier gezeigten Sinne für dieses Gebiet mit den herkömmlichen, eng auf ein Fachgebiet beschränkten Lehrplänen nicht zu leisten ist. Das gilt auch für die anderen Bereiche der neuen Technologien. "Bei aller Unterschiedlichkeit der ... Lernbereiche zeichnete sich ... übereinstimmend ab, daß die Entwicklung Neuer Technologien und darauf bezogener Curricula im Rahmen fachspezifischer Grenzen nicht problemadäquat bewältigt werden kann" (Grüner u.a. 1987 S.127).

Damit setzt sich der hier vertretene curriculumtheoretische Ansatz kritisch ab von einer anderen, der behavioristische-technologischen Didaktik nahestehenden Curriculumauffassung, nach der ein Curriculum "eine strukturierte Reihe von gewünschten und kontrollierbaren Lernergebnissen" ist (Meyer, 1979 S.139). Ein solches Curriculum besteht im wesentlichen aus kleinen, gut kontrollierbaren Lernschritten, die durch operationalisierte Lernziele festgelegt werden. Das kommt dem Wunsch vieler Lehrender und Lernender nach "erfolgsicheren" Unterrichtsrezepten entgegen, blendet aber alle Lernziele aus, die über technische Verfügbarkeit am Arbeitsplatz hinausgehen. "Verabsolutiert man diese zweckrationale Auffassung von Unterricht, dann können die Ziele beruflicher Bildung nicht mehr hinterfragt werden, der Lehrende wird zum Ausführungsgehilfen für vorgeplante Unterrichtsabläufe, und die berufliche Bildung wird auf das Erlernen beobachtbarer Verhaltensweisen, die der Anpassung an die jeweiligen technisch-ökonomischen Gegebenheiten dienen, verkürzt" (Voigt, 1984 S.48f).

Die Curriculumdefinition, die hier zugrunde gelegt werden soll, lautet demgegenüber: "Ein Curriculum ist ein begründeter Zusammenhang von Lernziel-, Lerninhalts- und Lernorganisationsentscheidungen" (Meyer, 1979 S.141). In dieser Definition ist enthalten,

"- daß ein Curriculum das Produkt eines wertenden Entscheidungsprozesses ist und sich nicht einfach aus Sachzwängen ergibt, und
- daß im Curriculum Ziel-, Inhalts- und Lernorganisationsentscheidungen miteinander verknüpft sind. Unter Lernorganisationsentscheidungen werden dabei begründete Hinweise auf die Methode, Medien und Unterrichtsmaterialien sowie deren Verbindung mit den ausgewählten Zielen und Inhalten verstanden" (Voigt, 1986 S.117).

Diese Definition steht der Forderung nach offenen Curricula nahe, "gegenüber dem klassischen Curriculummodell enthält dieses Modell des offenen Curriculum ein Mehr an bewußt ausgelegtem Handlungsspielraum für die Lehrenden und Lernenden ... Es wendet sich gegen eine Planung, durch die der Ablauf der Lernvorgänge bis ins einzelne festgeschrieben wird" (Deutscher Bildungsrat, 1973 S.21f). Die Realisierung, insbesondere die praktische Umsetzung solcher offenen Curricula erfordert gegenüber dem traditionell lehrerzentrierten Unterricht erhebliche Veränderungen.

Das beginnt bei den Lernzielen. Hier ist die bisherige Dominanz des Kognitiven zugunsten einer Verbindung von kognitiven, affektiven und psychomotorischen Lernprozessen aufzuheben. Zudem sind die Lernziele stärker auf die Lebens- und Arbeitssituation der Lernenden zu beziehen.

In der Lernorganisation ist das unverbundene Nebeneinander von Einzelfächern soweit wie irgend möglich durch problem- und/oder projektbezogenes Lernen zu ersetzen.

Das beinhaltet eine gravierende Veränderung der Lehrerrolle. An die Stelle der Dominanz unbefragter Wissensvermittlung muß die Hilfe für die Lernenden bei der Organisation ihrer Lernprozesse treten, verbunden mit Anregungen zur - gruppenbezogenen und individuellen - Eigenaktivität, zum Erkennen und Vertreten der eigenen Interessen und zur Selbstkontrolle.

Damit verändert sich auch die Rolle der Lernenden. Anstatt passiv festgesetzten und vorgedachten Wissensstoff aufzunehmen, sollen sie die Fähigkeit entwickeln, zu interagieren und ihren eigenen Lernprozeß soweit irgend möglich selbst zu organisieren bis hin zur Mitbestimmung über Ziele, Inhalte und Vermittlungsverfahren. Dazu gehört schließlich, daß die Institutionen, anstatt bürokratisch Abhängigkeitsverhältnisse zu perfektionieren, eine Erweiterung der Handlungsspielräume der Lehrenden und Lernenden zulassen und fördern (siehe hierzu Becker u.a. 1974).

Abgesehen davon, daß solche Veränderungen unter den derzeitigen Rahmenbedingungen sehr schwer zu realisieren sind, birgt das Modell "offenes Curriculum" die Gefahr, als laissez-faire-Modell mißverstanden zu werden, d.h. den Erwerb notwendiger Kenntnisse und Fertigkeiten zu vernachlässigen. Im Gegensatz dazu erfordert das Lehren und Lernen im Rahmen eines offenen Curriculums im hier gemeinten Sinne ein Mehr an konzentrierter und anstrengender Lernarbeit von Lehrenden und Lernenden.

Um beiden die Orientierung zu erleichtern, sollte ein offenes Curriculum enthalten:

- einen verbindlichen Orientierungsrahmen in Form von begründeten Grobzielen, der genügend Spielraum läßt im Blick auf Inhalte, Beispiele und Formen der Lernorganisation;

- auf diese Grobziele bezogene Teillernziele, die zum Teil alternativ sein können;

- unterschiedliche, auf Grob- und Feinlernziele bezogene, begründete Methodenhinweise sowie

- auf Ziele, Inhalte und Methoden bezogene Medienhinweise (z.B. als knappe Analyse von zum Thema vorhandenen Büchern, Filmen, Videos usw.).

Da nie nur ein Weg zum Lernziel führt und den Lehrenden Auswahlentscheidungen im Blick auf unterschiedliche Rahmenbedingungen und Lerngruppen erleichtert werden sollen, sollte das offene Curriculum ferner enthalten:

- Hinweise auf die Gestaltung des Lehr- Lernprozesses unter verschiedenen Rahmenbedingungen und

- Hinweise auf mögliche Varianten für den Unterricht mit unterschiedlichen Lerngruppen (Arbeitsgebiet, Lernvoraussetzungen usw.).

5.3.3 Didaktisch - methodische Überlegungen

Im folgenden sollen einige Überlegungen dazu angestellt werden, wie der oben skizzierte   Rahmen für die Entwicklung offener Curricula auszufüllen wäre. Die ersten dieser Überlegungen gelten den zu setzenden Lernzielen.

5.3.3.1 Lernziele

Lernziele zu setzen heißt, das sei hier noch einmal betont, wertende Entscheidungen zu treffen. Lernziele ergeben sich nicht einfach aus technischen, ökonomischen und sozialen Notwendigkeiten oder Gesetzmäßigkeiten, denn in jedem Komplex von Bildungszielen, insbesondere in den Leitzielen "stecken immer mindestens vier Aspekte, und zwar

1. eine Deutung und Bewertung der gegebenen geschichtlichen Situation;

2. eine Auffassung über die Stellung des Menschen in dieser geschichtlichen Situation;

3. ein gedanklicher Vorgriff auf die weitere Entwicklung des betreffenden wirtschaftlichen, gesellschaftlichen, politischen, kulturellen Systems und eine Leitvorstellung für seine Gestaltung;

4. eine Vorstellung von den Möglichkeiten und Aufgaben des Menschen in der so vorweggenommenen Zukunft" (Klafki, 1971 S.31).

In den voraufgegangenen Kapiteln wurde mehrfach gezeigt, zu welch differierenden Vorstellungen und Zielen für die Gestaltung von Arbeitsbedingungen unter dem Einfluß der neuen Technologien unterschiedliche Auffassungen der oben genannten vier Aspekt führen können. Eine letztendliche und ein für allemal geltende Begründung von Bildungszielen gibt es nicht und wird es - außer in der pervertierten Form der totalen Diktatur - auch nicht geben. Die wissenschaftstheoretische Debatte um dieses Problem soll hier auch nicht ansatzweise wiederholt werden. Vielmehr gehe ich davon aus, daß sich Mündigkeit als Leitziel für Bildung aus unserer Verfassung und dem Selbstverständnis der Bundesrepublik Deutschland als demokratisch organisiertes Gemeinwesen begründet.

Wie aber kommt man von einem Leitziel wie Mündigkeit zu handhabbaren Lernzielen für den Lehr-Lernprozeß? Um diese Frage beantworten zu können, muß zunächst geklärt werden, was hier unter einem Lernziel verstanden wird. In der didaktischen Diskussion sind zwei unterschiedliche Auffassungen feststellbar. Nach der einen ist "ein Lernziel eine sprachlich artikulierte Vorstellung über die durch Unterricht (oder andere Lehrveranstaltungen) zu bewirkende gewünschte *Verhaltensänderung* eines Lernenden" (Meyer, 1979 S.26).

Aus den für den sachgerechten Umgang mit CAD erforderlichen Qualifikationen, die zugleich als Lernziele zu nutzen sind, lassen sich für diese Lernzieldefinition Beispiele wie die folgenden finden:

- Der Lernende soll die programmbedingten spezifischen Abfolgen der Arbeitsschritte von computergestützten Systemen kennen.

- Der Lernende soll Teilefamilien und Normteilkataloge zusammenstellen können.

Lernziele nach dieser Definition werden als beobachtbares Verhalten der Lernenden formuliert und sind relativ leicht zu handhaben, weil ziemlich genau feststellbar ist, ob das Lernziel in der Lehrveranstaltung erreicht worden ist oder nicht. Vieles von dem, was in einer Bildungsveranstaltung, die sich Mündigkeit zum Leitziel gesetzt hat, erreicht werden soll, läßt sich aber nicht in Lernzielen dieser Art fassen. Deshalb wird mit einer zweiten Definition eine Annäherung an das Leitziel versucht. Nach dieser Definition ist "ein Lernziel eine sprachlich artikulierte Vorstellung über die durch Unterricht (oder andere Lehrveranstaltungen) zu bewirkende gewünschte *Verhaltensdisposition* eines Lernenden" (Meyer, 1997 S.32).

Auch hier können wieder einige Qualifikationen als Beispiele dienen:

- Der Lernende soll arbeitsorganisatorische und soziale Folgen des computergestützen Konstruierens erkennen und kritisch bewerten können.

- Der Lernende soll die fachbezogenen Vorschläge anderer akzeptieren und mit ihnen gemeinsam kooperative Lösungen entwickeln können.

Bei den hier angestrebten Verhaltensdispositionen handelt es sich um Einstellungen sowie um fachliche und soziale Kompetenzen, die nicht so eindeutig beschreibbar und kontrollierbar sind wie die Lernziele nach der ersten Definition, die aber für ein mündigkeitsbezogenes Lehren und Lernen unentbehrlich sind.

Beide Arten von Lernzielen schließen einander nicht aus, sondern können sich sinnvoll ergänzen. "Ich schlage deshalb vor, mit beiden Definitionen zu arbeiten, denn sie widersprechen sich ja nicht, sondern erweitern die Spielbreite der ... Lernzielformulierungen" (Meyer, 1979 S.32; siehe auch Voigt, 1984 S.74ff).

Mit dieser knappen Beschreibung unterschiedlicher Lernzieldefinitionen ist aber die Frage nach der Zuordnung von Leitzielen, Grobzielen und Teillernzielen oder Feinzielen noch nicht beantwortet.

- Leitziele wie "Befähigung zu mündigem Denken und Handeln" sind Ziele auf hohem Abstraktionsniveau, das heißt, sie lassen viele alternative Konkretisierungen zu.

- Grobziele sind Ziele auf mittlerem Abstraktionsniveau, die immer noch verschiedene Konkretisierungen zulassen, aber nicht mehr so viele wie das Leitziel. Unter diese Kategorie fallen die meisten Lernziele nach der zweiten Definition, bei denen es um relativ weit gefaßte Verhaltensdispositionen geht.

- Teillernziele oder Feinziele sind Lernziele nach der ersten Definition. Sie sind relativ eindeutig bestimmbar und kontrollierbar, liegen also auf niedrigem Abstaktionsniveau.

Die Zuordnung der drei Lernzielkategorien zueinander erfolgt aufgrund von Annahmen der didaktisch Planenden, die immer vorläufig und revisionsbedürftig sind. Das zeigen in unserem Fall, das heißt für das Gebiet der Qualifizierung für die neuen Technologien, schon die Ausführungen zu den Problemen der Qualifikationsforschung im Kapitel 4. Die Antwort auf die Frage, wie man von Leitzielen zu unterrichtsbrauchbaren Grob- und Feinlernzielen kommt, lautet daher:

"Man kommt von einem Richtziel wie "Befähigung zu mündigem Denken und Handeln" zu handhabaren Lernzielen für den Unterricht, indem man nach bestem fachlichen und didaktischen Wissen und Gewiccon für das betreffende Fachgebiet Fähigkeiten, Fertigkeiten und Kenntnisse auf verschiedenen Abstraktionsniveaus formuliert, von denen man annimmt, daß die zu mündigem Denken und Handeln in diesem Gebiet befähigen, durch die aber ergänzende oder abweichende Entscheidungen, z.B. im Blick auf ganz bestimmte Situationen und Lerngruppen, nicht ausgeschlossen werden" (Voigt, 1984 S.81).

5.3.3.2 Inhalte

Den auf diese Weise erarbeiteten Lernzielen sind nun Inhalte zuzuordnen, mit deren Hilfe diese Ziele zu erreichen sind. Eine Aufstellung von Inhaltskategorien soll ausgehen von dem Grundsatz, daß die Vermittlung grundlegender Fähigkeiten für mündiges Denken und Handeln an Inhalten geschehen muß, die für die Bewältigung von Praxissituationen am Arbeitszusammenhang von Bedeutung sind (siehe hierzu auch die Ausführungen zu Vermittlung von Schlüsselqualifikationen unter 5.3.1). Doch dürfte in den voraufgegangenen Kapiteln bereits deutlich geworden sein, daß diese Forderung nach Praxisrelevanz nicht leicht zu erfüllen ist, weil die Definitionen von Praxissituationen und ihren Anforderungen je nach Position und Interessen der Definierenden sehr unterschiedlich ausfallen werden.

Der Deutsche Bildungsrat glaubte seinerzeit, mit der Forderung nach Wissenschaftsorientierung einen Ausweg aus diesem Dilemma gefunden zu haben. "Wissenschaftsorientierung der Bildung bedeutet, daß die Bildungsgegenstände, gleich ob sie dem Bereich der Natur, der Kunst oder der Wirtschaft angehören, in ihrer Bedingtheit und Bestimmtheit durch die Wissenschaften erkannt und entsprechend vermittelt werden" (Deutscher Bildungsrat, 1970 S.33).

Das wird später im Modell für die Kollegstufe Nordrhein-Westfalen näher ausgeführt. Ziel der Wissenschaftsorientierung war und ist es zum einen, nichts zu lehren, was vom wissenschaftlichen Standpunkt aus unhaltbar ist und zum anderen, orientiert an den Wissenschaften, eine allgemeine Denkschulung zu erreichen. Dabei "geht es um die Entfaltung einer fundamentalen Denkoperationalität, um die Entwicklung kognitiver Instrumente ..., um die Ausbildung flexibler kognitiver Strukturen, welche Produktivität und Kreativität ermöglichen sollen" (Kollegstufe NW, 1972 S.26).

Diesem hohen Ziel einer allgemeinen Denkschulung kann man nur zustimmen, doch ist die Orientierung an den Wissenschaften, auf die sich diese Denkschulung stützen soll, so unproblematisch nicht, wie damals angenommen wurde, denn

"die pauschale Behauptung der Relevanz von Wissenschaften für die die Bewältigung von (verwissenschaftlichten) Lebenssituationen enthält die Unterstellung,
(1) daß die von Menschen benötigten kognitiven Instrumente und Schemata mit den Grundstrukturen der Wissenschaftsdisziplinen identisch seien;
(2) daß es objektive Grundstrukturen, d.h. Grundbegriffe ... und Verfahren ... der Wissenschaft überhaupt gibt" (Reetz, 1981 S.33).

Wissenschaften bieten Modelle zur Erklärung von Teilen der Wirklichkeit an; sie bilden weder die Wirklichkeit selbst ab noch liefern sie Handlungsanweisungen zur Bewältigung von Lebenssituationen. Zudem sind die angebotenen Modelle zum großen Teil kontrovers. Nimmt man aber die Aussagen und Verfahren der Wissenschaften als nicht mehr zu hinterfragende Objektivität, dann drohen zum einen die Probleme der lernenden Subjekte hinter dieser angeblichen Objektivität zu verschwinden.

"Der infantile Umgang mit Wissenschaft - die Unterwürfigkeit und der Glaube an eine Größe, deren Prinzip gerade Verzicht auf Unterwürfigkeit und den Glauben an Autoritäten ist - ist ein besonders offenkundiges Signal für die politisch bedeutsame Zurichtung des subjektiven Faktors, wie sie durch Schullernen - von der Grundschule bis zur Hochschule - offenbar jedenfalls nicht verhindert wird" (Rumpf, 1982 S.25).

Zum anderen gibt es erhebliche Schwierigkeiten bei der Übertragung wissenschaftlicher Erkenntnisse und Kategorien auf konkrete Praxissituationen, insbesondere in der Arbeitswelt. So gibt es z.b. für die meisten technischen Probleme keine einzelne sogenannte "Bezugswissenschaft".

"Es ist jedem Ingenieur bekannt, daß man mit reiner Mathematik und reiner Physik bei der Konstruktion und dem Betrieb technischer Einrichtungen und Anlagen so gut wie nichts anfangen kann. ... Die reinen Wissenschaften helfen nicht viel bei der Lösung von Konstruktionsaufgaben oder Versorgungsproblemen, erst ihre vielfältige Überlagerung und Kombination mit Erfahrungswissen liefert praktische Ergebnisse" (Arp, 1983 S.474).

Zusammenfassend ist zu den Kriterien für die Inhaltswahl folgendes zu sagen:

- "Wissenschaftsorientierung als Bewußtmachen des Einwirkens der Wissenschaften auf unseren Lebenszusammenhang, als Wahrheitsgebiet (kein Verstoß gegen unzweifelbare Aussagen der Wissenschaften) und als allgemeine Denkschulung ist notwendig. Aber es muß auch bewußt bleiben, daß Wissenschaftler nie die ganze komplexe Wirklichkeit abbilden und daß viele wissenschaftliche Aussagen über diese Wirklichkeit kontrovers sind und nicht zugunsten der lernenden Subjekte als das unhinterfragbar Objektive angesehen werden dürfen. Man kann sich der Wirklichkeit nicht allein über die Wissenschaften versichern ...
- Die Orientierung an den Ordnungshilfen für die anerkannten Ausbildungsberufe (und an den - noch zu schaffenden - Fortbildungsordnungen, H.C.) ist erforderlich, weil ... die Lernenden Prüfungen bestehen sollen, die auf die dort aufgeführten Inhaltskataloge ausgerichtet sind. ... Aber die Berufsordnungsmittel sind nicht als der Weisheit letzter Schluß anzusehen, sondern kritisch auf ihre Praxisrelevanz, auf Inhaltsüberhäufungen und auf Übereinstimmung mit neueren Wissenschafts- und Technologieerkenntnissen zu überprüfen.
- Der Praxisrelevanz von zu vermittelnden Inhalten kann man sich noch am ehesten durch kontinuierliche Gespräche mit den an dieser Praxis und ihrer Gestaltung Beteiligten bzw. von ihr Betroffenen versichern, wozu in der be-

ruflichen Weiterbildung häufig die Teilnehmer zählen. Allerdings muß auch hier bewußt bleiben, daß es sich bei den Antworten um subjektive Situationsinterpretationen und Problemsichten handelt" (Voigt, 1984 S.102f).

Vor diesem Hintergrund sind die aufzulistenden Inhalte für die CAD-Qualifizierung zu sehen. Sie sind jeweils das vorläufige Ergebnis wissenschaftlicher Untersuchungen, vor allem aber vieler Gespräche mit Praktikern aus verschiedenen Gebieten der CAD-Anwendung, das heißt, sie bedürfen der Ergänzung und Veränderung im Zusammenhang mit der rasanten Entwicklung der neuen Technologien und sind als vorläufige Arbeitsgrundlage für die notwendige aktuelle Qualifizierungsarbeit und die dazu erforderlichen Curricula anzusehen. Die Ermittlung und die Auswahl der Inhalte für die Bildungsarbeit im Bereich der neuen Technologien bleibt also eine schwierige, komplexe und grundsätzlich auch nicht abschließbare Aufgabe.

"Die Ermittlung und die Begründung von Lerninhalten stellen bei anwendungsbezogenen Bereichen der Weiterbildung einen permanenten Prozeß dar, in dem das jeweils neue Curriculum immer wieder überprüft wird, und in dem die Ergebnisse solcher Überprüfungen zu einer Verbesserung des Bestehenden und damit zu einem neuen Curriculum führen" (Hirschmann; Wolf, 1975 S.390).

5.3.3.3 Methoden

Zielsetzung, Inhaltswahl und die Wahl der Lehr-Lern-Methode bilden eine untrennbare Einheit, denn mit dem Setzen der Lernziele wird zu einem großen Teil bereits über die Inhaltsstrukturierungen und Vermittlungsverfahren entschieden. Mit anderen Worten: Soll der Lehr-Lernprozeß mündiges Lernen, Denken und Handeln fördern, müssen außer über die Inhalte auch über die Methoden und Sozialformen der Weiterbildungsmaßnahmen die Zusammenhänge zwischen den durch CAD verursachten anderen Arbeitsformen, Arbeitsorganisationen, Arbeitsbedingungen und den eigenen Handlungsmöglichkeiten und -spielräumen einsichtig gemacht werden.

Deshalb sollen im folgenden einige zentrale Punkte der methodischen Gestaltung von Lehr-Lernprozessen in knapper Form angesprochen werden, um so Orientierungen für die Planung und Beurteilung von Unterricht zu geben.

Strukturierung bzw. Gliederung des Unterrichts

Eine grundsätzliche Forderung an den Unterricht mit Erwachsenen lautet, daß der Lehr-Lernprozeß eine *erkennbare Struktur* haben müsse und daß die einzelnen Lehr- und Lernschritte für die Teilnehmer erkennbar und nachvollziehbar sein sollen. Für solche Strukturierungen wurden in der didaktischen Theorie Gliederungsraster entwickelt, die in unterschiedlicher Weise vom Einstieg in ein Thema über mehrere Erarbeitungsschritte zum Ergebnis und dessen Einordnung in größere Zusammenhänge führen. Eines dieser Schemata soll hier als Beispiel dienen.

Situation	Perspektive des Lehrenden	Rothsches Schema	Perspektive des Lernenden
Anfangs-situation	1. Lehrschritt Ein Lernmotiv wird geweckt, eine Aufgabe gestellt.	Motivation	1. Lernschritt Ein Lernwunsch erwacht.
Mittel-situa-tion	2. Lehrschritt Der Lehrende macht auf die Vielschichtigkeit und Komplexität der Aufgabe aufmerksam.	Schwierig-keit	2.Lernschritt Die Lösung des Problems (Aufgabe) bereitet Schwie-rigkeiten.
	3. Lehrschritt Der Lehrende hilft Lösungs-wege finden	Lösung	3. Lernschritt Die Lernenden fin-den die Lösung (AHA-Erlebnis).
End-situation	4. Lehrschritt Der Lehrende hilft die Lösung "verfeinern". Der Lehrende läßt üben. Die Lösung wird in größere Zusam-menhänge ge-stellt.	Tun, Ausführen, Üben, Behalten, Integrieren, Übertragen	4. Lernschritt Die Lernenden ver-feinern die Lösung. Die Lernenden üben. Die Lernenden dis-kutieren die Lö-sung, ändern Ein-stellungen, prüfen die Bedeut-samkeit für das eigene Handeln.

(Jütting, 1980 S.19)

Solche formalen Schemata können als Planungs-, Analyse- und Beurteilungs-hilfe dienen, sollten aber keineswegs sklavisch befolgt werden, weil sonst die Lernenden leicht mittels solcher Raster überfahren werden.

"Merkmal vieler Modelle zur Unterrichtsvorbereitung - unabhängig von ihrer verschiedenen Akzentuierung - ist die vorgängige Konstruktion des Unter-richtsablaufs vom zu erwartenden Endverhalten her. ... So kann der Ler-

133

nende entweder das vom Lehrenden Intendierte lernen oder überhaupt nicht"
(Hage, 1980 S.72f).

Diese Auffassung von Unterrichtsplanung ist also eher den geschlossenen
Curricula zuzuordnen und widerspricht dem Leitziel Mündigkeit.
Der notwendigen Strukturierungsaufgabe nachzukommen heißt demgegenüber, die Lernenden von Anfang an über die Lernplanung und die darin enthaltenen Lehr- und Lernschritte zu informieren, diese Planung zu begründen
sowie begründete Einwände, Ergänzungen und Veränderungen seitens der
Lernenden zuzulassen und aufzugreifen.

Für den Unterricht in der Haupt- und Realschule haben Jochen und Monika
Gress dafür ein Beispiel formuliert, daß sich meines Erachtens leicht auf die
berufliche Weiterbildung übertragen läßt:

"Phase 1: Ich bemühe mich, bei den Schülern positive reziproke Affekte aus-
zulösen (d.h. eine angstfreie, gelockerte Lernatmosphäre herzustellen, z.B.
durch Äußern positiver Erwartungen, durch eine lustige Geschichte usw.).

Phase 2: Ich teile den Schülern mit, was sie lernen sollen, wie sie es nach
meiner Planung lernen sollen und warum sie es lernen sollen. Ich gebe also
einen informierenden Unterrichtseinstieg. Ich sorge dafür, daß die Schüler
Gelegenheit bekommen, zu diesem Plan Stellung zu nehmen und Änderungsvorschläge zu machen.

Phase 3: Ich sorge dafür, daß die Schüler die zum Lernen notwendigen Informationen haben. Ich gebe einen Informationsinput.

Phase 4: Ich biete den Schülern eine oder mehrere Lernaufgaben an und
demonstriere ihnen, wie die Lernaufgabe bearbeitet werden kann.

Phase 5: Ich lasse die Schüler eine gewisse Zeit selbständig an der Lernaufgabe arbeiten, damit sie Lernerfahrungen machen können. Bei dieser selbständigen Arbeit störe ich die Schüler nicht.

Phase 6: Ich füge eine Entspannungs- und Übergangsphase ein, um den
Schülern zu helfen, sich wieder auf die Arbeit im Klassenraum einzustellen.

Phase 7: Ich führe mit der Klasse eine Phase der Weiterverarbeitung durch.

Phase 8: Ich sorge dafür, daß am Schluß der Stunde noch einige Minuten
Zeit sind. In diesen Minuten kann ich z.B. eine kleine Gesamtevaluation (=
Auswertung, Beurteilung) der Unterrichtsstunde mit den Schülern versuchen
oder den Tagungsordnungspunkt "Verschiedenes" mit ihnen behandeln"
(Grell; Grell 1983, S.103f).

134

Diese Art der Planung kann als Anregung dienen. Sie läßt sich gewiß nicht auf jede Lehr-Lernsituation übertragen, aber sie bezieht die Lernenden konsequent mit ein und berücksichtigt sowohl den notwendigen Wechsel der Sozialformen als auch das Interaktionsklima als wichtigen Lernfaktor.

Methodenkonzeption

Der oben skizzierten Strukturierung oder Gliederung des Unterrichts können unterschiedliche *Methodenkonzeptionen* zugrunde liegen. Methodenkonzeptionen sind Gesamtentwürfe des Unterrichtsverlaufs. Es gibt keine Konzeption, die unter allen Bedingungen zu favorisieren wäre. Der einzelne Entwurf erhält vielmehr Sinn und Legitimation durch die jeweilige Lehr-Lernsituation, das heißt durch die zu bewältigenden Inhaltskomplexe, das zu erreichende Teillern- oder Grobziel, die Beschaffenheit der Lerngruppe und die organisatorischen Rahmenbedingungen. Bei der Wahl der Methodenkonzeption ist im allgemeinen zwischen folgenden Gegensatzpaaren zu entscheiden, die sich in größeren Planungseinheiten überlagern können:

a) analytisch - synthetisch,
b) deduktiv - induktiv,
c) spiralig - epochal,
d) entdeckenlassend - darbietend,
e) synchron - asynchron und
f) projektorientiert - beispielorientiert.

zu a: analytisch - synthetisch

Die Unterscheidung bezieht sich auf den Einstieg in eine Lernsequenz. Bietet der Dozent anfangs eine komplexe CAD-Zeichnung an und läßt diese dann in ihre einzelnen Komponenten zerlegen, so geht er analytisch vor, das heißt vom Ganzen zum Einzelnen.

Werden demgegenüber den Lernenden zunächst nur Einzelteile vorgestellt und aus diesen später ein Ganzes aufgebaut, so spricht man von einem synthetischen Vorgehen.

Wird z.B. ein Rohrschraubstock vorgestellt, und die Schüler zeichnen ihn zunächst als Gesamtentwurf unter funktionalen Gesichtspunkten, die er erfüllen muß, auf eine CAD-Ausgangsebene und daraus später die einzelnen Teile mit getrennten Bauteilnamen auf dahinterliegende Ebenen, so ist die Methodenkonzeption analytisch.

Werden hingegen zunächst die Einzelteile "an sich" - also ohne Bezug zueinander - gezeichnet und später am Bildschirm "montiert", so ist die Methodenkonzeption synthetisch.

zu b: deduktiv - induktiv

Auch hier liegt der Unterschied - wie beim Begriffspaar "analytisch - synthetisch" - schwerpunktmäßig beim Einstieg. Ein Vorgehen ist deduktiv, wenn der

Lehrende vom zusammenfassenden Oberbegriff ausgehend, zunächst allgemein die Bedeutung und Notwendigkeit des Themenbereiches erläutert und später, anhand von Anwendungen, unterschiedliche Möglichkeiten und Verfahrensweisen, konkrete Ausformungen des Oberbegriffs darstellt und erproben läßt (vom Allgemeinen zum Besonderen).

Ein Vorgehen ist induktiv, wenn im Unterricht, von verschiedenen konkreten Beispielen her ausgehend, erst später ihr Gemeinsames herausgearbeitet und unter einem Oberbegriff thematisch eingeordnet wird (vom Besonderen zum Allgemeinen).

Als Sonderfall der induktiven Vorgehensweise ist die exemplarische zu nennen. Sie ist dann gegeben, wenn man, von einem besonders treffenden Einzelfall oder Beispiel ausgehend, auf die darin steckenden allgemeinen Gesetzmäßigkeiten und/oder Zusammenhänge schließt.

Wird z.B. im CAD-Unterricht die Lernsequenz "Löschen von Elementen und Ebenen" damit begonnen, die Teilnehmer die wünschenswerten Möglichkeiten zusammentragen und eine vernünftige handhabbare, möglicherweise geschachtelte Struktur dieser Möglichkeiten vom Oberbefehl her ableiten zu lassen, so ist das Vorgehen deduktiv.

Wird dagegen anhand einer vorbereiteten Aufgabe zunächst das Löschen mit seinen einzelnen Möglichkeiten und Problemen geübt und später zusammengefaßt, strukturiert und in die Hierarchie aller CAD-Befehle eingeordnet, so ist das Vorgehen induktiv.

zu c: epochal - spiralig

Dieses Begriffspaar bezieht sich auf zwei mögliche Vorgehensweisen, die über die gesamte Lernsequenz beibehalten werden können. Wenn jedes Einzelthema für sich und vollständig bis in die Feinheiten behandelt und ausgelotet wird, bevor das nächste Einzelthema folgt, so nennt man das epochal (Tiefe zuerst). Das letzte Thema wird erst kurz vor dem Ende der Unterrichtssequenz erst- und einmalig durchgenommen.

Spiralig ist eine Vorgehensweise, bei der alle Einzelthemen der Sequenz praktisch gleichzeitig, aber zunächst nur oberflächlich vorkommen. Im späteren Verlauf des Unterrichts erfahren und lernen die Teilnehmer in kleinen Schritten und zeitlich versetzt, wie komplex und vielseitig jedes Einzelbereich ist (Breite zuerst).

Werden zum Beispiel bei einem CAD-Lehrgang alle Einstellungen und Befehle zum Thema "Symbole" hintereinander und damit unverbunden und wenig aufeinander bezogen geübt, so liegt ein epochales Konzept zugrunde.

Wird jedoch bezogen auf ein Projekt gearbeitet, in dessen Verlauf Symbole - bedingt durch die Problemstellungen - zunehmend differenzierter benötigt und in kleinen Schritten vertiefend kennengelernt werden, so spricht man von einem spiraligen Konzept.

zu d: entdeckenlassend - darstellend

Auch dieses Begriffspaar bezieht sich auf das geplante Gesamtkonzept des Unterrichts: Der Unterrichtende läßt die Teilnehmer entdeckend lernen, wenn er nur die nötigsten Hilfen gibt, die erforderlich sind, damit die Lernenden folgerichtig und nicht hinderlich frustriert selbst zu erwünschten Problemlösungen kommen. Er empfiehlt Strategien und gibt Hinweise auf mögliche Alternativen.

Der Lehrende geht darstellend oder anleitend vor, wenn er einen Lösungsweg (Musteraufgabe) vormachend bis zum Ziel erklärt und dann die Schüler bittet, anhand von ähnlichen Aufgaben zu üben.

So ist zum Beispiel im CAD-Unterricht eine Lehrmethode entdeckenlassend, wenn im Rahmen eines Projektes die Generierung einer Gesamtzeichnung aus Einzelteilzeichnungen als ein neues Problem auftaucht und der Lehrende, ohne Lösungen vorzugeben, Tips gibt und empfiehlt, wie man - möglicherweise unterschiedlich - vorgehen könnte. Nötigenfalls legt er Nachschlagmaterialien und andere Hilfen bereit.

Die Methode ist darstellend, wenn der Lehrende zum Beispiel anhand eines vorbereiteten Foliensatzes den Lösungsweg zur Gesamtzeichnung und mögliche Probleme bis hin zum Ziel bespricht, bevor die Lernenden ihn nachfolgend beschreiten.

zu e: synchron - asynchron

Dieses Gegensatzpaar weist darauf hin, inwieweit der Unterricht auf die individuellen Möglichkeiten der einzelnen Teilnehmer bei ihrem Lernfortschritt im Hinblick auf Menge und Tiefe eingeht. Synchron ist ein Unterricht, wenn den Schülern, die früher als die meisten fertig werden, Aufgaben des gerade behandelten Typs solange nachgereicht werden, bis dann gemeinsam allen ein neuer Themenbereich eröffnet wird. Der Lernfortschritt wird so synchronisiert.

Asynchron ist ein Unterrichtsverlauf, wenn ein Teilnehmer, der ein Ziel erreicht und das Erreichte ausreichend geübt hat, einen neuen Lernschritt beginnt, ganz gleich, wie weit die anderen sind. Diese extrem individualisierende Vorgehensweise erfordert eine ausreichend auf sie abgestimmte Materialsammlung, möglicherweise bis hin zu Lernprogrammen, wenn der Lehrende nicht überfordert sein soll. Er organisiert die individuellen Lernfortschritte (siehe hierzu Klauer, 1973).

Ein CAD-Unterricht ist synchron, wenn alle gemeinsam aus einer vorgegebenen Zeichnungsdatei den Befehlsvorrat "Bemaßen' üben. Ist ein Lernender eher als die anderen fertig, kann er eine neue Zeichnung aufrufen und solange (vertiefende) Extraübungen zu diesem Thema bearbeiten, bis alle mit der Sequenz "Texte und Schriften' weitermachen.

Der Lehr-Lernprozeß verläuft asynchron, wenn z.B. ein Teilnehmer beim Durcharbeiten seiner Unterlagen nach den Bemaßungsübungen das Kapitel

"Texte und Schriften" vor den anderen erreicht und selbsttätig zu bearbeiten anfängt, eventuell durch partielle Hilfen gestützt.

zu f: projektorientiert - beispielorientiert

Orientiert sich die Unterrichtsplanung an Beispielen, so kann sie besonders triftig fachliche Gegebenheiten und Spezialitäten berücksichtigen. Wird für jede Lernsequenz - und mitunter sogar für jedes Lernziel einzeln - ein besonders geeignetes, vom vorhergegangenen und nachfolgenden unabhängiges Beispiel ausgewählt, so ist der Unterricht beispielorientiert.

Orientiert sich der gesamte Unterricht dagegen an einem komplexen Projekt, welches sowohl gesellschaftlich als auch fachlich relevant ist und innerhalb dessen sich die Ziele der einzelnen Lernsequenzen in methodisch vernünftiger Reihenfolge erreichen lassen, so kann der Unterricht projektorientiert genannt werden. Er ist es vor allem dann, wenn das Projekt gesellschaftlich und fachlich differenzierbar auf unterschiedliche Gruppen innerhalb der Teilnehmer besonders eingeht.

Gehören zum Beispiel bei der Qualifizierung für CAD von den ersten 2D-Entwürfen über anspruchsvolle 3D-Zeichnungen bis hin zu Variantenkonstruktionen und Stücklistenübergaben an eine Datenbank alle Beispiele zu den Konstruktionsunterlagen eines Windrades, so ist der Kurs projektorientiert.

Werden für jedes CAD-Kapitel besonders geeignete und im Anspruch an die Lernleistung ansteigende Einzelbeispiele, beispielsweise für "Schraffieren" und "Stücklisten" herausgesucht, so ist der Unterricht beispielorientiert.

Es sei hier noch einmal betont, daß es kein didaktisches Patentrezept für den richtigen Einsatz der unterschiedlichen Methodenkonzeptionen gibt. Die Entscheidung wird sich nach der zur Verfügung stehenden Zeit, den organisatorischen Rahmenbedingungen, der Beschaffenheit der Lerngruppe, der Art der Lehrveranstaltung (zertifikats- bzw. abschlußgebunden oder nicht, Vollzeit oder Abendkurs usw.) sowie nach dem jeweils zu bewältigenden Inhalts- bzw. Problembereich richten müssen. Von den Lernzielen Kommunikations- und Kooperationsfähigkeit, selbständiges Lernen und Erkennen von Zusammenhängen her ist sicher ein projektorientierter, spiraliger, entdeckenlassender Lehr-Lernprozeß zu bevorzugen. Deshalb sollten diese Unterrichtskonzepte immer dann eingesetzt werden, wenn die Rahmenbedingungen es zulassen.

Zwischen synchronem und asynchronem Vorgehen zu entscheiden, wird nicht ganz einfach sein, zumal hierbei in der Regel massive persönliche Interessen der Teilnehmer ins Spiel kommen. Doch sollte bedacht werden, daß ein extrem individualisierender Unterricht die Gefahr birgt, Lernziele wie Solidarität, Kommunikations- und Interaktionsfähigkeit zugunsten eines konkurrenzorientierten Leistungsprinzips zu vernachlässigen oder aufzugeben. Zudem steht ein übersteigert asynchroner Unterricht im Widerspruch zur Projektorientierung, die wesentlich von der Zusammenarbeit der beteiligten Gruppe lebt. Um Motivationsverluste zu vermeiden, können jedoch auch innerhalb der anderen

Unterrichtskonzeptionen die fortgeschrittenen Teilnehmer durchaus gelegentlich mit weiterführenden Sonderaufgaben betraut werden.

Sozialformen

Mit dem Gesamtentwurf für den Lehr-Lernprozeß entscheidet der Planende auch über die Sozialformen der Lernens, das heißt über die "Art und Weise ..., in der die am Unterricht beteiligten Personen einander zugeordnet sind und miteinander umgehen" (Jütting, 1980 S.25). Vom richtigen Einsatz der Sozialformen hängt wesentlich der Unterrichtserfolg, das heißt das Erreichen der gesetzten Lernziele, ab. In der Vielfalt der dabei gegebenen Möglichkeiten sind vier Grundformen zu unterscheiden:

a) Großgruppenunterricht,
b) Kleingruppenarbeit,
c) Partnerarbeit und
d) Einzelarbeit.

zu a: Großgruppenunterricht

Unter Großgruppenunterricht wird hier der Unterricht mit der gesamten Teilnehmergruppe verstanden. Er vollzieht sich zumeist
"- als lehrerzentrierter Frontalunterricht, bei dem die referierende Darbietung im Vordergrund steht, oder
- als Unterrichtsgespräch, das fragend- entwicklend geführt wird und eine gesteuerte Rückkoppelung mit Lernenden zuläßt" (Jütting, 1980 S.26).

Der Vorteil des Großgruppenunterrichts bei der CAD-Qualifizierung liegt zum einen in der Möglichkeit, dem ganzen Teilnehmerkreis gleichzeitig einen Sachverhalt zu erklären, ohne daß die Teilnehmer in ihrer Blick- oder Arbeitsrichtung wesentlich von ihrem Arbeitsplatz abgelenkt werden.
"Zum anderen kann er der gemeinsamen Klärung von Fragen, Problemen, Vorstellungen sowie der Zusammenfassung und Strukturierung von Arbeitsergebnissen dienen, die in den anderen drei Sozialformen erzielt werden.
Wir der Großgruppenunterricht verabsolutiert, so besteht die große Gefahr, daß die meisten Teilnehmer in einer passiven Lernhaltung bestärkt werden und das soziales Lernen im Sinne von mündigem, die anderen Teilnehmer einbeziehendem Denken und Handeln vernachlässigt wird" (Voigt, 1984[2] S.30f).

zu b: Kleingruppenarbeit

"Bei der Kleingruppenarbeit arbeiten die Lernenden in Gruppen von drei bis maximal sieben Teilnehmern möglichst selbständig an der Lösung eines Problems, der Erarbeitung eines Themas, der Durchführung eines Versuchs oder der Herstellung eines Objektes. Die Teilnehmer haben dabei größere Möglichkeiten als in der Großgruppe, Eigenaktivität zu entfalten und sich als Person in die Arbeit einzubringen. Ob das auch gelingt, hängt zum einen davon ab, wie weit der Lehrende die Gruppen wirklich selbständig arbeiten läßt. Zum anderen dürfen sich in Kleingruppen keine hierarchischen Strukturen herausbilden mit Führern, Gefolgsleuten und Außenseitern. Gerade in der Erwachsenenbildung haben die Teilnehmer oft größere Angst von der Dominanz einzelner Teilnehmer als vor der des Dozenten.

Zu erwähnen bleibt noch, daß Kleingruppenarbeit arbeitsgleich und arbeitsteilig durchgeführt werden kann. Bei der ersteren arbeiten alle Gruppen an der gleichen Aufgabe, bei der letzteren erarbeiten die einzelnen Gruppen unterschiedliche Aspekte eines Themas oder Teile eines Objektes. Diese Form erfordert in der Regel ein längeres Gewöhntsein der Teilnehmer an Gruppenarbeit" (Voigt, 1984[2] S.31).

Die Kleingruppenarbeit entspricht am ehesten der späteren Arbeitssituation der CAD-Lehrgangsteilnehmer. Drei bis fünf Teilnehmer bearbeiten als Lerngruppe eine Themenstellung entweder noch einmal binnendifferenziert oder gemeinsam. Sie sind beispielsweise gefordert, innerhalb eines als Gesamtthema vorgegebenen Windenergieanlagenprojektes verschiedene Möglichkeiten der Karosserie für die Rotorwelle, die Bremse, das Getriebe und den Generator zu entwerfen und später in einer größeren Diskussionsrunde vor- und danach zusammenzustellen.

Eine Voraussetzung bei der Kleingruppenarbeit ist eine für den Einzelnen und für alle befriedigende Einbindung in das Gesamtprojekt. Vorausgesetzt werden müssen ferner bereits erworbene CAD-Grundkenntnisse bei allen Gruppenmitgliedern und ein gewisses Maß an Konstruktionserfahrung bei einem Teil der Gruppe. Übergreifende Lernziele wie Kooperationsbereitschaft und Artikulationsvermögen der Teilnehmer werden durch diese Sozialform besonders gefördert.

"Verabsolutiert man die Kleingruppenarbeit, dann gelingt es oft nicht, notwendige Basisinformationen, -fähigkeiten und -fertigkeiten gleichermaßen an alle Teilnehmer zu vermitteln oder die einzelnen Arbeitsergebnisse zu systematisieren und in größere Zusammenhänge einzuordnen" (Voigt, 1984[2] S.31).

zu c: Partnerarbeit

"Partnerarbeit ist die einfachste und den geringsten Aufwand erfordernde Form kommunikativen Lernens. Je zwei nebeneinander sitzende Personen arbeiten für kurze (oder längere, H.C.) Zeit zusammen" (Niggemann, 1975 S.178). Durch die Partnerarbeit können Lernende aktiviert und Hemmschwellen abgebaut werden. Zudem kann die Partnerarbeit die Diskussion in der Großgruppe vorbereiten.

Die Partnerarbeit ist im CAD-Lernbereich am häufigsten anzutreffen. Hauptgrund dafür sind zwar ökonomische Überlegungen seitens der Veranstalter.

Aber auch aus pädagogischer Sicht ist, wie oben skizziert, der Partnerarbeit Positives abzugewinnen. Hinzu kommt, daß gerade anfangs Bagatellfehler beim CAD-Training häufig durch den Lernpartner bemerkt und vermieden werden können und der Dozent dadurch spürbar entlastet wird. Damit der Vorteil nicht zum Nachteil wird, sollte der Lernpartner in gewissen Zeitabständen gewechselt werden. Besonders in der beruflichen Weiterbildung sind die individuellen Voraussetzungen und Verhaltensweisen der Teilnehmer so unterschiedlich, daß sonst anfangs "störende Spannungen oder Demotivierungen entstehen" können. (Voigt, 1986 S.130) Es ist jedoch nicht immer einfach für einen ungeübten Dozenten, dieses Umsetzen durchzusetzen, ohne dabei für einzelne Teilnehmer verletzend zu argumentieren.

zu d: Einzelarbeit

"Das Einzellernen hat seinen Sinn vor allem darin, daß es den einzelnen Teilnehmern Gelegenheit gibt, ein Thema, ein Problem sowie die in den anderen Sozialformen gewonnenen Eindrücke für sich selbst zu verarbeiten, um dann die Ergebnisse seines Nachdenkens wieder in die anderen Sozialformen einbringen zu können" (Voigt 1984[2] S.32). Im CAD-Bereich hat das Einzellernen einen besonderen Stellenwert. Oft ist es die einzige Möglichkeit, eigene Ideen und Konzepte auszuprobieren, um sie dann gegebenenfalls, wenn sie sicher beherrscht werden oder sich als gangbar erweisen, den anderen Kollegen oder dem Dozenten vorzustellen. Auch im Zusammenhang von Projekten, an denen arbeitsteilig gearbeitet werden kann, fördert Einzelarbeit die Sicherheit im Umgang mit dem Programm und dem Rechner, was sich positiv auf das Selbstwertgefühl und damit auf die wachsende neue berufliche Identität auswirkt.

gÜbertreibt man die Einzelarbeit, so kommt es zu Konkurrenzdenken, Eigenbrödlerei und zum Ausbauen eines vereinzelnden "Spezialistentums". Spezialisten sind im Bereich der "Neuen Technologien" wertvoll und wichtig, aber nur dann, wenn sie kooperativ bleiben und ihren Vorsprung nicht zu egoistischem Herrschaftswissen ausbauen.

Zusammenfassend läßt sich zum Einsatz der Sozialformen mit Wolfgang Klafki sagen:

"Die einzelnen Sozialformen des Unterrichts entsprechen unterschiedlichen Zielsetzungen und Inhaltsbereichen sowie unterschiedlichen anthropologisch-psychologischen und soziokulturellen Voraussetzungen auf der Seite der Lehrer und der Schüler in unterschiedlicher Weise. Daher kann die Unterrichtstheorie oder die Unterrichtspraxis heute keine dieser Formen dogmatisieren. Es kommt darauf an, die Wahl einer Sozialform den jeweiligen Zielen, Inhalten und Bedingungen entsprechend vorzunehmen und die verschiedenen Sozialformen im Gesamtzusammenhang der Unterrichtsplanung miteinander zu verzahnen. Oft ist schon innerhalb einer Unterrichtseinheit ... der Einsatz mehrerer Sozialformen notwendig oder mindestens sinnvoll" (Klafki, 1971 S.147).

Der Lehrende sollte allerdings bei einem Wechsel der Sozialform soweit wie möglich die bisherigen Lerngewohnheiten der Teilnehmer berücksichtigen und für sie neue Sozialformen nur behutsam und mit ausreichendem Zeitaufwand einführen.

Lernerfolgskontrollen

(siehe hierzu insbesondere Görs; Voigt u.a. 1991 S.334-343)

Innerhalb jeder didaktisch-methodischen Konzeption zur Vermittlung beruflicher Qualifikationen ist immer auch das Problem der Lernerfolgskontrollen zu bewältigen. Die Lernleistungen sind zu messen und zu beurteilen. Natürlich bestimmen die jeweiligen Rahmenbedingungen zu einem Teil die Art der Lernerfolgskontrollen. So können bei abschlußbezogenen Veranstaltungen Zwischenprüfungen, zu beurteilende Fächer oder Leistungsgebiete sowie die Notengebung vorgegeben sein. Mehr noch als solche Vorgaben bestimmt aber die Leitzielsetzung für den Lehr-Lernprozeß die Art der Lernerfolgskontrollen.

Sollen beispielsweise bestimmte, relativ genau umgrenzte Fertigkeiten und Kenntnisse vermittelt werden mit dem Ziel, die Lernenden an festgelegte Arbeitsbedingungen anzupassen, dann werden Lernleistungsmessung und -beurteilung vorrangig als Disziplinierungs- und Ausleseinstrumente genutzt, die zumeist als objektiv und unhinterfragbar ausgegeben werden.

Soll aber zu mündigem, selbständigen Denken und Handeln befähigt werden, dann sollte die Lernerfolgskontrolle vorrangig der Selbstüberprüfung und Standortbestimmung für die Lernenden dienen.

Wie immer man aber Lernerfolgskontrollen einsetzt, es gibt für sie keine objektiven Maßstäbe. Auch die Reduzierung der Lernleistungsmessung auf sogenannte Multiple-Choice-Verfahren oder auf operationalisierte Feinziele (der Lernende soll die Schnittflächen einer Zeichnung mit Hilfe des CAD-Programms schraffieren können) bedeuten keine Objektivierung der Leistungsmessung, weil in die Auswahl und die Formulierung der Fragen und Feinlernziele die Wertungen und Prioritäten der Entwerfer dieser Prüfungsinstrumente eingehen. Und mit der so zustandegekommenen ganz bestimmten Frage- und Prüfungsweise kommen wiederum die Lernenden je nach Sozialisation, Sprachgebrauch und bisherigen Lernerfahrungen ganz unterschiedlich gut oder schlecht zurecht, was nur sehr bedingt Rückschlüsse auf ihre tatsächliche Lern- und Leistungsfähigkeit zuläßt.

Bei Lernzielen nach der zweiten Definition, bei denen es um Verhaltensdispositionen wie Interaktionsfähigkeit und Frustrationstoleranz geht, läßt sich der Objektivitätsanspruch schon gar nicht aufrechterhalten, weil, wie gerade gezeigt wurde, solche Schlüsselqualifikationen je nach dem zugrunde liegenden

Bildungsverständnis und Interesse äußerst unterschiedlich interpretiert werden.

Hinzu kommt, daß längst nicht alle Lernergebnisse, die während des Unterrichts erzielt werden, beobachtbar und direkt meßbar sind. Die nicht oder nur sehr bedingt beobachtbaren Lernergebnisse sind aber im Blick auf die hier angestrebten Leitziele die wichtigsten. Nach Hilpert Meyer lassen sich die Lernergebnisse in vier Kategorien einteilen:

	geplante Lernergebnisse	ungeplante Lernergebnisse
beobachtbare und meßbare Lernergebnisse	A	B
unbeobachtbare Lernergebnisse (Meyer 1979, S.73)	C	D

Genau beobachtbare und meßbare Lernergebnisse, bezogen auf vorher festgelegte operationalisierte Feinziele (der Lernende soll auf dem Bildschirm einen Kreisbogen durch drei vorgegebene Punkte konstruieren können) sind ausschließlich im Feld A angesiedelt.

In das Feld B wäre ein Lernergebnis einzuordnen, wenn z.b. ein Lernender für eine gestellte Aufgabe eine nicht vom Lehrenden geplante, aber beobachtbare und meßbare Lösung fände.

Ein geplantes, aber im Unterricht nicht oder nur sehr bedingt feststellbares, beobachtbares Lernergebnis wäre beispielsweise dann erreicht, wenn ein Lernender das Lernziel "fachbezogene Vorschläge anderer akzeptieren und kooperative Lösungen entwickeln können und dabei Kompromißbereitschaft und Frustrationstoleranz zeigen' am Arbeitsplatz in entsprechende Handlungen umsetzen würde (vgl. Kap. 4.3.4.2). Ein negatives, auch nicht ohne weiteres beobachtbares und kaum meßbares Lernergebnis wäre, wenn Lernende durch den Unterricht in ihrer resignativen Abwehrhaltung gegen alles institutionalisierte Lernen bestärkt würden.

Für Lehrende, die sich der oben angesprochenen Probleme bewußt sind und die am Leitziel "mündiges Denken und Handeln' festhalten, bedeutet die Einbeziehung von Lernerfolgskontrollen einen ständigen Balanceakt. Zum einen werden sie sich bemühen, die individuellen Lernfortschritte der Teilnehmer zu erkennen und diese durch entsprechende Rückmeldungen zu ermutigen. Dazu gehört, daß ein großer Teil der Lernerfolgskontrollen als Selbstkontrolle der Lernenden stattfindet. Das erfordert jedoch - vor allem bei der individuellen Selbstkontrolle - Offenheit gegen sich selbst und Rückkopplungsmöglichkeiten mit dem Lehrenden, da es sonst leicht zu Problemverdrängungseffekten kommen kann.

Kontrollieren sich Gruppen von Lernenden wechselseitig, so hat der Lehrende darauf zu achten, daß es in diesen Gruppen weder zur Dominanz einzelner

Teilnehmer noch zu Außenseitern kommt, weil dann die Gefahr besteht, daß ein Teil der Teilnehmer die anstehenden Aufgaben nicht wirklich gelöst hat beziehungsweise mit den Problemen allein gelassen wird. Auch hier sind also ständige Rückkopplungsmöglichkeiten mit dem Lehrenden erforderlich.

Zum anderen muß der Lehrende die Teilnehmer auf das Bestehen von Prüfungen vorbereiten, die von Außenstehenden, beispielsweise von fremden Prüfungskommissionen, abgenommen werden. In solchen Prüfungen überwiegen Kontrollarbeiten als zensierte Einzelleistungen und das Abfordern abfragbaren Wissens.

Zum dritten hat die zu vermittelnde Sache - z.B. die Befähigung zum fachkundlichen Umgang mit CAD-Systemen - ihr Eigenrecht, das heißt, in der verfügbaren Zeit sind bestimmte sachbezogene Grob- und Teillernziele zu erreichen.

Diese drei Anforderungen - Berücksichtigung des individuellen, auf die Lernvoraussetzungen des einzelnen Teilnehmers bezogenen Lernfortschritts, Vorbereitung auf eine externe Prüfung und Vermittlung der für die Qualifikation erforderlichen Sachkompetenz in der vorgegebenen Zeit - fallen nur im Idealfall problemlos zusammen. Sach- und Prüfungsanforderungen dürfen aber keineswegs als Alibi dafür dienen, die teilnehmerorientierte Selbstkontrolle und damit wichtige Lernziele auf dem Weg zur Handlungskompetenz im hier gemeinten Sinne zu vernachlässigen.

Ganz entscheidend wird der Lernerfolg davon abhängen, wie weit es dem Lehrenden gelingt, Lern- und Leistungsängste abzubauen, denn Angst - vor dem Lehrenden, vor dem Versagen, vor unbekanntem Lernstoff, vor Prüfungen - blockiert Denken und Lernen (siehe dazu z.B. Vester 1983). Wichtige Schritte auf dem Weg zu einer möglichst angstfreien und vertrauensvollen Lernatmosphäre sind:

"- Offenlegen der in einem bestimmten Zeitabschnitt angestrebten Lernziele, wenn möglich in Form eines Qualifizierungsplanes mit den einzelnen Lernschritten (als Grobziele);

- Offenlegung und Begründung der auf diese Ziele bezogenen Inhalte und Vermittlungs- bzw. Lernformen;

- wenn irgend möglich Klarmachen des Zusammenhangs von Qualifizierungszielen und späterer Umsetzung der zu erwerbenden Qualifikation in der Praxis;

- Gespräche mit den Teilnehmern in bestimmten Abständen über den Qualifizierungsplan und die inzwischen absolvierten Lernschritte, aber auch über eventuell vorhandene Lücken und Rückstände;

- Ausarbeiten von Lernzielkontrollbögen (Aufgaben- bzw. Arbeitspapiere), die den Teilnehmern eine Selbstkontrolle ihrer Lernleistung ermöglichen;

- Offenlegen der Beurteilungskriterien bei Lernerfolgskontrollen durch die Lehrenden und

- Verdeutlichen des Zusammenhangs zwischen Lernleistungskontrollen und Qualifizierungsziel" (Görs; Voigt u.a. 1991, S.341f).

Für den CAD-Unterricht kommt hinzu, daß der Lehrende die CAD-Systeme keinesfalls mystifizieren sollte. Je selbstverständlicher der Lehrende die Geräte als nützliche Werkzeuge benutzt, die auch ihre Grenzen und Unvollkommenheiten haben, desto unbefangener gehen auch die Teilnehmer mit ihnen um. Dabei ist es hilfreich, wenn er deutlich zum Experimentieren mit dem CAD-Programm auffordert und auftretende Fehler als Lernmöglichkeiten aufgreift und sie nicht - für die Teilnehmer nicht nachvollziehbar - verschwinden läßt.

Insgesamt gesehen sollten die Methoden den folgenden vier Forderungen soweit irgend möglich entsprechen:

"(1) Die Methoden müssen den Zielen entsprechen, die mit dem Unterricht angestrebt werden sollen. Heißt eines der Ziele z.B. "Vermittlung von Kooperations- und Kommunikationsfähigkeit", dann ist damit der lehrerzentrierte Frontalunterricht als Dauerform ausgeschlossen und es müssen Sozialformen des Unterrichts zum Tragen kommen, die den Teilnehmern Gelegenheit geben, die angestrebten Fähigkeiten auch zu entwickeln und einzuüben.

(2) Die Methoden müssen den Inhalten entsprechen, die vermittelt werden sollen. So können z.B. bei der Erarbeitung mathematischer Grundlagen zwar problem- und anwendungsorientierte Beispiele und Medien, kaum aber Methoden wie Diskussion, Rollenspiel oder Planspiel eingesetzt werden.

(3) Die Methoden müssen den Lernenden entsprechen. ... So sollte man z.B. in einer Gruppe, die bisher nur stark lenkende Unterrichtsmethoden kennengelernt und demzufolge passives Lernverhalten entwickelt hat, nicht übergangslos selbständig Gruppenarbeit oder entdeckende Lernmethoden einsetzen. Zudem reagieren unterschiedliche Persönlichkeiten und Lerntypen in sehr verschiedener Weise auf die einzelnen Unterrichtsmethoden (siehe Vester, 1983 S.41ff).

(4) Die Methoden müssen auf eine persönlichkeitsfördernde, identitätsbildende Gestaltung der sozialen Beziehungen in der Lerngruppe hinwirken ...

Diese vier Forderungen sind selten zur Deckung zu bringen. Sie sollten jedoch bei der methodischen Gestaltung des Unterrichts als Orientierungslinien dienen, denen man so weit wie möglich und in sorgfältiger Abwägung der unterschiedlichen Aspekte folgt" (Voigt, 1984 S.40f).

5.3.3.4 Zeitliche und materielle Rahmenbedingungen

Für einen Unterricht, der den obigen Forderungen genügen soll, muß ausreichend Zeit vorhanden sein, das heißt, das Stoff-Zeit-Problem muß vernünftig gelöst werden, weil oft an Zeitmangel und Stoffüberfülle auch die besten didaktisch-methodischen Ansätze scheitern. Deshalb sollen im folgenden, bezogen auf die CAD-Schulung und beruhend auf den schon erwähnten Expertenbefragungen sowie auf umfangreichen eigenen Erfahrungen, einige Empfehlungen für den zeitlichen Umfang und die zeitliche Gliederung von CAD-Unterricht ausgesprochen werden.

Für die Einführung in Grundlagen der digitalen Datenverarbeitung gilt: Wenn Teilnehmer bereits mit den Hardwarekomponenten von Computern umgehen können und über Informatik- und EDV-Grundkenntnisse verfügen, ist eine CAD-Einführung nicht so problematisch, als wenn sie absolute Neulinge auf dem Gebiet neuer Technologien wären. Dinge wie Datensicherung, Datenarchivierung, -verwaltung und -schutz sind dann nicht mehr ganz neu, d.h. die Einführung kann sehr knapp ausfallen.

Neulinge brauchen dagegen zunächst eine Einführung in diese Grundlagen der digitalen Datenverarbeitung sowie einen Überblick über ihre Möglichkeiten, Aufgaben, Chancen und Probleme in persönlicher, betrieblicher und gesellschaftlicher Hinsicht. Dafür benötigt man nach den bisher gemachten Erfahrungen eine 40stündige Lehr-Lernsequenz.

CAD-Qualifizierungen sollten inhaltlich und zeitlich in Module gegliedert werden. Als sinnvoll haben sich Sequenzen von ca. 40 Unterrichtsstunden erwiesen. Dieser Zeitraum entspricht ungefähr einer Arbeitswoche und ist organisatorisch für im Arbeitsverhältnis Stehende meistens gut zu handhaben. Für eine befriedigende, sichere CAD-2D-Grundlagenausbildung sind dabei ca. 160 Stunden erforderlich. Das entspricht einer Schulungszeit von 4 Wochen. Diese Zeit ist erfahrungsgemäß mindestens auf ein Vierteljahr zu verteilen, damit das Gelernte zwischendurch besser internalisiert werden kann. Die Teilnehmer benötigen, jeweils anschließend an jede Lernwoche, einen angemessenen Zeitraum, um ihre CAD-Neuerwerbungen übend festigen und vertiefen zu können.

Problematisch ist dagegen die Schulung an einem Tag in der Woche, schlimmstenfalls abends, am Ende eines Arbeitstages. Der Lernerfolg stellt sich erfahrungsgemäß umso schwerer ein, je weniger die Teilnehmer zwischendurch üben konnten und je weniger flexibel (oft: je älter) sie waren. Kurse am Wochenende, beginnend am Freitagnachmittag und endend am Sonntagnachmittag, erwiesen sich als erfolgversprechender als Abendveranstaltungen, da dort schon Übungs- und Vertiefungsphasen so wirksam waren, daß am nächsten Schulungswochenende darauf zurückgegriffen werden konnte.

Bereits innerhalb der handlungsorientiert angelegten Sequenzen sind Übungen, Kommunikations- und Austauschphasen wichtig. Es wäre pädagogischer Unsinn, mehr als 2-3 Stunden pro Tag fachbezogene CAD-Neuigkeiten anzubieten. Die Teilnehmer sollten aber jeden Tag mindestens 1-2 Stunden über das Gelernte, ihren persönlichen Bezug dazu und den Bezug zur konkreten Arbeitssituation in den jeweiligen Konstruktionsabteilungen und Betrieben, aus denen sie kommen, sprechen. Es ist dabei wichtig, sowohl nachvollziehbare Zusammenhänge herzustellen, als auch konfliktträchtige Widersprüche aufzudecken. Solche Gespräche sollten integrativ in das Unterrichtsgeschehen eingebunden und nicht zeitlich ausgegrenzt werden.

Für das dreidimensionale (3D-)Arbeiten mit CAD sind meines Erachtens weitere 80 Stunden erforderlich, wenn es stringent auf einem bereits bekannten 2D-Programmpaket aufbaut. Da die 3D-Schulung jedoch erst im Aufbau begriffen ist, handelt es sich hier um einen ersten Erfahrungswert.

In die didaktische Gesamtplanung für die CAD-Qualifizierung sollten ferner unbedingt Anwendertreffen einbezogen werden, für die mindestens ein halber Tag pro Schulung anzusetzen ist. Diese Treffen von Lernenden und Anwendern, auf denen Erfahrungen ausgetauscht, Tricks weitergegeben und fachliche Kompetenzen erweitert werden, fördern den Einblick in die CAD-Materie und ihre Zusammenhänge und damit das Selbstvertrauen der Teilnehmer. Häufig entstehen daraus Wünsche bzw. Forderungen an die Hersteller und an die Arbeitsorganisation im Blick auf eine humanere Gestaltung der Arbeitsbedingungen. Die Anwendertreffen finden als Veranstaltungen häufig auch nach der Schulung noch statt, wenn die Teilnehmer in den Betrieben mit CAD arbeiten. Sie werden dann von Firmen, Verbänden oder Kammern organisiert und dienen vorrangig dem Erfahrungsaustausch.

Wie schon bei der Beschreibung der jetzigen Situation der CAD-Schulung unter 5.2 deutlich gemacht wurde, ist neben der vernünftigen Bewältigung des Stoff-Zeitproblems die richtige organisatorisch-materielle Ausstattung eine unabdingbare Voraussetzung für die Realisierung mündigkeitsfördernder Lehr-Lernprozesse.

So ist eine angemessene Hard- und Softwareausstattung unverzichtbar. Dabei sind vor allem die Vorschriften und Richtlinien der Gewerbeaufsichten und Berufsgenossenschaften zu berücksichtigen (siehe hierzu die Ausführungen in Kapitel 4.3.2).

Notwendig ist ferner eine ausreichende Ausstattung der Lernenden mit gutem, für den Unterricht brauchbarem Lern- und Informationsmaterial. Anzustreben ist die Zusammenfassung von Beispielen, Übungsaufgaben und Informationsmaterialien zu den einzelnen, aufeinander aufbauenden Schulungsmodulen, so daß letztendlich - idealerweise - ein Nachschlagwerk für jeden Teilnehmer zum späteren Gebrauch entsteht.

Zudem ist es wichtig, neben den Fachinformationen Materialien zur Diskussion um den Einsatz neuer Technologien bereitzuhalten, aus denen die unterschiedlichen Standpunkte und Argumente der an dieser Diskussion beteiligten Interessengruppen hervorgehen, so daß die Teilnehmer sich ihrer Interessen bewußt werden und eine eigene Meinung bilden können. Die Ergebnisse der Gruppengespräche zu diesem Thema sollten, wenn irgend möglich, in knappen Protokollen zusammengefaßt und an alle Teilnehmer verteilt werden.

Die Computer im Schulungsraum sollten so angeordnet sein, daß ein auf Kommunikation und Kooperation ausgerichtetes Unterrichtsgeschehen gefördert und nicht behindert wird. Dazu gehört, daß Lernende und Lehrende problemlos Sichtkontakt zueinander haben können. Darüber hinaus sollten alle Bildschirme von allen Teilnehmern einsehbar sein. Es bietet sich dafür die Innenseite einer offenen U-Form an, wobei der Lehrende bei Demonstrationen und Erklärungen von der offenen Seite her operiert. Für Skizzen, Nachschlagwerke und andere Materialien ist genügend Ablagefläche vorzusehen. Eine für den Lernerfolg wichtige Vorentscheidung ist schließlich die über die

Größe der Gesamtgruppe. Diese Entscheidung ist für den CAD-Weiterbildungsunterricht, der häufig Menschen ungleichen Alters, mit unterschiedlichen Vorerfahrungen, Motivationen und Zwängen integrieren muß, eine schwierige und reizvolle Aufgabe zugleich. Nach den vorliegenden Erfahrungen sollte eine Gruppengröße von zehn Teilnehmern pro Dozent nicht überschritten werden. Die besten Lernerfolge sind in Vergangenheit mit Gruppen von sechs bis acht Teilnehmern pro Dozent erzielt worden.

5.3.4 Zusammenfassung

Wenn die berufliche Weiterbildung zur Durchsetzung humanorientierter Formen der Arbeitsorganisation und des Technikeinsatzes beitragen soll, dann bedarf es dazu eines didaktischen Rahmenkonzeptes, das geeignet ist, Lernziele wie Fachkompetenz, Einsichten in gesellschaftliche Interessen und ihre Zusammenhänge mit der Arbeitsplatzgestaltung, Interaktions- und Kooperationsfähigkeit gleichermaßen erfolgreich anzustreben. Das Leitziel für diese Didaktik heißt Handlungs- und Gestaltungskompetenz. Um es zu erreichen, sind im Lehr-Lernprozeß allgemeine, berufliche und politische Bildung soweit wie irgend möglich zu integrieren.

Wichtiger Bestandteil von Handlungs- und Gestaltungskompetenz sind Schlüsselqualifikationen wie Abstraktionsfähigkeit, Kommunikationsfähigkeit und andere. Die Vermittlung solcher Schlüsselqualifikationen darf aber weder abgehoben von den konkreten Arbeitsanforderungen erfolgen noch auf das Einüben von Arbeitstugenden traditioneller Art beschränkt werden. Sie hat vielmehr anzusetzen bei der Arbeitssituation und den Erfahrungen der Lernenden und von daher dann übergreifende Einsichten und Fähigkeiten zu vermitteln.

Das schließt eine enge, ausschließlich auf die Schulung gut kontrollierbarer beruflicher Fertigkeiten und Kenntnisse gerichtete Auffassung von Curriculum aus. Curricula sind vielmehr anzulegen als weitgehend offene Orientierungslinien für den Unterricht, mit begründeten, aufeinander bezogenen Lernziel-, Inhalts- und Methodenentscheidungen, so daß zum einen übergeordnete Lernziele wie die oben genannten ermöglicht und gestützt werden und zum anderen Lehrenden und Lernenden genügend Spielraum bleibt, um den Lehr-Lernprozeß der jeweiligen besonderen Lernsituation und ihren Anforderungen anzupassen. Die Lernziele in diesen Curricula sollten sowohl auf fachliche Kompetenzen bezogene Feinziele in weitgehend operationalisierter Form als auch auf das Lernziel gerichtete Verhaltensdispositionen umfassen.

Die auf diese Ziele zu beziehenden Inhalte sollten wissenschaftlichen Erkenntnissen nicht widersprechen und sich soweit notwendig an vorgegebenen Weiterbildungs- und Prüfungsordnungen orientieren. Das Hauptkriterium für die Auswahl sollte jedoch der Praxisbezug sein, wobei den Auswählenden immer bewußt bleiben muß, daß sich die Definition von Praxisrelevanz sowohl mit den unterschiedlichen Interessen als auch im Zuge der rasanten technischen Entwicklung verändert. Die Ermittlung und Begründung von Lerninhalten ist also ein permanenter, grundsätzlich nicht abschließbarer Prozeß.

Soll der Lehr-Lernprozeß dem Leitziel *Handlungskompetenz* dienen, dann müssen auch die Vermittlungsmethoden diesem Ziel entsprechen. Zu den dabei zu erfüllenden Forderungen gehört,

- daß der Unterricht eine begründete, von den Lernenden erkennbare, aber auch zu beeinflussende Struktur bzw. Gliederung hat;

- daß die Methodenkonzeptionen, d.h. die Gesamtentwürfe für den Unterricht den Lernzielen und -inhalten entspricht, wobei der Idealfall ein projektorientierter, spiraliger, entdeckenlassender Unterrichtsaufbau sein dürfte;

- daß je nach der gerade anstehenden Situation oder Aufgabe unterschiedliche, einander ergänzende Sozialformen eingesetzt werden;

- daß Lernerfolgskontrollen nicht als angstmachendes Disziplinierungsinstrument eingesetzt werden, sondern der Selbstüberprüfung und der Standortbestimmung der Lernenden dienen und

- daß die Lehrenden durch Offenlegen und Begründung der Ziele, Inhalte und Vermittlungsverfahren sowie durch glaubwürdiges eigenes Verhalten eine möglichst angstfreie, vertrauensvolle Lernathmosphäre schaffen.

Weitere unabdingbare Voraussetzungen für einen mündigkeitsfördernden und an aktuellen Praxisaufgaben orientierten Unterricht sind:

- eine verantwortbare Lösung des Stoff-Zeitproblems, das heißt, es muß genügend Zeit für die Realisierung der oben skizzierten didaktisch-methodischen Forderungen zur Verfügung stehen;

- eine dem heutigen Stand der Technik und dem didaktischen Konzept entsprechende materielle Ausstattung der Schulungsräume sowie

- eine Gesamtgruppengröße, die einen teilnehmerorientierten Unterricht zuläßt.

6. Zwei CAD-Qualifizierungsansätze als Praxisbeispiele für die Aufgaben, Möglichkeiten und Probleme der beruflichen Bildung im Bereich der neuen Technologien

In den vorausgegangenen Kapiteln wurde mit der Darstellung der eigenen Position und mit den auf die CAD-Schulung zu beziehenden Leitlinien für eine emanzipatorische Didaktik der beruflichen Weiterbildung ein Kriteriengerüst geschaffen, mit dessen Hilfe vorhandene Ansätze für die CAD-Qualifizierung beurteilt und neue Weiterbildungseinrichtungen in diesem Sektor besser geplant werden können.

Im folgenden letzten Teil dieser Arbeit soll nun anhand von zwei bereits realisierten Beispielen gezeigt werden, wie weit sich die zuvor aufgestellten Forderungen unter verschiedenen Rahmenbedingungen verwirklichen lassen. Beide Beispiele sind derzeit für den Gesamtzustand der CAD-Weiterbildung leider nicht repräsentativ, sondern stellen positive Ausnahmen dar, wie aus dem Vergleich mit der Situationsbeschreibung unter Kapitel 5.2 leicht ersichtlich wird.

Es handelt sich dabei um das Technologie-Trainings-Centrum (TTC) des Arbeiter-Bildungs-Centrums Bremen (ABC) und um den Modellversuch "Implementation der CAD-Technologie in den Lehrplan der Teilzeitberufsschule zur beruflichen Erstqualifikation des Technischen Zeichners und Maßnahmen zur beruflichen Anpassungsfortbildung im Berufsfeld Metalltechnik", im folgenden CAD-Modellversuch genannt.

An beiden Praxisversuchen war ich in unterschiedlicher Weise beteiligt, und zwar zum einen als Mitglied der Forschungsgruppe, die drei Jahre lang den Aufbau und die Arbeit des TTC wissenschaftlich begleitete, und zum anderen als Mitglied der Modellversuchsgruppe im Schulzentrum "Im Holter Feld", durch die der gesamte Modellversuch entworfen, durchgeführt und evaluiert wurde. Erstens, weil diese zweite Beteiligung für mich wesentlich zeitaufwendiger, intensiver und erfahrungsreicher war und zweitens, weil sie mehr Möglichkeiten für die Realisierung einer mündigkeitsfördernden Form der beruflichen Bildung bot, ist die Darstellung des Modellversuches entsprechend umfangreicher ausgefallen als die der TTC-Arbeit.

6.1 Das Technologie-Trainings-Centrum (TTC) des Arbeiter-Bildungs-Centrums Bremen (ABC)

6.1.1 Zur Entstehung und Konzeptionierung des TTC

Das TTC ist eine Gründung des Arbeiter-Bildungs-Centrums (ABC), das wiederum durch die Arbeiterkammer Bremen 1980 ins Leben gerufen wurde. Die Arbeiterkammer ist eine - nur in Bremen und im Saarland existierende - Körperschaft des öffentlichen Rechts. Nach dem Bremischen Arbeitnehmerkammergesetz vom Juli 1956 hat sie die Aufgabe, die Interessen der im Lande Bremen beschäftigten lohnabhängigen Arbeitnehmer in wirtschaftlicher, sozialer und kultureller Hinsicht zu vertreten.

Das ABC als Weiterbildungseinrichtung der Kammer nimmt sich vor allem der

Qualifizierungsinteressen der Arbeitnehmer, insbesondere der benachteiligten Gruppen unter ihnen (ältere Arbeitnehmer, Frauen, ausländische Arbeitnehmer, Arbeitnehmer ohne ausreichenden Schul- und Berufsabschluß) an und führt entsprechende Vollzeit- und Teilzeitmaßnahmen zur Fortbildung und Umschulung durch. Ziel ist die möglichst umfassende Qualifizierung der Teilnehmer, das heißt,

- die Qualifizierung soll auf langfristige Verwertbarkeit der Arbeitskraft gerichtet sein;

- die Qualifizierung soll nicht nur eine breite Grundausbildung beinhalten, sondern darüber hinaus die Befähigung zu ständiger Weiterbildung in Erwartung technischer Neuerungen und der damit verbundenen veränderten Tätigkeitsstrukturen;

- die Qualifizierung soll neben der Fachkompetenz auch die soziale Handlungskompetenz fördern und stabilisieren (siehe ABC, 1988 S.2).

Der Anstoß zur Gründung des TTC kam aus einer Analyse der Arbeitsmarktsituation im Bereich der Metall- und Elektrotechnik in den Jahren 1984/85. Aus dieser Analyse ergab sich ein Defizit an qualifizierten Facharbeitern, die mit den neuen Technologien im Produktions- und Konstruktionsbereich sachkundig umgehen können. Das zu schaffende TTC sollte deshalb arbeitslose Facharbeiter aus dem Metall- und Elektrobereich mit den entsprechenden Kenntnissen, Fertigkeiten und Fähigkeiten ausstatten. Über das Arbeitsamt, das dem Ergebnis der Situationsanalyse zustimmte, wurde die Finanzierung gesichert.

So wurde 1986 eine Planungsgruppe ins Leben gerufen, bestehend aus vier Diplomingenieuren, von denen zwei auch das Staatsexamen zum Gewerbelehrer abgelegt hatten. Diese Planungsgruppe erhielt für ihre Konzeptionierungsarbeit folgende Vorgaben:

- Getreu der Grundauffassung des ABC sollten die Teilnehmer nicht schmalspurig qualifiziert werden, sondern eine möglichst breite Grundausbildung in den Bereichen CNC, CAD und Steuerungstechnik (u.a. SPS) erhalten, um sich dann auf dieser breiten Grundlage je nach individueller Neigung, voraufgegangener Qualifikation und beruflichen Plänen in einem der Technologieschwerpunkte zu spezialisieren:

- Es sollte ein Modulsystem mit den Schwerpunkten CNC, CAD und Steuerungstechnik geben.

- Innerhalb der Module sollte eine Binnendifferenzierung nach Leistungsfähigkeit und Lernvoraussetzung der Teilnehmer stattfinden.

- Durch das Modulsystem sollte den Teilnehmern ein individuelles Qualifikationsprofil ermöglicht werden.

- Die räumliche und inhaltliche Trennung von Theorie und Praxis sollte soweit wie möglich aufgehoben werden.

- Es sollte monatliche Einstiegsmöglichkeiten geben, um so die Wartezeit für

Arbeitslose auf den Beginn der Weiterbildungsmaßnahmen zu verkürzen. (siehe Görs; Voigt u.a. 1991 S.30ff).

Über die fachliche Qualifizierung im engeren Sinne hinaus sollten die Teilnehmer zu selbständigem, kritischem Denken und Lernen und zur Mitgestaltung von Technik und Arbeitsorganisation befähigt werden. Das bedeutete einen Qualifizierungsprozeß, der von der herkömmlichen beruflichen Ausbildung abweicht, denn die neuen Technologien stellen auch neue Anforderungen, die insbesondere

"- ein höheres Ausmaß an dispositiven gegenüber manuellen Tätigkeiten ausmachen,

- Fähigkeiten im Umgang mit komplexen Systemen voraussetzen,

- ein höheres Ausmaß an Planung der Tätigkeiten erfordern,

- Fähigkeiten zur Überwachung und zum Eingriff in komplexe Systeme bedeuten,

- hohe Anforderungen im logischen, abstrakten und analytischen Denken beinhalten,

- ein höheres Ausmaß an Selbständigkeit sowie

- Kooperations- und Lernfähigkeit beim Arbeitnehmer notwendig machen" (ABC, 1988, S.13).

Der auf entsprechende Lernziele ausgerichtete Unterricht sollte

- die bereits erworbenen Qualifikationen nutzen,

- stark auf die beruflichen Anforderungen bezogen sein,

- die Grundlagen für eine weitere, auch selbständige Qualifizierung schaffen.

In der Kombination von individualisiertem Training und gruppenbezogener Unterweisung wird gezielt die Schlüsselqualifikation "Selbständigkeit beim Planen, Ausführen und Kontrollieren der Arbeit' angestrebt" (ABC, 1988 S.14). Zudem sollten die aufeinander aufbauenden Module für die drei Bereiche CAD, CNC und Steuerungstechnik (SPS) im Rahmen von Projekten aufeinander bezogen werden, so daß die Teilnehmer einen Überblick über das Ineinanderwirken der unterschiedlichen neuen Technologien bekommen. Zur Ausarbeitung der an diesen allgemeinen Richtlinien orientierten Curricula, das heißt zur Aufstellung von Grob- und Feinlernzielen, zu einer begründeten Inhaltsauswahl und zu entsprechenden Methodenentscheidungen reichte allerdings die Vorbereitungszeit nicht aus, denn zum einen waren den Mitgliedern der Planungsgruppe didaktisch-methodische Theorieansätze nur zu einem kleinen Teil bekannt, zum anderen wurde ein beträchtlicher Teil der Planungszeit im wesentlichen für die Auswahl der technischen Ausstattung genutzt. So sind die konkreten Unterrichtsentwürfe und -materialien erst entstanden, als der Lehrbetrieb bereits lief, das heißt sie wurden eher pragmatisch den Situationserfordernissen angepaßt als theoretisch fundiert.

6.1.2 Die Lehrenden

Im Vergleich zu den meisten anderen ähnlichen Einrichtungen zur beruflichen Weiterbildung für die neuen Technologien war das TTC während der wissenschaftlichen Begleitung personell sehr gut ausgestattet. Zwar gab es im Laufe der Jahre personelle Fluktuation, doch waren im Durchschnitt vier Diplomingenieure bzw. drei Diplomingenieure und ein Meister für die Betreuung der etwa 33 Teilnehmer zuständig. Alle vier Lehrenden waren fachlich, d.h. im Bereich der Metall- und/oder Elektrotechnik qualifiziert, mußten sich aber in die neuen Technologien für die zu unterrichtenden Spezialgebiete auch erst einarbeiten und später durch eigene Weiterbildungsmaßnahmen Anschluß an neue Entwicklungen halten.

Ihre pädagogisch-didaktischen Vorstellungen waren zu Beginn eher vage, das heißt, sie hielten sich im Rahmen der oben skizzierten relativ allgemeinen Vorgaben. Im Verlaufe der wissenschaftlichen Begleitung des TTC gab es eine Vielzahl von Gesprächen zu didaktisch-methodischen Themen bis hin zu - freiwillig und zusätzlich besuchten - Wochenendseminaren mit der Forschungsgruppe.

Da für das TTC keine Verwaltungskraft zu Verfügung stand, mußten die Lehrenden auch die anfallenden Verwaltungs- und Organisationsarbeiten mit erledigen. Dazu gehörten unter anderem das Schreiben der Zertifikate, Bestellungen, Entgegennahme und Kontrolle von Lieferungen, Prüfung der Stempelkarten der Teilnehmer, Photokopieren, Erledigen der anfallenden Post und der Telephonate, Hilfe für die Teilnehmer bei Anträgen auf Verlängerung der Kursteilnahme, bei der Urlaubsplanung, bei Bewerbungen usw., Vorbereitung der Teilnahme und Besuch von Messen zu neuen Technologien, Erstellung von Stundenplänen und die dazu erforderlichen Koordinationsgespräche sowie Systempflege und Wartung der Geräte.

Aufgrund dieser Vierfachbelastung - Unterricht, curriculare Entwicklungsarbeit, eigene fachliche Weiterbildung und administrative bzw. organisatorische Anforderungen - standen die Dozenten vor allem in der Anfangsphase unter einem hohen Zeit- und Arbeitsdruck, der kaum Raum für eine längerfristige, systematische didaktische Konzeptionierungsarbeit ließ.

Es gab jedoch von Anfang an einen allgemeinen Konsens unter den Lehrenden, der sich in folgenden Punkten ausdrücken läßt:

- Die Bildungsarbeit im TTC darf nicht von engen späteren Arbeitsplatzanforderungen begrenzt werden, aber die Betriebsrealität mit ihren derzeit vorkommenden Formen der Arbeitsorganisation sollte den Teilnehmern nahegebracht und mit ihnen diskutiert werden, und zwar möglichst in Form von Wochen- oder Wochenendseminaren.

- Die Teilnehmer sollten zu selbständigem Arbeiten befähigt werden, und zwar mit Hilfe von aufeinander aufbauenden Arbeits- und Aufgabenblättern, die, in einem Ordner gesammelt, einen Überblick über die Inhaltsstruktur des jeweiligen Technikbereiches geben und zugleich als Anwendungshilfen im späteren Arbeitsprozeß dienen können.

- Es sollen Kataloge mit verbindlichen Groblernzielen erarbeitet werden.

- Die Struktur der Arbeitsaufgaben, die zu diesen Groblernzielen führen sollen, ist in allen Modulen ähnlich anzulegen, so daß die Teilnehmer sich bei einem Wechsel in ein anderes Modul - zumindest was die Aufgabenstruktur betrifft - schnell zurechtfinden können.

- Die Teilnehmer sollten sich soweit wie irgend möglich ihr individuelles Qualifikationsprofil schaffen können.

- Bei Defiziten in den Grundlagen soll gezielt für alle Teilnehmer einer Gruppe der Frontalunterricht als gelenktes Unterrichtsgespräch eingesetzt werden, um so zum gleichen Wissensstand für alle zu kommen (siehe Görs; Voigt u.a. 1991 S.166f).

Den in den obigen Punkten steckenden Anforderungen konnte unter den gegebenen Arbeitsbedingungen nur zum Teil entsprochen werden (siehe dazu 6.1.5). Nach übereinstimmenden Aussagen aller Lehrenden haben sie aber einerseits im Verlaufe ihrer Arbeit im TTC einen kontinuierlichen Lernprozeß im Blick auf die Erweiterung ihres technologischen Wissens durchlaufen. Andererseits "haben sie gelernt, mit Menschen unterschiedlicher Altersstufen und Lernvoraussetzungen technologische Schulungsarbeit so zu betreiben, daß sie ihnen und den Lernenden Spaß machte" (Görs; Voigt u.a. 1991 S.170).

6.1.3 Die Lernenden

Der weitaus überwiegende Teil der Kursteilnehmer (85%) hatte vor der Arbeitslosigkeit einen Beruf aus dem Berufsfeld Metall erlernt. Die übrigen hatten mit zwei Ausnahmen (Tischler und Lehrer) Berufe aus dem Bereich der Elektrotechnik oder waren Technische Zeichner. Zwei Drittel der Teilnehmer verfügten über eine Berufserfahrung von drei und mehr Jahren. Während es im ersten Jahr des TTC-Betriebes noch Teilnehmer gab (bis zu 25%), die länger als zwei Jahre arbeitslos waren, wurden nach der Umstrukturierung, von der noch die Rede sein wird, vom Arbeitsamt fast nur noch Teilnehmer zugewiesen, die weniger als ein Jahr arbeitslos waren. Zwar stellten Teilnehmer, die jünger als 35 Jahre waren, mit über 70% den Hauptanteil, doch gab es auch relativ viele Teilnehmer, die älter als 45 Jahre waren. Etwa die Hälfte der Teilnehmer verfügte über unterschiedliche Vorerfahrungen in der beruflichen Weiterbildung.

Hinsichtlich der allgemeinen Schulbildung nannten 42% den Hauptschul-, 33% den Realschulabschluß, 14% das Fachabitur und 9% das Abitur (vgl. Görs; Voigt u.a. 1991 S.72ff).

Durchgehendes Merkmal der Teilnehmergruppen war seit Bestehen des TTC ihre Heterogenität hinsichtlich ihrer Vorkenntnisse, Lernhaltungen und Einstellungen zu den neuen Technologien. Als besonders vorteilhaft für Sozialverhalten, Arbeitsdisziplin und Lernvermögen erwies es sich, wenn Teilnehmer vor dem Eintritt in das TTC die Übungswerkstatt IV des gewerblich-technischen Bildungszentrums des ABC durchlaufen hatten, in der sie wieder an institutionalisiertes Lernen gewöhnt und auch schon in die Grundlagen neuer Technologien eingeführt wurden. Zudem hat sich zumindest für die Bereiche CAD und CNC die veränderte Vorauswahl des Arbeitsamtes als positiv herausgestellt, nach der möglichst nur Personen mit verwandten Berufen in die beiden Technikfelder eingewiesen wurden.

Als problematisch machte sich dagegen die zunehmende Zuweisung von Aussiedlern an das TTC bemerkbar. Die fachlichen Vorkenntnisse waren größtenteils unzureichend, da beispielsweise Berufsbezeichnungen wie etwa "Techniker" in den Herkunftsländern nicht das gleiche Qualifikationsniveau bedeuten wie in den "alten Bundesländern" der BRD. Hinzu kamen Sprach- und Integrationsschwierigkeiten, so daß sich auch das sonst gute Lernklima veränderte. Durch vorgeschaltete sechsmonatige Sprachkurse sind die Probleme inzwischen abgemildert worden.

Abgesehen von der Aussiedlerproblematik waren die Lernatmosphäre und Kooperation zwischen den Teilnehmern durchweg gut. Die Art der Lernorganisation und die Zahl der Geräte, die kleiner ist als die Teilnehmerzahl, zwingen der Lernenden zur Zusammenarbeit, die - nach geringen Anfangsschwierigkeiten - von den meisten Teilnehmern als positiv empfunden wurde. Auf die Zusammensetzung der Arbeitsgruppen nehmen die Lehrenden in der Regel keinen Einfluß, es sei denn, die Partner erweisen sich als nicht fähig zur Zusammenarbeit oder zeigen zu starke Isolierungstendenzen. Ein Versuch der Lehrenden, die Kleingruppen kontinuierlich zu verändern, um so die Kooperations- und Interaktiosfähigkeit zu stärken, scheiterte am Widerstand der meisten Teilnehmer, die lieber mit ihrem gewohnten Partner weiter zusammenarbeiten wollten. Auf das Ganze gesehen wird der Lehr-Lernprozeß im TTC von der überwiegenden Mehrheit der Teilnehmer positiv eingeschätzt (siehe Görs; Voigt u.a. 1991 S.72ff + 171ff).

6.1.4 Die technische und organisatorische Ausstattung des CAD-Labors

Als Hardware waren im CAD-Labor Ende 1990 zwei Rechnertypen installiert. Zum einen handelt es sich um 5 Personal-Computer der IBM-kompatiblen AT-Serie mit 16-bit-Prozessoren, unterstützt durch je einen mathematischen Coprozessor und zum anderen um 3 Workstation-Arbeitsplätze der Firma Apollo-Domain mit 32-bit-Prozessoren.

Im Hinblick auf PPS und CIM soll das System ausgebaut werden. Im einzelnen sah die Konfiguration folgendermaßen aus:

Zum 32-bit-Workstationkonzept gehören zwei SICOMP Workstations der Firma Siemens (monochrom). Die Bildschirme sind ausreichend für CAD-Arbeit hinsichtlich ihrer Größe und Auflösung.

Die Workstationrechner und Peripheriegeräte im TTC sind über ein LAN-Netzwerk (local area network) miteinander verbunden.

Zum Personalcomputer - Konzept gehören acht IBM-kompatible Personalcomputer, zum Teil mit Ethernet vernetzt. Die Farbbildschirme sind für CAD-Arbeit nicht zulässig, weil sie mit 14"-Diagonalabmessungen zu klein sind.

Als Peripheriegerät ist ein Plotter der Firma Hewlett Packard angeschlossen. Als CAD Software waren zwei unterschiedliche Programme eingekauft worden. Zum einen handelt es sich dabei um das am weitesten verbreitete CAD-Programm AUTOCAD, welches auf den 16-bit Personalcomputern installiert ist und zum anderen um das von der Firma Siemens passend zu den Apollo-Domain Workstations angebotene CAD-Programm SIGRAPH.

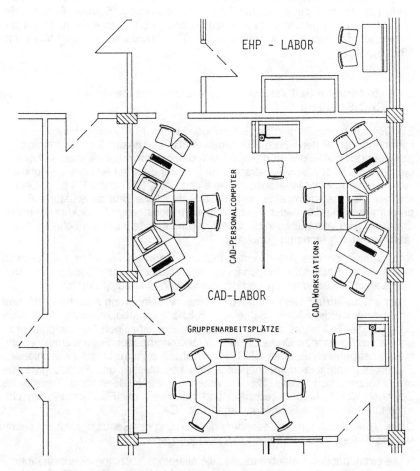

Ausstattung des CAD-Labors im TTC

Das Labor hat eine relativ große Grundfläche. Neben den Computerdoppelarbeitsplätzen für die Lernenden sind noch zwei klassische Zeichenbrett-

Arbeitsplätze für Entwürfe und eine variable Gruppentischanordnung mit 8 Stühlen vorhanden. Alle Lernenden im CAD-Labor können problemlos miteinander kommunizieren (siehe Abbildung). Stühle und Tische entsprechen qualitativ annähernd den Anforderungen an professionelle CAD-Arbeitsplätze. Der Fußboden ist nicht antistatisch ausgerüstet.

Die Lichtverhältnisse im Labor sind ungünstig, da sich auf der einen Seite des Raumes eine große Fensterfläche befindet. Ihre Lichteinstrahlung stört jedoch erfreulicherweise nur einen CAD-Platz extrem. Mit einer (vorhandenen) Stellwand könnte man die Störung mildern. Zugunsten der Kommunikation - die Wand teilte dann gleichzeitig das Labor in zwei Arbeitgruppen - wurde sie nur selten genutzt (siehe zu Ausstattung des TTC im einzelnen Görs; Voigt u.a. 1991 S.53ff).

6.1.5 Zu Struktur und Verlauf des Lehr-Lernprozesses in der CAD-Schulung

Ein Jahr nach dem Beginn der Schulungsarbeit im TTC vollzogen sich im Zusammenhang mit den Sparmaßnahmen der Bundesanstalt für Arbeit einige gravierende Umstrukturierungen, die den organisatorischen Aufbau und damit die geplante Bildungsarbeit veränderten. Während vorher fest alle Teilnehmer innerhalb von zwölf Monaten in die Bereiche CNC, CAD und SPS eingeführt wurden, also insgesamt eine breit fundierte, fachliche Grundausrüstung für den Umgang mit den neuen Technologien im industriellen Produktionsbereich erhielten, wird jetzt nur noch die Qualifizierung in einem der Bereiche im Zeitraum von sechs Monaten genehmigt.

Nach Aussagen des Arbeitsamtes legt der Markt keinen Wert auf vielseitig ausgebildete Fachkräfte (sogenannte "Hybridfacharbeiter"), sondern benötigt Fachpersonal, das in einem Technologieschwerpunkt qualifiziert ist.

In der am 1.Februar 1988 in Kraft getretenen Vereinbarung zwischen ABC und Arbeitsamt wurde zudem festgelegt, welche Facharbeiterberufe Voraussetzung für die Teilnahme an der Schulung in den einzelnen Technologiebereichen sind. So können Dreher, Fräser, Werkzeugmacher, Feinmechaniker und Maschinenbautechniker am CNC-Unterricht teilnehmen. Maschinenschlosser, Elektriker, Kraftfahrzeugmechaniker, Betriebsschlosser und Flugzeugmechaniker können sich in der Steuerungstechnik weiterbilden, und Technische Zeichner, Konstrukteure, Techniker und Ingenieure der Fachrichtung Maschinenbau erhalten eine Fortbildung im Bereich CAD.

Diese Veränderungen, insbesondere die Kürzung der Schulungszeit auf sechs Monate, haben vor allem folgende Konsequenzen:

"- Die einmonatigen Betriebspraktika, die allerdings auch vorher nur für einen geringen Teil der Teilnehmer in der gewünschte Form realisiert werden konnten, entfallen.

- Der projektorientierte Unterricht, der modulübergreifend Zusammenhänge erkennen lassen sollte, entfällt fast völlig.

- Die durchgeführten Bildungsurlaubswochen, die die betrieblichen und gesellschaftlichen Zusammenhänge und Auswirkungen der neuen Technologien zum Gegenstand hatten, entfallen zukünftig.
- Die Schulung im TTC konzentriert sich im wesentlichen auf das intensive Training in einem Technologiebereich.

Vom Anspruch der umfassenden Qualifizierung in neuen Technologien bleibt somit nur noch ein Restbestand" (Görs; Voigt u.a. S.69f).

Zum methodischen Konzept für den Unterricht im CAD-Labor läßt sich folgendes sagen: Der CAD-Unterricht war während des Untersuchungszeitraumes beispielorientiert. Nach einer ersten Einführung in die Handhabung der CAD-Programme bekamen die Teilnehmer Zeichnungen vorgelegt, die sie mit Hilfe der CAD-Systeme generieren sollten. Diese Zeichnungen standen inhaltlich meistens in keinem erkennbaren Zusammenhang, sondern wurden unter dem Aspekt ausgewählt, neue CAD- und Geometrieanforderungen zu meistern. Sollten beispielsweise die CAD-Funktionen "Kopieren" und "Rotieren" kennengelernt und geübt werden, wurde den Lernenden die Zeichnung eines Speichenrades vorgelegt, die beim Übertragen die Funktionsweise und Vorteile dieser speziellen CAD-Befehle besonders erfahrbar macht (siehe die Zeichnung auf der folgenden Seite).

Auf diese Weise lernten die Teilnehmer, nach und nach immer komplexere Zeichnungen mit Hilfe von CAD "abzuzeichnen". Sie entwickelten dabei eigene Strategien und diskutierten miteinander über deren spezielle Vor- und Nachteile. Letzteres bezog sich nicht nur auf die Lösungswege, sondern auch auf die beiden verschiedenen CAD-Systeme, die im TTC-Labor verfügbar waren. Dabei erwies sich die Anwesenheit von erfahrenen Teilnehmern in der Gruppe als außerordentlich entlastend für den zuständigen Dozenten, da sie Neulingen in der Regel engagiert halfen.
Andere Methodenkonzeptionen kamen nicht zum Tragen. So gab es leider auch keinen projektorientierten Unterricht, bei dem die Teilnehmer gelernt hätten, Teilezeichnungen, Symbole und Normteile aus Symbolbibliotheken zu größeren Aggregaten zusammenzufügen (siehe zum Vergleich die Ausführungen zum Spektrum der Unterrichtsmethoden unter 5.3.3.3).
Auch die Inhalte blieben relativ beliebig, das heißt, ihre Auswahl war ausschließlich auf die im Schwierigkeitsgrad ansteigenden Aufgabenbeispiele ausgerichtet. Allerdings wurden die auf Verhaltensdispositionen bzw. Schlüsselqualifikationen gerichteten Ziele im Auge behalten. So wurde bei dem auf die jeweilige Aufgabenbewältigung zugeschnittenen Wechsel der Sozialformen (Einzelarbeit, Partnerarbeit, Gruppenarbeit) stets darauf geachtet, daß die Teilnehmer so selbständig wie möglich arbeiteten, um Fähigkeiten wie Kooperations- und Interaktionsfähigkeit, Problemlösungsfähigkeit und assoziatives Denken zu schulen.

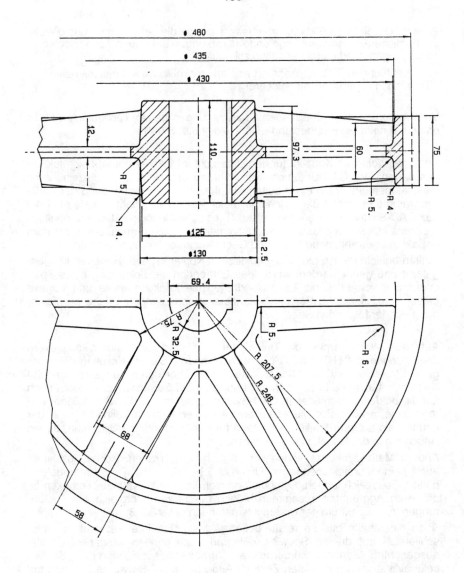

Beispiel aus der TTC-Aufgabensammlung

Fehlende Mathematik-, Physik- und Geometriekenntnisse seitens der Lernenden sollten - so die ursprüngliche Planung - durch Vor- und Stützkurse vermittelt werden. Aus personellen Gründen ist dies jedoch nie realisiert worden. Mit anfangs zwei und später vier Stunden Mathematik- und Physikgrundlagenunterricht pro Woche wird nunmehr versucht, elementare Wissensdefizite auszugleichen, doch ist dieser Unterricht in der Regel nicht auf die Themen und Probleme der Fachmodule bezogen. Einen gesonderten Unterricht für die Vermittlung von Informatikgrundkenntnissen gibt es nicht, vielmehr wird versucht, die Informatikanteile in die CAD-Schulung zu integrieren.

Im ursprünglichen Konzept für das TTC war auch ein Politikunterricht vorgesehen, der nicht unverbunden neben der Fachqualifizierung herlaufen sollte, sondern in dem auf die Zusammenhänge von neuen Technologien, unterschiedlichen Interessen im Arbeitsprozeß, in der Arbeitsorganisation und bei der Qualifikation intensiv eingegangen werden sollte.
Im ersten Jahr sind unter Mitwirkung der Forschungsgruppe zwei Bildungsurlaubswochen zu solchen Themen durchgeführt worden, die bei den Teilnehmern auf großes Interesse stießen. Eine Fortführung dieser Bildungsurlaubswochen scheiterte dann daran, daß nach Aussage der Geschäftsleitung des ABC die Teilnehmer durch die Verkürzung der Verweildauer im TTC auf sechs Monate ihren Anspruch auf Bildungsurlaub verloren hätten. Unter den veränderten finanziellen Rahmenbedingungen konnten aber weder Wochen- oder Wochenendseminare noch eine Honorarkraft für den Politikunterricht finanziert werden.

Auch im Blick auf die Lernerfolgskontrolle hat sich die ursprüngliche Konzeption des TTC verändert. In den ersten zwei Jahren haben die Absolventen ein unbenotetes, aber qualitativ aussagekräftiges Abschlußzertifikat erhalten. Dieses Zertifikat dokumentierte, an welchen Inhalten sie in welchem Technologieschwerpunkt der Fortbildung gearbeitet hatten. Das war den Leitern des ABC und den Vertretern des Arbeitsamtes dann nicht mehr ausreichend, so daß die Teilnehmer nunmehr ein benotetes Abschlußzertifikat bekommen, dessen Noten sich aus den Ergebnissen mehrerer unterschiedlicher Leistungskontrollen zusammensetzen.
Zur Einführung dieser benoteten Zertifikate gibt es unter den Teilnehmern zwei unterschiedliche Meinungen. Die größere Gruppe begrüßt die Zensurengebung, weil sie ihrer Meinung nach ihre Leistungen nach außen objektiv wiedergibt. Die andere Gruppe ist gegen die Benotung, weil sie nach ihrer Ansicht einen unnötigen Leistungsdruck in die Schulungsarbeit bringt.
Die Lehrenden haben nach anfänglichem Widerstand die Notengebung akzeptiert und damit ihrer Aussage nach überwiegend gute Erfahrungen gemacht. Sie führen dafür vor allem drei Gründe an: Zum einen erkennen sich die Teilnehmer in ihrem Leistungsstand anscheinend über die Zensuren besser wieder als in einem unbenoteten Zertifikat. Zudem hat es sich bei vielen Teilnehmern als schwierig erwiesen, die Bereitschaft zum selbständigen Ler-

nen allein über die Inhalte zu erzeugen, d.h. eine intrinsische Motivation kann durchaus nicht bei allen Teilnehmern vorausgesetzt werden. Zum anderen legen auch die Betriebe Wert auf benotete Zertifikate, weil deren Personalchefs in aller Regel von den Inhalten der Schulung nichts verstehen. Dennoch wird - für sachverständige Beurteiler und natürlich für die Teilnehmer selbst - in den Zertifikaten aufgeführt, was unterrichtet worden ist (vgl. Görs; Voigt u.a. 1991 S.169f).

Die Lehrenden betonen außerdem, daß es sich bei den Leistungskontrollen nicht um die sonst üblichen Aufgabenklausuren, sondern um Übungsaufgaben aus der laufenden Schulungsarbeit handele und daß in die Endzensur auch die über den gesamten Schulungsverlauf gezeigte Lernleistung eingehe.

6.1.6 Zusammenfassung

Obwohl nicht offiziell als Modellversuch geführt, hatte das TTC doch in der Konzeptionierungsphase und im ersten Jahr seines Bestehens alle Merkmale eines Modellversuches. Zum einen war und ist die Ausstattung im Vergleich zu den meisten ähnlichen Einrichtungen außergewöhnlich gut. Vier technisch gut qualifizierte Diplomingenieure waren in drei Bereichen der neuen Technologien - CAD, CNC und Steuerungstechnik (SPS) - zuständig für die Schulung von insgesamt bis zu 33 Teilnehmern. Die technische Ausstattung entsprach weitgehend einem gehobenen Industriestandard und war ausbau- und vernetzungsfähig. Sie war - und ist - also für die Weiterbildung im Blick auf neue Technologien geeignet. Der Anspruch war, auf diesem personellen und materiellen Fundament mit den entsprechenden Curricula eine mehrfach integrierte Bildungsarbeit aufzubauen.

Zum einen sollte eine breite Grundbildung für die genannten drei Technikbereiche an alle Teilnehmer vermittelt werden, wobei die verschiedenen Module durch übergreifende Projekte miteinander verbunden werden sollten. Ziel war der möglichst umfassend für die neuen Technologien im Produktionsbereich qualifizierte "Hybridfacharbeiter".

Zum anderen sollte, gleichzeitig mit der technischen Fortbildung und soweit wie möglich in sie integriert, politische und allgemeine Bildungsarbeit geleistet werden, vor allem verstanden als Vermittlung von Einsichten und Zusammenhängen im Blick auf Technikeinsatz, Arbeitsorganisation, Arbeitsbedingungen und eigene Handlungschancen.

Zum dritten schließlich sollte die gesamte Bildungsarbeit so gestaltet werden, daß die Teilnehmer dabei Schlüsselqualifikationen wie Interaktionsfähigkeit, Problemlösungsfähigkeit und andere erwerben bzw. ausbauen konnten.

Von Seiten des Arbeitsamtes war jedoch die Förderung integrativer, über die reine Fortbildung für einen Technologiebereich hinausgehender Ansätze von Anfang an nicht vorgesehen. Die entsprechenden Anordnungen - Kürzung der Verweildauer im TTC von 12 auf 6 Monate, Beschränkung der Schulung auf einen Technologiebereich und berufsbezogene Veränderung der Vorauslese der Teilnehmer - führten dann auch zu gravierenden Veränderungen der TTC-Konzeption:

- Die Wochen- bzw. Wochenendseminare entfielen, die vorwiegend für integrierte Bildung im oben skizzierten Sinne genutzt worden waren.

- Der projektorientierte Unterricht, in dem den Teilnehmern modulübergreifende Zusammenhänge nahegebracht werden sollten, entfiel ebenfalls fast völlig.

- Der Anspruch, den Teilnehmern eine möglichst umfassende Qualifikation in allen drei Technologiebereichen zu vermitteln, mußte ebenfalls aufgegeben werden.

Es blieb und bleibt die intensive Schulung in *einem* Technologiebereich. Hier allerdings leistet das TTC gute Arbeit. Mit einer beispielorientierten Methodenkonzeption, in wechselnden Sozialformen - vorwiegend Partner- und Kleingruppenarbeit - und weitgehend ohne schulische Gängelung werden die Teilnehmer zu selbständigem, kooperativem Arbeiten ermuntert. Die Lernatmosphäre ist gut. Es gibt nur sehr wenige Abbrecher und die meisten Teilnehmer entwickeln nach einer von Person zu Person unterschiedlich langen Eingewöhnungsphase ein beachtliches Maß an Eigeninitiative und Lerneifer.

Die Ausgabe der benoteten Abschlußzertifikate ist wohl unter den gegebenen Rahmenbedingungen nicht zu vermeiden. Sie ist aber problematisch, zumal der Zusammenhang zwischen den Noten, der erworbenen Qualifikation und der späteren Bewältigung betrieblicher Arbeitsbedingungen zweifelhaft bleibt. Positiv ist zu bewerten, daß für jeden Teilnehmer am Ende des Halbjahres aus Fachbuch- und Zeitschriftenauszügen, vor allem aber aus den selbst bearbeiteten Aufgaben- und Arbeitsblättern eine Art Nachschlagewerk zur Verfügung steht, das später in der betrieblichen Praxis hilfreich sein kann.

6.2. Der Modellversuch "Implementation der CAD-Technologie in den Lehrplan der Teilzeitberufsschule zur beruflichen Erstqualifikation des Technischen Zeichners und Maßnahmen zur beruflichen Anpassungsfortbildung im Berufsfeld Metalltechnik" (CAD-Modellversuch)

6.2.1 Entstehung und Aufgaben des Modellversuches

Der Hintergrund für das Zustandekommen des Modellversuches ist der gleiche wie für die Gründung des TTC. Einsatz und rasante Entwicklung der neuen Technologien verändern die Arbeitsanforderungen in einer Vielzahl von Berufen und stellen Erstausbildung und berufliche Weiterbildung vor neue Aufgaben. Der im folgenden darzustellende CAD-Modellversuch wurde vom Senator für Bildung, Wissenschaft und Kunst am 25.06.84 bei der Bund-Länder-Kommission für Bildungsplanung und Forschungsförderung beantragt. Im Dezember 1984 beschloß die BLK, das Vorhaben zu fördern. Der Versuch begann am 1. August 1985 im Schulzentrum des Sekundarbereiches II "Im Holter Feld" und wurde am 1. Januar 1990 abgeschlossen.

Der Modellversuch war gerichtet

- auf die Einführung der CAD-Technologie in den Lehrplan der Teilzeitberufsschule zur beruflichen Erstqualifikation der Technischen Zeichner und

- auf Maßnahmen zur beruflichen Anpassungsfortbildung im Bereich CAD.

Für die Ausbildung der Technischen Zeichner bedeutete dies die Entwicklung und Erprobung von Sequenzen zur Einführung in die CAD-Technologie im Rahmen der berufsbegleitenden Ausbildung auf der Grundlage der gültigen Stundentafeln und Lehrpläne sowie die Erprobung von Vorversuchen im Hinblick auf eine zukünftige Neuordnung für die Ausbildung zum Technischen Zeichner.

Für die Anpassungsfortbildung hieß dies Entwicklung und Erprobung von modularen Kursen der CAD-Technologie für verschiedene Zielgruppen mit unterschiedlichen inhaltlichen und organisatorischen Akzentuierungen.

Bevor mit der didaktisch-methodischen Konzeptionierung begonnen werden konnte, mußte sich die Planungsgruppe zunächst einmal Klarheit über die qualifikatorischen Auswirkungen der CAD-Technologie auf die im Modellversuch vor allem ins Auge zu fassenden Berufe des Technischen Zeichners und des Konstrukteurs verschaffen. Sie formulierte Fragen, deren Beantwortung - wie sich im Verlaufe des Versuches herausstellte - erheblich über ihren Möglichkeiten lag, zumal die eigentlich vorgeschriebene wissenschaftliche Begleitung nicht stattfand (siehe dazu die Ausführungen zu den Problemen der Qualifikationsforschung im Kapitel 4.1). Die Fragen lauteten:

A Welche erkennbaren Auswirkungen des Einsatzes von CAD-Systemen auf die beruflichen Qualifikationen des Technischen Zeichners und des Konstrukteurs lassen sich diagnostizieren?

A1 Welches Qualifikationsprofil läßt sich aus den Auswirkungen der CAD-Technologie auf die berufliche Qualifikation des Technischen Zeichners für die Zukunft prognostizieren?

A2 Welche Möglichkeit des beruflichen Aufstiegs oder des Ausweichens in andere berufliche Tätigkeitsfelder bietet sich für einen Technischen Zeichner und Techniker mit CAD-Qualifikation an?

A3 Welche Maßnahmen bewirken den Abbau von Akzeptanzproblemen bei Technischen Zeichnern und Konstrukteuren als CAD-Anwender?

A4 Inwieweit hat eine Koppelung der rechnergestützten Konstruktion mit der rechnergestützten Arbeitsplanung Auswirkung auf die Qualifikation des Technischen Zeichners und des Konstrukteurs?

A5 Welchen Einfluß hat die CAD-EDV-Kommunikationsschnittstelle mit den anderen Abteilungen des Betriebes auf die Akzeptanz der CAD-Technologie? Inwieweit wird dadurch die Qualifizierung zum Technischen Zeichner beeinflußt - inwieweit die des Technikers/Konstrukteurs?

B Welche Inhalte des Unterrichts der Teilzeitberufsschule zur Qualifizierung von Technischen Zeichnern sind aufgrund der Implementation von CAD im Rahmen der Neuordnung der Ausbildungsordnung revisionsbedürftig und welche CAD-Sequenzen sind didaktisch-methodisch zu entwickeln?

B1 Inwieweit sind grundsätzliche Inhalte der EDV erforderlich?

B2 Ist das Erlernen einer problemorientierten Programmiersprache notwendig?

B3 In welcher inhaltlichen Breite ist die Einführung in methodisches Konstruieren sinnvoll?

B4 In welchem Umfang muß der Aufbau von CAD-Systemen und die Organisation und Verwaltung der Daten durchgenommen werden?

B5 Wie groß sind die erforderlichen Phasen praktischer Übungen an CAD-Geräten im Labor und wie sind sie zu organisieren?

B6 In welchem Umfang wirken sich Inhalte der geometrischen Datenverarbeitung auf die Inhalte anderer Fächer aus und wie müssen sie dort berücksichtigt werden?

B7 In welchem Umfang müssen bei der 2D/3D-CAD-Qualifikation Belange der Konstruktion und der Arbeitsplanung berücksichtigt werden?

B8 Welche Bedeutung haben die Möglichkeiten der Variantenkonstruktion und die der Normteilbibliotheken für die Ausbildung?

B9 Mit welchen Inhalten und Methoden lassen sich CAD-spezifische Qualifikationen am wirkungsvollsten gestalten?

C Welche CAD-Hardware- und Softwarekonfigurationen sind für die Qualifikation von Technischen Zeichnern im Rahmen der Teilzeitberufsschule erforderlich - welche für die Anpassungsfortbildung?

C1 Welche Anforderungen sind an Geräte und Programme für einen CAD-Unterrichtsarbeitsplatz zu stellen?

C2 Wie muß ein CAD-Labor für Schulungszwecke ausgestattet sein, wenn es auch für andere Ausbildungsgänge und berufliche Fort- bzw. Weiterbildungsmaßnahmen genutzt werden soll (vgl. Bremer Senator für Bildung Wissenschaft und Kunst, 1987 S.8ff)?

Zwar konnten, wie schon gesagt, auf die meisten dieser Fragen keine gesicherten und längerfristig gültigen Antworten gefunden werden, weil dazu die Entwicklung im Bereich der neuen Technologien zu rasant vonstatten geht und die Positionen, Prognosen, Einschätzungen und Interessen der an Einsatz, Erforschung und Anwendung neuer Technologien beteiligten Gruppen zu stark differieren. Aber trotz dieser Unsicherheiten mußte mit der Konzeptionierungsarbeit begonnen werden. Im Bewußtsein der Vorläufigkeit und Revisionsbedürftigkeit der Planung wurden deshalb, aufbauend auf den Ergebnissen relativ umfangreicher Expertenbefragungen, zunächst Qualifikationsprofile abgesteckt.

Um die in diesen Profilen enthaltenen einzelnen Qualifikationen zu vermitteln, war eine technische Ausstattung erforderlich, die damals dem üblichen Industriestandard entsprach. Nach weiteren Expertengesprächen, Marktanalysen und sorgfältiger Abwägung der verschiedenen Auswahlkriterien beschaffte die Planungsgruppe die Erstausstattung (siehe dazu im einzelnen 6.2.4).

Selbstverständlich müßte sie nach dem Abschluß des Modellversuches ständig angepaßt werden, um zukünftigen Qualifikationsanforderungen - zumindest tendenziell - gerecht werden zu können. Das jedoch geschieht kaum, weil faktisch die Mittel für die kleine Gruppe der Technischen Zeichner im Schulzentrum nur im Verhältnis zur Gesamtgruppe der Auszubildenden bereitgestellt werden.

Weitere Probleme warf die didaktisch-methodische Planung auf. Während nämlich der Planungsauftrag vorrangig auf die Vermittlung von Fachkompetenz gerichtet war, wollte die Planungsgruppe darüber hinaus auch fachübergreifende Fähigkeiten bzw. Schlüsselqualifikationen wie Kommunikations-, Kooperations- und Problemlösungsfähigkeit vermitteln und soweit wie möglich Zusammenhänge zwischen Technikeinsatz, Arbeitsorganisation und sozialen Fragen verdeutlichen (siehe dazu 6.2.5).

6.2.2 Die Mitarbeiter des Modellversuches

Am Modellversuch wirkten neben der administrativen Leitung seitens der senatorischen Behörde für Bildung sieben Gewerbelehrer mit. Sie wurden während des Versuchszeitraumes durchschnittlich mit je sechs Stunden pro Woche vom Regelunterricht für ihre Mitarbeit am Modellversuch freigestellt, die jeweiligen Koordinatoren bis zu 20 Stunden pro Woche. Darüber hinaus waren zwei Verwaltungs- bzw. Schreibkräfte mit je halber Stundenzahl für den Modellversuch tätig.

Da die CAD-Technologie für die Lehrer weitgehend Neuland war, bedurfte es umfangreicher Schulungen, um das Team im Sinne des Modellversuches planungs- und lehrfähig zu machen. Im einzelnen nahmen die Mitarbeiter sowohl in der Vorlaufphase als auch in der Hauptphase des Modellversuches an folgenden Softwareschulungen teil:

- Einführung in die Informatik,
- Betriebssysteme (UNIX, MS-DOS),
- Programmiersprachen (Pascal, C),
- Textverarbeitung(apple-Works, Word, Interleaf),
- Systemsoftware (GKS 2D, GKS 3D, PhiGS, Sun),
- Einführung in die graphische Datenverarbeitung (Grafikerzeugung, Grafiktransformation, Graphic Standards, Präsentationsgrafik),
- CAD-Programme (DOGS2D, AutoCAD, Contraves, HP-Draft, Caddy),
- Stücklisten, Menuedefinition, Symboltechnik, Variantenprogrammierung,
- DOGS3D, BOXER (3D-Volumengenerierung),
- DOGS-NC,
- CNC (CNC-Steuerung Siemens 810, 3M) und
- Konstruktion (Konstruktionssystematik, kreatives Entwickeln und Konstruieren).

Insgesamt umfaßte die Schulung ca. 2600 "Mannstunden", entsprechend 1,7 Mannjahre. Darin sind die Übungs- und Vertiefungsphasen im Schulzentrum nach Abschluß der jeweiligen Maßnahme nicht enthalten. Diese betrugen - grob geschätzt - zusätzlich 7.000 Stunden, also 4,5 Mannjahre.

Hinzu kam die Teilnahme an insgesamt 22 Messen und Kongressen sowie das Verfassen von vier Berichten.

Aufbau und Durchführung des Modellvesuches erforderten also von den daran Beteiligten einen Zeit- und Arbeitseinsatz, der extrem weit über die gewährten Freistellungsstunden hinausging.

Aufgrund der komplexen Aufgabenstellungen war es notwendig, innerhalb des Mitarbeiterteams eine Spezialisierung der Aufgabenbereiche vorzunehmen. So kümmerten sich zwei Kollegen schwerpunktmäßig um das Systemmanagement, Netzwerk und die Hardware. Des weiteren wurde die Erarbeitung der Unterrichtsentwürfe für die Aus- und Fortbildung aufgeteilt. Um die für die Bildungsarbeit erforderliche Professionalität im Umgang mit der Software zu erreichen, erschien es dem Team zudem sinnvoll, aufbauend auf gemeinsamen Grundkenntnissen eine Spezialisierung vorzunehmen, das heißt, die Mitarbeiter arbeiteten sich vertieft in verschiedene CAD-Programmmodule ein.
Durch entsprechende Berücksichtigung des Modellversuches im Stundenplanraster der Schule war es möglich, den Projektmitarbeitern einmal wöchentlich

einen gemeinsamen Arbeitstag einzuräumen. Themen dieser Arbeitssitzungen waren insbesondere:

- die Weiterentwicklung der Curricula und Profile,

- die Beschaffung und Installation neuer Geräte und die Durchführung notwendiger Wartung und Instandhaltung,

- die Weiterentwicklung und das Management des Netzwerkes,

- der Entwurf konkreter Arbeitsunterlagen mit den entsprechenden methodischen Hinweisen,

- die Planung und Organisation von Unterricht und Kursen im Rahmen der Erstausbildung und Anpassungsfortbildung,

- die Planung und Organisation eigener Fortbildungsmaßnahmen,

- das Abstimmen der Inhalte und die Arbeitsverteilung für die Zwischenberichte und den Abschlußbericht sowie den Materialband,

- die Vorbereitung und Dokumentation von Messebesuchen, Kongressen und Arbeitstreffen sowie

- viele weitere Aktivitäten im organisatorischen Bereich, die der Betrieb eines CAD-Labors für Aus- und Fortbildung erfordert.

Im Modellversuchszeitraum wurden zudem insgesamt fünf mehrtägige Arbeitstagungen durchgeführt. Schwerpunktmäßig wurden dabei Curricula und Projekte geplant und Dokumentationen für die Berichte zusammengestellt.

Die am Modellversuch beteiligten Kollegen waren überzeugt davon, daß die Art und Weise der Aus- und Weiterbildung die Teilnehmer mitentscheidend befähigt, später verfügbare Gestaltungs- und Handlungsspielräume wahrzunehmen. Die Chance für die Betroffenen, im Betrieb Gruppenarbeit und Komplettbearbeitung durchzusetzen, setzt nach Auffassung der Arbeitsgruppe eine didaktisch und methodisch darauf abzielende Schulung voraus (siehe dazu 6.2.5).

6.2.3 Die Teilnehmer am Modellversuch

An dem der Erstausbildung von Technischen Zeichnern gewidmeten Teil des Modellversuches nahmen 79 männliche und 134 weibliche Auszubildende teil, insgesamt also 213 Personen. Davon hatten 2 den Hauptschul-, 166 den Realschulabschluß, 43 das Abitur und einer das Fachabitur.

Im Bereich der beruflichen Anpassungsfortbildung wurden im Berichtszeitraum fünf Halbjahreskurse im Umfang von je 630 Unterrichtsstunden mit insgesamt 71 Teilnehmern durchgeführt.

Darüber hinaus fanden vier geschlossene Fortbildungskurse für die Mitarbeiter Bremer Betriebe statt. Dabei handelte es sich um ein Unternehmen, in dem Design- und Perspektivzeichnungen erstellt werden, zwei Maschinenbaubetriebe und eine große Werft. Diese Kurse dauerten 100 bis 220 Unterrichtsstunden. An ihnen nahmen insgesamt 50 Fachkräfte teil.

167

Die Zusammensetzung der Teilnehmergruppen in den beruflichen Weiterbildungskursen war stets sehr heterogen, das heißt, die Teilnehmer kamen aus den Konstruktionsabteilungen unterschiedlicher Wirtschaftsbereiche, hatten unterschiedliche Berufsabschlüsse, Berufserfahrungen und CAD-Vorkenntnisse und waren darüberhinaus unterschiedlich alt.

Die große Mehrheit dieser Teilnehmer

- war für die CAD-Fortbildung hochmotiviert und wollte lieber an einem CAD-Arbeteisplatz als am herkömmlichen Reißbrett arbeiten;

- war der Ansicht, CAD entlaste sie von zeitraubenden Routinetätigkeiten und müsse die Kreativität beim Konstruieren nicht einschränken;

- sagte nach dem Lehrgang, die Arbeit mit CAD-Systemen erfordere im Vergleich zu herkömmlichen Zeichenverfahren in stärkerem Maße analytisches, abstraktes, planerisch-strategisches Denken, höhere Gedächtnisleistungen und höhere Arbeitskonzentration;

- war nicht der Meinung, durch CAD werde der Beruf des Technischen Zeichners und/oder Konstrukteurs abgewertet und glaubte auch nicht, daß die Arbeitsfreude durch CAD abnehmen werde;

- war allerdings der Ansicht, durch CAD nehme die soziale Kommunikation am Arbeitsplatz ab;

- hielt eine Arbeitszeit von vier bis sechs Stunden pro Arbeitstag am CAD-System für zumutbar, aber eine Pause nach jeweils zwei Stunden für unbedingt erforderlich;

- empfand die Arbeit am Bildschirm belastender als die am Zeichenbrett, wobei als Argumente der zu kleine Bildschirm (es waren 20"-Bildschirme installiert!), die Störung durch Lichtreflexe, der teilweise verdunkelte Arbeitsraum, die sitzende Arbeitsweise und das Antwort-Zeitverhalten des CAD-Programms angeführt wurden (siehe zur Teilnehmerstruktur im einzelnen: Bremer Senator für Bildung, Wissenschaft und Kunst 1990 S.20ff und 1991 (Empirische Feldstudie) S.78ff).

6.2.4 Die technisch - organisatorische Ausstattung

Auswahl und Beschaffung der technisch-organisatorischen Ausstattung für das CAD-Labor waren zeitaufwendig und mühsam. In den bereits laufenden vergleichbaren Modellversuchen und anderen Fortbildungsstätten im Bereich neuer Technologien waren unter den unterschiedlichsten Aspekten, Schwerpunktsetzungen und Zielvorstellungen zumeist pragmatische Sachverhalte verschiedenster Ausprägung geschaffen worden, die gesammelt, gesichtet und auf ihre Vereinbarkeit mit den eigenen Zielsetzungen hin überprüft werden mußten. Aus dieser Vorarbeit entstand ein Katalog mit Anforderungen, deren Erfüllung unverzichtbar erschien.

Danach war zu prüfen, welche EDV-organisatorischen Randbedingungen im einzelnen von den jeweiligen Rechner- und Programmkombinationen erfüllt werden sollten. In diesem Zusammenhang ist es beispielsweise wichtig, ob und gegebenenfalls auf welche Weise die Rechner miteinander verbunden werden können, ob ein System offen oder geschlossen ist und wie die Daten sich verwalten, austauschen und speichern lassen.

Die Art und Weise der Rechnervernetzung legt bereits weitgehend die später möglichen Kooperationsformen fest. Soll partnerschaftlich und/oder in Gruppen an einem größeren Projekt gearbeitet werden, so erfordert das eine besondere Netzinstallation. Zwischen den Rechnern müssen unter einer solchen Vorgabe Daten ausgetauscht werden können, damit die an den einzelnen Stationen erarbeiteten Teile oder Baugruppen später allen verfügbar sind.

Mit den so ermittelten Beschaffungskriterien mußte dann ein Markt erkundet werden, auf dem Mitte der achtziger Jahre geradezu unüberschaubar chaotische Verhältnisse herrschten. Von der Hardwareseite her kamen Mini- und Mikrocomputer für die Schulungsarbeit infrage. Die heute verfügbaren Personalcomputer erwiesen sich seinerzeit als noch zu leistungsschwach für CAD. Die Eingabegeräte reichten vom Lichtgriffel über riesige Digitalisierungstische bis hin zur Einfachsttastatur. Der Markt an Ausgabegeräten von Pünktchendruckern bis zu Präzisionsplottern war- ähnlich wie bei den Computern - bei täglich neu auftauchenden Modellen kaum zu überschauen. Teile der preislich akzeptablen Software steckten noch in den Kinderschuhen. Preisvorstellungen ergaben atemberaubende Unterschiede und häufig wurden für die Wartung der Hardware und die kontinuierliche Anpassung der Programme an Neuentwicklungen Preise verlangt, die pro Jahr im Dezimalprozentbereich der Neuanschaffungen lagen.

Schließlich mußten, um mit der Schulungsarbeit beginnen zu können, pragmatische Entscheidungen im Hinblick auf Programm-, Rechner- und Peripheriegerätekombinationen getroffen werden, die von den Zielvorgaben und den Rahmenbedingungen her verantwortbar erschienen. Bei der eigentlichen Beschaffung der Systeme spielten dann innerbehördliche Beschaffungsvorschriften, Kontakte zu Firmenvertretern, die räumliche Nachbarschaft von Lieferfirmen, die Qualität der Kunden- und Wartungsdienste sowie Lieferfristen eine wichtige Rolle (siehe zur Beschaffungsproblematik Görs; Voigt u.a. 1991 S.53ff).

All diese mühsamen Vorarbeiten führten schließlich zu folgender Ausstattung des CAD-Labors:

Als *Hardware* wurden

- 13 Workstation-Rechner vom Typ SUN 3/50 angeschafft und miteinander vernetzt (Betriebssystem: UNIX, Netzwerk: Ethernet),

- 1 PC und 2 14"Grafikmonitore für Systemarbeiten und Dokumentationen ins Netz intergriert.

Speicher:
- Festplatten mit insgesamt mehr als ein GB und
- Bandlaufwerke

Eingabegeräte:
- DIN-Tastatur mit 10er Block und Funktionstasten,
- DINA4 Digitalisiertabletts und
- optische Mäuse mit Reflexiontabletts

Ausgabegeräte:
- 19 Zoll Monitore,
- Matrixdrucker,
- Tintenstiftplotter, DIN A1, DIN A4 und DIN A3 und
- Laserdrucker

Als *Software* wurde beschafft:
- PC DOGS 2D,
- 3D-Draht DOGS 3D-Drahtmodell,
- 3D-Volumen BOXER 3D-Volumenmodell,
- NC DOGS-NC für CAD/CAM und
- Normteile Schrauben, Lager

Der *räumlich-organisatorische Rahmen* für diese Hard- und Software läßt sich folgendermaßen beschreiben:

Das CAD-Labor im Schulzentrum besteht im wesentlichen aus zwei Laborräumen, einem Sekretariat und einem Sitzungs- und Arbeitszimmer. Im unmittelbaren Umfeld der CAD-Labore befinden sich geeignete Theorieräume sowie 2 PC-Labore der Schule, die im Rahmen des Modellversuchs mitgenutzt wurden. Für die CAD/CAM-Koppelung wurde eine über 150m lange Verbindung bis zum CNC-Labor installiert (siehe S.196).

Da die Stundentafel für den Berufsschulunterricht im Land Bremen für den Laborunterricht eine Teilung der Klassen ermöglicht, wurden auch für den CAD-Modellversuch zwei getrennte Labore mit je 12 bzw. 14 Schülerarbeitsplätzen eingerichtet, pro Workstation zwei Schülerarbeitsplätze. Die Hardwaregeräte beider Labore sind über ein Netzwerk (Ethernet) miteinander verbunden. Dadurch ist gewährleistet, daß jeder Rechner auf die unterschiedlichen Ausgabe- und Speichereinheiten des gesamten Netzwerkes zugreifen kann.

Für die Rechner wurden spezielle hufeisenförmig angeordnete Winkeltische gefertigt und aufgestellt. Diese U-Anordnung hat sich im Unterricht gut bewährt, da sie die visuelle und verbale Kommunikation der Lernenden untereinander und zwischen Lernenden und Dozenten erleichtert und fördert.

Als Sitzmöbel wurden individuell einstellbare Stühle mit Rollen angeschafft. Der Fußboden im gesamten CAD-Bereich wurde mit antistatischem Teppichboden ausgestattet. Um die Blendwirkung bei Sonneneinstrahlung und Reflexionen auf den Bildschirmen zu reduzieren, sind an der Fensterfront Jalousien angebracht.

Innerhalb der CAD-Labore befindet sich die CAD-Literatursammlung des Modellversuchs. Zur Unterstützung des Unterrichts befinden sich in jedem CAD-Laborraum Overhead-Projektoren und ein Videorecorder.

Die Laborkonzeption des Bremer CAD/CAM-Labors im Schulzentrum Holter Feld:

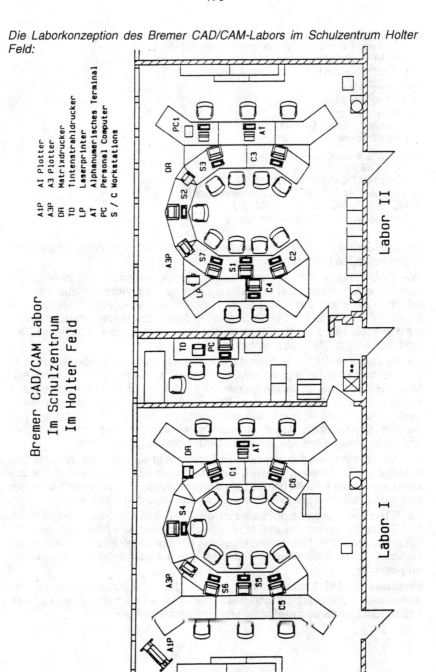

6.2.5 Die didaktische-methodische Konzeptionierung

6.2.5.1 Zur Ziel- und Inhaltsproblematik

Während der offizielle Auftrag für den Modellversuch sich auf die Vermittlung spezieller CAD-Fachkompetenz bechränkte, wollte das Planungsteam darüber hinaus Handlungs- und Gestaltungskompetenz vermitteln, das heißt die Teilnehmer zu selbständigem, kooperativem Denken und Handeln im Blick auf die bessere Gestaltung ihrer Arbeitssituation befähigen. Diese Leitziele im Auge behaltend und im Bewußtsein der Vorläufigkeit und Revisionsbedürftigkeit ihrer Entscheidungen hat die Planungsgruppe versucht, diesen Leitzielen Grob- und Feinziele zuzuordnen. Diese Ziele wurden zum Teil als kontrollierbare Verhaltensänderungen, zum Teil als Verhaltensdispositionen der Lernenden beschrieben, das heißt, beide Arten der Lernzielformulierung wurden einander ergänzend genutzt (siehe hierzu die Ausführungen in den Kapiteln 5.3.1 und 5.3.3.1 dieser Arbeit).

Die Auswahl von Inhalten, untrennbar verbunden mit der Lernzielsetzung, erwies sich als äußerst schwierig angesichts der raschen Weiterentwicklung der Geräte und Programme und der unterschiedlichen Einsatzformen moderner Technologie (CAD/CAM, CIM) in den Betrieben. Es gab und gibt dafür keine widerspruchsfreien verläßlichen Kriterien. Die Planungsgruppe hat deshalb versucht, sich anhand vieler verfügbarer Informationsquellen fachlich auf dem laufenden zu halten und die zu formulierenden Ziele und Inhalte flexibel auf den aktuellen Entwicklungsstand auszurichten.

Da die vorhandenen Berufsbilder für diesen Bereich zu großen Teilen bereits wieder überholt sind, neue Berufsordnungsmittel, wie etwa für Technische Zeichner, nur sehr zögerlich zustandekommen und da auch die auf die neuen Technologien beziehbaren Wissenschaften kaum didaktische Orientierungen liefern, war das vorrangige Auswahlkriterium für die Planungsgruppe der Handlungs- und Praxisbezug. "Lehrziele werden erst dann zu Lernzielen, wenn sie von den Lernenden akzeptiert werden. Didaktische Konzepte sollten deshalb von berufsrelevanten Problemen und Handlungsituationen ausgehen und in einem von den Lernenden nachvollziehbaren Zusammenhang mit selbst erlebten oder vorstellbaren Situationen in der Arbeitswelt stehen. Dem Lernenden sollte also das Gefühl vermittelt werden, daß er als Person akzeptiert wird und die zu lernenden Inhalte ihn etwas angehen" (Laur-Ernst, 1984 S.134; siehe zum Problem der Inhaltsauswahl auch Kapitel 5.3.3.2).

Als besonders schwierig erwies es sich, angesichts der oft unterschiedlichen Teilnehmervoraussetzungen und der vielen Möglichkeiten, die sich im CAD-Bereich anbieten, innerhalb des vorgegebenen zeitlichen Rahmens ein vernünftiges "Stoff-Zeit-Verhältnis" zu planen. Es ist immer abzuwägen, inwieweit die Stoffmenge der CAD-Inhalte, sowie inhaltsbezogene Lernstrategien und Übungen im Widerspruch zu sozialem, die Mündigkeit förderndem Lernen innerhalb der Unterrichtsveranstaltung stehen.

Schwer zu beantworten war auch die Frage, wie weit man bei der Operationalisierung der Lernziele, das heißt bei der Zuordnung von Feinlernzielen zu

Groblernzielen, gehen sollte. Durch die Operationalisierung, also ihre Handhabbarmachung für den Unterricht, kann im positiven Fall der Lehr- Lernprozeß besser strukturiert werden, ohne daß ergänzende oder abweichende Entscheidungen der Lehrenden und Lernenden, z.B. im Blick auf ganz bestimmte Situationen, Probleme, Lernvoraussetzungen usw., ausgeschlossen werden. Nach dem ersten Operationalisierungsdurchgang können zudem mit Hilfe der Lernzieltaxonomie Über- und Untergewichtungen in den verschiedenen Komplexitätsstufen des kognitiven, affektiven und psychomotorischen Taxonomiebereiches erkannt und vermindert oder ausgeglichen werden.

Die Lernzieloperationalisierung ist aber auch nicht unproblematisch. Entgegen behavioristischen Auffassungen leistet sie nämlich *nicht*

- die Rechtfertigung der Auswahl bestimmter Lernziele oder

- die abgesicherte Ableitung von Feinlernzielen aus
  Grobzielen.

Operationalisierung birgt außerdem die Gefahr:

- einer Technologisierung des Unterrichtes und

- einer Vernachlässigung mündigkeitsfördernder Lernziele" (Voigt, 1984 S.86).

An einem Beispiel aus der curricularen Entwicklungsarbeit der Planungsgruppe soll nachfolgend veranschaulicht werden, wie sich die obigen Überlegungen in konkreten Lernziel- und Inhaltsformulierungen niedergeschlagen haben.
Es handelt sich dabei um die Qualifizierung für eine CAD/CAM-Koppelung. Diese Qualifizierung bietet für die Konstruktions- und Fertigungsbereiche die Möglichkeit, durch Rationalisierung verlorenes Terrain in dem einen oder in beiden Bereiche bis zu einem gewissen Grade zurückzugewinnen. Es wurde daher als sinnvoll und notwendig angesehen, den Teilnehmern grundlegende Elemente der CAD/CAM-Kopplung anhand von kleinen Unterrichtsprojekten, beispielsweise dem Zeichnen und Fertigen einer Zahnradpumpe, zu vermitteln.
Die Anbindung von CAD-Systemen an NC-Programmier- und Fertigungs-simulationsmodule stellt einen der wesentlichen Rationalisierungsvorteile durch CAD dar. Der entscheidende Vorteil liegt in der Nutzbarkeit des einmal erzeugten rechnerinternen Modells der Werkstückgeometrie. Die Software "Dogs 2-D" erlaubt es, die zweidimensionale Werkstückkontur in verschiedene NC Ausgabeformate zu übergeben.
Im Rahmen des Modellversuchs verfügten wir über die Software "Dogs NC", die in das Dogs-CAD-Programm eingebunden ist.
Dogs-NC nutzt die mittels CAD erzeugten Geometriedaten und bietet die Möglichkeit, die übernommene Geometrie in vielfältiger Weise zu manipulieren und durch die erforderlichen Technologiedaten zu ergänzen. Des weiteren ist es möglich, Spannmittel darzustellen und diese in Spannmittelbibliotheken und Werkzeug- bzw. Programmbibliotheken abzulegen. Diese Software verfügt zusätzlich über die Möglichkeit, wiederkehrende Befehlsfolgen, Werkzeug

wechsel, Schnittgeschwindigkeitsberechnungen etc. als Parametric zu programmieren. Der gesamte Programmiervorgang wird interaktiv graphisch unterstützt. Das erstellte Programm kann in vielfältiger Weise simuliert und editiert werden.

Bedingungen für die Teilnahme an einem Projekt zur Einführung in die CAD/CAM-Koppelung sind bestimmte Vorkenntnisse, das heißt, die Teilnehmer müssen bereits verfügen über

- Kenntnisse des CNC-DIN-Codes und Programmierkenntnisse mit der Sinumerik 3M-Steuerung oder einer vergleichbaren Steuerung,

- Kenntnisse vom Aufbau und Funktion einer CNC-Fräsmaschine sowie

- Grundkenntnisse der Informatik.

Außerdem muß eine weitere Einschränkung gemacht werden. Das NC-Programmiersystem Dogs-NC ist eine professionelle, in der Industrie eingesetzte Applikation und verfügt über eine erhebliche Anzahl von Funktionen und Möglichkeiten, die im zur Verfügung stehenden Zeitrahmen nicht ausgeschöpft werden können. Das Unterrichtsprojekt CAD/CAM vermittelte daher im CAD-Modellversuch nur grundlegende Funktionen der Software.

Für dieses Unterrichtsprojekt wurden folgende Groblernziele formuliert, die zum Teil auf der Ebene von Verhaltensdispositionen liegen. Die Lernenden sollen

- die gesellschaftlichen und arbeitsplatzspezifischen Auswirkungen einer CAD/CAM-Fertigung beschreiben können.

- mit einer 2D-CAD-Software eine Fertigungszeichnung erstellen können,

- erkennen, daß der rechnerinterne Datensatz einer CAD-Zeichnung die Geometrieinformation für das NC-Programm enthält und

- erkennen, daß von der Genauigkeit der CAD-Zeichnung und einer bearbeitungsgerechten Formgebung des Bauteils die Funktionsfähigkeit des CNC-Programms abhängig ist,

- anhand eines Bauteils eine CAD/CAM-Fertigung durchführen können,

- Standardformate wie z.B. IGES kennen und einordnen können,

- die Funktion eines Postprozessors beschreiben können,

- Fertigungszeiten konventioneller und CAD/CAM-gefertigter Werkstücke berechnen können,

- Unterschiede zwischen traditioneller Fertigung und CAD/CAM herausarbeiten und vergleichen können.

Die folgenden, den obigen Grobzielen zugeordneten Feinziele entsprechen in etwa den wichtigsten Arbeitsschritten einer "CAD/CAM-Prozedur", die die Teilnehmer am Ende der Unterrichtsmaßnahme beherrschen sollten:

- eine Zeichnung in DOGS erstellen können,
- die Geometriedatei im Format Dogs-NC erzeugen können,
- die Dogs-NC-Software laden können,
- die Geometriedaten einlesen und die Zeichnung wahlweise in mehreren Ansichten darstellen können,
- ein neues NC-Programm eröffnen können,
- die Werkzeuge definieren und die Technologiedaten festlegen können,
- eine Voreinstellung mit und ohne Auswirkungen auf das NC-Programm vornehmen können,
- die Verfahrwege definieren können,
- das Programm simulieren, prüfen, und gegebenenfalls editieren können,
- das NC-Programm beenden und das CLDATA-Format sowie verschiedene programminterne Dateien erzeugen können,
- das Programm im Postprozessor aufrufen können,
- den Postprozessorlauf durchführen können,
- den erzeugten CNC-DIN-Code (angepaßt auf Sinumerik 3M) kontrollieren können,
- das CNC Programm über die Ethernet-Datenleitung an die CNC-Fräsmaschine übergeben können,
- das Programm in die Steuerung übergeben können,
- den Werkzeugkorrekturspeicher setzen können,
- die Rohmaße definieren können,
- das Programm simulieren können,
- das Werkstück spannen können,
- die Referenzpunkte anfahren können,
- den Werkstücknullpunkt anfahren sowie die Y- und Z-Achse korrigieren können und
- das Programm abfahren und das Werkstück fertigen können.

Das oben dargestellte Projekt war, ebenso wie die anderen Unterrichtsprojekte, eingebunden in das modularaufgebaute Unterrichtskonzept des Modellversuches. Da es Ziel des Modellversuches war, CAD-Unterrichtssequenzen sowohl für die Erstausbildung als auch für die Anpassungsfortbildung zu entwickeln und zu erproben, mußten inhaltlich verschiedene Module entwickelt und verfügbar gemacht werden, um möglichst vielen unterschiedlichen Rahmenbedingungen sowie Vorstellungen und Anforderungen der Kursteilnehmer gerecht zu werden.

Die kürzesten Veranstaltungen sind Demonstrationen für Gäste, sie dauern 4 Stunden. Die längste Sequenz umfaßt mehr als 600 Stunden. Um solch unter-

175

schiedlichen Zeitvorgaben einigermaßen entsprechen zu können, wurde der CAD-Gesamtinhalt in unterschiedlich umfangreiche Module aufgeteilt, die folgende Themen beinhalten:

THEMA:	UNTERRICHTSSTUNDEN (ca.):
CIM-Informationsmodul	8
Informatik 1-Modul	20
Informatik 2-Modul	40
CAD-Arbeitsplatzmodul	4
Systembedienungsmodul	4
2D/Demonstrationsmodul	4
2D/30-Modul	30
2D/60-Modul	60
2D/120-Modul	120
3D/Draht-Demonstrationsmodul	4
3D/Draht-12-Modul	12
3D/Draht-24-Modul	24
3D/Volumen-Demonstrationsmodul	4
3D/Volumen-12-Modul	12
3D/Volumen-24-Modul	24
Varianten-Demonstrationsmodul	4
Varianten-12-Modul	12
Varianten-24-Modul	24
Parametrics-Symbolemodul	12
Normteilemodul	8
Stücklistenmodul	12
CNC-Demomonstrationsmodul	4
CNC-12-Modul	12
CNC-24-Modul	24

Je nach Teilnehmerkreis und verfügbarer Zeit wurde aus dem vorbereiteten Katalog modularer Bausteine das Gewünschte, Mögliche und Erforderliche zusammengestellt und mit den Teilnehmern erarbeitet. Dabei kam es im Konflikt zwischen pädagogisch Wünschbarem und unter den gegebenen Rahmenbedingungen Möglichem oft notwendigerweise zu mehr oder weniger vertretbaren Kompromißlösungen. Während z.b. die vierstündigen Demonstrationsveranstaltungen nur erste Einblicke in das jeweilige Themenfeld ermöglichen können und die Teilnehmer dabei nur rezeptiv beteiligt sind, gewährleisten die zeitlich umfangreicheren Module eine aus pädagogischer Sicht zufriedenstellende Selbstbeteiligung der Lernenden, das heißt, die Dominanz des Lehrenden bei den Kurzzeitkursen tritt hier zurück zugunsten der eigenen Lernorganisation und des selbständigen Problembewältigens durch die Lernenden.

Wo es irgend möglich war, wurden die einzelnen Module eingebunden in die von der Planungsgruppe entwickelten Modellprojekte, von denen noch ausführlicher die Rede sein wird.

6.2.5.2 Zu den Methoden

Gliederung des Unterrichts

In aller Regel wurden die CAD-Lerneinheiten in folgende vier Phasen gegliedert:

Phase I: Aufnahme und Analyse der neuen Aufgabe,
Phase II: Information durch den Dozenten,
Phase III: Ausführung der Aufgabe,
Phase IV: Sichtung und Bewertung der Ergebnisse.

Die Aufgabe wird meist zuerst als Folie auf dem Tageslichtprojektor vorgestellt und gemeinsam wird überlegt, ob und wie die Aufgabe mit dem bisher Gelernten lösbar ist (Phase I).

Möglichkeiten, das neue Problem zu lösen, werden vorgestellt, erarbeitet und meistens an kleinen Beispielen ausprobiert (Phase II).

Die Kursteilnehmer planen dann alle zusammen und/oder mit ihrem Partner den Arbeitsablauf für die Lösung der Aufgabe, in dem sie die neu besprochenen Möglichkeiten mit einbeziehen. Die Aufgabe wird dann gemeinsam bearbeitet.

Die Dozenten achten darauf, daß die Aufgabe optimal fertiggestellt wird (Phase III). Etwas umfangreichere Aufgaben müssen in der Regel zwei- bis dreimal korrigiert werden, ehe sie einen Standard erreicht haben, wie ihn die Kursteilnehmer an ihre sonstigen, von Hand gezeichneten Technischen Zeichnungen anlegen.

Im letzten Schritt, der Bewertung (Phase IV), vergleichen die Kursteilnehmer ihre Ergebnisse untereinander. Außerdem werden unterschiedliche Lösungswege vor der Lerngruppe dargestellt und diskutiert (siehe hierzu auch die Ausführungen im Kapitel 5.3.3.3).

Für jede Unterrichtseinheit wurden Handreichungen entwickelt, die den Teilnehmern ausgehändigt werden und ihnen bei der Lösung dieser und ähnlicher späterer Aufgaben helfen sollen. Sie enthalten die Lernziele, die zu erarbeitenden Inhalte, die Arbeitsanweisungen sowie beispielhafte Zeichnungen und Arbeitsblätter. Diese Handreichungen werden jeweils mit den Teilnehmern besprochen.

177

Projektorientierung

Nach ausgiebiger Diskussion unterschiedlicher Methodenkonzeptionen (siehe dazu 5.3.3.3) entschloß sich die Planungsgruppe im Blick auf das Leitziel Gestaltunskompetenz, die CAD-Schulungsarbeit soweit irgend möglich projektorientiert zu gestalten. Bei der Projektmethode steht die Selbsttätigkeit der Lernenden im Vordergrund. Sie organisieren, verteilen, entwerfen, fertigen, erproben und prüfen die anfallenden Arbeiten, informieren, diskutieren und entscheiden innerhalb des Betätigungsgebietes. "Entscheidend dabei ist, daß sich die Lernenden ein Betätigungsgebiet vornehmen, sich darin über die geplanten Betätigungen verständigen, das Betätigungsgebiet entwickeln und die dann folgenden verstärkten Aktivitäten im Betätigungsgebiet zu einem sinnvollen Ende führen" (vgl. Frey,K., 1982, S.10ff). Innerhalb der Projektarbeit werden Verantwortungsübernahme, Kooperations- und Mitbestimmungsfähigkeit, Koordinationsgeschick und auch Konfliktlösungsstrategien eingeübt.

Es ist darauf zu achten, daß die im Projekt behandelten Themen zum einen praxisnah sind und zum anderen den Bezug zu den Interessen der Teilnehmer als abhängig Beschäftigte wahren. Das Projekt sollte also so weit wie möglich einen Einblick in den Entstehungszusammenhang neuer Technologien und die bei ihrer Anwendung beteiligten Interessen geben, d.h. es sollte verdeutlichen, wie der behandelte Themenkreis mit den späteren Handlungsmöglichkeiten im persönlichen, betrieblichen und gesellschaftlichen Umfeld der Teilnehmer zusammenhängt, ohne dabei von den Realitäten der Arbeitswelt abzuheben.

Das erfordert Zeit, die oft bei den gegebenen Rahmenbedingungen knapp oder gar nicht vorhanden ist. Häufig ist das Stoff-Zeit-Verhältnis ungünstig und externe Prüfungen erfordern eine auf die Prüfungsanforderungen ausgerichtete Paukstrategie, die den oben skizzierten Anforderungen entgegensteht (vgl. Frey, 1982 S.201).

So wurde das für eine erfolgreiche Projektarbeit erforderliche "besondere Umfeld' im Modellversuch immer dann geschaffen, wenn die Arbeitsgruppe die mit den Rahmenbedingungen gegebenen Hindernisse durchbrach oder ignorierte.

Die Dozenten unterstützten dann mehr das Lerngeschehen als daß sie, wie am Anfang des CAD-Unterrichtes, sequenzweise lehrten. Sie besorgten Informationsmaterial und waren oft selbst Mitlernende. Die Lernziele wurden eher allgemein gehalten und nur soweit wie unbedingt notwendig operationalisiert.

Aufgabenteile der Projekte wurden arbeitsteilig oder parallel erarbeitet, je nach Stundenumfang für den Kurs, Neuheitsgrad der zu bearbeitenden Aufgabe und erwünschter Eindringtiefe in den Stoff. Besonders das arbeitsteilige Lösen der Aufgaben förderte die Kooperation und die Kommunikationsfähigkeit zwischen den Kursteilnehmern, da sie auf Austausch der Dateien angewiesen waren und die Frage nach der "besten" Lösung der Aufgabe stellten, um das Projekt gut realisieren zu können.

Es erwies sich allerdings als schwierig, exemplarische Beispiele für den zu behandelnden CAD-Stoff zu finden. Die meisten diskutierten Projekte waren entweder zu umfangreich oder sie enthielten CAD-typische Funktionen nicht im gewünschten Maße. Die letztendlich ausgewählten Projekte erfüllten jedoch ausreichend die von der Arbeitsgruppe aufgestellten Kriterien.

Das Projekt Rohrschraubstock

In diesem Projekt generieren die Kursteilnehmer parallel oder arbeitsteilig die Fertigungszeichnungen einer Baueinheit, eines Rohrschraubstockes. Aus den zusammengefügten Dateien der Fertigungszeichnungen wird eine Schweißgruppenzeichnung und eine Zusammenbauzeichnung generiert. Der Arbeitsumfang dieses Projektes beträgt ca. 60 Unterrichtsstunden, ausschließlich einer Anfangsphase, die zum Erlernen der notwendigen Betriebssystembefehle und der grundlegenden Handhabung der CAD-Software vorausgehen muß. Der Rohrschraubstock ist als Modell in Originalgröße im Labor vorhanden, von seinen Einzelteilen können Skizzen als Arbeitsvorlagen gemacht werden und er dient als Anschauungsobjekt.

Ein wichtiges Lernziel in diesem Projekt ist es, daß die Teilnehmer neben dem Erlernen der CAD-typischen Funktionen erkennen, daß CAD-Zeichnungen als Dateien benutzt, kopiert, in andere Dateien übertragen und verändert werden können.

Einige CAD-Funktionen, wie z. B. Kreisübergänge, Äquidistanten und einige andere geometrische Grundkonstruktionen, werden nicht oder nicht so systematisch behandelt, wie das in anderen CAD-Lehrgängen zu sehen ist. Allerdings sind die Planer der Meinung,

- daß die angestrebten Lernziele sich mit Hilfe dieses Projektes in unterrichtliche Praxis umsetzen lassen,

- daß weiterhin ein Kursteilnehmer nach dieser CAD-Ausbildung in der Lage ist, sich mit Hilfe des Handbuches neue Befehle selbsttätig zu erarbeiten,

- daß diese Ausbildung im Hinblick auf die Unterrichtszeit auf eine sinnvoll zu verarbeitende Befehlsmenge beschränkt bleiben soll,

- daß es das Lernen erleichtert, wenn das Projekt als roter Faden im Lernprozeß erkennbar ist und

- daß arbeitsteiliges Lösen der Aufgaben und Austausch der fertigen Zeichnungen in Form von Dateien ein kooperatives Handeln fördert, das es im herkömmlichen Technischen Zeichnen nicht gibt.

Je nach Lernfortschritt oder zur Verfügung stehender Zeit können die Zeichnungen auf die Arbeitsteams aufgeteilt oder von allen ausgeführt werden.

Vor Beginn der letzten Phase, dem Erstellen der Schweißgruppenzeichnung und der Gesamtzeichnung, müssen alle Arbeitsteams alle notwendigen Zeichnungen als Dateien in ihre Arbeitsdirectories kopiert haben. Besonders dieser Schritt fördert die Kommunikation zwischen den Teilnehmern, da sie aus allen vorhandenen Dateien die besten bestimmen und kopieren wollen und häufig erst beim Generieren der Gesamtzeichnung Fehler oder Ungenauigkeiten feststellen. So lernen sie, daß exaktes Arbeiten notwendig ist, wenn CAD-Daten weiterverwendet werden sollen.

Einige auf den nachfolgenden Seiten abgebildete Arbeitsblätter und Ergebnisse aus den Unterrichtsunterlagen verdeutlichen die Vorgehensweise (siehe S.205 bis S.218).

Die aus einem dreidimensionalen Drahtmodell (vgl. S.217) entwickelte Gesamtansicht des Rohrschraubstockes ist hier zu sehen:

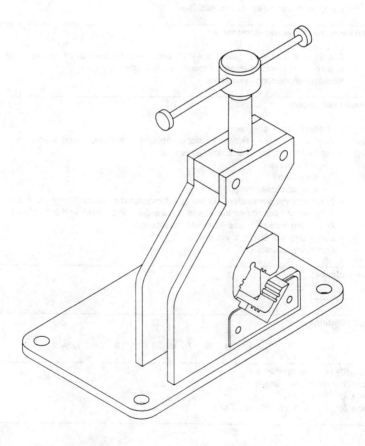

Bremer CAD/CAM-Labor

Übung Nr.: **3**
Richtzeit: ca. **8h**

Projekt: Rohrschraubstock
Zeichnung: GRUNDPLA(TTE)
Format: DIN A 3

Neue Lerninhalte:

– Ebenentechnik (Folientechnik) erläutern
– Radien als Verbindung von Linien automatisch erstellen
– Kopieren und Spiegeln von Bildteilen

Didaktisch-methodischer-Kommentar:

Der Schwerpunkt wird gelegt auf CAD-typische Arbeitsverfahren wie Abrundungs-,
Kopier-, Einblendfunktionen / Arbeiten in mehreren Ebenen /
Koordinatenursprung versetzen

Abeitsanweisungen

– Ebenentechnik erläutern
– Ebenen einrichten, aktivieren, sichbar machen, einblenden und ausblenden
– Vorderansicht der Grundplatte generieren
    – 1/4 erstellen
    – abrunden
    – kopieren/spiegeln
– Draufsicht mit versetztem Ursprung auf möglichst einfache Weise generieren
– Rahmen und Schriftfeld auf Ebene 3 erzeugen, einblenden und fertigstellen
– Zeichnung innerhalb des Rahmens versetzen
– Bemaßung auf Ebene 2 erstellen
– Zeichnung ausplotten

Zusatzaufgabe:

_____

EuroCAD-Befehle:

VS 16 / VS 1 / VS 2 / VS 3 / VS 4 / VS 17 / LN 22 / LN 17 / CP 3 / FA 2

EuroCAD-Zeichnungsebenen:
Ebene 1: Vollinien, Mittellinien
Ebene 2: Bemaßung
Ebene 3: Rahmen, Schriftfeld, Texte

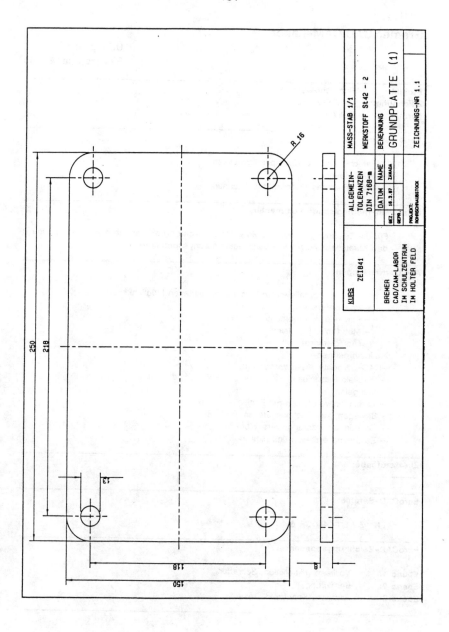

Bremer CAD/CAM-Labor

Übung Nr.: 7
Richtzeit:ca. 4 - 6h

Projekt:	Rohrschraubstock
Zeichnung:	SEIT.PLATTE
Format:	DIN A3

Neue Lerninhalte:

- Einfach- und mehrfach parallele Linien
- Linien dehnen
- CAD-gerechtes Erstellen der Zeichnung

Didaktisch-methodischer-Kommentar:

Für die Zeichnung lassen sich viele CAD-typische Arbeitsverfahren verwenden, die mit den Kursteilnehmern vor Arbeitsbeginn durchgesprochen werden.

Abeitsanweisungen

- Erstellen von parallelen Linien mit verschiedenen Möglichkeiten:
  - <p>-Befehl
  - Parallele zu gegebener Linie
  - Mehrfache Parallelen
  (Äquidistante)
- Linien dehnen
- CAD-gerechte Arbeitsverfahren:
- Parallele Hilfslinien
- Spiegeln
- Verbinden von Linien mit Radien
- Bewegen von Zeichnungsteilen
- Koordinatenursprung versetzen
- Zeichnung erstellen und plotten

Zusatzaufgabe:

EuroCAD-Befehle:

LN 12 / LN 14 / DR 6

EuroCAD-Zeichnungsebenen:

Ebene 1:	Vollinien, Mittellinien, Schraffur,
Ebene 2:	Bemaßung,
Ebene 3:	Rahmen, Schriftfeld, Texte

183

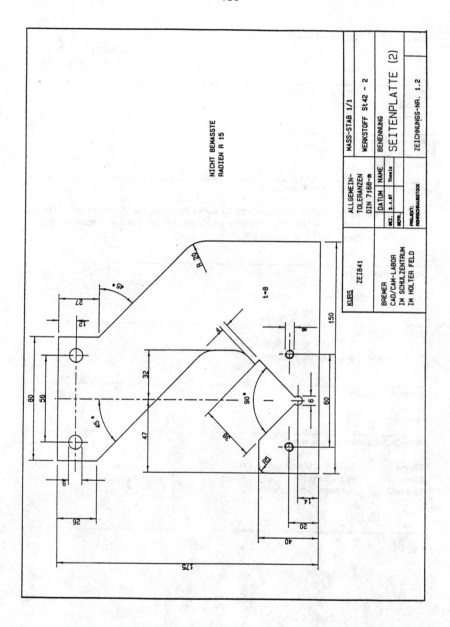

Bremer CAD/CAM-Labor

Übung Nr.: 8
Richtzeit: ca. 2h

Projekt: Rohrschraubstock
Zeichnung: SPINDEL
Format:

Neue Lerninhalte:

Didaktisch–methodischer–Kommentar:

Diese Übung ist eine Zusatzaufgabe für Kursteilnehmer, die früher mit der vorigen Übung fertig geworden sind. Die anderen Kursteilnehmer erhalten die Zeichnung als fertiges File in ihre directory kopiert.

Abeitsanweisungen

- Zeichnung erstellen und plotten

Zusatzaufgabe:

- file in alle directroies kopieren

EuroCAD–Befehle:

EuroCAD–Zeichnungsebenen:

Ebene 1:   Vollinien, Mittellinien, Schraffur,
Ebene 2:   Bemaßung,
Ebene 3:   Rahmen, Schriftfeld, Texte

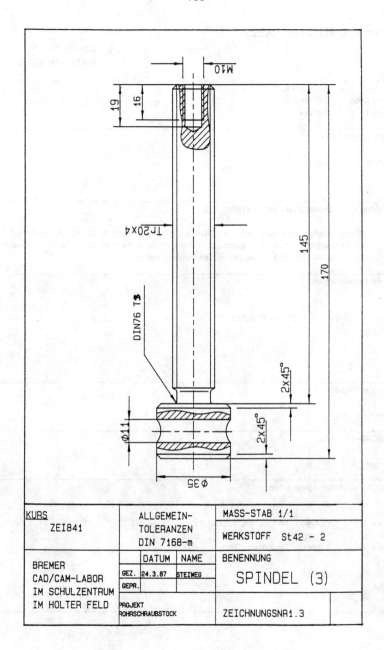

KURS	ALLGEMEIN-	MASS-STAB 1/1	
ZEI841	TOLERANZEN DIN 7168-m	WERKSTOFF St42 - 2	

	DATUM	NAME	BENENNUNG	
BREMER CAD/CAM-LABOR IM SCHULZENTRUM IM HOLTER FELD	GEZ. 24.3.87	STEIWEG	SPINDEL (3)	
	GEPR.			
PROJEKT ROHRSCHRAUBSTOCK			ZEICHNUNGSNR1.3	

In the drawing: M10, 19, 16, Tr20x4, DIN76 T3, 145, 170, 2x45°, 2x45°, Ø11, Ø35

Bremer CAD/CAM-Labor

Übung Nr.: 9
Richtzeit: ca. 4 h

Projekt:	Rohrschraubstock
Zeichnung:	SPANNPRISMA
Format:	DIN A4

Neue Lerninhalte:

———

Didaktisch-methodischer-Kommentar:

Diese Übung wiederholt wichtige CAD-Elemente. Sie kann u. U. als Klassenarbeit gestellt werden, muß aber dann ggf. für die Gesamtzeichung vervollständigt werden, oder als fertiges File in die directories kopiert werden.

Abeitsanweisungen

– Zeichnung erstellen und plotten.

Zusatzaufgabe:

———

EuroCAD-Befehle:

———

EuroCAD-Zeichnungsebenen:

Ebene 1:	Vollinien, Mittellinien, Schraffur,
Ebene 2:	Bemaßung,
Ebene 3:	Rahmen, Schriftfeld, Texte

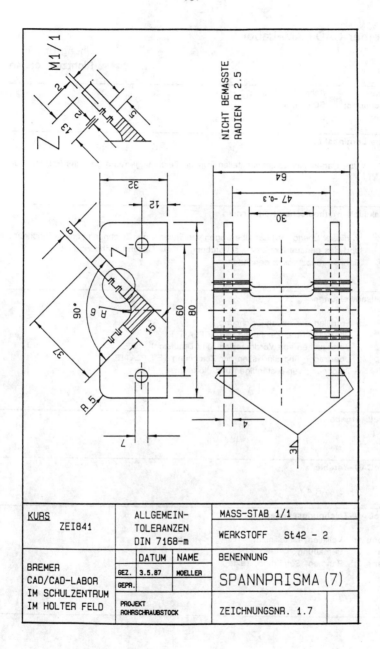

NICHT BEMASSTE
RADIEN R 2.5

M1/1

| KURS ZEI841 | ALLGEMEIN-TOLERANZEN DIN 7168-m | MASS-STAB 1/1 |
| | | WERKSTOFF St42 - 2 |

BREMER CAD/CAD-LABOR IM SCHULZENTRUM IM HOLTER FELD		DATUM	NAME	BENENNUNG
	GEZ.	3.5.87	MOELLER	SPANNPRISMA (7)
	GEPR.			
	PROJEKT ROHRSCHRAUBSTOCK			ZEICHNUNGSNR. 1.7

Bremer CAD/CAM-Labor

Übung Nr.: 11
Richtzeit: ca. 4h

Projekt: Rohrschraubstock
Zeichnung: SCHWEISS
Format: DIN A3

Neue Lerninhalte:

Übertragen von Zeichnungsteilen in neue Zeichnungen und genaues Positionieren

---

Didaktisch-methodischer-Kommentar:

In dieser Übung wird das Übertragen von Teilen einer Zeichnung in neue Zeichnungen und das genaue Einfügen als Vorübung für die Gesamtzeichnung des Rohrschraubstockes behandelt

---

Abeitsanweisungen

- Erstellen der neuen Zeichnung
- Übertragen der Zeichnung GRUNDPLA(TTE)
- Vertauschen von Vorderansicht und Draufsicht
- Übertragen und Einpassen der Zeichnung SEIT.PLATTE
- Zeichnung vervollständigen und plotten

Zusatzaufgabe:

EuroCAD-Befehle:

AR 3 / AR 4 /

EuroCAD-Zeichnungsebenen:

Ebene 1: Vollinien, Mittellinien,
Ebene 2: Bemaßung
Ebene 3: Rahmen, Schriftfeld, Texte

189

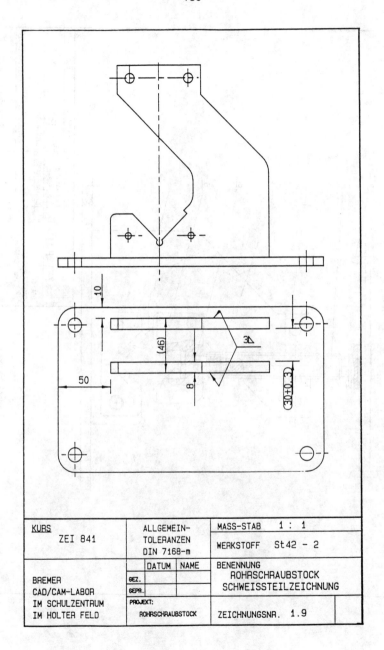

KURS		ALLGEMEIN-TOLERANZEN DIN 7168-m		MASS-STAB	1 : 1
ZEI 841				WERKSTOFF	St 42 - 2
		DATUM	NAME	BENENNUNG	
BREMER	GEZ.			ROHRSCHRAUBSTOCK	
CAD/CAM-LABOR	GEPR.			SCHWEISSTEILZEICHNUNG	
IM SCHULZENTRUM	PROJEKT:				
IM HOLTER FELD	ROHRSCHRAUBSTOCK			ZEICHNUNGSNR.	1.9

190

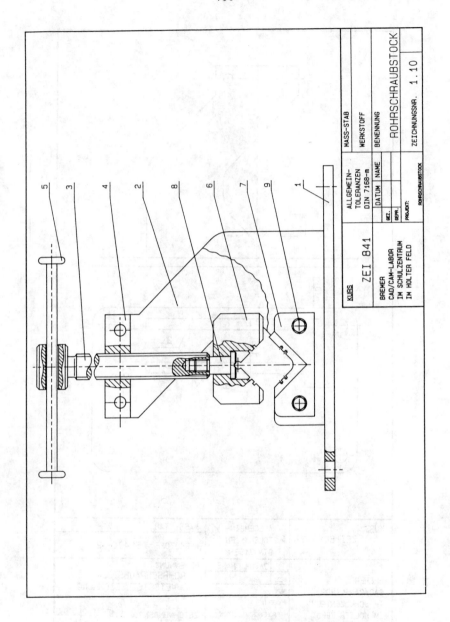

KURS | ZEI 841 | | | ALLGEMEIN-TOLERANZEN DIN 7168-m | | MASS-STAB

| | | | DATUM | NAME | WERKSTOFF
BEZ. | | |
GEPR. | | |

BREMER CAD/CAM-LABOR IM SCHULZENTRUM IM HOLTER FELD | PROJEKT: | BENENNUNG

ROHRSCHRAUBSTOCK

ROHRSCHRAUBSTOCK | ZEICHNUNGSNR. 1.10

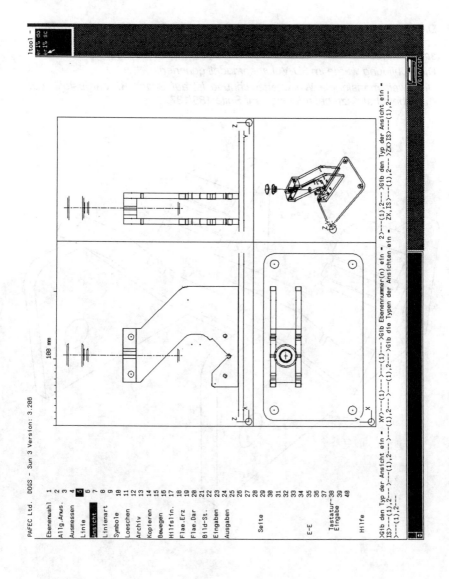

Die fluchtpunktperspektivische Darstellung des Spannprismas vom Rohr-schraubstock ist eine besonders reizvolle Herausforderung für etwas Fortge-schrittenere.

Die Abbildung wurde im 3D-Volumenmodell generiert.

Die zweidimensionale Werkstattzeichnung ist auf Seite 187 dargestellt, das Aufgabenblatt dazu befindet sich auf Seite 186/187.

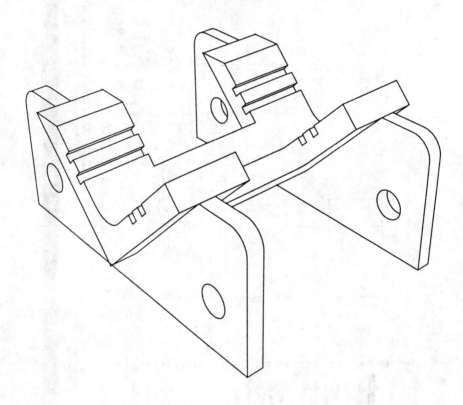

Das Projekt Zahnradpumpe

Dieses Projekt wurde bereits oben als Beispiel für Lernzielsetzung und Inhaltsauswahl im Rahmen der curricularen Entwicklungsarbeit der Planungsgruppe angeführt.

Die Abbildung zeigt das aus der zweidimensionalen Ansicht entwickelte Antriebszahnrad der Pumpe.

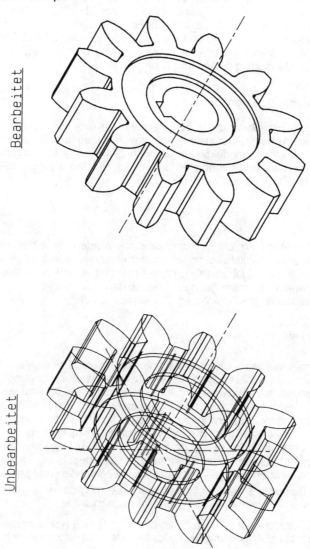

Die Zielsetzungen des Projektes erscheinen, auf den zur Verfügung stehenden Zeitrahmen und die geringen Vorkenntnisse der Lernenden im Bereich CNC bezogen, relativ anspruchsvoll. Es war daher notwendig, ein Projekt auszuwählen, daß einerseits die wichtigsten CAD-Inhalte auf einem akzeptablen Niveau beinhaltete, fertigungstechnisch mit den Maschinen der Schule herzustellen ist und eine ansprechende technische Funktion besitzt.

Eine Zahnradpumpe erweist sich hierfür als geeignet, denn sie besteht aus relativ wenigen Teilen und ermöglicht die Vermittlung fachtheoretischer Inhalte wie Zahnradberechnung, Berechnung und Auslegung von Passungen und die Berechnung von Leistung und Volumenstrom. Zudem eignet sich das Bauteil sehr gut für Variantenkonstruktionen etwa am Beispiel einer leistungsmäßig gestuften Bauserie gleicher Grundkonstruktion.

Das Projekt Drehvorrichtung

In diesem Projekt wird mit den Teilnehmern eine industriell gefertigte Konstruktion erarbeitet, und zwar eine Drehvorrichtung zum Bohren und Gewindeschneiden einer Spindelmutter. Je nach Zielsetzung, Leistungsvermögen der Kursteilnehmer und gegebener Unterrichtszeit kann die Aufgabenstellung auf folgende Weise variiert werden:

1. Variante:

Ähnlich wie im Projekt Rohrschraubstock werden die Einzelteilzeichnungen parallel oder arbeitsteilig generiert und die Zusammenbauzeichnung daraus erstellt. Diese Aufgabenstellung bietet den Vorteil, daß der Arbeitsumfang und die Schwierigkeitsstufe geringer sind, so daß das Projekt in kürzerer Zeit oder auch mit leistungsschwächeren Teilnehmern durchgeführt werden kann.

2. Variante:

Die Projektaufgabe wird als Variantenkonstruktion bearbeitet. Den Kursteilnehmern wird dabei der komplette Satz der Einzelteilzeichnungen als Dateien vorgegeben, sie erhalten dazu Aufgabenstellungen, die eine veränderte Konstruktion erforderlich machen. Die veränderten Einzelteilzeichnungen und die entsprechende Zusammenbauzeichnung der Vorrichtung sind dann zu entwerfen, zu konstruieren und zu generieren. Dazu können die vorhandenen Dateien genutzt oder neu generiert werden. Diese Aufgabenstellung setzt allerdings voraus, daß eine Einführung in CAD bereits erfolgt ist und daß die Teilnehmer über genügende Konstruktionskenntnisse verfügen.

Einige Beispiele sollen die in diesem Projekt möglichen, von den Teilnehmern zu lösenden Konstruktionsaufgaben verdeutlichen.

- Die Vorrichtung ist so umzukonstruieren, daß eine Spindelmutter mit anderen Maßen zum Bohren und Gewindeschneiden aufgenommen werden kann.

Die Maße können vorgegeben oder aber selbst gewählt werden.

- Eine andere Festspanneinrichtung ist zu konstruieren.

- Bestimmte Teile sollen durch geeignete Normteile ersetzt werden.

- Für Spindelmuttern unterschiedlicher Dicke ist eine Auflegeplatte und ein Spanneisen, aufschraubbar auf einen Träger, zu konstruieren. Die Dicke soll in einem begrenzten Rahmen variierbar sein.

- Eine Schutzhaube ist zu konstruieren, die sich leicht befestigen, aber auch leicht abnehmen läßt.

- Für die gewählten Aufgaben sind die Einzelteilzeichnungen zu ändern, neu zu entwerfen und neu zu generieren bzw. die bestehenden Zeichnungen zu ändern.

- Aus den neuen bzw. geänderten Einzelteilzeichnungen ist eine mit Positionszahlen versehene Gesamtzeichnung zu generieren. Zudem ist die Stückliste aufzustellen.

- Alle Zeichnungen sind mit aktualisierten Angaben zu plotten.

3. Variante:

Die Aufgabenstellungen der ersten und zweiten Variante werden kombiniert, indem die Kursteilnehmer zuerst die vorgegebene Konstruktion in ihren Einzelteilzeichnungen generieren und dann eine Variantenkonstruktion anfügen. Damit lernen die Teilnehmer im ersten Schritt das CAD-Grundwissen, im zweiten Schritt die Möglichkeiten zum Variieren schon bestehender Dateien und im dritten Schritt das Generieren einer Gesamtzeichnung aus Einzeldateien kennen.

Die Teilnehmer lernen dabei vor allem

- das Entwickeln von Konstruktionslösungen in Partnerarbeit,

- das Entwerfen von Lösungen in Form von Handskizzen,

- das Überprüfen von Lösungen auf Praxisnähe und konstruktive Durchführbarkeit,

- das Vorstellen von eigenen Lösungen vor der Lerngruppe,

- das Herstellen von Bezügen zur beruflichen Wirklichkeit,

- das Umgehen mit vorhandenen Zeichnungsdateien (Archivieren),

- das gezielte Löschen von Zeichnungsteilen und

- das gezielte Verändern (Dehnen, Verkürzen usw.) von Zeichnungsteilen.

Zudem identifizieren sich die Teilnehmer stärker als bei völlig vorgegebenen Daten mit "ihrer" Konstruktion.

Das Projekt "Windkraftanlage KUKATE"

Das im folgenden beschriebene Projekt ist ein besonders gelungenes Beispiel für eine Projektarbeit, die gesellschaftliche Zusammenhänge und Probleme neuer Technologien verdeutlicht, Schlüsselqualifikationen vermittelt und fächerübergreifend weite Bereiche einer Bildungseinrichtung, hier eines Schulzentrums, einbezieht und nutzt. Es wird daher ausführlicher dargestellt als die anderen Projekte.

Im Bremer Schulzentrum "Im Holter Feld" existiert seit 12 Jahren im Studiobereich die Arbeitsgemeinschaft "Zukunftsenergien". An Studio-Veranstaltungen können neben Schülern auch ehemalige Schüler und an den Themen interessierte Schulfremde teilnehmen. Die aktiven Mitglieder der Zukunftsenergie-AG treffen sich einmal wöchentlich abends vier Stunden in der Schulwerkstatt, um ihre Ideen zu besprechen und zu verwirklichen.

In der Alternativenergie-Arbeitsgemeinschaft ist die handlungsorientierte Projektmethode vorrangig. Dort werden Sonnen- und Windenergieanlagen für Selbstbauer in Deutschland und in Entwicklungsländern konzipiert, gebaut, erprobt und weiterentwickelt.

Zeichnerische Unterlagen von den Anlagen existieren oft nur als Werkstattskizzen. Vorgenommene Veränderungen werden während der knappen Zeit meist nur dürftig in die technischen Zeichnungen übertragen. Damit ergab sich also ein unmittelbarer Anknüpfungspunkt zum CAD-Modellversuch: Zum einen besteht ein konkreter Bedarf an technischer Dokumentation für die Projekte der Arbeitsgemeinschaft, zum anderen suchten die Dozenten im Rahmen des CAD-Modellversuches praxisorientierte, komplexe Aufgaben, die einen großen Spielraum hinsichtlich ihrer Tiefe und Breite ermöglichen.

Das Windenergieprojekt eignet sich zudem durch seinen direkten Bezug zur weltweiten Diskussion um Rohstoffvergeudung, Umweltschädigung, die Gefahren der Kernenergie und alternative Energienutzung besonders gut, um Zusammenhänge zwischen dem Einsatz unterschiedlicher Technologien und dem gesellschaftlichen Umfeld, das heißt der sozialen Lebenswelt von Teilnehmern, bewußt zu machen.

Da die AG-Projekte darüber hinaus auf der Ebene einer überschaubaren "mittleren Technologie', einer handwerklichen Fertigung, konzipiert sind, bleiben sie auch für die meisten Nichtspezialisten anschaulich und ermöglichen sowohl Anfängern als auch Berufserfahrenen, eigene Ideen einzubringen (siehe S.233).

Aus diesen Gründen wurde von den Beteiligten für das CAD-Projekt eine Verbindung zwischen dem größten Windradtyp der Alternativenergie-AG und der CAD-Schulung geschaffen.

Auf den folgenden Seiten sind einige der über 200 Einzelteile und Baugruppen abgebildet. Das Spektrum reicht von einfachen Einzelteilzeichnungen bis hin zu komplexen Zusammenbauzeichnungen im 3D-Draht- und 3D Volumenmodell.

Gesamtansicht des Windrades KUKATE

Unten links ist das Fundament im einfachen Volumenmodell, rechts eine perspektivische Grafik der Gesamtanlage im 3D-Drahtmodell zu sehen.

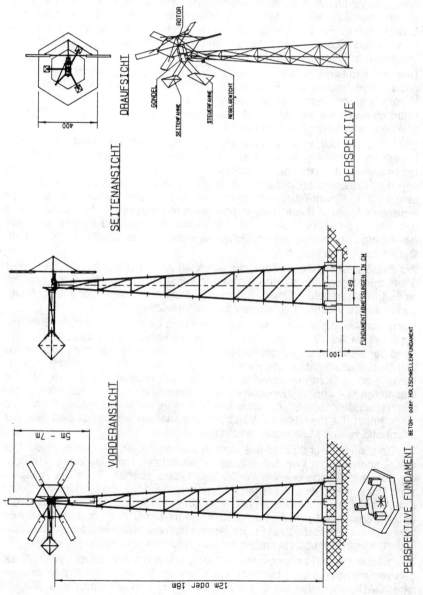

Der Typ namens "KUKATE" - genannt nach seinem ersten Aufstellungsort auf dem Werkhof KUKATE in der Nähe von Gorleben - erhielt bereits 1982 bei einem Entwurfswettbewerb für Selbstbauer von der Deutschen Gesellschaft für Windenergie und dem Bundesministerium für Forschung und Technologie den ersten Preis und wird seitdem ständig weiterentwickelt und verbessert (vgl. Crome, 1989). Für bestimmte Problemlösungen an der Anlage erhielten drei Schüler des Schulzentrums 1990 mehrere Länder- und Bundespreise beim Wettbewerb "jugend forscht".

Das Windkraftwerk wird in der Regel als elektrische Stromerzeugungsanlage gebaut und besteht aus Fundament, 18m oder 12m hohem Stahlrohrmast, Rotor mit einem Durchmesser zwischen 5m und 7m, Gondel, Getriebe, Generator, diversen Lagern, Steuerfahnen, Elektrik sowie Steuerungs- und Regelelektronik samt Abnehmerinstallation.

Die Bildungsarbeit, in deren Zentrum dieses Windkraftwerk stand, verlief etwa folgendermaßen: Am Anfang des CAD-Unterrichts, nachdem die Teilnehmer Informatik- und Textverarbeitungmodule absolviert hatten, wurden zunächst von den Dozenten ausgesuchte, exemplarische Bauteile der Anlage als Beispiele für bestimmte CAD-Übungen vorgegeben. Das erwies sich als empfehlenswert, um in dieser Phase eine gewisse Übersicht zu behalten, besser vergleichen zu können, die Lernenden kennenzulernen und ihnen das Gefühl des Erfolgs und eine gewisse Sicherheit während des Einstiegs in das neue Gebiet zu vermitteln.

Auf die Zeichnung dieser Teile, die sorgfältig archiviert wurden, mußte später öfters zurückgegriffen werden. Entweder wurden sie dann dreidimensional erweitert, als Symbole definiert, auf dem Bildschirm in Zusammenbauzeichnungen montiert, verändert oder sogar zu Varianten ausgebaut.

Nach der Anfangsphase, wenn die Lernenden befriedigend mit der Befehlssyntax des CAD-Programms und der Datenverwaltung umgehen und sich anhand der Handbücher weitgehend selbständig orientieren konnten, wählten sie aus dem Gesamtgebiet des Projektes Aufgaben, die ihrer beruflichen Vorerfahrung am ehesten entsprachen und die noch unbearbeitet waren. Mit der Gesamtgruppe, ihrem jeweiligen Arbeitsplatzpartner und den Dozenten abgestimmt, wurden aus dem Aufgabenkomplex einzelne Bereiche ausgewählt und eingegrenzt. Da die beiden CAD-Labore miteinander verbunden sind, war der Informations- und Meinungsaustausch problemlos.

Die Zeichnungen und Fotos aus dem gesamten Projekt hängen in einem der CAD-Labore an der Wand. Auf diese Weise können sich Neulinge leicht über die gesamte Anlage orientieren. Darüber hinaus sind alle Teile der Anlage - zum Teil sogar in verschiedenen Bauvarianten und Fertigungsstadien - in der Schulwerkstatt zu besichtigen und verfügbar. Sie wurden zum Teil ins CAD-Labor transportiert und dort aufgebaut. Damit ergab sich für die Teilnehmer ein unmittelbarer Bezug zur Praxis. Änderungsvorschläge konnten vor Ort diskutiert, empfohlen und zumindest auf den Zeichnungen umgesetzt werden.

Gespräche mit den Lehrmeistern und Mitgliedern der Arbeitsgemeinschaft ergänzten manchmal die praktische Orientierung. Zeitweise beteiligten sich einige "CAD-Laboranten' an den AG-Abenden am Bau einzelner Teile. Mitglieder der Arbeitsgemeinschaft erschienen im CAD-Labor und besprachen Konstruktionsänderungen unmittelbar am Bildschirm. Ein fertiges Modell der Anlage im Technischen Hörsaal des Schulzentrums sowie laufende Anlagen im Bremer Umfeld wurden ebenso einbezogen wie Videofilme über die Nutzung der Windenergie, Dias und andere Materialien. Die Teilnehmer brachten Zeitungsausschnitte, Fachartikel und selbstfotografierte Bilder von anderen Anlagen mit zum Unterricht. Das Thema Windenergie wurde in technischer Hinsicht ebenso zum Gesprächsstoff wie die unterschiedlichen Meinungen über ihren Stellenwert in der energiepolitischen Zukunft.

Zu den am Projekt Beteiligten gehörten auch Studenten des Fachbereiches Maschinenbau der Hochschule Bremen und zwar sowohl im CAD-Labor wie in der Metallwerkstatt. Für die Studenten werden während der Semester einmal wöchentlich CAD-Übungen in den Räumen des CAD/CAM-Labors abgehalten. Einige von ihnen verbinden Probleme im Bereich der Windenergieanlage mit ihrem Fachstudium, ihrer CAD-Schulung und zum Teil über die Werkstattarbeit hinaus mit Semester- und Diplomarbeiten.

Die einzelnen Bestandteile des KUKATE-Windrades bieten vielfältige Möglichkeiten der Verbindung mit der CAD-Schulung, auf die im folgenden etwas genauer eingegangen werden soll.

Das Fundament

Die meisten Teilnehmer an den Anpassungsfortbildungskursen waren auf dem Gebiet der Metalltechnik erfahren. Die zweitgrößte Gruppe kam aus dem Bereich der Bautechnik. Sogar ein Landvermesser war dabei. Er zeichnete Geländepläne für Standorte der Anlage. Für das Fundament der Windenergieanlage lagen aus Statikberechnungen Ausgangswerte vor, die unterschiedliche Varianten ermöglichten. Es wurde ein Fundament aus Holzschwellen entworfen und zwei aus Stahlbeton. Dabei bietet sich in jedem Fall an, zur zeichnerischen Darstellung das CAD-3D-Kantenmodul zu verwenden. Mit seiner Hilfe ist ein einfacher und schneller Wechsel vom zweidimensionalen in den dreidimensionalen Zeichenbereich möglich. Mit der Ebenentechnik lassen sich Umriß und Stahlbewehrung gut trennen.

Der Mast

Der Mast der Anlage sowie die Steuer- und Seitenfahne werden im wesentlichen aus Konstruktionsstahlrohr gefertigt. Es gibt den Mast in zwei Varianten: 12m und 18m hoch. Er besteht aus einer Schweiß- und Schraubkonstruktion. Hier wurde u.a. geübt, aus einem "Mittellinienskelett" aus dem 3D-Bereich zu den notwendigen genauen Ansichten mit ihren "wahren Längen' im 2D-Bereich zu kommen. Die genaue Bemaßung großer Stahlbauteile mit Hilfe von CAD wird hier eindrucksvoll geübt. Die Lochabstände der einzelnen Quer- und Diagonalstreben lassen sich auf 0,1 Millimeter genau herausmessen.

Das Betonstahlskelett für das Fundament läßt sich besonders gut mit dem 3D-Drahtmodell darstellen. Diese Gesamtansicht wurde aus den "vorgebogenen" Einzelteilen zusammengesetzt.

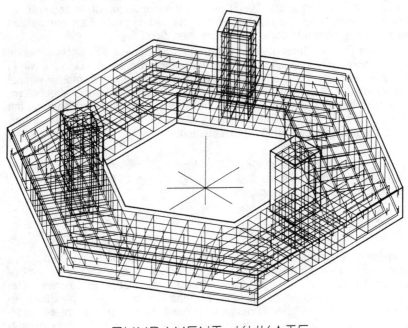

FUNDAMENT KUKATE

Die Gondel

Das Herzstück des Windenergiekonverters ist die Gondel. Auf und an ihr sind praktisch alle Teile befestigt. Sie besteht aus einem geschweißten Stahlbaurahmen. Im CAD-Bereich eignet sich die Konstruktion in ihren Einzelteilen und zusammengebaut als Schweißgruppe sowohl für Anfänger als auch für Fortgeschrittene. Sich wiederholende Stahlprofile und Schweißsymbole wurden als Symbole generiert und abrufbereit gespeichert.

Das Zeichnen der Schweißmontagezeichnung der Gondel vom Windkraftrad mit ihren Hauptmaßen und den Teilenummern aus den über 20 Einzelteilen erfordert bereits etwas Übung und Geschick.

Ein kleines "Gesellenstück" für den Umgang mit dem Drahtmodell ist auf der Seite 202 abgebildet. Oben ist der komplexe Rohling zu sehen, unten seine Bearbeitung zur perspektivischen Darstellung.

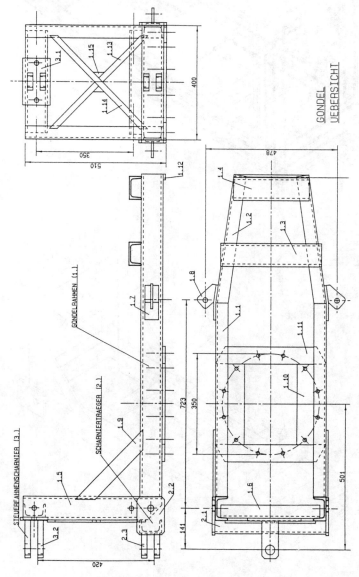

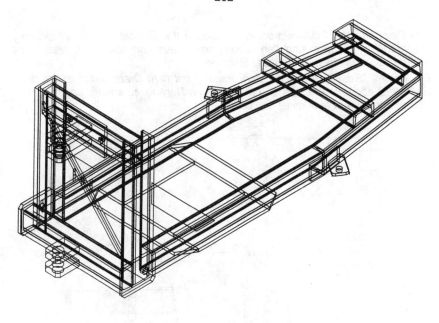

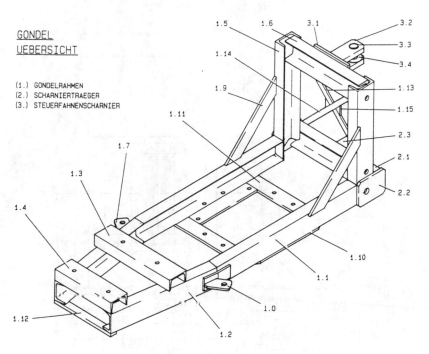

GONDEL
UEBERSICHT

(1.) GONDELRAHMEN
(2.) SCHARNIERTRAEGER
(3.) STEUERFAHNENSCHARNIER

Die Flügel

Die Flügel mit ihrem aerodynamischen Profil für die Spanten und die Außen-
kontur sind ein "Leckerbissen" für die CAD-Arbeit. Sie lassen sich für verschie-
den große Anlagen und verschiedene Konzepte sowohl maßstäblich als auch
konzeptionell mit CAD gut zeichnen und verändern.

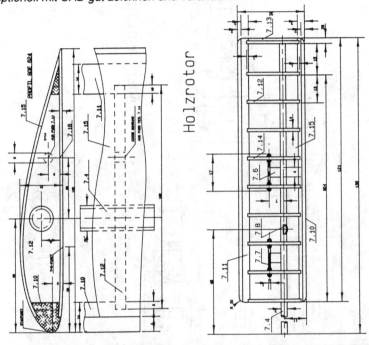

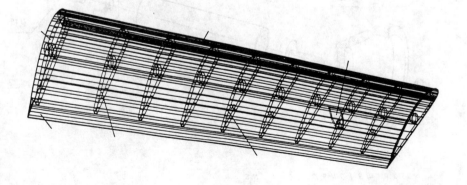

Da die technischen Darstellungen vom Abspannstock des Rotors für ungeübte Zeichnungsleser etwas unübersichtlich sind, wurden von verschiedenen Gruppen Explosionszeichnungen und Perspektiventwürfe angefertigt, zum Teil mit Hilfe der Kanten- und zum Teil mit Hilfe des Volumenmodells.

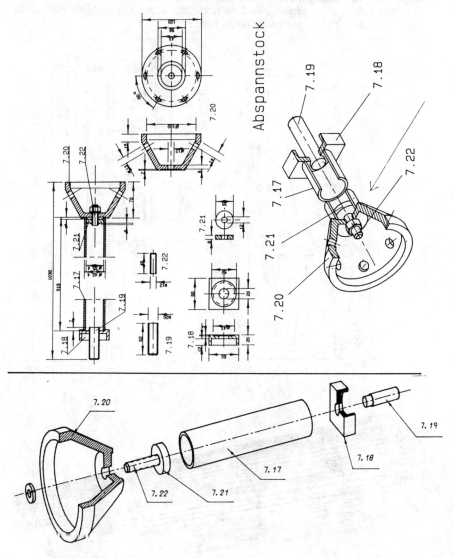

EXPLOSIONSZEICHNUNG

ABSPANNSTOCK GEZEICHNET: H. TOUYSSERKANI , H. SHULA

Die elektrische Regelschaltung

Mit Hilfe einfacher Symbol- und Makrotechnik und z.T. selbstgezeichneten Elementen wurde der Umgang mit verschiedenen Elektronikschaltungsentwürfen zur Regelung der Windgeneratorleistung geübt.

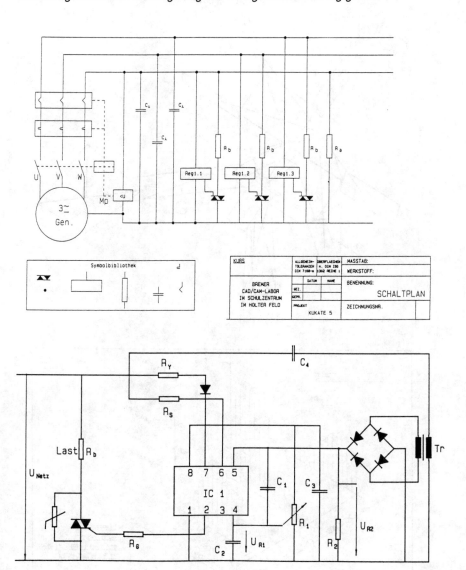

Grafiken

Mit allen CAD-Modulen wurden unterschiedliche Grafikentwürfe für den Wind-konverter angefertigt.

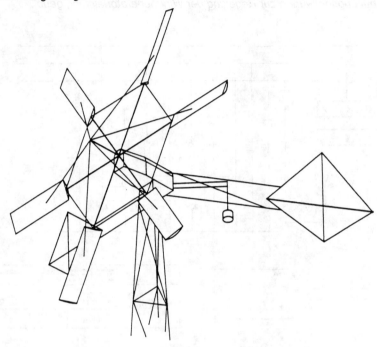

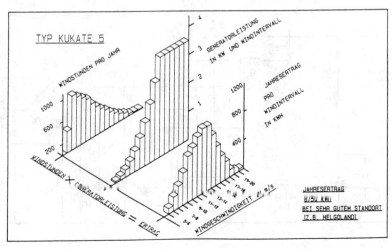

Die Frage, ob ein solches Projekt verallgemeinerungsfähig, oder sogar beispielhaft für andere CAD-Bildungsträger sein kann, ist nur eingeschränkt zu bejahen. Wenn man die Voraussetzungen betrachtet, wird das deutlich:

- Räumlich und materiell müssen ein CAD-Labor und eine Werkstatt vorhanden und aufeinander beziehbar sein. Dabei sind insgesamt mit unterschiedlicher Wichtung die Gewerke Metall, Holz, Bau und Elektrotechnik betroffen.

- Die Dozenten und Werkstattmitarbeiter (Ausbilder, Lehrmeister) müssen sich kennen, zusammenarbeiten und sich mit dem Thema identifizieren können.

- Auch die Lernenden müssen motiviert sein, sich mit dem Projektthema und seinen gesellschaftlichen Zusammenhängen auseinanderzusetzen.

- Grundlage für den Lehr-Lernprozeß muß ein offenes Curriculum sein.

- Am Ende des Projektes darf keine "harte' Prüfung vor einer externen Prüfungskommision stehen.

- Für das Projekt ist ein Mindestmaß an Zeit und Kontinuität erforderlich.

- Das Projekt muß finanziell, materiell und organisatorisch bzw. ordnungsrechtlich abgesichert sein. Im einzelnen bedeutet das: Um das Windrad zu bauen, sind im Lernbetrieb ca. 1000 Mannstunden an Zeit und ca. 10.000 DM an Geldmitteln nötig. Ferner sind ein Bauplatz und ein Baugenehmigungsverfahren erforderlich und entsprechende Einrichtungen zu Wartung und Instandhaltung über viele Jahre hinweg.

Prinzipiell sind solche Voraussetzungen bei all denjenigen Bildungsträgern gegeben, die über verschiedene Labor- und Fertigungseinrichtungen verfügen und kontinuierlich Umschulungen oder Weiterbildung betreiben. Mehrere Bildungsträger in Norddeutschland haben das Projekt bislang übernommen und modifiziert, zwei davon ebenfalls unter Einbezug von CAD (vgl. Crome, 1989 S.143ff). Aber auch die Teilzeitberufsschulen der Fachrichtungen Metall sind durchaus in der Lage, handlungs- und projektorientiert zu arbeiten. So ist z.B. eine Kombination aus Werkstatt, Berufsschule und Arbeitsgemeinschaften denkbar, innerhalb derer ähnliche Projekte wie das oben beschriebene durchaus durchführbar sind.

Ein Projekt muß - technisch gesehen - nicht so groß angelegt sein wie das hier beschriebene 12m oder 18m hohe Windrad. Es gibt viele CAD-Konstruktionsaufgaben für kleinere Geräte, die sich z.B. auf alternative Energienutzung beziehen und/oder sich für den Selbstbau und den Einsatz in Entwicklungsländern eignen.

Leider zeigt die Ausbildungspraxis immer wieder eine herbeigeredete Dominanz des Sachzwanges, abgeleitet aus den Möglichkeiten von CAD-Programmen und CNC-Maschinen. Die vielen Schaukästen in den Werkstätten mit ihren - zum Teil beachtlichen - "Schaustückchen" verstellen nach wie vor den Blick auf die hier bereits aufgeführten Lernziele, die mit dem Zeichnen und Fertigen solcher Teile sicherlich nicht erreicht werden können.

Andere Unterrichtskonzepte

Die Anbindung der CAD-Schulung an Projekte unterschiedlicher Größenordnung, wie die oben beschriebenen, erschien der Planungsgruppe als beste Möglichkeit, die angestrebten Lernziele zu erreichen. Manche Rahmenbedingungen, insbesondere zu geringe Zeitvorgaben und spezifische Erwartungen beziehungsweise Lernvorausetzungen mancher Teilnehmergruppen, lassen aber einen projektorientierten Lehr-Lernprozeß nicht zu. Für diese Bedingungen waren Kurskonzeptionen zu entwerfen, die es ermöglichten, zumindest einige der wichtigsten Lernziele zu erreichen.

Das fachliche Lernziel, das in allen Kursen erreicht werden soll, ist, den Teilnehmern exemplarisch den typischen Aufbau eines CAD-Programms, die systematische Befehlsstruktur, so zu vermitteln, daß sie später in der Lage sind, sich selbsttätig in die Struktur anderer Programme einzuarbeiten.

Diese Vermittlung soll mit Hilfe von Lehr und Lernmethoden erfolgen, die auf Fähigkeiten im Bereich der sozialen Qualifikationen zielen. Dazu gehört insbesondere, daß in allen Kursen zum einen kooperativ und partizipativ gelernt wird. Die zumeist zu zweit, und zwar mit wechselnden Partnern, an den Geräten arbeitenden Teilnehmer erstellen mit der Zeichnung ein gemeinsames Produkt, müssen also Lösungsansätze und Arbeitsschritte miteinander besprechen.

Zum anderen sollen die Teilnehmer möglichst weitgehend selbstreguliert und selbstkontrolliert lernen, das heißt, nach einer kurzen, lehrerzentrierten Einführungsphase versuchen die Teilnehmer, selbständig zu Lösungen für die gestellte Aufgabe zu kommen, und die Lehrenden helfen erst dann, wenn der Partner oder die Nachbarn nicht mehr weiter wissen.

Zudem werden die Teilnehmer angeregt, mit Hilfe der Menükarte, des Benutzerhandbuches und der Hilfsfunktionen des Programms selbsttätig für sie Neues zu wagen. Diese Art des Zusammenarbeitens fördert die Kommunikation, die Interaktion und die Kooperation und gilt für alle, auch die nicht projektorientierten Unterrichtskonzeptionen, von denen es zwei gibt, die im folgenden kurz beschrieben werden sollen:

Die offene Kurskonzeption

Hauptziel ist hier, die Teilnehmer möglichst selbständig den Umgang mit einem CAD-Programm erlernen zu lassen. Dazu wurden zunächst in einer lehrerzentrierten Einführungsphase der strukturelle Aufbau des Betriebssystems erklärt, das übersichtliche Menueblatt der CAD-Software erläutert und die wichtigsten CAD-Befehle vorgestellt. Durch kleinere Übungen machten sich die Lernenden mit dem Programm vertraut.

Danach bearbeiten die Teilnehmer, motiviert durch Gespräche, Materialien und andere Anregungen von ihnen gewünschte Themen mit Hilfe des CAD-Programms. Die Lehrenden assistieren dabei und zeigen zum angemessenen

Zeitpunkt an der richtigen Stelle allen Teilnehmern relevante Vorteile und Möglichkeiten, die diese dann auch aufgreifen und anwenden können.

Die untenstehende Zeichnung entstand nach der 4. Unterrichtsstunde. Sie verdeutlicht, wie die Neulinge experimentierend das Programm erforschen.

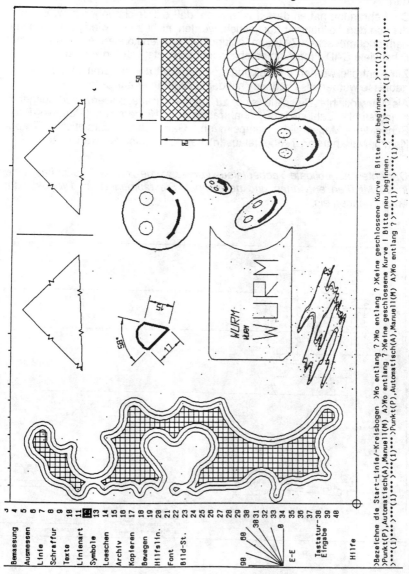

Sind bis zur Mitte eines Kurses bestimmte CAD-Themenbereiche noch nicht aufgetaucht und behandelt worden, dann regen die Lehrenden diese anhand von Beispielen gezielt an. Während des Generierens stellen die Teilnehmer von Zeit zu Zeit selbst ihre Arbeiten vor und erläutern den anderen typische Schwierigkeiten, die aufgetaucht sind und auf welche Weise sie bewältigt wurden.

Die Lehrenden haben darauf zu achten, daß die Zeichnungen bzw. Entwürfe, die von den Teilnehmer ausgesucht werden, nicht zu schwierig sind und in einem angemessenen Zeitraum fertiggestellt werden können. Auch sollten möglichst viele CAD-Programmbefehle damit erarbeitet werden können.

Zur Kontrolle werden die Zeichnungen geplottet und gesammelt. Zwischenergebnisse werden als Hardcopy mit dem Laserprinter ausgedruckt.

Als verwirklichte Beispiele sind zu nennen: Kaffeepulverdosierungsgeräte, Kinderstuhl, Zahlenschloß, Fahrradklingel, Kinderroller, Pommes-Frites-Schneider, Mausefalle, Hampelmann, Garderobe, Schreibtisch, Treppe, Kamm, Nußknacker, Teebeutelausdrücker und Telefon-Schwenkhalter.

Der unten abgebildete Teebeutelausdrücker wurde von zwei Teilnehmerinnen in 90 Minuten entworfen und gezeichnet. Sie räumen ihrem Produkt echte Marktchancen ein.

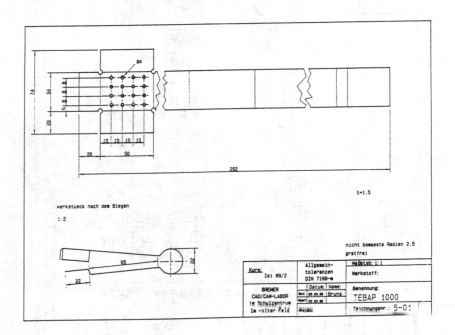

Die Zeichnung des Gebläses wurde von einer *Kursteilnehmerin* angefertigt.
Die Ausgangszeichnungen wählte sie aus ihrem persönlichen Vorrat.

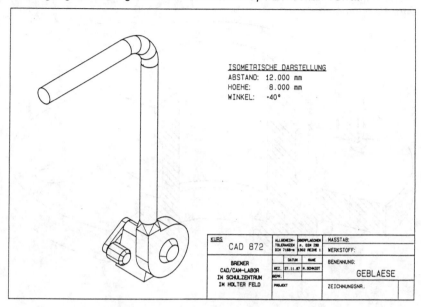

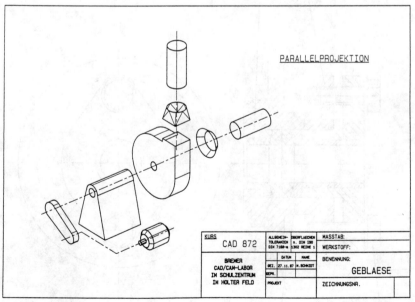

Das Übungsresultat entstammt dem Umgang mit dem 3D-Volumenmodell. Zuerst wurde räumlich konstruiert und danach aus dem Ergebnis die anderen Darstellungen entnommen.

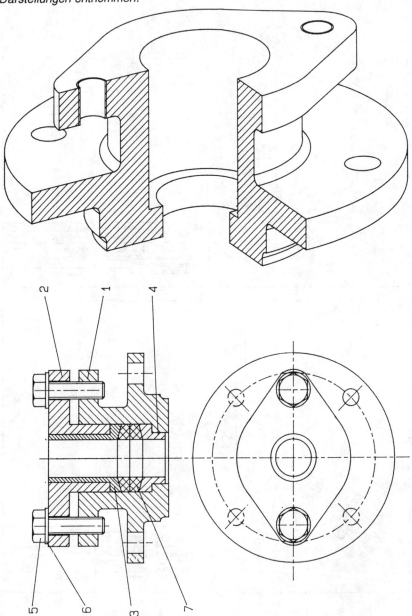

Die beispielorientierte Kurskonzeption

Diese Kurskonzeption ähnelt derjenigen, die im Technologie-Trainings-Centrum angewendet wird. Der Leitgedanke ist, die Lernenden in CAD-Techniken mit unterschiedlichem Schwierigkeitsgrad systematisch, das heißt vom Leichten zum Schweren beziehungsweise Komplexen aufsteigend, einzuführen. Die Zeichnungen werden dabei ausschließlich nach ihrer Eignung für eine bestimmte CAD-Aufgabe ausgewählt. Es besteht meist kein Zusammenhang zwischen den ausgewählten Zeichnungen.

Die auszuführenden Aufgaben reichen von einfachen Befehlen, wie dem Erstellen einer Strecke, bis zu umfangreichen Techniken, wie dem Übertragen von Zeichnungsteilen von einer Zeichnung in eine andere.

Im Gegensatz zur offenen Kurskonzeption, bei der die Teilnehmer eine weitgehende Wahlfreiheit haben, legen hier die Lehrenden ausgewählte Zeichnungsbeispiele vor, die möglichst klar und anschaulich die Arbeits- und Funktionsweise und die Vorteile eines bestimmten CAD-Programmbefehls oder -bereiches deutlich werden lassen. Sie erläutern die CAD-Schritte und deren Zusammenhang mit der jeweiligen Aufgabenstellung sowie typische Schwierigkeiten, die auftauchen können und wie man sie bewältigt.

Die Auswahl der Zeichnungen für Einführung, Übung und Vertiefung erfolgt nach folgenden Gesichtspunkten:

- Die Zeichnungen müssen Zeichnungselemente enthalten, die wesentlicher Bestandteil der Unterrichtseinheit sind. Vor allem die in der jeweiligen Unterrichtseinheit neu hinzukommenden Inhalte müssen beachtet werden.

- Der Schwierigkeits- und Komplexitätsgrad der Zeichnung muß der Lerngruppe und dem Lerngegenstand angepaßt sein. Elemente oder Techniken, die noch nicht im Unterricht behandelt wurden, sollten nach Möglichkeit vermieden werden.

Zwei exemplarische Zeichnungen sollen das oben Gesagte veranschaulichen.

1. Beispiel "Malteserkreuz": Funktion *"Kopieren"*:

Eine wichtige CAD-Technik ist das Kopieren von Zeichnungselementen oder Teilen von Zeichnungen. Diese Kopien können in gewünschter Anzahl erstellt und an festzulegenden Stellen plaziert werden. Die Kopien können dabei maßstäblich vergrößert oder verkleinert und in ihrer Lage gedreht oder geklappt werden. Außerdem können die Kopien auch um einen anzugebenden Drehpunkt mit Winkelangabe rotiert werden.

Die zugeordnete Zeichnung "Malteserkreuz" ist besonders gekennzeichnet durch die Anordnung der Zeichnungselemente um einen gemeinsamen Mittelpunkt. Dabei sind gleiche Teile in einem Winkel von 60° um den Mittelpunkt angeordnet, wobei sich das Ausgangsteil zur Hälfte spiegeln läßt ($2 \times 30°$).

Die CAD-Zeichentechnik nun bietet folgende Möglichkeit:

Es werden nur wenige Elemente der Zeichnung erstellt, in diesem Fall ein Segment von 30°. Danach werden die Funktionen: Spiegeln und Kopieren-Rotieren gewählt. Die Zahl der Kopien wird auf 5 eingestellt. Des weiteren ist erforderlich, daß das 60^0-Segment identifiziert, der Rotationsmittelpunkt und der Rotationswinkel angegeben werden. Danach generiert das Programm die gesamte Zeichnung (siehe Zeichnung unten auf dieser Seite).

2. Beispiel "Rohrleitung": Funktion "*Äquidistante*":

Eine andere Technik, die das Zeichnen erheblich erleichtert, ist das Generieren einer Äquidistanten. Dabei wird zu einer vorhandenen Linie bzw. einem vorhandenen Linienzug in einem gewünschten Abstand eine Äquidistante erzeugt. Im Beispiel wird die vorgegebene Mittellinie der Rohrleitung gezeichnet. Danach genügt der Aufruf der Funktion "Äquidistante". Nachdem der Linienzug identifiziert wurde, werden der Abstand oder die Abstände der zu erstellenden Äquidistanten eingegeben. Danach ergänzt das System die gewünschte Äquidistante (siehe Zeichnung auf der nächsten Seite).

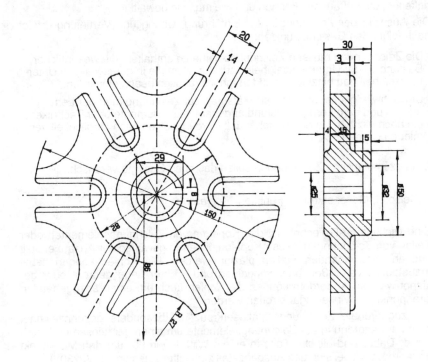

215

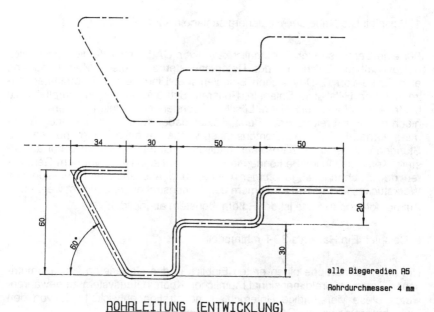

ROHRLEITUNG (ENTWICKLUNG)

alle Biegeradien R5
Rohrdurchmesser 4 mm

Der Demonstrationsunterricht

Als Bestandteil der oben dargestellten Unterrichtskonzeptionen und als motivierende Einführung in die CAD-Technik für unterschiedlich interessierte Gruppen spielt der Demonstrationsunterricht eine unentbehrliche Rolle. Im gesamten Unterricht darf er zwar keinen zu großen Zeitanteil beanspruchen, um Ziele wie selbständiges Lernen und Interaktionsfähigkeit nicht zu gefährden, aber er scheint der Planungsgruppe immer dann legitimiert zu sein, wenn folgende Bedingungen zutreffen:

- der zeitliche Aufwand einer Demonstration ist
  gerechtfertigt,
- ein geeignetes Demonstrationsobjekt steht zur Verfügung,
- die Demonstration ist motivierend oder informierend.

An einigen Beispielen soll verdeutlicht werden, wie CAD-Technik mit Hilfe von Demonstrationen veranschaulicht werden kann.

1. Beispiel: Die Nabe der Windenergieanlage als 2-D-Zeichnung

Für eine Demonstration der Möglichkeiten von CAD im 2D-Bereich eignet sich beispielhaft die Zeichnung des Rotornabensterns. In dieser Zeichnung sind eine Reihe von CAD-typischen Befehlen wie: Eingabe von Koordinaten, Erzeugen von Hilfslinien, Spiegeln, Rotieren, Schraffur erzeugen, Parallelen zu bestehenden Linien erzeugen, Löschen überstehender Linien, Ändern von Linienarten und -breiten, Bemaßung, Texteingabe und Ausplotten einer Zeichnung vorhanden. Für die Demonstration werden je nach Lerngruppe ca. 4-6 Stunden veranschlagt. Zur Veranschaulichung ist das Bauteil im Labor ausgestellt, Konstruktionsmaße können in Form einer Handskizze vor dem Generieren der Zeichnung abgenommen werden und Aussehen und Funktion des Werkstückes kann den Teilnehmern der Demonstration verdeutlicht werden. Auf der folgenden Seite ist der Rotornabenstern abgebildet.

2. Beispiel: Ein Haus als 3D-Drahtmodell

Um einer Lerngruppe einen ersten Einblick in das Generieren von geometrischen Daten im dreidimensional räumlichen Koordinatensystem zu gewähren, wurde diese vierstündige Unterrichtsdemonstration entwickelt, die von den Teilnehmern selbst am CAD-System nachvollzogen wird.

Das CAD-Programm läßt sowohl räumlich-rechtwinklige wie auch räumlich-polare Dateneingaben zu. Während sich für kartographische Anwendungen und Kollisionsbetrachtungen (z.B. bei Robotern) besser das polare Koordinatensystem eignet, ist für das Bauwesen, die Elektrotechnik und den Einsatz von Werkzeugmaschinen eher das rechtwinklig räumliche Koordinatensystem geeignet. Erfahrungsgemäß fällt es Einsteigern auch leichter, damit anzufangen.

Um den Lernenden die Art der Darstellung auf dem Bildschirm zu verdeutlichen, wird ein zusammengelötetes Drahtgebilde, welches die grobe Kantenkontur eines Hauses hat, zwischen eine (Projektions-)Wand und eine punktförmige Lichtquelle (Halogenlampe) gehalten. Der Schattenwurf der Drähte auf der Wand entspricht der Bildschirmdarstellung aus der Fluchtpunktperspektive.

Danach wird die Aufteilung des Bildschirms mit seinen drei Ansichts- und dem 3D-Fenster erklärt. Mit Hilfe des CAD-Befehls "Polygonzug" und der Eingabe der vorher abgesprochenen Koordinatenpunkte entsteht so nach und nach ein Konturenzug, der, ergänzt durch verhältnismäßig schwierige Cursoreingaben am Bildschirm, eine Hauskontur entstehen läßt. Die Punkteingaben mit dem Cursor sind deshalb anfangs schwierig, weil es Konzentration und Disziplin erfordert, jeweils einen Punkt durch Anklicken in zwei Fenstern mit seinen 3 Koordinaten zu identifizieren. Allerdings kann durch Fixieren eines Koordinatenwertes auf der Ebene der variabel verbleibenden beiden anderen Koordinaten mit Hilfe von zweidimensionalen Eingaben gezeichnet werden. Auf diese Weise entstehen Fenster und Türen den Hauses.

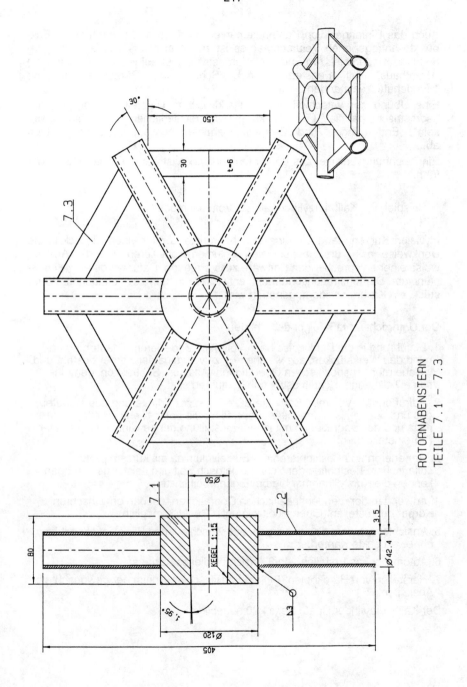

ROTORNABENSTERN
TEILE 7.1 – 7.3

Auch das Einfangen von Kantenelementen mit Hilfe eines durch seine Eckpunkte angegebenen Volumenraumes ist zunächst etwas abstrakt, dann jedoch ein Kinderspiel. Am Ende der Veranstaltung ist auf jedem Bildschirm ein "Drahthaus" mit Fenstern, Türen, Schornstein, Garagenanbau und "Hundehütte" entstanden.

Eine Übung der verschiedenen perspektivischen Darstellungsmöglichkeiten (isometrisch, parallel, Fluchtpunkt) mit unterschiedlichen "Betrachtungswinkeln", "Entfernungen" und "Betrachtungshöhen" schließt die Demonstration ab.

Ein Zeichnungsbeispiel aus der Unterrichtspraxis ist auf der Seite 245 aufgeführt.

3. Beispiel: Ein Kalibrierzylinder als 3D-Volumenmodell

In vielen Kursen stand nur eine sehr begrenzte Zeit für einen Einblick in die Denkweise beim dreidimensionalen Volumen-Modellieren und die Arbeitsweise einer entsprechenden Software zur Verfügung. Dafür wurde ein 4- bis 8-stündiger Demonstrationsunterricht entwickelt, in dem ein einfaches Werkstück, ein Kalibrierzylinder, generiert wird.

Der Unterricht umfaßt folgende Schritte:

1. Einführung in die Denkweise beim Volumen-Modellieren; Erläuterung anhand des Werkstückes, aus welchen Einzelvolumina der Körper besteht und welche mengenspezifischen Operationen (Addition, Subtraktion, gemeinsame Teilmenge, Schnitt usw.) durchzuführen sind.

2. Aufruf der 3D-Volumen-Software BOXER, kurze Erläuterung des Menüfeldes und der englischsprachigen Begriffe für die unter 1. entwickelten Volumina und der Operationen mit ihnen. Einstellung der gewünschten Schalter (Voreinstellungen).

3. Generieren und Positionieren der Einzelvolumina mit kurzem protokollarischem Festhalten der Schritte. Je nach Zeit und Leistungsvermögen können die Kursteilnehmer hierbei Eigenarbeit leisten.

4. Anwenden der mengenspezifischen Operationen, um den gewünschten Körper herzustellen (Eigenarbeit wie unter Punkt 3. möglich).

5. Ansichtenauswahl dieses Körpers aus verschiedenen Blickwinkeln mit bzw. ohne verdeckte Kanten.

6. Automatisches Erstellen von 3 Ansichten dieses Körpers.

7. Herstellen von Hardkopien (Plots oder Bildschirm-Prints) der gewünschten Ansichten.

Der Kalibrierzylinder ist auf Seite 220 abgebildet.

Demonstrationsübungsbeispiel einer Hauszeichnung mit Hilfe des 3D-Draht-
modells. Beim Generieren verändern sich alle vier Ansichten des Hauses
gleichzeitig auf dem Bildschirm.
Für Anfänger besonders schwierig ist die Plazierung des Schornsteins auf der
schrägen "Dachfläche".

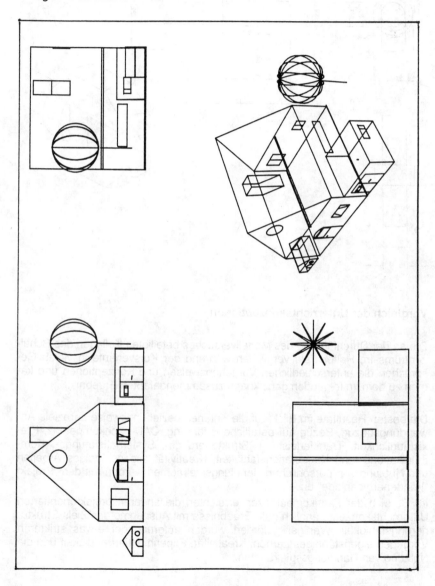

Der Kalibrierzylinder wird als Volumenmodell von 3D nach 2D generiert.

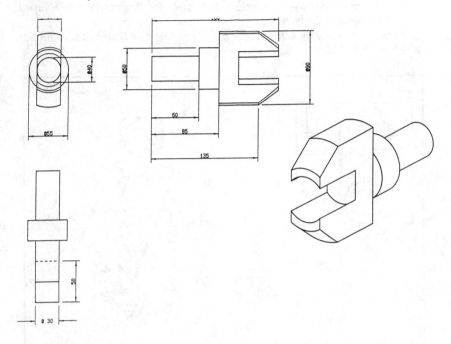

Vergleich der Unterrichtskonzeptionen

Die an der Durchführung des Modellversuches beteiligten Kollegen des Schulzentrums Im Holter Feld verglichen während der Kursverläufe in vielen Gesprächen die unterschiedlichen Vorgehensweisen und Konzeptionen und kamen zu dem im folgenden ganz knapp zusammengefaßten Ergebnis:

Die besten Resultate im Blick auf die Kriterien beziehungsweise Lernziele Anwendungsbezug, Bezug auf berufliche Erfahrung, CAD-Fachkompetenz, Praxistauglichkeit, Transferleistung, Strukturierungs-, Systematisierungs-, Kommunikations- und Kooperationsfähigkeit, Kreativität, eigenständiges Arbeiten und Nutzung von persönlichen Handlungspielräumen wurden mit dem Projekt "Windenergieanlage" erzielt.

Im Bereich der Fachkompetenzen erreichten die anderen projektorientierten Unterrichtskonzepte ähnlich gute Ergebnisse mit Ausnahme des Ziels Strukturierungsfähigkeit. Wenlger gefördort wurden aufgrund der etwas strikteren Vorgaben eigenständiges Lernen, Kreativität, Experimentiertreudigkeit und dio Nutzung von Handlungsspielräumen.

Das wiederum waren die Lernziele, die mit der offenen Konzeption am besten erreicht wurden. Positiv wurden hier zudem die Förderung von Kommunikationsfähigkeit, Flexibilität und Informationsbeschaffungsfähigkeit herausgestellt. Wie schon zu vermuten war, wurden mit diesem Konzept systematisches Vorgehen und Strukturierungsfähigkeit nicht besonders gefördert.

Genau umgekehrt verhielt sich der Lernerfolg bei der beispielorientierten Unterrichtskonzeption. Besonders gefördert wurden damit systematisches Vorgehen und Strukturierungsfähigkeit, während Lernziele wie Kreativität, eigenständiges Lernen, Experimentierfreudigkeit und Nutzung von Handlungsspielräumen zu kurz kamen.

Eine durchgehende Erfahrung war, daß es sich empfiehlt, zu Beginn jedes Kurses sehr sorgfältig die CAD-Programmbefehle zu schulen, um den Teilnehmern Sicherheit mit dem Umgang mit der Tastatur, der Maus und dem Befehlsmenü zu vermitteln und um "schlechte Angewohnheiten", wie das Herumtippen auf der Tastatur mit nur zwei Fingern, von Anfang an zu vermeiden.

Da offensichtlich Lernziele aus verschiedenen Qualifikationsbereichen durch die unterschiedlichen Unterrichtskonzepte unterschiedlich gut erreicht werden, empfiehlt es sich, wo immer das zeitlich möglich ist, eine Kombination verschiedener methodischer und inhaltlich-struktureller Vorgehensweisen.

6.2.6 Zusammenfassung

Da die berufliche Bildung im Bereich der neuen Technologien, aber auch sonst, mit sehr unterschiedlichen Rahmenbedingungen und Teilnehmergruppen arbeiten muß, wurden im Verlauf des Modellversuchs bewußt unterschiedliche Unterrichtskonzeptionen entwickelt, um flexibel auf solche wechselnden Vorbedingungen eingehen zu können. Das Ziel, die Teilnehmer für den qualifizierten Umgang mit CAD-Systemen zu befähigen, wurde mit allen Konzeptionen erreicht, allerdings erreichen erfahrungsgemäß die projektorientierten Konzeptionen stärker die über die reine Fachkompetenz hinausgehenden Lernziele. Das gilt auch für die offene Unterrichtskonzeption.

Für die Lehrenden bedeutet das Unterrichten im Bereich der neuen Technologien und orientiert an den für den Modellversuch gesetzten Lernzielen einen erheblichen Zeit- und Arbeitsaufwand weit über die übliche Unterrichtsvorbereitung hinaus. Die Lehrer müssen sich zum einen selbst erst einmal in die CAD-Technik einarbeiten und dann durch kontinuierliche Weiterbildung auf dem laufenden halten. Darüberhinaus haben sie ständig curriculare Entwicklungsarbeit zu leisten und müssen sich auf sehr heterogene Lerngruppen und Rahmenbedingungen flexibel einstellen. Um diese Dauerbelastung durchhalten zu können, bedarf es eines starken Engagements für die zu vermittelnde Sache und die gesetzten Lernziele.

Im Blick auf die Gestaltung des Lehr-Lernprozesses wurden im Verlaufe des Modellversuches vor allem folgende Erfahrungen gewonnen:

- Die Frage, wie lange die einzelnen Unterrichtseinheiten sein sollten, läßt sich nicht eindeutig beantworten. Die Aufteilung in Einheiten von 4 Unterrichtsstunden bietet den Vorteil des größeren Wiederholungseffektes und der begrenzten Arbeitszeit am Bildschirm. Als Nachteil steht demgegenüber, daß kleinere Lernsequenzen ausgesucht werden müssen, die möglichst in dieser Zeiteinheit fertiggestellt werden können und daß die Stoffmenge, die insgesamt sinnvoll vermittelt und erarbeitet werden kann, vermutlich etwas geringer ist als bei einer Blockung der CAD-Ausbildung mit bis zu 8 Unterrichtsstunden täglich am CAD-System.

- Die Arbeit mit CAD fasziniert besonders im Anfang sehr stark. Daher ist es schwierig, für Informationsphasen die Aufmerksamkeit vom Bildschirm weg auf den Tageslichtprojektor und den Unterrichtenden zu konzentrieren. Darauf muß man bei der räumlichen Planung und der Unterrichtsgestaltung achten:
Die Computer-Arbeitstische sollten deshalb so angeordnet sein, daß der Blick entweder nur zum Bildschirm oder nur zum Lehrer gerichtet werden kann; es sollte unmöglich sein, beides gleichzeitig im Blickwinkel zu haben. Technische "Spielereien', wie ein Hauptschalter, mit dem der Dozent alle Bildschirme zentral abschalten kann, erübrigen sich dann.
Es empfiehlt sich trotzdem, Aufnahme und Analyse einer neuen Aufgabe sowie die Informationsvermittlung an die Gesamtgruppe bei abgeschalteten Bildschirmen oder - noch besser - in einem von den CAD-Geräten getrennten Raum vorzunehmen.

- Die Bewertungsphase am Ende der Bearbeitung einer Aufgabe darf keinesfalls zu kurz bemessen werden, weil sich hier die Teilnehmer sowohl kritisch mit der eigenen Arbeit als auch mit anderen Lösungsvorschlägen auseinandersetzen können.

- Die gesamte Lerngruppe sollte nicht mehr als 12 Teilnehmer umfassen, weil sonst dem Lehrenden zu wenig Zeit bleibt, sich helfend und korrigierend den Teilnehmern zuzuwenden.

- Die Lehrenden sollten darauf achten, daß jede begonnene Zeichnung bis zur "Plotreife' gebracht wird und so häufig verbessert und geplottet wird, bis sie einwandfrei ist. Geschieht das nicht, so werden Fehler oft erst dann entdeckt, wenn die Einzelteilzeichnung für die Zusammenbauzeichnung gebraucht wird, oder wenn ein NC-Code aus ihr generiert werden soll. Es ist also auf perfektes Arbeiten zu achten. Durch Arbeitsteilungen sind die Teilnehmer zu motivieren, untereinander die Zeichnungen auszutauschen und dementsprechend zu kontrollieren.

Im Blick auf die Fehlersuche und -bearbeitung zeigte sich folgendes:

- In der Anfangsphase waren es die vielen kleinen Fehler, später die komplizierten und schwerer zu durchschauenden Probleme, die mehr Zeit und Aufmerksamkeit erfordern. Dabei zeigte sich immer wieder, daß die Klärung der Frage: "Wie ist das passiert?" weniger zur Lösung beiträgt, als die Vorgabe "Wir löschen den Problembereich und zeichnen das nochmal"; wobei

bei der Wiederholung der Lehrende zuschaut und an der Fehlerstelle korrigierend eingreifen kann.

- Eine Reihe von Fehlern, die nach der Einführungsphase von vielen Teilnehmern gemacht werden, sind auf Unklarheiten in der Menueführung oder auf ungenaue Angaben bei den Hilfsfunktionen zurückzuführen. Hier hat es sich bewährt, den Fehler möglichst genau beschreiben und auf den vom Softwarehersteller bereitgestellten Formblättern eintragen zu lassen, um so auf längere Sicht eine Verbesserung der Software zu erreichen. Die im Modellversuch verwandte Software bietet die Möglichkeit, eine Zeichnung aus dem automatisch mitgeschriebenen Protokoll sich neu entwickeln zu lassen. Diese Funktion kann auch bei der Analyse typischer Fehler eingesetzt werden.

- Die mit den Teilnehmern gemachten Erfahrungen sind mit wenigen Ausnahmen positiv. Die große Mehrheit akzeptiert, daß CAD einen wichtigen Bestandteil ihrer beruflichen Existenz ausmachen wird, begrüßt die Mögichkeit, sich für den Umgang mit CAD-Systemen qualifizieren zu können und ist dementsprechend hoch motiviert für den Lernprozeß. Dabei gibt es keine geschlechtsspezifischen Unterschiede im Blick auf technisches Interesse, Auffassungsgabe und Handhabung der CAD-Systeme, doch spielt das Alter der Teilnehmer vor allem in der Einführungsphase eine große Rolle. Während nämlich jüngere Teilnehmer, mit moderner Technik aufgewachsen, sich unbefangen und neugierig auf die neue Technologie stürzen, sind die älteren anfangs eher skeptisch, zurückhaltend und ängstlich.

- Kommen die Teilnehmer aus Betrieben, in denen bereits neue Technologien eingesetzt werden und haben sie zudem Vorkenntnisse auf dem Gebiet der Informatik, so macht sich das im Lernprozeß deutlich positiv bemerkbar. Manche Teilnehmer, die bereits kurze, zumeist unzureichende CAD-Unterweisungen vor dem Beginn des Lehrgangs erhalten haben, bekommen allerdings anfangs enttäuschende Schwierigkeiten, weil sie die zuvor angeeigneten Kenntnisse kaum im Bereich der neuen und anderen Software umsetzen können. Die Schwierigkeiten sind jedoch erfahrungsgemäß schnell behoben.

- Die meisten Teilnehmer entwickeln eine intensive, teilweise sogar ehrgeizige Arbeitshaltung. Sie arbeiten nach der Einführungsphase konzentriert und schnell. Das führt jedoch manchmal dazu, daß die langsameren, der neuen Technologie gegenüber ängstlichen Teilnehmer oft sehr weit mit der Erledigung ihrer Aufgaben im Rückstand sind. In diesen Fällen müssen die Lehrenden intensive Hilfe leisten, Zusatzaufgaben für die Fortgeschrittenen einbauen und zudem versuchen, die schnelleren Teilnehmer als Tutoren einzusetzen.

- Das Arbeiten zu zweit an einem CAD-Gerät hat sich gut bewährt. Die Partner helfen und kontrollieren sich wechselseitig und entlasten so den Lehrenden. Im Anfang muß der Lehrende darauf achten, daß die Geräte auch wirklich abwechselnd bedient werden, doch bildet sich nach kurzer Anlaufzeit meist ein guter Arbeitsrhythmus heraus. Er regelmäßiger Wechsel der Partner, wie er teilweise vorgenommen wird, um die Interaktions- und Kooperationsfähigkeit der Teilnehmer zu fördern, wird allerdings anfangs von einigen nicht gewünscht und nur ungern vollzogen.

Anzumerken bleibt noch, daß Lernende, die längere Zeit allein an einem Gerät arbeiten, sich fast immer strikter an die vorgegebenen Lösungswege hielten und weniger experimentierfreudig sind.

7. Resümee

Wir befinden uns im Zeitalter der Mikroelektronik. Die durch sie möglich gewordenen neuen Technologien beeinflussen unsere Gesellschaft in all ihren Lebensbereichen gravierend. Ein davon besonders betroffener Bereich ist der der Arbeitswelt. Durch den Einsatz der neuen Technologien verändern sich Arbeitsorganisation, Arbeitsanforderungen und Arbeitsbedingungen. Diese Veränderungen können sich in unterschiedlichen Richtungen bewegen, das heißt, sie werden von den neuen Technologien zwar stark beeinflußt, aber nicht eindeutig festgelegt. Es bleibt vielmehr ein erheblicher Gestaltungsspielraum. Wie dieser genutzt wird, und welche Interessen sich dabei letztendlich durchsetzen, ist ungewiß. Die vorhandenen Möglichkeiten liegen zwischen einer mechanisierten Welt der Entfremdung, Kommunikationslosigkeit und totalen Kontrolle auf der einen und der Nutzung der mit den neuen Technologien gegebenen Kräfte zur Erweiterung menschlicher Freiheits- und Gestaltungsräume auf der anderen Seite.

Unabhängig von der Gestaltung der Arbeitsplätze im einzelnen wird die Einführung der mit der Mikroelektronik verbundenen neuen Technologien im Industriebetrieb aller Voraussicht nach folgende Konsequenzen haben:

- Die Zerlegung von Aufträgen und die Verteilung der einzelnen Bestandteile auf verschiedene Abteilungen wird weitgehend aufgehoben durch eine abteilungsübergreifende, parallele Auftragsbearbeitung.
- Zentrale Datenbanken und Netzwerke werden eingeführt, die einzelnen Betriebsbereiche werden programm- und datentechnisch verknüpft.
- Es wird eine personen-, material- und fertigungsbezogene umfassende Betriebsdatenerfassung mit einer Zugriffshierarchie auf die Daten geben.
- Die Einführung flexibler Fertigungs- und Montagezellen und/oder integrierter Fertigungs- und Montagesysteme wird die wirtschaftliche Produktion auch kleiner Stückzahlen ermöglichen.
- Die Arbeitsproduktivität wird erheblich steigen, die Zahl der im Industriebetrieb verbleibenden Arbeitskräfte erheblich abnehmen.
- Die verbleibende Arbeit wird sich gegenüber traditionellen Arbeitsanforderungen verändern; sie wird von allem höhere Anforderungen an Abstraktions- und Konzentrationsfähigkeit stellen.

Wie sich jedoch die neuen Technologien im einzelnen auf die Qualität der Arbeit, insbesondere auf der mittleren Qualifikationsebene, auswirken werden, ist derzeit schwer abzuschätzen, weil Sozialstruktur und -geschichte der Betriebe, Qualifikation der Beschäftigten, Stärke und Qualität der betrieblichen Interessenvertretung, die jeweils vorherrschende "Betriebsphilosophie" des Managements und etliche andere Faktoren auf den Technologieeinsatz und die Arbeitsorganisation einwirken.

Alle derzeit erkennbaren arbeitsorganisatorischen Ansätze werden jedoch überlagert durch den Abbau von Arbeitsplätzen. Die Produktivitätsteigerung durch die neuen Technologien und das in ihnen steckende Rationalisierungspotential sind so groß, daß es zu einem krisenhaften Ansteigen der Arbeitslosenzahlen zumindest im Bereich der Industriearbeit kommen wird. Dieser Arbeitslosigkeit ist nicht beizukommen, wenn die gegenwärtige liberalistische Wirtschafts- und Gesellschaftspolitik beibehalten wird. Auch Qualifizierungsmaßnahmen im Rahmen der alten Berufs- und Wirtschaftstrukturen helfen hier nicht; sie heizen nur den Wettbewerb um die verbleibenden Arbeitsplätze an. Erforderlich wäre eine andere Gesellschaftsstruktur- und Arbeitsmarktpolitik, doch ist dieses ein Thema, das den Rahmen dieser Arbeit bei weitem übersteigt.

Denn die Aufgabe dieser Arbeit war es ja vor allem, Entwicklungslinien, Möglichkeiten und Probleme der neuen Technologien aufzuzeigen, um daraus dann Schlüsse für die berufliche Weiterbildung in diesem Bereich zu ziehen. Die einzelnen, mit den - ständig sich weiterentwickelnden - CAD-Systemen verbundenen Anwendungs- und Vernetzungsmöglichkeiten sollen hier nicht noch einmal beschrieben werden (siehe dazu die Kapitel 3 und 4). Zusammenfassend ist zu sagen, daß CAD ein zentraler Baustein der rechnergestützten und datentechnisch vernetzten Fabrik der Zukunft ist. Die weitere Entwicklung wird zunächst den Konstruktionsbereich im Blick auf Organisation, Arbeitsbedingungen und Arbeitsanforderungen völlig verändern. Über die Datenvernetzung wird CAD weit in die anderen Betriebsabteilungen hineinwirken und von daher auch gravierende Veränderungen im Produktions- und Verwaltungsbereich bewirken. Über den effektiven Einsatz von CAD ist eine erhöhte Flexibilität bei der Neuentwicklung und Anpassung von Produkten, eine erhebliche Reduzierung der Durchlaufzeit bei der Auftragsbearbeitung sowie eine Senkung der Produktionskosten durch Personalabbau und die Verbindung von CAD/CAM und CAD/PPS zu erreichen.

Was oben für die neuen Technologien im allgemeinen gesagt wurde, gilt auch für CAD: Die CAD-Systeme determinieren die Arbeitsorganisation in den Konstruktionsabteilungen keineswegs vollständig. Die möglichen Varianten der Arbeitsgestaltung reichen von Projektteams, in denen unterschiedliche Qualifikationen zusammengefaßt werden, die jeweils spezifische Aufgaben bearbeiten und die CAD als vielfältig einsetzbares Werkzeug nutzen, bis hin zu angelernten Knöpfchendrückern, die vorgegebene CAD-Symbole, -Varianten oder -Makros aufrufen und nach Vorschrift des Programms plazieren.

Damit ist bereits angedeutet, daß aus dem Entwicklungsstand der CAD-Technologie allein keine sicheren Prognosen für den künftigen Qualifikationsbedarfs gewonnen werden können. Der Qualifikationsbedarf ist nämlich nicht die aus der technisch-ökonomischen Entwicklung ableitbare sichere Größe, als den ihn einige Ansätze der Qualifikationsforschung trotz aller Fehlschläge bis heute ansehen. Keinem auf generelle Entwicklungslinien gerichteten bildungsökonomischen oder industriesoziologischen Ansatz ist es bisher gelungen, den Qualifikationsbedarf für einzelne Technik- und Wirtschaftsbereiche auch nur annähernd genau vorauszusagen, denn das Verhältnis zwischen Bildungssystem und Beschäftigungssystem ist keineswegs so eindeutig wie es diese Ansätze voraussetzen. Es ändert sich ständig, da es abhängig ist von Einflußfaktoren wie Konjunktur, Arbeitsmarkt, Gesellschafts-, Wirtschafts- und Bildungspolitik relevanter Machtgruppen, demographischer Entwicklung, Produkt- und Produktionsstruktur einzelner Wirschaftszweige und anderen.

Je nach den bei seiner Definition durchschlagenden gesellschaftlichen, einzelwirtschaftlichen und wissenschaftlichen Positionen und Interessen wird sich deshalb der prognostizierte "Qualifikationsbedarf" qualitativ und quantitativ entscheidend verändern. So werden denn auch aus den gegenwärtigen technischen und arbeitsorganisatorischen Entwicklungen ganz unterschiedliche Schlüsse gezogen. Sie reichen von der These, es werde eine Höherqualifizierung nahezu aller Beschäftigten notwendig, über die Annahme einer Polarisierung der Restbeschäftigten in Hochqualifizierte und Angelernte bis zur Behauptung einer generellen Dequalifizierung. Gerade im Bereich des CAD-Einsatzes lassen sich derzeit je nach Forschungsansatz, Struktur und technischem Entwicklungsstand der untersuchten Betriebe und vorherrschender Leitvorstellungen des Managements für die Arbeitsorganisation für alle drei Thesen Belege finden, das heißt, der Zusammenhang von Technologieeinsatz und Qualifikationsbedarf ist uneinheitlich und unklar.

Der im vierten Kapitel unternommene Versuch, Tätigkeiten, Qualifizierungsinhalte, Differenzierungen in branchenbezogenen Konstruktionsbereichen, Einzelqualifikationen fachlicher, methodischer und sozialer Art sowie möglicher Tätigkeitsprofile im Umkreis der Konstruktionsabteilungen detailliert darzustellen, ist daher mit entsprechenden Vorbehalten zu sehen. Er geht aus von einem humanzentrierten Ansatz des Technikeinsatzes und der Arbeitsorganisation und gibt meinen derzeitigen Kenntnisstand wieder, gewonnen aus zahlreichen Gesprächen mit Fachleuten unterschiedlicher Wirtschaftsbereiche und Betriebe sowie aus dem Besuch vieler Kongresse, Arbeitstagungen und Messen zum Thema neue Technologien. In die Aufzählungen sind also durchaus meine eigenen Wertungen und Vorstellungen sowie die meiner diversen Gesprächspartner eingegangen. Zudem geben sie den gegenwärtigen Stand einer sich ständig verändernden Technologie wieder und sind dementsprechend vorläufig und ergänzungsbedürftig. Es erschien mir jedoch dringend notwendig, zu solchen Tätigkeitsprofilen und Qualifikationskatalogen zu kommen, weil die berufliche Bildung für diesen Technologiebereich nicht auf Gewißheiten warten kann, die vielleicht niemals kommen, sonder jetzt - im Bewußtsein ihrer Vorläufigkeit - Ziel und Inhaltsentscheidungen für die Bildungsarbeit treffen muß. Die differenzierte Kennzeichnung des CAD-Tätigkeitsbereiches kann dabei als Fundus für den Entwurf der Curricula dienen.

Bildungsarbeit, die ihren Namen verdient und die auf solchen Curricula aufbauen könnte, ist im Blick auf eine menschenwürdige Gestaltung des künftigen Gesichts unserer Industriegesellschaft unabdingbar notwendig, denn eine sinnvolle demokratische Beteiligung an den Entscheidungen über die Arbeitswelt von morgen ist nur dann möglich, wenn die von den Veränderungen Betroffenen einen Bildungsstand erreichen, der ihnen ermöglicht, die Risiken und Möglichkeiten der neuen Technologien abzuschätzen und die zweifellos vorhandenen Gestaltungsräume zugunsten humanzentrierter Formen der Arbeitsorganisation zu nutzen. Das Leitziel solcher Bildungsarbeit heißt Handlungs- und Gestaltungskompetenz.

Der weitaus größte Teil der derzeit für die CAD-Schulung angebotenen Weiterbildungsveranstaltungen genügt nicht den Anforderungen, die mit dieser Leitzielsetzung verbunden sind. Die Mehrzahl der Betriebsleitungen, die einen nahezu unbeschränktes Entscheidungsmonopol über die Arbeitsorganisation, die betriebliche Personalstruktur und die Qualifizierungspolitik der Betriebe besitzen, nutzt die berufliche Weiterbildung, um betriebliche Weisungshierarchien abzusichern, Stammbelegschaften an den Betrieb zu binden und betriebsspezifische, in der Regel eng umgrenzte fachliche Qualifikationen zu vermitteln. Die außerbetriebliche berufliche Weiterbildung kann dieser Anpassungsschulung nur sehr schwer entgegenwirken, weil zum einen die Betriebe letztendlich über die Verwertung der in der Weiterbildung erworbenen Qualifikationen entscheiden und weil zum anderen den meisten dieser Weiterbildungseinrichtungen sowohl die Kriterien als auch die personelle und sachliche Ausstattung fehlen, die erwachsenenpädagogischen Ansprüchen genügen könnten.

Der Mehrheit der Lehrenden in der inner- und außerbetrieblichen beruflichen Weiterbildung hat keine erwachsenenpädagogische Ausbildung und erhält auch keine auf didaktische Kompetenz gerichtete Weiterbildung. Zudem fehlen fast überall Curricula, die als Basis für einen mündigkeitsfördernden Lehr-Lernprozeß dienen könnten.

Dieses frustrierende Erscheinungsbild der aktuellen CAD-Weiterbildung macht es umso notwendiger, zu didaktischen Orientierungen für eine andere berufliche Weiterbildung zu kommen, die geeignet ist, die Teilnehmer humane Alternativen des Technikeinsatzes erkennen und nutzen zu lassen. Dazu sind sowohl möglichst umfassende Fachkompetenzen zu vermitteln als auch Einsichten in gesellschaftliche Interessen und deren Zusammenhang mit den unterschiedlichen Formen der Arbeitsgestaltung. Und dazu gehört schließlich die Vermittlung von Schlüsselqualifikationen wie Kommunikations-, Kooperations- sowie Abstraktionsfähigkeit und andere. Diese Vermittlung hat anzusetzen bei der Arbeits- und Lebenssituation und den Erfahrungen der Lernenden, um von dort ausgehend, immer bezogen auf konkrete Arbeitsanforderungen, zu übergreifenden Einsichten und Fähigkeiten zu kommen.

Das schließt eine enge, ausschließlich auf das Training gut kontrollierbarer Fertigkeiten und Kenntnisse gerichtete Auffassung von Curriculum aus. Zu entwickeln sind vielmehr weitgehend offene Curricula mit begründeten, aufeinander bezogenen Lernziel-, Inhalt- und Methodenentscheidungen, so daß Lehrenden und Lernenden beim Anstreben der gesetzten Ziele genügend Spielraum bleibt, um den Unterricht der jeweiligen Lerngruppe, der Situation und den Rahmenbedingungen anzupassen.

Bei der Auswahl der Inhalte sollte die Praxisrelevanz Vorrang vor anderen Auswahlkriterien wie Wissenschaftsorientierung oder Berufsordnungsmittelbezug haben. Dabei sollte den Auswählenden jedoch bewußt bleiben, daß sich die Definition von "Praxisrelevanz" im Zuge der rasanten technologischen Entwicklung verändert und auch von den dabei mitspielenden unterschiedlichen Interessen beeinflußt wird, daß also die Auswahl, Begründung und Veränderung der Lerninhalte ein grundsätzlich nicht abschließbarer, kontinuierlich fortzusetzender Prozeß ist.

Bei der Entscheidung für die Lehr- und Lernmethoden ist darauf zu achten, daß diese Methoden dem Leitziel Vermittlung von Handlungs- und Gestaltungskompetenz entsprechen, also so weit irgend möglich eigenständiges, kooperatives Lernen fördern. Dazu gehört eine erkennbare Struktur des Unterrichts, ein sinnvoller Wechsel der Sozialformen, Methodenkonzeptionen, die selbständiges Lernen herausfordern und ein Lehrerverhalten, das geeignet ist, eine vertrauensvolle, möglichst angstfreie Lernatmosphäre zu schaffen.

Zudem muß die Größe der Lerngruppen einen teilnehmerorientierten Unterricht zulassen und das Stoff-Zeitverhältnis so beschaffen sein, daß die Realisierung didaktischer Selbstlernkonzepte, beispielsweise projektorientierter Methodenkonzeptionen, möglich ist. Und schließlich muß die materielle Ausstattung, um der Forderung nach Praxisrelevanz zu genügen, industriellem Standard entsprechen.

Die von den Trägern beruflicher Weiterbildung immer wieder zu hörende Behauptung, die oben skizzierten didaktischen methodischen Forderungen seien nicht finanzierbar und/oder aus Zeitmangel oder anderen Gründen nicht erfüllbar, wird durch einige Modellversuche und modellversuchsähnliche innovative Weiterbildungseinrichtungen widerlegt. Zwei solche Ansätze wurden in dieser Arbeit näher untersucht; sie kamen dem Ziel Vermittlung von Handlungs- und Gestaltungskompetenz unterschiedlich nahe.

Das Technologie-Trainings-Centrum des Arbeiter-Bildungs-Centrums Bremen hatte von der Konzeption her und im ersten Jahr seines Bestehens alle Merkmale eines Modellversuches, obwohl es nicht als solcher geführt wurde. Ausgestattet mit vier technisch hochqualifizierten Diplomingenieuren - zwei von ihnen mit einer berufspädagogischen Zusatzausbildung - als Lehrenden, technischen Geräten, die einem gehobenen Industriestandard entsprachen, einer guten Verweildauer für die Teilnehmer und einem ebenso guten Verhältnis von Lehrenden zu Lernenden (4:33), hatte die Einrichtung alle Voraussetzungen, um den Anspruch zu erfüllen, die Teilnehmer in einem integrierten Bildungsprozeß möglichst umfassend, das heißt unter Einbeziehung gesellschaftlicher Zusammenhänge, für den Umgang mit den neuen Technologien im Produktionsbereich zu qualifizieren.

Das Arbeitsamt, das die Einrichtung finanzierte, war jedoch an einer langfristigen, integrierenden, über die fachliche Fortbildung hinausgehenden Konzeption nicht interessiert, und so kam es nach einem Jahr zu erheblichen

Einschränkungen. Die Verweildauer im TTC wurde von 12 auf 6 Monate verkürzt, die Schulung auf einen Technologiebereich - CAD, CNC oder Steuerungstechnik - beschränkt. Das hatte zur Folge, daß sowohl die Wochen- bzw. Wochenendseminare für die integrative Bildung als auch der projektorientierte Unterricht, in dem modulübergreifende Zusammenhänge vermittelt werden sollten, gestrichen wurden.

Es blieb die intensive Schulung in einem Technologiebetrieb mit wechselnden Sozialformen - zumeist Partnerarbeit - und einer beispielorientierten Methodenkonzeption. Hier allerdings wird in der vergleichsweisen immer noch langen Schulungszeit von sechs Monaten gute Bildungsarbeit geleistet, das heißt, die Teilnehmer werden in einer guten, weitgehend angstfreien Lernathmosphäre zu selbständigem kooperativem Lernen und Arbeiten befähigt und erhalten am Ende alle ein aus Fachbuch- und Zeitschriftenauszügen, vor allem aber aus selbst bearbeiteten Aufgaben - und Arbeitsblättern bestehendes Nachschlagewerk als Hilfe für die Arbeit in der betrieblichen Praxis.

Im Vergleich zum Technologie-Trainigs-Centrum ist der CAD-Modellversuch im Bremer Schulzentrum Im Holter Feld, an dem ich selbst von Anfang an beteiligt war, zwar auf einen Technologiebereich - eben CAD - begrenzt, dort aber umfangreicher und differenzierter angelegt als das CAD-Modul im TTC. Da es die berufliche Weiterbildung im Bereich der neuen Technologien mit sehr heterogenen Lerngruppen und Rahmenbedingungen zu tun hat, war es eine Hauptaufgabe des Modellversuches, flexible, relativ offene Curricula und Unterrichtskonzeptionen für unterschiedliche Anforderungen und Randbedingungen zu entwickeln und zu erproben.

Die Planungsgruppe, die auch dem größten Teil des CAD-Unterrichts übernahm, bestand aus sieben Gewerbelehrern, die von zwei Schreib- und Verwaltungskräften unterstützt wurden. Diese Planungsgruppe mußte sich zunächst in der Vorbereitungsphase mit Hilfe zahlreicher Expertengespräche, Messe- und Tagungsbesuche sowie umfangreicher eigener Weiterbildung einen Überblick über die zu vermittelnden Qualifikationen verschaffen, um überhaupt einigermaßen fundiert Lernziele formulieren zu können. Das sich dieses einfacher sagen als realisieren läßt, wurde bereits ausführlich beschrieben (siehe Kapitel 4.1). Dann mußte auf dem zu Beginn des Modellversuchs noch völlig chaotischen Markt für die neuen Technologien die für geplanten Unterricht brauchbare Hard- und Software gefunden und installiert werden (siehe Kapitel 6.2.4).

Die anschließende didaktische Konzeptionierungsarbeit läßt sich, stark gerafft, etwa so darstellen:

Grundlage des Modellversuches ist ein modulares Konzept, das heißt, der Gesamtinhalt der CAD-Schulung wurde in ca. 25 unterschiedlich umfangreiche Module aufgegliedert, die die Bausteine für die verschiedenen Unterrichtskonzeptionen bildeten. Diese Unterrichtskonzeptionen wurden wiederum in die folgenden vier Phasen gegliedert, die je nach verfügbarer Zeit von unterschiedlicher Dauer waren, nämlich:

Phase I: Aufnahme und Analyse der neuen Aufgabe,
Phase II: Information durch die Lehrenden an die
Gesamtgruppe,
Phase III: Weitgehend selbständige Bearbeitung der
Aufgabe durch die Teilnehmer und
Phase IV: Gemeinsame Sichtung und Bewertung der
Ergebnisse.

Die mit Hilfe dieses Gerüsts zu entwerfenden Curricula sollten anwendungs- und praxisbezogen sein, einen Bezug zur beruflichen Erfahrung der Teilnehmer haben und gerichtet sein auf die Lernziele CAD-Fachkompetenz, Strukturierungs-, Systematisierungs-, Kommunikations- und Kooperationsfähigkeit, Kreativität sowie Fähigkeit zur Nutzung von Handlungsspielräumen, und sie sollten eigenständiges Lernen fördern.

Der Planungsgruppe schienen dafür projektorientierte Unterrichtskonzeptionen besonders geeignet zu sein. Deshalb wurden im Verlauf des Modellversuchs vier Projekte mit unterschiedlicher Gewichtung der CAD-Anwendungsbereiche entworfen und erprobt (siehe 6.2.5.1). Das umfangreichste dieser Projekte war und ist das Projekt "Windkraftanlage KUKATE". Es hebt sich auch deshalb von den anderen Projekten ab, weil von seinen Inhalten her ein deutlicher Bezug zu gesellschaftlichen Zusammenhängen und Problemen herstellbar ist.

Die Rahmenbedingungen lassen jedoch die - zeitaufwendigere - Projektorientierung nicht immer zu. Deshalb entwickelte die Planungsgruppe auch Konzepte für kürzerfristige Einführungen in die CAD-Technologie bzw. in einzelne Bereiche dieser Technologie. Mit Ausnahme der für den Demonstrationsunterricht entwickelten Module wurde jedoch auch bei der offenen und der beispielorientierten Kurskonzeption darauf geachtet, die Teilnehmer so weit wie irgend möglich selbständig arbeiten und lernen zu lassen.

Insgesamt gesehen wurde das Ziel, den Teilnehmern eine fundierte CAD-Fachkompetenz zu vermitteln, mit allen Unterrichtskonzeptionen erreicht. Die projektorientierten Konzeptionen kamen jedoch stärker den über die reine Fachkompetenz hinausgehenden Lernzielen, insbesondere den Schlüsselqualifikationen, zugute.

Eine wichtige Erfahrung für die beteiligten Lehrenden war, daß es im Blick auf technisches Interesse, Auffassungsvermögen und Handhabung der CAD-Systeme keine geschlechtsspezifischen Unterschiede gab, daß aber ältere Teilnehmer besonders in der Anfangsphase größere Schwierigkeiten hatten, ihre Skepsis, Zurückhaltung und/oder Angst gegenüber der für sie neuen Technologie zu überwinden.

Fazit

Wir leben im Zeitalter der Mikroelektronik und der mit ihr möglich gewordenen Technologien, die unser Leben in allen Bereichen, insbesondere in der Arbeitswelt, gravierend beeinflussen werden. Diese Technologien sind an sich weder gut noch böse. Sie lassen bei der Gestaltung der künftigen Industriegesellschaft erhebliche Spielräume. Es liegt also in unserer Entscheidung, ob wir die mit ihnen gegebenen Möglichkeiten auf humane oder inhumane Weise nutzen.

CAD gehört dabei im Blick auf den Produktions- und Dienstleistungsbetrieb von morgen zu den Schlüsseltechnologien. Soll sie in den Dienst menschzentrierter Formen der Arbeitsorganisation gestellt werden, so müssen die von ihrem Einsatz Betroffenen entsprechend qualifiziert werden, das heißt, sie müssen neben der erforderlichen Fachkompetenz über Schlüsselqualifikationen, vor allem aber über Einsichten in den Zusammenhang von gesellschaftlichen Interessen, Technikgestaltung und Arbeitsbedingungen verfügen.

Hier fällt dem gesamten Bildungssystem, insbesondere aber der beruflichen Bildung, eine gewaltige Verantwortung zu. Dieser Verantwortung zeigt sich die berufliche Weiterbildung in der Mehrheit ihrer Erscheinungsformen bisher nicht gewachsen. Aber ebenso wie bei der Arbeitsorganisation zeigen sich Gegenströmungen gegen eine Anpassung an oder Unterwerfung des Menschen unter die Technik. Innovative Ansätze zu einer anderen Form beruflicher Bildung, wie die in dieser Arbeit dargestellten, machen Mut und zeigen, daß weitergesteckte Qualifizierungsziele erreichbar sind. Wie weit sich die so Qualifizierten letztendlich gegen die starken, vorrangig auf Machterhalt und Stabilisierung bestehender Hierarchien gerichteten Kräfte und die ebenso starke Gruppe der Technokraten in unserer Gesellschaft durchsetzen können, bleibt allerdings ebenso offen wie die Frage, ob das durch die neuen Technologien mitverursachte riesige Problem der Arbeitslosigkeit durch eine andere Struktur-, Arbeitsmarkt- und Gesellschaftspolitik gelöst werden kann.

233

Literaturverzeichnis

Abramovici, M.: "Methodik zur Entwicklung firmenbezogener CAD-Softwarekonzepte", München, Wien 1985

Ahlheim, K.: "Neue Technik und Kulturarbeit", Bad Heilbrunn 1986

Alemann, v., U.; Schatz, H.: "Mensch und Technik", Opladen 1987/2

Alemann, v., U.; Schatz, H.:; Viefhues, D.: "Sozialverträgliche Technikgestaltung. Entwurf eines politischen Programms", in: Neue Gesellschaft: "Jahrbuch Arbeit und Technik in Nordrhein-Westfalen", S.349-367, Bonn1985

Allers, G.: "Die Bedeutung von Bildungsinvestitionen für die Wirtschaft", in: Göbel/Schlaffke (Hrsg.): "Kongreß Beruf und Weiterbildung", S40-56, Köln 1987

Anderl, R.: "Schnittstellen für CAD/CAM", in: CAD-CAM Report, Heft 3, S.94-101, 1987

Anders, G.: "Die Antiquiertheit der Menschen", Band 1: "Über die Seele im Zeitalter der industriellen Revolution", München 1956

Andersen E.N.; Rasmussens, L.B.; Tottrup, P.: "Anwenderorientiertes Gestalten", in: Rauner, F. (Hrsg.): "CAD: Wandel der Konstruktionsarbeit und Berufsbildung", S.25-44, Bremerhaven 1989

Angermaier, M.; Burr M.; Weber, U.: "Rechnereinsatz in der Konstruktion (CAD)", Technologieberatungsstelle beim DGB Landesbezirk NRW, Reihe: Technik und Gesellschaft, o.J.

Arbeiter-Bildungs-Centrum: "ABC-Magazin", Magazin des Arbeiter-Bildungs-Centrums, Nr.18, Bremen, o.J.

Arbeiter-Bildungs-Centrum: "Verbundsystem im Bereich Metall", Kurzfassung der Gesamtkonzeption, Manuskript, Bremen 1988

Aresin, G.: "Entwicklungstendenzen bei graphischen Peripheriegeräten", CAD/CAM-Report, Heft 11, S.50-55, 1984

Arp, H.: "Inhalte einer technischen Bildung" in: "Arbeit und Technik", Symposium an der Universität Bremen, S.473-482, Bremen 1983

Aurich, H.: "Rechnerunterstützes Konstruieren", Heidelberg 1985

Aurich, H.; Franz, L.; Schönfeld, S.: "Rechnergestütztes Konstruieren (CAD)", Heidelberg 1985

Baethge, M.: "Bildung in der Arbeitsgesellschaft - Zum Spannungsverhältnis von Arbeit und Bildung heute" in: "Bildung in der Arbeitsgesellschaft - Zum Spannungsverhältnis von Arbeit und Bildung heute", Dokumentation des 10.Bremer Wissenschaftsforums, S.1-19, Bremen 1989

Baethge, M.: "Qualifikation - Qualifikationsstruktur", in: Wulf, Chr. (Hrsg.): "Wörterbuch der Erziehung", S.478-484, München und Zürich 1976

Baethge, M.; Gerstenberger, K.; Kern, H.; Schumann, M.; Stein, H.; Wienemann, E.: "Produktion und Qualifikation", Schriften zur Berufsforschung, Bd.14, Hannover 1976/4

Baethge, M.; Mickler,O; Mohr, W.: Erfassung des Zusammenhangs zwischen Qualifikation und Arbeitsmarkt", in: "Beiträge zur Arbeitsmarkt- und Berufsforschung", Sonderheft15, S.165-187, Nürnberg 1977

Baethge, M.: "Qualifikation und Qualifikationsstruktur" in: Wulf, Ch. (Hrsg.): "Wörterbuch der Erziehung", S.478-484, München/Zürich 1976

Baethge, M.; Oberbeck, H.: "Zukunft der Angestellten - Neue Technologien und berufliche Perspektiven in Büro und Verwaltung", Frankfurt/Main 1986

Bammé, A.; Feuerstein, G.; Genth, R.; Holling, E.; Kahle, R.; Kempin, P.: "Maschinen-Menschen Mensch-Maschinen, Grundrisse einer sozialen Beziehung", Reinbek bei Hamburg 1986

Baron, W.; Meyer, N.: "Projektorientiertes Lernen als Ansatz zur Handlungskompetenz in der beruflichen Bildung", in: BWP, 16.Jg., Heft5, S.144-149, 1987

Baumann, H.G.: "Systematisches Projektieren und Konstuieren", Stuttgart 1985

Bayerisches Staatsministerium für Unterricht und Kultus: "Lehrpläne für die Fachschule (Technikerschule). Fachrichtung Maschinenbau", 1.u.2. Schuljahr, o.J.

Beck, U.: "Risikogesellschaft Auf dem Weg in eine andere Moderne", Frankfurt 1986

Becker-Schmidt, R.; Knapp, G.A.: "Geschlechtertrennung-Geschlechterdifferenz, Suchbewegungen sozialen Lernens", Bonn 1987

Beckurts, K.-H.: "Technischer Fortschritt - Herausforderung und Erwartung", Berlin und München 1986

Beitz, K.; Küttner, K.-H.: "Dubbel, Taschenbuch für den Maschinenbau", Berlin, Heidelberg, New York, Paris, Tokyo 1987/16

Bendizula, A.: "Zielsetzungen für eine moderne Berufsausbildung" in: Bundesinstitut für berufliche Bildung, (Hrsg.): "Bund, Länder, Spitzenorganisationen - Grundsatzfragen", S.27, Nürnberg 1989

Benz, T.: "Funktionsmodelle in CAD-Systemen", Düsseldorf 1990

Benz, T.; Grabowski,H.; Rude, S.: "Modellierungsverfahren auf der Basis eines Volumenmodells" in: CAD-CAM Report, Heft 12, S.31-38, 1986

Berufsförderungswerk Schönberg: "Ausbildungsordnung Teilkonstrukteur CAD, Fachrichtung Maschinenbau", Schönberg 1985

Beuth, K.; Huber, E. (Hrsg.): "Fachkenntnisse Elektrotechnik/Energieelektronik/Energietechnik nach Neuordnung", Hamburg 1990/2

Beuth, K.; Huber, E. (Hrsg.): "Grundkenntnisse Elektrotechnik nach Neuordnung", Hamburg 1991/2

Biehler-Baudisch, H.: "Programmierer/in im Blaumann?", BWP, Heft 5, S.147-150, 1988

Billerbeck, J.; Bönsch, R.: "Fuzzy: Unscharfe Logik zieht scharfe Schlüsse", VDI-Nachrichten Nr.20, S.13, Düsseldorf 1991

Birkel, P.: "Glossar wichtiger testtheoretischer Begriffe", in: "Test-Informationen", Weinheim/Basel 1976

Blankertz, H.: "Theorien und Modelle der Didaktik", München 1980/11

BLK (Bund-Länder-Kommission für Bildungsplanung und Forschungsförderung), (Hrsg.): "Berufliche Weiterbildung", Bonn 1988

Blum, C.: "CAD", Düsseldorf 1991

Boehle, F.: "Changes in Skill Structure in High-Tech-Enterprises", München 1987

Boguslaw, R.: "The new utopians, A study of system design and social change", Englewood Cliffs; Prentice-Hall 1985

Bombach, G.; Gahlen, B.; Ott, A.: "Technologischer Wandel - Analyse und Fakten", Tübingen 1986

Börchers, Crome, Hagemann, Schiwek, Schubert: "CAD-Ausbildung in der Berufsschule" in: Rauner, F. (Hrsg.): "CAD: Wandel der Konstruktionsarbeit und Berufsbildung", S.209-226, Bremerhaven 1989

Brater, M.: "Künstlerische Übungen in der Berufsausbildung", in: Projektgruppe Handlungslernen, Tagungsmitschrift, Wetzlar 1984

Bremer Senator für Bildung Wissenschaft und Kunst (Hrsg.): Bremer CAD/CAM-Labor: "2.Zwischenbericht CAD", Bremer CAD/CAM-Labor im Schulzentrum "Im Holter Feld", Bremen 1988

Bremer Senator für Bildung Wissenschaft und Kunst (Hrsg.); Bremer CAD/CAM-Labor: "Zwischenbericht CAD", Bremer CAD/CAM-Labor im Schulzentrum "Im Holter Feld", Bremen 1987

Bremer Senator für Bildung, Wissenschaft und Kunst (Hrsg.): Abschlußbericht zum Modellversuch: "Implementation der CAD-Technologie in den Lehrplan der Teilzeitberufsschule zur beruflichen Erstqualifikation des Technischen Zeichners und Maßnahmen zur beruflichen Anpassungsfortbildung im Berufsfeld Metalltechnik", Hauptband (1990) und Materialband (1991), Bremen 1990

Bremer Senator für Bildung, Wissenschaft und Kunst (Hrsg.): Berichterstattung zum Modellversuch: "- Empirische Feldstudie - ; CAD in der beruflichen Erstausbildung von Technischen Zeichnern und in der Anpassungsfortbildung", Bremen 1991

Brockhaus: "Brockhaus Enzyklopädie", Wiesbaden, Bd.10, 1970

Brödner, P.; Krüger, D.; Senf, B.: "Der programmierte Kopf - Eine Sozialgeschichte der Datenverarbeitung", Berlin 1982

Brunnhuber, P.: "Prinzipien effektiver Unterrichtsgestaltung", Donauwörth 1981/14

Büchner, U.: "Der Gewerbelehrer und die industrielle Arbeit", Berlin 1979

Bullinger, H.-J.: "Weiterbildungsstrategien - Voraussetzung für die Realisierung moderner Technologien", Referat auf der Fachtagung der Gildemeister-Akademie "Anforderungen in der Fabrik der Zukunft", Hannover, April 1989

Bullinger, H.-J., Graf,H., Hichert,R., Kunerth,W.: "Rationalisierung in der Konstruktion. Problematik und Vorgehensweise", Zeitschrift für industrielle Fertigung, Heft7, S.45-60, Stuttgart 1974

Bundesinstitut für berufliche Bildung (Hrsg.): "Elektrotechnik, Elektronik, Technische Informatik und die neuen Elektroberufe.", Arbeitsunterlagen und Materialien, Berlin 1988

Bundesinstitut für berufliche Bildung (Hrsg.): "Neue industrielle Berufe in der Metalltechnik", Kongreßbericht, Nürnberg 1989

Bundesinstitut für berufliche Bildung (Hrsg.): "Neue Technologien in der beruflichen Bildung. CAD/CAM-Ausbildung.", Aufgabensammlung, Berlin 1988

Bundesinstitut für berufliche Bildung (Hrsg.): "Stand der Weiterbildungsaktivitäten im Bereich Konstruktion; V 007.", Berlin 1989

Bundesinstitut für berufliche Bildung: "Entwurf: Katalog der Qualifikationen - Neuordnung des Ausbildungsberufes Technischer Zeichner/Technische Zeichnerin", Berlin 1990

Bundesinstitut für Berufsbildung / Institut für Arbeitsmarkt und Berufsforschung, (Hrsg.): "Neue Technologien: Verbreitungsgrad, Qualifikation und Arbeitsbedingungen - Analyse aus der BIBB/ IAB-Erhebung 1985/86", (Beiträge zur Arbeitsmarkt- und Berufsforschung 118), Nürnberg 1987

Bundesminister für Bildung und Wissenschaft (Hrsg.): "Berufsbildungsbericht 1987", Bonn 1987

Bundesministerium für Forschung und Technologie: Forschungsbericht Humanisierung des Arbeitslebens: "Voraussetzungen und Möglichkeiten einer menschengerechten Anwendung von CAD/CAP-Systemen im Installationshandwerk", Bonn, Mai 1990.

Bundesministerium für Raumordnung, Bauwesen und Städtebau: "Kostensenkung durch CAD-Einsatz", Basel 1986.

Bundesverband der Deutschen Industrie (Hrsg.): "Neue Informations- und Kommunikationstechniken und ihre gesamtwirtschaftlichen Auswirkungen", Köln 1982

Bundesvereinigung der Deutschen Arbeitgeberverbände: "Mikroelektronik und Arbeit - Chance und Herausforderung", Köln 1985

Buschhaus, D.: "CAD in der Ausbildung von Technischen Zeichnern - Erfahrungen aus 22 Betrieben", Berlin 1988.

Buschhaus, D.: Bundesinstitut für berufliche Bildung; Vortrag: "Qualifikationsanforderungen für technisch -zeichnerische Fachkräfte an CAD-Arbeitsplätzen", ONLINE'84., Hamburg 1984

Buschhaus, D.; Goldgräber, A: "Veränderte Qualifikationen der Metallfacharbeiter durch eine rechnergestützte Fertigung", in: Bundesinstitut für berufliche Bildung (Hrsg.): "Beiträge zur Neuordnung der industriellen Metallberufe", S.160-163, Berlin 1986

Buschhaus, D.; Stolze, K.-W.: "Neue Ausbildungsordnungen für die technisch-zeichnerischen Berufe", in: Rauner, F. (Hrsg.): "CAD: Wandel der Konstruktionsarbeit und Berufsbildung", S.126-144, Bremerhaven 1989

CAD/CAM Report-Redaktion: "Automatisierung beginnt beim Konstruktionsprozeß", CAD/CAM Report, Nr.6, S.54-58, 1987

CAD/CAM Report-Redaktion: "Der CAD/CAM-Markt in Deutschland" CAD/CAM Report, Nr.6, S.112-115, 1987

CAD/CAM Report-Redaktion: "Wirtschaftlicher CAD-Einsatz auch ohne "große" CIM-Lösung", CAD/CAM Report, Nr.2, S.26-28, 1987

CAD/CAM-Labor, Kernforschungszentrum Karlsruhe: "Der Normeningenieur als CAD/CAM-Anwender", Seminarmanuskript, Nov.1989

CAD/CAM-Report-Redaktion: "Kleine Terminals mit großer Leistung" CAD/CAM-Report, Nr.11, S.56-57, 1984

CAD/CAM-Report-Redaktion: "Künftige CAE-Experten werden im Fliegenden Klassenzimmer geschult" CAD/CAM-Report, Nr.3, S.19-21, 1984

CAD/CAM-Report-Redaktion: "Private CAD - Ausbilder sind Pioniere in einem weiten Feld", CAD/CAM-Report, Nr.4, S.92-08, 1005

CDU, Präsidium, Kommission Wissenschaft, Technik und Ethik: "Wissenschaft und Technik im Dienst des Menschen", Bonn 1986

237

Changeaux, J.P.: "Der neuronale Mensch", Hamburg 1984

CIM-Beratungsgesellschaft Michael Galwetat: "MS-DOS. Ein Handbuch zum Unterricht", o.J.

CIM-Beratungsgesellschaft Michael Galwetat: "Grundlagen der NC-Fertigung. Ein Handbuch zum Unterricht", o.J.

Computer Power Institut: "Anwendungsbezogen Konstruktionssoftware nutzen (CAD)", Teilnehmerhandbuch, o.J.

Computer Power Institut: "Computergesteuerte Fertigungs-verfahren mit APT", Teilnehmerhandbuch, o.J.

Computer Power Institut: "Dreidimensionale Freiformflächen erzeugen mit ICEM DUCT", Teilnehmerhandbuch, o.J.

Computer Power Institut: "Freiformflächen fertigen mit ICEM DUCT", Unterrichtshandbuch, o.J.

Computer Power Institut: "Konstruieren mit CADDY". Teilnehmerhandbuch, o.J.

Computer Power Institut: "Normteile konstruieren, verwalten mit ICEM NORM", Teilnehmerhandbuch, o.J.

Computer Power Institut: "Optimierend Berechnungsverfahren anwenden mit ICEM DUCT". Teilnehmerhandbuch, o.J.

Computer Power Institut: "Realitätsnah Bewegungsabläufe simulieren mit ICEM DUCT", Teilnehmerhandbuch, o.J.

Computer Power Institut: "Technische Zeichnungen anfertigen mit CAD-Software", Teilnehmerhandbuch, o.J.

Computer Power Institut; Schulungshandbuch: "Anwendungsbezogen Konstruktionssoftware nutzen (CAD)", Teilnehmerhandbuch, o.J.

Computer-Power-Institut: "CAE-projektbezogen Konstruk-tionsdatenbanken nutzen", Schulungshandbuch für Datenbanken, o.J.

Control Data Institut: "3D-Konstruktionen aufbauen mit ICEM DDN", Unterrichtshandbuch, o.J

Control Data Institut: "Arbeiten mit Konstruktionssoftware ICEM DDN (2D)", Unterrichtshandbuch, o.J.

Control Data Institut: "CAD-Pass: CAD-Zeichner/in, CAD-Konstrukteur/in, CAE-Anwendungsfachmann, CAE-Ingenieur/in", Maßnahmebeschreibungen, o.J

Control Data Institut: "Computerunterstützte Produktionsplanung, -steuerung (1)", Teilnehmerhandbuch, o.J.

Control Data Institut: "Computerunterstützte Produktions-planung, -steuerung (2)",. Teilnehmerhandbuch, o.J.

Control Data Institut: "Volumenmodelle erzeugen mit ICEM SOLID", Teilnehmerhandbuch, o.J.

Control-Data-Institut: "Normteile Programmieren mit CADDY", Schulungshandbuch, o.J.

Cooley, M.: "Computer Aided Design - sein Wesen und seine Zusammenhänge", Stuttgart 1978

Cooley, M.: "Computer Aided Design", in: Rauner, F. (Hrsg.): "CAD: Wandel der Konstruktionsarbeit und Berufsbildung", Reihe Berufliche Bildung, Band 10, S.12-24, Bremerhaven 1989

Crome, H.: "Zum Modellversuch `Implementation der CAD-Technologie im Berufsfeld Metalltechnik' im Bremer Schulzentrum Im Holter Feld" in: Görs,D.; Voigt,W. (Hrsg.): "Neue Technologien, Lernen und berufliche Weiterbildung", Universität Bremen, Tagungsbericht 18, S.327-352, 1989

Crome, H.: "Zum Modellversuch `Implementation der CAD-Technologie im Berufsfeld Metalltechnik im Schulzentrum der integrierten Sekundarstufe II Im Holter Feld'" in: Senator für Bildung, (Hrsg.): Tagungsband der überregionalen Fachtagung "Modellversuche zu Neuen Technologien an gewerblichtechnischen beruflichen Schulen", Bremen 1990

Crome, H.; Gabele, R.; Görs, D.; Koggenhop, I.; Voigt, W.: "Technologietraining für Facharbeiter/innen aus dem Metall- und Elektrobereich"; Abschlußband der dreijährigen Forschungstätigkeit; Kooperationsbereich Universität - Arbeiterkammer, Universität Bremen 1991

Crome, H.; Hagemann, L. (Redaktion): "Abschlußbericht des Modellversuches zur Implementation der CAD-Technologie in den Lehrplan der Teilzeitberufsschule zur beruflichen Erstqualifikation des Technischen Zeichners und Maßnahmen zur beruflichen Anpassungsqualifikation im Berufsfeld Metalltechnik", Senator für Bildung, Wissenschaft und Kunst in Bremen, Bremen, Hauptband (1990) und Materialband (1991)

Crome, H.: "Überlegungen zum Entwurf von Curricula für den CAD-Bereich", in: "Technologie-Training für Facharbeiter/innen aus dem Metall und Elektrobereich", Universität Bremen, Fachbereich 12, S.117-137, 1989

Crome, H.: "Windenergiepraxis", Stauffen, 1989

Crome,H.; Hasselhof,D.; Hoppe,M.: "Gutachten zur Entwicklung einer Fortbildungsverordnung nach §46,2 BBiG im Bereich Technisches Zeichnen/Konstruktion", Bundesinstitut für berufliche Bildung, Berlin 1991

CSU, Landesleitung, Komission >Die Zukunft der Industriegesellschaft sichern<: "Fortschritt im Dienste des Lebens - Wege und Ziele zur Fortentwicklung der Industriegesellschaft", München 1986

Cube v., F.: "Was ist Kybernetik?", München 1975/3

Curnow,R.; Curran,S.: "Anwendung der Technologie" in: Friedrichs, G.; Schaff, A.: "Auf Gedeih und Verderb - Mikroelektronik und Gesellschaft" -Bericht an den Club of Rome-, S.101-131, Wien, München, Zürich 1982

Czichos: "Hütte, Die Grundlagen der Ingenieurwissenschaften", Berlin, Heidelberg, New York, Paris, Tokyo 1989/29

Decker, K.-H.: "Maschinenelemente - Gestaltung und Berechnung", München, Wien 1985/9

Dehnbostel, P.; Graß, G.: "Zwischenbetrieblicher Weiterbildungsverbund", BWP Nr.5, S.172-174, 1988

Deutsche Angestellten Gewerkschaft (Hrsg.): "Neue Büro- und Kommunikationstechnologie", Hamburg 1986

Deutsche Angestellten Gewerkschaft: "Programm der DAG zur Gesellschaftpolitik", Hamburg 1984

Deutscher Bildungsrat - Empfehlungen der Bildungskommission: "Zur Förderung praxisnaher Curriculumentwicklung", Stuttgart 1973

Deutscher Bildungsrat: "Empfehlungen der Bildungskommission, Strukturplan für das Bildungswesen", Stuttgart 1970/2

Deutscher Bundestag: "Einschätzung und Bewertung von Technikfolgen; Gestaltung von Rahmenbedingungen der technischen Entwicklung", Bericht der Enquete-Kommission gemäß Beschluß des Deutschen Bundestages vom 14.März 1985, Drucksache 10/5844, Bonn 1986

Deutscher Gewerkschaftbund (Hrsg.): "Mikroelektronik und Angestellte," Düsseldorf 1985

Deutscher Gewerkschaftsbund (Hrsg.): "Rechnereinsatz in der Konstruktion (CAD)", Technologieberatungsstelle beim DGB, Landesbezirk NRW, Oberhausen 1983

Die "Grünen": "Handlungsrahmen der Grünen zu den neuen Informations- und Kommunikationstechniken" in: Protokoll der 8.Bundesvollversammlung, Teil2, Grüner Basisdienst, Heft5 - 6/86 S.148-150 1986

DIN-Normenausschuß: "Normung von Schnittstellen für die rechnerintegrierte Produktion (CIM). Standortbestimmung und Handlungsbedarf", DIN-Fachbericht 15, Berlin, Köln 1987

Dobberthien, Fasching, Herrmann, Rudolph, Schmid-Jörg, Süssmuth: "Frauen und neue Technologien", Niedersächsische Landeszentrale für politische Bildung, Hannover 1986

Döring, K.: "Lehrerverhalten: Theorie-Praxis-Forschung", Weinheim 1980

Dostal, W.: "Wandel der Personalqualifikationen durch flexibel automatisierte Fertigungssysteme", in: Erbe; Hoppe (Hrsg.): "Berufliche Bildung, Bd.5", Wetzlar 1984

Dransfeld, B.: "Integration beruflicher, allgemeiner und politischer Bildung zur Bewältigung des technologischen und gesellschaftlichen Wandels", Literaturdokumentation, in FAB (Hrsg.): "Beiträge, Information, Kommentare", Beiheft4, Recklinghausen 1986

Drescher, E.: "Instrumente zur unterrichtlichen Umsetzung des Konzeptes Technikgestaltung", in: Zeitschrift "lernen & lehren", 6.Jahrgang, Heft 23, S.51 - 65, Bremen 1991

Dressel, K.-M., Hesseler, M., Spreitzenbarth, E., Thomforde, A., Andersen, P.: "Weiterbildung für den organisierten CIM-Einsatz in der Konstruktion", Stuttgart 1989

Dreyfus, H.; und Dreyfus, St.: "Künstliche Intelligenz - Von den Grenzen der Denkmaschine und dem Wert der Intuition", Reinbek 1988

Dreyfuß, H. u. Dreyfuß St.: "Künstliche Intelligenz", Reinbek 1987

Dröge, R.: "Arbeitsgestaltung und Qualifizierung beim Computereinsatz in Konstruktions- und Textverarbeitungsbereichen", Kassel 1986

Dunckel, H.; Resch, M.: "Computer für den Menschen?", Köln 1987

Dybowski-Johannson, G.; Gülden, K.; Roth, S.: "Humanisierung der Arbeit als Gegenstand gewerkschaftlicher Bildungsarbeit. Überlegungen zur Entwicklung von Lehr- und Lernmaterialien und zur Referentenqualifizierung im Bereich der Metallindustrie", Bremerhaven 1989

Eckhardt, H.: "Die Personalauswahl entscheidet über den erfolgreichen CAD-Einsatz" CAD/CAM-Report Nr.10, S.30-33, 1984

Eggers, A.; Köchling, A.; Mayr, P.: "Betriebliche CAD-Qualifizierung", in: Rauner, F. (Hrsg.): "CAD: Wandel der Konstruktionsarbeit und Berufsbildung", Reihe Berufliche Bildung, Band 10, S.181-208, Bremerhaven 1989

Eigner, M.; Maier, H.: "Einführung und Anwendung von CAD-Systemen", München, Wien 1988/2

Eigner, M.; Maier, H.: "Einstieg in CAD", München, 1985

Einemann, E.; Lübbing, E.; Manske, F.; Schürz, M.: "Rationalisierung, Mikroelektronik und Humanisierung", Universität Bremen 1986

Encarnacao J.; Hellwig H.-E.; Hettesheimer E.; Klos W.F.; Lewandowski S.; Messina L.A.; Poths W.; Rohmer K.; Wenz H. (Hrsg.): "CAD-Handbuch", Springer-Verlag, Berlin, Heidelberg, New York, Toronto 1984

Erbe, H.-H.,(Hrsg.): "Neue Qualifikationen - Alte Berufe?", S.104-115, Wetzlar 1984

Eurich, C.: "Die Megamaschine - Vom Sturm der Technik auf das Leben und Möglichkeiten des Widerstandes", Darmstadt 1988

Evans, J.: "Arbeitnehmer und Arbeitsplatz" in: Friedrichs, G.; Schaff, A.: "Auf Gedeih und Verderb - Mikroelektronik und Gesellschaft" -Bericht an den Club of Rome- S.169-200, Wien, München, Zürich 1982

Eversheim, W.: "Organisation der Produktionstechnik"; Band2, Düsseldorf 1990

Eversheim, W.; Klauer, K.J.:" CAD in der beruflichen Aus- und Weiterbildung", Karlsruhe 1987

F.D.P.: "Krise der Arbeit und neue Sozialpolitik", in: >Liberal<, Jahrgang 28, Heft 2, S.25-75, 1986

F.D.P.: "Zukunft durch Leistung", Wahlplattform zur Bundestagswahl 1987

Fabian, R.: "Der Gott aus der Maschine", München 1974

Fachverband Informations- und Kommunikationstechnik: "Anforderungsprofile für CAD-Fachkräfte mit Fachrichtung Mechanik - Konstruktion" 1988.

Faulstich, P.: "Arbeitsorientierte Erwachsenenbildung", Frankfurt/Main 1981

Faulstich, P.; Faulstich, W.: "Computer-Kultur - Erwartungen, Ängste, Handlungsspielräume", München 1988

Fegebank, B.: "Fragen und Bewertung von Unterricht und Prüfungen", in: "Die berufsbildende Schule", 1/86,, S.36-48, Wolfenbüttel, 1986

Fehrenbach, G.: "Gewerkschaftliche Vorstellungen zur beruflichen Weiterbildung", Hans-Böckler-Stiftung, S.3-17, 1986

Feldmann, B.; Meyer, R.; Koegler, B.: "Neue Technologien und ihre Umsetzung in Bildungskonzepte", Köln 1988

Figel, K.: "Optimieren beim Konstruieren. Einsatz von Optimierungsverfahren, CAD und Expertensystemen", Opladen 1988.

Fink, E.; Sauter, E.: "Stand und aktuelle Probleme der beruflichen Weiterbildung", Berlin 1980

Fischer, R.: "Elektrische Maschinen", München, Wien 1989/7

Floyd, C. : "Vorwort" in: Volpert, W.: "Zauberlehrlinge - Die gefährliche Liebe zum Computer", S.7-10, Weinheim und Basel 1985

Förster, H. U.; "OAD/PP3 - Kupplung - ein Meilenstein auf dem Weg zur rechnergestützten Konstruktion", CAD/CAM-Report Nr.12, S.54-59, 1985

Franz, L., Hofmann, M.: "CAD/CAM-Systeme", Leipzig 1989

241

Fraunhofer-Institut für Arbeitswirtschaft und Organisation: Behrens, A. u.a.: "Erstellung einer Konzeption zur Weiter-bildung in rechnerintegrierten Betrieben der Auftragsfertigung. Produktion", Stuttgart 1990

Fraunhofer-Institut für Arbeitwirtschaft und Organisation (Hrsg.): "Weiterbildung für den organisierten CIM-Einsatz in der Konstruktion. - Erstellung einer Konzeption zur Weiterbildung in rechnerintegrierten Betrieben der Auftragsfertigung", Stuttgart 1989

Frey, H.: "Weniger Fachidioten, mehr Kreativität", MEGA, S.66-71, Juni 1988

Frey, K.: "Die Projektmethode", Weinheim und Basel 1982

Fricke W.; Schuchardt, W.: "Entwicklungstendenzen des technisch-organisatorischen Wandels und Ansätze gewerkschaftlicher Arbeitspolitik", in: "Jahrbuch Arbeit und Technik in Nordrhein-Westfalen", S.3-27, Bonn 1985

Fricke, E.; Schuchard, W.: "Dienstleistungen im Zeichen technischer Rationalisierungstendenzen: Kann das soziale Konzept `Beruf' überleben?", in: Weymann, A. (Hrsg.): "Bildung und Beschäftigung", Soziale Welt, Sonderband5, S.195-222, Göttingen 1987

Fricke, W. (Hrsg.): "Mensch-Technik-Umwelt", Bad Godesberg 1990

Friedrich, W.: "Tabellenbuch Elektrotechnik Elektronik", Bonn1990

Friedrichs, G.: "Mikroelektronik und Makroökonomik" in: Friedrichs, G.; Schaff, A.: "Auf Gedeih und Verderb - Mikroelektronik und Gesellschaft", Bericht an den Club of Rome, S.201-224, Wien, München, Zürich 1982

Frieling, E.; Derisavi-Fard, F.: "Ändert die CAD-Technik die Arbeitstätigkeit von Konstrukteuren?" Zeitschrift für Arbeits- und Organisationspsychologie, Heft 34, S.135-148, 1990

Fries, d., H.: "Kräftemessen im Low-cost-Bereich", CAD/CAM Report Nr.2, S.73-82, 1987

Füller, K.: "Bewertung des Unterrichtserfolgs", in Reinert,G.-B. (Hrsg.): "praxishandbuch unterricht", S.280f, Reinbek 1980

Funke, H.-J.: "Die Rolle der Berufsschule bei der Qualifizierung in den neuen Technologien", in: Bundesinstitut für berufliche Bildung (Hrsg.): "Neue industrielle Berufe in der Metalltechnik", S.55-65, Nürnberg 1989

Geer, R.: "Ziele einer Evolution der Ausbildung von Metallfacharbeitern", in: Bundesinstitut für berufliche Bildung (Hrsg.): "Neue industrielle Berufe in der Metalltechnik", Band M, S.15, Nürnberg 1989

Gergely, S.: "Mikroelektronik", München, 1985/3

Gerhard, E.: "Entwickeln und konstruieren mit System", Ehningen bei Böblingen 1988/2

Gerstenberger, F.: "Ansätze zu einer Kritik der Qualifikationsforschung", Manuskript Bremen 1983

Gesamtmetall: "Berufsbildung", Auszug aus dem Bericht der Geschäftsführung des Gesamtverbandes metallindustrieller Arbeitgeberverbände e.V., Köln 1987-1989

Gesellschaft für Arbeitsschutz- und Humanisierungsforschung mbH: Köchling, A.; Eggers A.: "Arbeitnehmerqualifizierung als Schlüsselfunktion zur Gestaltung des CAD-Einsatzes", Dortmund 1988

Gewerkschaft ÖTV: "Arbeitsprogramm >Neue Techniken/Rationalisierung - Technik sozial entwickeln und anwenden<" Stuttgart 1986

Glaser, P.; Rencin, V.: "Aufstand der Alphateilchen", Zeitmagazin Nr.11, S73-84, 1991

Goering, R. (Hrsg.): "Schlüsseltechnologie", Düsseldorf 1986

Görs, D.: "Zielkonflikte gegenwärtiger Weiterbildungspolitik", in: Grönefeld, M. (Hrsg.): "Arbeiterbildung als Praxis der Parteilichkeit", S.83-98, Köln 1989

Görs, D.: "Zur Notwendigkeit und Chance der Integration allgemeiner, politischer und beruflicher Bildung im Bildungsurlaub", S. 91-108, Bad Honnef 1983

Görs, D.; Schlaffke,W.: "Die gesellschaftspolitische Bedeutung der Weiterbildung - aus der Sicht der Unternehmer und der Arbeitnehmer", Ausbildung und Fortbildung, Band 23, Berlin 1982

Görs, D.; Voigt, W. (Hrsg.): "Neue Technologien, Lernen und Berufliche Weiterbildung" - Beiträge zur Fachtagung Berufliche Weiterbildung, Universität Bremen, Bremen 1989

Görs, D.; Voigt, W.; Crome, H.; Gabele, R.; Koggenhop, I.: "Technologietraining für Facharbeiter/innen aus dem Metall- und Elektrobereich", Universität Bremen 1991

Görs,D.; Voigt,W.: "Bedingungen und Gestaltung der beruflichen Weiterbildung" in: Jungk, D. (Hrsg.): "Berufsausbildung für nichtakademische Berufe", S.118-136, Frankfurt und New York 1984

Gottschalch, H.: "Ausbildungsmethoden in CAD/CAM-Lehrgängen für Technische Zeichner", in: Rauner, F. (Hrsg.): "CAD: Wandel der Konstruktionsarbeit und Berufsbildung", S.145-181, Bremerhaven 1989

Grabowski, H.; Schäfer, H.; Schuler, J.: "Ausarbeitung von Konzepten zur Aus- und Weiterbildung", CAD-CAM Report, Heft4, S.89-95, 1987/1

Grabowski,H.; Watterott, R.: "CIM-Anspruch und Wirklichkeit", in:CAD-CAM Report, Heft4, S.105-123, 1987/2

Graf, L.; Jacob, H.; Meindl, W.; Weber, W.: "Keine Angst vor dem Mikrocomputer", Düsseldorf 1984

Grell, J., Grell,M : "Unterrichtsrezepte", Weinheim und Basel 1983

Grotelüschen, M.: "CAD/CAM kam, sah und siegte", in Goering, Rolf (Hrsg.): "Schlüsseltechnologie", S.69-79, Düsseldorf 1986

Grüner, G.; Kell,A.; Kutscha,G.: "Neue Technologien und Bildung", in "Zeitschrift für Pädagogik", 21.Beiheft, S.119-129, Weinheim 1987

Habermas, J.: "Technik und Wissenschaft als Ideologie", Frankfurt 1969

Haefner, K.: "Mensch und Computer im Jahr 2000", Basel, Boston, Stuttgart 1984

Hage, K.: "Unterrichtsmethoden", Kurseinheit1, Fernuniversität Hagen 1980

Handwerkskammer für Oberfranken: "Lehrpläne zum CAD-Organi-sator, zur CAD-Fachkraft", o.J.

Handwerkskammer Koblenz: "Zwischenbericht des Modellversuchs: Einsatz von CAD-Systemen auf Kleinrechnern und PC's in der beruflichen Weiterbildung, Vergleich und Erweiterung auf CAM und PPS", o.J.

Hansen, F.: "Konstruktionssystematik", Berlin 1986

Hanser, C.: "CAD-Ausbildung für die Konstruktionspraxis. Teil 1-3", München 1986

Harbeck, G: "Technologische Trends in der Computergrafik" CAD/CAM Report Nr.1, S.52-59, 1987

Hardenacke, A.: "Die neuen Lernziele", in: Bundesinstitut für berufliche Bildung (Hrsg.): "Ein Kongreßbericht als Handreichung für Praktiker", Band G, S.33, Nürnberg 1989

Hartwich, H.-H. (Hsrg.): "Politik und die Macht der Technik", Opladen 1986

Hecker, O.: "Einschätzung der Situation im Bereich Konstruktion und Verfahrensvorschlag zur Arbeit des Arbeitskreises", Bundesinstitut für berufliche Bildung Berlin, AK 1/89-V005, Berlin 1989

Hecker, O.: "Konzeption der Aufstiegsfortbildung im Bereich Technisches Zeichnen/ Konstruktion - Entwurf- ", Bundesinstitut für berufliche Bildung Berlin, AK 2/90-V010, Berlin 1990

Heidegger, G.; Gerds, P.; Weisenbach K. (Hrsg.): "Gestaltung von Arbeit und Technik - ein Ziel beruflicher Bildung", Frankfurt/M., New York 1988

Heimann, K.: "Neues Berufe, anderes Lernen - erstes Fazit des Neubeginns der beruflichen Erstausbildung in der Metallwirtschaft", in: Bundesinstitut für berufliche Bildung (Hrsg.): "Neue industrielle Berufe in der Metalltechnik", Band M, S.19-25, Nürnberg 1989

Heller, K.: "Leistungsbeurteilung in der Schule", Heidelberg, 1978/3

Helmerich, R.; Schwindt, P.:" CAD-Grundlagen", Würzburg 1986.

Hentig, H. v.: "Das allmähliche Verschwinden von Wirklichkeit", München 1984

Hesser, W.: "Zur Tätigkeit des Konstrukteurs - Ergebnisse einer Voruntersuchung", in: VDI-Z. Nr.121, S.20, Düsseldorf 1979

Hettesheimer, E.: "Planung von CAD-Einführungsstrategien unter Berücksichtigung organisatorischer Inhalte und Regelung der Effizienz des CAD-Einsatzes", Düsseldorf 1985

Hettich, G.: "CAD-Lehrbuch für die Ausbildung an Fachhochschulen", Heidelberg 1986

Hinz, L.; Volkholz, V.: "Probleme der betrieblichen Einführung und Anwendung neuer Technologien im Fertigungsbereich", in: "Jahrbuch Arbeit und Technik in Nordrhein-Westfalen", Neue Gesellschaft, S.49-82, Bonn 1985

Hirschmann, G.; Wolf, W.: Ermittlung und Begründung von Lernzielen für anwendungsbezogene Bereich der Weiterbildung", in Frey, K., (Hrsg.): "Curriculum-Handbuch", Band2, S.386-393, München 1975

Hock, K.: "Industriemechaniker/in Fachrichtung Produktionstechnik - Ein neues Ausbildungsprofil" in Bundesinstitut für berufliche Bildung (Hrsg.): "Neue industrielle Berufe in der Metalltechnik" S.83-87, Nürnberg 1989

Hoff, E.; Lappe, L.; Lempert, W.: "Gesellschaftliche Arbeit als Sozialisation" in: Georg, W.; Kißler, L. (Hrsg.): "Arbeit und Lernen - Werkstattberichte aus der Qualifikationsforschung", S.43-94 Frankfurt und New York 1982

Holtschmidt, T.; Locarek, P.: "Forderung an CAD-Normteil-Bibliotheken" in: CAD-CAM Report, Nr.6, S.61-66 1987

Hoppe, M.; Erbe, H.-H. (Hrsg.): "Neue Qualifikationen - Alte Berufe?", Wetzlar 1984

Hoppe, M.; Pahl, J.-P.: "Berufliches Lernen mit Simulator, Ausbildungs- und Produktionsmaschine", Überlegungen zu einer didaktischen Begründung der Medien in der Ausbildung für rechnergestützte Facharbeit, Auswertungsbericht zur Fachtagung Metalltechnik86 in Essen, Aufsatz, Bremen 1986

Hubka, V.: "Theorie der Konstruktionsprozesse", Berlin, Heidelberg, New York 1976

IGM-Werkstattbericht: "Computergestützte Konstruktion und Arbeitsplanung CAD/CAP im Maschinenbau", 1989

IGM-Werkstattbericht: "Rechnereinsatz in Entwicklung und Konstruktion (CAD)", - eine Zwischenbilanz -Aktionsprogramm: "Arbeit und Technik", 1987

IGM; Aktionsmappe : "Konstruieren mit CAD", Aktionsprogramm Arbeit und Technik, Frankfurt 1986

Illich, I. u.a.: "Entmündigung durch Experten", Reinbek 1979

Industriegewerkschaft Metall (Hrsg.): "Aktionsprogramm Arbeit und Technik, >Der Mensch muß bleiben<", Stuttgart 1984

Industriegewerkschaft Metall (Hrsg.): "Einsatz und Auswirkungen neuer Technologien in Planung und Konstruktion: CAD/CAM", Frankfurt am Main 1985/2

Industriegewerkschaft Metall für die Bundesrepublik Deutschland, Vorstand, Abteilung Automation/Technologie: "Konstruieren mit CAD", Aktionsmappe, Frankfurt 1986

Industriegewerkschaft Metall: Aktionsmappe Nr. 12: "EDV-gestützte Zeiterfassungssysteme", o.J.

Industriegewerkschaft Metall: Aktionsmappe Nr. 13: "Das 10-Schritte-Programm/Büro", o.J.

Industriegewerkschaft Metall: Aktionsmappe Nr. 4: "Bildschirmergonomie", o.J.

Industriegewerkschaft Metall: Aktionsmappe Nr. 6: "Konstruieren mit CAD", o.J.

Industriegewerkschaft Metall: Aktionsmappe Nr. 7: "Das 10-Schritte-Programm / Produktion", o.J.

Industriegewerkschaft Metall: Aktionsmappe Nr. 9: "Industrieroboter", o.J.

Industriegewerkschaft Metall: Werkstattbericht Nr. 21: "Rechnereinsatz in Entwicklung u. Konstruktion", o.J.

Industriegewerkschaft Metall: Werkstattbericht Nr. 22: "Künstliche Intelligenz oder Die Rationalisierung geistiger Arbeit", o.J.

Industriegewerkschaft Metall: Werkstattbericht Nr. 23: "Qualifizierungsmaßnahmen in der Produktion - Eine Orientierungshilfe für Betriebsräte", o.J.

Industriegewerkschaft Metall: Werkstattbericht Nr. 24: "Künstliche Intelligenz - Kontroversen um eine neue Technologie", o.J.

Industriegewerkschaft Metall: Werkstattbericht Nr. 25: "Konstruktionstätigkeiten bei rechnerintegrierter Fertigung - Perspektiven", o.J.

Industriegewerkschaft Metall: Werkstattbericht Nr. 33: "Regelung zukünftiger Konstruktionsarbeit im Rahmen gesamtbetrieblicher Arbeits- und Technikeinsatzgestaltung - Fallbeispiel", o.J..

Industriegewerkschaft Metall: Werkstattbericht Nr. 34: "Computerunterstützte Konstruktion und Arbeitsplanung - CAD/CAP im Maschinenbau", o.J.

Industriegewerkschaft Metall: Werkstattbericht Nr. 35: "Produktionsplanungs- und Steuerungssysteme (PPS) für Arbeitsorganisation und Arbeitsbedingungen", o.J.

Industriegewerkschaft Metall: Werkstattbericht Nr. 36: "Eigenständiger Regelungsbedarf bei der Einführung von CAD-Systemen - Gutachten", o.J.

Institut für berufliche Aus- und Fortbildung, Bonn:" Tibb-Info CAD 1. CAD/CAM-Ausbildungspläne für zeichnerisch-technische Berufe", Bonn 1985

Institut für Computer-Technologie GmbH (ICT): "EDV/CAD/PPS-Spezialisierungskurse", Kursmaterial, 1988

Johannson, K.: "Weiterbildung in Nordrhein-Westfalen", in "Jahrbuch Arbeit und Technik in Nordrhein-Westfalen", Neue Gesellschaft, S.223-233, Bonn 1985

Johannson,K.; Lorentz,E.: "Arbeitsorientierte Technikqualifikation unter besonderer Berücksichtigung von Frauen", in: "Forschungsinstitut für Arbeiterbildung e.v 1990, Beiträge - Informationen - Kommentare", Heft9, S.84-93, Recklinghausen 1990.

Jonas, H.: "Das Prinzip Verantwortung", Frankfurt/Main 1988/8

Jorissen, H.-D. (u.a.): "Die neue Fabrik", Düsseldorf 1986

Juckennack, D. (Hrsg.): "Handbuch der Sensortechnik - Messen mechanischer Größen", Landsberg am Lech 1989

Jütting, D.H.: "Methoden des Erwachsenenunterrichts", Selbststudienmaterialien, hg. von der Pädagogischen Arbeitsstelle des Deutschen Volkshochschulverbandes, Frankfurt 1980/3

Kahle, M.: "Elektrische Isoliertechnik", Berlin, Heidelberg, New York, Paris, Tokyo 1989

Kämpfer, S.: "CIM-Visionen verändern die Fabrik der Zukunft schon heute", in: Goering, R. (Hrsg.): "Schlüsseltechnologie", S.119 - 127, Düsseldorf 1986

Kayser, R.: "Neue Anforderungen - neues Lernen? Thesen zur Situation der betrieblichen Fortbildung im Bereich von mittleren Unternehmen", Bremen (Manuskript) 1988

Kayser, R.: "Neue Technologien - Eine Untersuchung in Bremer Betrieben", Universität Bremen, Bremen 1989

Keller, J.A; Novak, F.: "Kleines pädagogisches Wörterbuch", Freiburg im Breisgau 1979

Kemmer, H.: "Die CIM-Technologie", VHS Texte & Beiträge, Hannover 1990

Kern, H.; Schumann, M.: "Das Ende der Arbeitsteilung", München 1984/86

Kern, H.; Schumann, M.: "Der soziale Prozeß bei technischen Umstellungen", Frankfurt/Main 1972

Kernforschungszentrum Karlsruhe: "CAD in der Beruflichen Weiterbildung", Karlsruhe 1987

Kernforschungszentrum Karlsruhe: "CIM - Die rechnergetützte Fabrik", Karlsruhe 1988

Kernforschungszentrum Karlsruhe: "Ergebnisbericht des Förderprogramms Fertigungstechnik", Karlsruhe 1987

Kienzle (Fa.): "Weiterbildungskonzept für Technische Zeichner/-in", o.J.

King, A.: "Einleitung: Eine neue industrielle Revolution oder bloß eine neue Technologie?", in: Friedrichs, G.; Schaff, A.: "Auf Gedeih und Verderb - Mikroelektronik und Gesellschaft" - Bericht an den Club of Rome-, S.7-11, Wien, München, Zürich 1982

King, A: "Mikroelektronik und globale Interdependenz", in: Friedrichs, G.; Schaff, A.: "Auf Gedeih und Verderb - Mikroelektronik und Gesellschaft" -Bericht an den Club of Rome-, S.327-352, Wien, München, Zürich 1982

Klafki, W., u.a.: "Funkkolleg Erziehungswissenschaft", Band3, Frankfurt/Main 1972

Klafki, W.: "Normen und Ziele in der Erziehung" in Klafki, W. u.a.: "Funkkolleg Erziehungswissenschaft", Band2 , S.13-46, Frankfurt/Main 1971

Klafki, W.: "Sinn und Unsinn des Leistungsprinzips in der Erziehung", München 1974

Klauer, K.J.: "Revision des Erziehungsbegriffs", Schwann, Düsseldorf 1973

Klein, O.: "Einführung in die DIN-Normen", Stuttgart, Berlin, Köln1989/10

Klein, U.: "Schlüsselqualifikationen am Beispiel der neuen Technologien", in: Bundesinstitut für berufliche Bildung (Hrsg.): "Neue industrielle Berufe in der Metalltechnik", S.41-55, Nürnberg, 1989

Klemm, K.: "Technologischer Wandel in der Arbeitswelt - Konsequanzen für das allgemeinbildende Schulsystem" in: Zeitschrift für Pädagogik", 21.Beiheft, S.105-111, 1987

Kluge, H.: "Vom Abenteuer CAD zum unverzichtbaren Konstruktionswerkzeug", CAD/CAM-Report Nr.3, S.40-58, 1984

Knauer, B.; Wende, A.; (Hrsg.): "Konstruktionstechnik und Leichtbau", Berlin 1988

Kollegstufe NW, Ratingen 1972

Kotsch, G.; Staniczek, M.:" CAD-Grundkenntnisse", Hamburg 1987.

Krause, F.-L.; Spur,Dr.,G.; Vosgerau: "Eingabetechnik für räumliche Bauteildarstellungen", CAD/CAM Report Nr.3, S.86-92, 1987

Kreisvolkshochschule Hannover: "CAD, EDV-Anwenderpaß", o.J.

Kreisvolkshochschule Schaumburg: "CAD Grundlagen", o.J.

Krieg, K.; Heller, W.; Hunecke, G.: "Leitfaden der DIN-Normen", Berlin und Köln 1983

Kroy, W.: "Szenario-Aspekte der wissenschaftlichen und technologischen Entwicklung unserer Zukunft", in: Göbel u. Schlaffke (Hrsg.): "Kongreß Beruf und Weiterbildung", S.337-388, Köln 1987

Krüger, G.: "Informations- und Datenflüsse im computergestützten Änderungsdienst", CAD/CAM Report Nr.2, S.81-86, 1988

KTI-Ingenieurunternehmen: "Sprachsteuerung für CAD-Systeme", CAD/CAM-Report Nr.10, S.7, 1984

Kuntze,U.; Lay,G.; Wengel,J.: "CAD/CAM-Anwendung - Wirkungsanalyse der indirekt-spezifischen Förderung zur betrieblichen Anwendung von CAD/CAM-Systemen", Karlsruhe 1987

Lacher, M.; Neumann, D.; Rubelt, J.; Schuler, M.: "Die Fort- und Weiterbildung von Montagearbeitern/-innen", Forschungsinstitut für Arbeiterbildung e.V., Recklinghausen 1987

Laguet, G.: "Le dessin enfantin", Alcan 1927

Lamborghini, B: "Die Auswirkung auf das Unternehmen", in: Friedrichs, G.; Schaff, A.: "Auf Gedeih und Verderb - Mikroelektronik und Gesellschaft" -Bericht an den Club of Rome- S.131-168, Wien, München, Zürich 1982

Lämmerhirdt, E.-H.: "Elektrische Maschinen und Antriebe", München, Wien 1989

Lamszus, H.: "Neue Technologien und ihre Bedeutung für die Didaktik und die Curriculumentwicklung in der beruflichen Bildung", in: Lamszus, H.; Sanemann, H. (Hrsg.): "Neue Technologien, Arbeitsmarkt und Berufsqualifikation", S.313-337, Bern/Stuttgart 1987

Lamszus, H.; Sanmann, H. (Hrsg.): "Neue Technologien, Arbeitsmarkt und Berufsqualifikation", Bern/Stuttgart 1987

Landesverband der Volkshochschulen (Hrsg.): "Computergestütztes Konstruieren/Entwerfen - CAD/CAM", 210 Unterrichteinheiten. Vier Lehrgänge im Modulsystem: CAD/CAM Schnittstellen, CAD-Anwendung, Einführung in CAD/CAM, EDV-Grundlagen für technische Berufe/Handwerk, Hannover 1987

Landesverband der Volkshochschulen Niedersachsens (Hrsg.): "EDV-Anwenderpaß CAD", (Entwurf), Hannover 1987

Lappe, R.; Conrad, H.; Kronberg, M.: "Leistungselektronik", Berlin, Heidelberg, New York, Paris, Tokyo 1988

Laur-Ernst,U.: "Entwicklung beruflicher Handlungsfähigkeit", Frankfurt 1984

Lay, G.: "Vernetzung EDV-gestützter Betriebsbereiche - Folgeabschätzung anhand praktischer Beispiele", Dortmund 1986

Lay, G.; Boffo, M.: "Qualifikationen von CNC-Facharbeitern als Ergebnis von Tätigkeitsanalysen", in Hoppe, M.; Erbe, H.-H., (Hrsg.): "Neue Qualifikationen - Alte Berufe?", S.80-92, Wetzlar 1984

Lenk, K.: "Informationstechnik und Gesellschaft" in: Friedrichs, G.; Schaff, A.: "Auf Gedeih und Verderb - Mikroelektronik und Gesellschaft" -Bericht an den Club of Rome-, S.289-326, Wien, München, Zürich 1982

Lewin, H.M.; Rumberger, R.W.: "Neue Technologien, Qualifikationsentwicklung und Bildung: Utopien, Realitäten und Alternativen", in: Weymann,A. (Hrsg.): "Bildung und Beschäftigung", S.173-193, Göttingen 1987

Limmer, G.: "Makrotechnik unter die Lupe genommen" CAD/CAM Report Nr.2, S.89-96, 1988

Linder, A.: "Einführung in Computer Aided Design", Hamburg 1987

Linnemann, G.; Repenning, K.: "Handbuch der Elektrotechnik - Elektronik", Heidelberg 1983

Lipsmeier, A.: "Berufsschule 2000", in: Präsident der TH Darmstadt (Hrsg.): "Neue Technologien in der Berufsbildung", S.77 - 101, Darmstadt 1988

Loomann, J.: "Flexible Fertigungssysteme - Erfahrungsbericht über die Entwicklung einer Pilotanalyse", in: Göbel u. Schlaffke (Hrsg.): "Kongreß Beruf und Weiterbildung", S.389-408, Köln 1987

Mader, W. (Hrsg.): "Weiterbildung und Gesellschaft", Bremen 1990

Mager, R.: "Lehrziele und Unterricht", Weinheim und Basel 1974

Mannesmann (Fa.): "Grundlagen der CA-Technologien. Teil 1 - CAD". Arbeitsheft für Aus- und Fortbildung, o.J.

Manske, F.; Wolf, H.: "Betriebliche Bedingungen und Folgen des CAD-Einsatzes im Maschinenbau", in: Rauner, F. (Hrsg.): "CAD: Wandel der Konstruktionsarbeit und Berufsildung", S.70-90, Bremerhaven 1989

Marcuse, H.: "Der eindimensionale Mensch", Neuwied und Berlin 1972/5

Markert, W.: "Erwachsenenbildung als Ideologie", München 1973

Martin, P.; Widmer, H-J.: "Anforderung an eine ergonomische CAD-Software" In: CAD-CAM Report, Nr.4, S.69-81, 1987

Martin,W.; Rauner,F.: "Mikroelektronik und berufliche Qualifikation", Wetzlar 1983

Mazurek, W.: "Einsatz und Auswirkungen neuer Technologien in Planung und Konstruktion: CAD/CAM", Frankfurt am Main 1985/2"

Meisterhans, H.: "Betriebslehre für Techniker", Wuppertal 1988

Merker, G: "Grenzen computerunterstützten Konstruierens" S.45-69 in: Rauner, F. (Hrsg.): "CAD: Wandel der Konstruktionsarbeit und Berufsbildung", Bremerhaven 1989

Mertens, D.: "Schlüsselqualifikationen", in: "Mitteilungen aus der Arbeitsmarkt- und Berufsforschung, Heft1", S.36ff, 1974

Meyer, H.: "Trainingsprogramm zur Lernzielanalyse", Königstein 1979/9

Meyer-Dohm, P.: "Konzepte betrieblicher Aus- und Weiterbildung am Beispiel der Volkswagen AG" in: Lamszus, H.; Sanmann, H. (Hrsg.): "Neue Technologien, Arbeitsmarkt und Berufsqualifikation", S.219-245 Bern/Stuttgart 1987

Möllemann, J. W.:"Grundsatzfragen", in: Bundesinstitut für berufliche Bildung (Hrsg.): "Ein Kongreßbericht als Handreichung für Praktiker", Band G, S11-15, Nürnberg 1989

Mollenhauer, K.: "Erziehung und Emanzipation", München, 1970/1; 1973/6

Muggli, C.: "Wie man CAD richtig im Betrieb einführt", In: Management-Zeitschrift. Heft 55, Nr. 11, 1986

Muggli,C.; Zinkl,W.: "CAD in der Maschinenindustrie und im Architekturbüro.- Auswirkungen auf die Arbeitswelt", Zürich 1985

Müller, H.: "Vernetzte Fertigung braucht flexiblen Facharbeiter", in: Der Arbeitgeber, Nr.10/40, S.380-382, 1988

Müller, K.-A.: "Anwendungsspektrum der Datenverarbeitung in der Entwicklung", VDI-nachrichten, Düsseldorf 1976

Müller, W.: "Ingenierarbeit und Computer Aided Design", S.91-108 in: Rauner, F. (Hrsg.): "CAD: Wandel der Konstruktionsarbeit und Berufsbildung", Bremerhaven 1989

Mumford, L.: "Mythos Maschine", Frankfurt a.M., 1977

Münch, J.: "Das berufliche Bildungswesen in der Bundesrepublik Deutschland", Berlin 1982

Negt, O.: "Phantasie, Arbeit, Lernen und Erfahrung", in: Grönefeld, M. (Hrsg.): "Arbeiterbildung als Praxis der Parteilichkeit", S.23-35, Köln 1989

Niggemann, W.: "Praxis der Erwachsenenbildung", Freiburg 1975

Nölker,H.; Schoenfeld,E.: "Berufsbildung - Unterricht, Curriculum, Planung", Grafenau 1980

Noll, H.-H.: "Weiterbildung und Berufsverlauf", in: Berufsbildung in Wissenschaft und Praxis, Heft 1/86, S.7ff, 1986

Obermann, K.: " CAD/CAM-Handbuch 1988", München, 1988

Otte, W.: "Veränderungen der Arbeitsorganisation und damit verbundene Qualifikationsanforderungen durch den Einsatz neuer Techniken im Unternehmen; Übertragung der Regelungen zur Neuordnung auf die Forderungen zur Weiterbildung; Umsetzungsmöglichkeiten in außerbetrieblichen Weiterbildungsveranstaltungen", in: Hans-Böckler-Stiftung (Hrsg.), S.59-67, ohne Ortsangabe 1986

Pahl, G.; Beitz, W.: "Konstruktionslehre", Berlin, Heidelberg, NewYork, London, Paris, Tokyo 1986/2

Päßler,E., Eckhart,W.: "Grundfragen der Rationalisierung der Arbeit des Konstruktionsingenieurs", Leipzig 1975

Paul, G.: "Einheitliche, neutrale CAD-Anwendungsausbildung" ZwF Nr.2, S.95-99, 1988

Philippow, E.: "Taschenbuch Elektrotechnik Bd.1-6", Berlin 1989/3

PHILIPS GmbH (Hrsg.): "CIM - die neue Dimension für die computerunterstützte Fertigung, Philosophie - Konzept - Bausteine", Kassel, Siegen 1987

Piaget, J.; Inhelder, B.: "Die Psychologie des Kindes", München 1986

Pistorius, F· "Informationsabteilungen für die automatisierte Arbeitsplanung", München, Wien 1985

Pöppel, K. G.: "Das Bild des Menschen in der Wissenschaft", Hildesheim, New York 1978

Popper, K.R.; Eccles, J.C.: "Das Ich und sein Gehirn", München 1982

Postman, N.: "Wir amüsieren uns zu Tode", Frankfurt am Main 1985

Poths, W.; Löw, R.: "CAD/CAM Entscheidungshilfen für das Management", Heidelberg, Frankfurt/M., 1985

Preuß, L.; Musa, H.: "Computerschnittstellen. Dokumentation der Hard- und Software mit Anwendungsbeispielen", München 1989.

Projektgruppe Handlungslernen (Hrsg.): "Lernen durch Handeln in der beruflichen Bildung", in: "Handlungslernen in der beruflichen Bildung", S.10-58, Wetzlar 1984

Prütz, K.: "Welche Inhalte der modernen Steuerungs- und Fertigungstechnik sind von grundsätzlicher Bedeutung für den Unterricht in metallgewerblichen Klassen?", in: Hoppe, M.; Erbe, H.-H., (Hrsg.): "Neue Qualifikationen - Alte Berufe?", S.104-115, Wetzlar 1984

Queeren, H.: "Integration/Kooperation von Fach-/berufsbildenden Schulen und Betrieben: Stand und Ziele eines Modellversuches", Referatmanuskript im Seminar "Anforderungen in der Fabrik der Zukunft", Gildemeister Trainings-Akademie, Hannover, 14./15. April 1989

Rauner, F. (Hrsg.): "CAD: Wandel der Konstruktionsarbeit und Berufsbildung", Bremen 1989.

Rauner, F.: "Neue Technologien, Veränderung der Arbeitsorganisation und Konsequenzen für Inhalte und Formen beruflicher Bildung", in: Präsident der TH Darmstadt (Hrsg.): "Neue Technologien in der Berufsbildung" Darmstadt, S.26 - 41, 1988

Reetz, L.: "Curriculumentwicklung im Rahmen der wirtschaftsberuflichen Erziehung", Kurseinheit2, Fernuniversität Hagen 1981

REFA: "Methodenlehre der Betriebsorganisation: Planung und Gestaltung komplexer Produktionssysteme", München 1990.

REFA: "REFA-Methodenlehre des Arbeitsstudiums", Band 2, München 1975

Reinking, J.-D.: "Der Wandel im Konstruktionprozeß durch CAD - Analyse von Auswirkungen bei der Einführung von CAD", VDI-Zeitung, Bd.129, Düsseldorf 1987

Reisch, D.: " Verfahrensballast zügig abwerfen", in: Der Arbeitgeber, Nr.8/40-1988, S.310-314, 1988

Reisch, D.: "Produktionslogistik, Zielsetzung aus betrieblicher Sicht", in: Der Arbeitgeber, Nr.4/40-1988, S.123-127, 1988

Revermann, H.; Sonntag, P.: "Schlüsseltechnologien - Turbulenter Wandel der Industrie durch innovative Dynamik", Berlin, Offenbach 1987

Ritsert, : "Inhaltsanalyse und Ideologiekritik", Frankfurt/Main 1972

Robinsohn, S.: "Bildungsreform als Revision des Curriculum"; "Ein Strukturkonzept für Curriculumentwicklung", Neuwied und Berlin 1971

Roßnagel, A.; Wedde, P.; Hammer, V.; Pordesch, U.: "Digitalisierung der Grundrechte?", Opladen, 1990

Roßnagel, A.; Wedde, P.; Hammer, V.; Pordesch, U.: "Die Verletzlichkeit der Informationsgesellschaft", Opladen 1989

Rudolf, H.; Werner, H.; Dittmer, H.-J.: "Erfahrungswissen in modernen Produktionssystemen - verschwindender Rest oder notwendiger Bestandteil?", Karlsruhe 1988

Rugenstein, J.: "CAD-Lehrbuch", Leipzig, 1989

Rumpf, H.: "Unterricht und Identität - Perspektiven für ein humanes Lernen", München 1982/2

Schaff, A.: "Beschäftigung kontra Arbeit" in: Friedrichs, G.; Schaff, A. (Hrsg.): "Auf Gedeih und Verderb - Mikroelektronik und Gesellschaft" -Bericht an den Club of Rome-, S.353-366, Wien, München, Zürich 1982

Scharfenberg, G.: "Die technologische Revolution -Wirtschaftliche, soziale und politische Folgen", Landeszentrale für politische Bildung Berlin, Berlin 1987

Scheer, A.-W.: "CIM - Der computergesteuerte Industriebetrieb", Berlin, Heidelberg, New York 1988/2

Scheer, A.-W.: "Der Star der Wirtschaftsinformatik ist ein agiler Unternehmer", VDI-nachrichten Nr.24, S.15, Düsseldorf, 1991

Schinke, H. J.: "Die Situation am Arbeitsplatz dem Menschen anpassen", CAD/CAM-Report Nr.7/8, S.30-33, 1984

Schlaffke, W.; Weiß,R. (Hrsg.): "Tendenzen betrieblicher Weiterbildung", Köln 1990

Schlappa, G.: "Zu CIM gibt es keine Alternative", in Beilage zur Süddeutschen Zeitung v.20.10.1987, Nr.241 Seite IX, 1987

Schleuchert, H.: "Konzeption einer CNC-Grundausbildung auf der Grundlage der Ergebnisse der Qualifikationsforschung" in Below, F. u.a. (Hrsg.): "Moderne Fabrikorganisation", Berlin 1986

Schlottmann, D. (Hrsg.): "Konstruktionslehre - Grundlagen", Berlin 1977

Schlutz, E.: "Curriculummodelle und teilnehmerorientierter Ansatz", in: Hessische Blätter für Volksbildung, Heft 27, S.117-126, 1977

Schmid, J.: "Feel me, touch me (The Who)", tb-report Nr.2, S.6-8, Frankfurt/Main 1991

Schmidt, H.: "Das Verfahren in kritischer Sicht" in: Bundesinstitut für berufliche Bildung (Hrsg.): "Ein Kongreßbericht als Handreichung für Praktiker", Band G, S.19, Nürnberg 1989

Schmidtchen, G: "Neue Technik Neue Arbeitsmoral", Köln 1984

Schmidtke, H.: "Ergonomische Prüfung von Technischen Komponenten, Umweltfaktoren und Arbeitsaufgaben", München 1989

Schmitz, E.: "Betriebliche Weiterbildung als Personalpolitik", in Weymann, A. (Hrsg.): "Handbuch für die Soziologie der Weiterbildung" S.120-136, Darmstadt und Neuwied 1980

Schönemann, M.: "Die Zeit für die CAD-Einführung im Mittelstand ist reif", CAD/CAM-Report Nr.3/1984, S.72-77, 1984

Schulz, W.: "Unterricht - Analyse und Planung", S.13-48, in Heimann, P.; Otto, G.; Schulz, W. (Hrsg.): "Unterricht", Hannover 1972

Schwarzer, I.: "Fachkunde CAD", München, Wien 1992

Sellmer, U.: "Der schnelle Weg zur Fertigung", VDI-Verlag 1986

Senbert, E.: "Organisatorische Integration von CAD-Systemen", München, Wien 1985

Sheiken, H.: "Arbeiter in Detroit. Der Manager lenkt die Arbeit, der Facharbeiter wird Maschinenaufpasser", in: Illich, I. u.a.: "Entmündigung durch Experten", S.113-127, Reinbek 1979

Shepard, R.; Judo, S.: "Perceptual illusion of rotation of three-dimensional objekts", Science 191, S.952-954, 1976

251

Siebert, H.: "Lernen im Erwachsenenalter", Kurseinheit3: "Lernschwierigkeiten und kognitive Strukturen Erwachsener", Hagen 1979

Siefert, J.: "CAD auf PC - eine interessante Alternative?", CAD/CAM-Report Nr.12, S.60-65, 1985

Skowronek, H.: "Lernpsychologische Forschung zum Erwachsenenalter", S. 286-307, in: Siebert, H. (Hrsg.): "Taschenbuch der Weiterbildungsforschung", Baltmannsweiler 1979

Smith, A.: "Eine Untersuchung über Wesen und Ursachen des Volkswohlstandes" (An inquiry into the nature and causes of the wealth of nations), BdII. (Neudruck), Gießen 1973

Sobott, C. u.a.: "Die Arbeitswelt gestalten lernen", in: Görs,D.; Voigt,W. (Hrsg.): "Tagungsbericht zur beruflichen Weiterbildung", S.455-467, Bremen 1989

Sonntag, K. u.a.: "Qualifizierungskonzept Rechnergestützte Fertigung", (Hrsg.): Bayrisches Staatsministerium für Arbeit und Sozialordnung, München 1987

Sparberg, L.F.W.: "Neue Technologien - Wandel in der Bildung", in: "Neue Technologien - Wandel in der Bildung", in: BWP, S.178-181, Heft 5, 1984/2 und in IBM-Nachrichten 34.Jg., Nr. 271, S.16-20, 1984/1

Spätli, M.: "Mit CAD/CAM von der Idee zum Produkt" Technische Rundschau Nr.4, 1988, S.12-14, 1984

SPD, Nürnberger Aktionsprogramm: "Massenarbeitslosigkeit überwinden - die Wirtschaft ökologisch und sozial erneuern", (Beschluß zur Wirtschafts- und Beschäftigungspolitik, Parteitag Nürnberg,) Nürnberg 1986

Spreter-Müller, B.: "Außerfachliche Qualifikation in der Wirtschaft", in BMBW (Hrsg.): "Schriftenreihe Studien zu Bildung und Wissenschaft", Band 62", Bonn 1988

Spur, G.: "Die Fabrik im Wandel", Eröffnungsvortrag auf dem CIM-Kongreß am 4. und 5.10. 1988 in Hamburg 1988

Spur, G.: "Qualifikation für die Fabrik 2000", in "VDI nachrichten magazin", 2/90, S.6, Düsseldorf 1990

Spur, G.: "Rechnerunterstützte Zeichnungserstellung und Arbeitsplanung", Wien 1980

Spur, G.; Krause, F.-L.: "CAD-Technik", München 1984

Spur, G.; Krause, F.-L.: "CAD-Technik, Arbeitsbuch für die Rechnerunterstützung in Konstruktion und Arbeitsplanung", München 1982

Steeg, F.J. u.a.: "Entwicklung und Durchführung von CAD-Schulungsmaßnahmen", in: CAD-CAM Report. Nr. 7, 1987

Steinwachs, H.: "Praktische Konstruktionsmethode", Würzburg1976

Stiftung Warentest (Hrsg.): "Ist Bildschirmarbeit schädlich für Schwangere?" S.12, 26.Jahrgang, November, Berlin 1991

Technische Akademie Esslingen: "Systematisches Konstruieren. Lehrgangsunterlagen", Esslingen 1989

TIBB-Info CAD 1: "CAD/CAM Ausbildungspläne für zeichnerische Berufe", Bonn 1985

Tietgens, H.; Weinberg, J.: "Erwachsene im Felde des Lehrens und Lernens", Braunschweig 1971

Tillmann, K.J.: "Neue Technologie, Allgemeinbildung und Unterricht in der Sekundarstufe I" in: Zeitschrift für Pädagogik, Beiheft21, S.97-104, 1987

252

Toben, K.-D.: "CAD Sparen durch Wiederholkonstruktionen", Düsseldorf 1990

Ullrich, O.: "Erkenntnisinteresse und Gegenstand einer kritischen Techniksoziologie", in: Jokisch, R. (Hrsg.): "Techniksoziologie", S.184-206, Frankfurt 1982

Universität-GH-Siegen: "Modellversuch Technischer Zeichner - Maschinenbau. Schwerpunkt: Neue Technologien", 2. Zwischenbericht, o.J.

VDE-Bezirksverein Frankfurt am Main: "Moderne Schutztechnik", Berlin, Offenbach 1988

VDI (Hrsg.): "Flexible Fertigung (FFS)", Düsseldorf 1990

VDI-Gemeinschaftsausschuß CIM: "CIM-Management - Rechnerintegrierte Konstruktion und Produktion 1", Düsseldorf 1990

VDI-Richtlinien: "Methodik zum Entwickeln und Konstruieren technischer Systeme und Produkte", VDI-Handbuch Konstruktion, Düsseldorf 1986

VDI-Verlag (Hrsg.): "Rechnerintegrierte Konstruktion und Produktion 1986", Düsseldorf 1986

VDI-Verlag (Hrsg.): "Schlüsseltechnologien", Düsseldorf 1986

VDI-Verlag Düsseldorf: "Fertigungsmeßtechnik" (VDI-Berichte 606), Düsseldorf 1986

VDI-Verlag: "Datenverarbeitung in der Konstruktion '88, CAD in der Bautechnik", (VDI-Berichte 700.4), Düsseldorf 1988

VDI: "CIM. Integrierte Informationsverabeitung in Produktionsunternehmen", Literaturdokumentation im Auftrag der VDI-Gesellschaft Produktionstechnik, Düsseldorf 1988

Vester, F.: "Denken, Lernen, Vergessen", München 1983/10

VHS Kurs- und Lehrgangsdienst: "CNC-Grundlagen, CNC-Aufbaulehrgang "Drehen", Frankfurt 1987

VHS Kurs- und Lehrgangsdienst: "Rahmenplan für den Lehrgang Einführung in die CNC-Technik", Frankfurt 1985

VHS Lingen: "Übungswerkstatt Neue Technologien im Bildungs-zentrum für Informationstechnologien", Lingen 1989

VHS-Computerpaß: "Computerunterstütztes Konstruieren/Entwerfen - CAD/CAM", Landesverband der VHS, Hannover 1989

Viehof, H.: "Moderne Ausbildungordnungen als wichtige Voraussetzung für eine zukunftsorientierte Berufsausbildung der Jugendlichen", in: Bundesinstitut für berufliche Bildung (Hrsg.): "Bund, Länder, Spitzenorganisationen - Grundsatzfragen", S22f, Nürnberg 1989

Virnich,M.; Abels,H.; Kemmner,A.: "Anforderungsgerechte Gestaltung der BDE in der Konstruktion und Arbeitsplanung", (FIR-Forschungsbericht), Aachen 1987

Voigt, W.: "Berufliche Weiterbildung", in: Mader, W. (Hrsg): "Weiterbildung und Gesellschaft", S.45-75, Bremen 1990

Voigt, W.: "Berufliche Weiterbildung", München 1986

Voigt, W.: "Betriebliche Bildung", Weinheim 1972

Voigt, W.: "Didaktik und Methodik der beruflichen Weiterbildung" Kurseinheit 1, Fernuniversität der Gesamthochschule Hagen, Hagen 1984

Voigt, W.: "Qualifikationsveränderungen durch neue Technologien, Schlüsselqualifikationen und 'neue Allgemeinbildung' ", in: Grundlagen der Weiterbildung - Praxishilfen, Heft1, 1990

Voigt, W: "Einige Gedanken zum Verhältnis von Bildungsökonomie und Teilnehmerorientierung", in: Tietgens, H. (Hrsg.): "Sozialpolitische Aspekte der Weiterbildung", S.133-148, Braunschweig 1981

Volkshochschulen Niedersachsen: "EDV-Anwenderpaß (VHS) CAD", Hannover 1987

Volkshochschulverband Baden -Württemberg: "Einführung in CAD/CAM" Rahmenlehrplan (Entwurf), Stuttgart, 1988

Volmerg, B.: "Erfahrungen im interdisziplinären Technikdialog", in: Görs, D.; Voigt, W. (Hrsg.): Tagungsbericht Berufliche Weiterbildung, Universität Bremen S.162-174, Bremen 1989

Volpert, W.: "Zauberlehrlinge - Die gefährliche Liebe zum Computer", Weinheim und Basel 1985

Warncke, H.J.: "CIM-Demonstration - Fabrik 2000" und "CIM-Fabrik mit Zukunft", Statements des Frauenhofer Institutes für Produktionstechnik, in: Presseunterlagen Hannover-Industriemesse 1988

Warnecke, H.J.: "Der Produktionsbetrieb. Eine Industriebetriebslehre für Ingenieure", Berlin, Heidelberg, NewYork, Tokyo 1984

Weck, M.: "Werkzeugmaschinen Band2: Konstruktion und Berechnung", Düsseldorf 1978

Weck, M.: "Werkzeugmaschinen Band3: "Automatisierung und Steuerungstechnik", Düsseldorf, 1989

Weege, R.-D.: "Recyclinggerechtes Konstruieren", Düsseldorf 1981

Weizenbaum, J.: "Die Macht der Computer und die Ohnmacht der Vernunft", Frankfurt am Main 1978

Weizenbaum, J: "Kurs auf den Eisberg", München 1987

Weymann, A. (Hrsg.): "Bildung und Beschäftigung", Soziale Welt, Sonderband5, Göttingen 1987

Wingert, D.: "CAD im Maschinenbau", Frankfurt 1983

Wingert,B.; Duus,W.; Rader,M.; Riehm,U.: "CAD im Maschinenbau, Wirkungen, Chancen, Risiken", Berlin 1984

Wittwer, W.: "Weiterbildung im Betrieb - Darstellung und Analyse", München 1982

Wyss, H.: "Die Wahrheit über Computer", Reinbek 1988

Ziegenspeck, J.: "Zensur und Zeugnis in der Schule", Hannover 1976

Zimmermann, L. (Hrsg.): "Computereinsatz: Auswirkungen auf die Arbeit", Reinbek 1985

Zimmermann, R.: "Ein dynamisches Modell zur strategischen Einführungsplanung von CAD-Technik", München, Wien, 1985

Zuse, K.: "Der Computer - mein Lebenswerk", Berlin, München 1970

Jürgen Joseph

Arbeitswissenschaftliche Aspekte der betrieblichen Einführung neuer Technologien am Beispiel von Computer Aided Design (CAD)
Felduntersuchung zur Ermittlung
arbeitswissenschaftlicher Empfehlungen
für die Einführung neuer Technologien

Frankfurt/M., Bern, New York, Paris, 1990. 252 S., zahlr. Abb.
u. Tab.
Entscheidungsunterstützung für ökonomische Probleme.
Herausgegeben von Wolfgang Gaul und Hans Georg Gemünden.
Bd. 2
ISBN 3-631-42880-4   br. DM 79.--

Die Einführung neuer Technologien ist sowohl für die betroffenen Mitarbeiter als auch für die Unternehmensleitung eine Herausforderung. Die hohen Erwartungen, die an eine solche Investition gestellt werden, können nur erfüllt werden, wenn arbeitswissenschaftliche Aspekte schon in der Einführungsstrategie berücksichtigt werden. In einer Studie bei 362 Technischen Zeichnern und Konstrukteuren wurde untersucht, welche Faktoren für die Akzeptanz von CAD maßgeblich sind. Fallbeispiele ergänzen die Ergebnisse. Aufbauend darauf werden arbeitswissenschaftliche Empfehlungen für die Einführung neuer Technologien gegeben. Angesprochen werden dabei z.B. die Information und die Schulung der Anwender sowie Fragen der Arbeitsplatz- und Arbeitszeitgestaltung.

Verlag Peter Lang Frankfurt a.M. · Berlin · Bern · New York · Paris · Wien
Auslieferung: Verlag Peter Lang AG, Jupiterstr. 15, CH-3000 Bern 15
Telefon (004131) 9411122, Telefax (004131) 9411131
- Preisänderungen vorbehalten -